商学双書 8

財政学

石田和之
野村容康
Ishida Kazuyuki
Nomura Hiroyasu

Public Finance

成文堂

はしがき

本書の目的

　本書は，経済学部・商学部で財政学を学ぶ際に有用なテキストになることを目的に編纂した。

　財政学の対象は，財政である。財政は，政府の経済活動という点で経済学と深い関わりがあり，分析手法にも経済学の方法を利用する。本書でも，初歩的なレベルだが，ミクロ経済学，マクロ経済学の方法を使う。そのため，入門レベル（1年次の入門科目）の経済学の知識があると，本書の理解はスムーズである。

　しかし，財政学は，経済学だけと関わるわけではない。経済学と最も深い関わりをもちつつも，むしろ財政学は学際的な学問であるといわれてきた。官房学（これは，今日でいえば，財政というよりも，財務に近いが）まで遡れば，財政学の始まりは，経済学よりも古い。本書では，経済学だけではなく，行政学，税法学などの知見も取り入れて，財政を理解し分析するために必要な知識を学際的に説明している。

　多くの財政学の教科書と比べた本書の特徴は，第1に，重要な概念を直観的に理解するためには，グラフと言葉を尽くす方がわかりやすいと考えて，数式の展開による説明をできるだけ避けたことである。そのため本書は，経済学では普通に利用するレベルの数式でも用いていない。第2に，最近の財政学では予算論はあまり流行っていないが，予算の理解なしで財政を理解することはできないと考えて，予算の説明に1章を割いている。第3に，財政学の特徴の1つは，財政が制度によって運営されることにある。制度の理解は，財政分析の前提である。このように考え，本書は，財政制度の説明に多くのページを割いている。読者は，本書によって，日本の財政制度と財政学の理論の基礎を学ぶことができる。

本書の構成

本書は，全体を3部構成としている。

第Ⅰ部「日本の財政構造と財政制度」（第1章から第5章）は，財政学を紹介し，財政の現状と制度を扱う。**第1章「財政学で何を学ぶか？」**は，財政学の全体像を把握することを意図して，財政学の成り立ち（歴史），財政の機能，現代日本財政の主要課題を取り上げる。**第2章「予算制度」**は，予算制度を理解するために必要な知識（用語と考え方）を説明する。**第3章「政府支出の仕組みと現状」**は，政府が何に，どんな仕組みでお金を使っているのかを理解するために，歳出（主要経費別分類）の中から比較的金額の大きな分野（社会保障，防衛，公共事業，教育，地方財政）を取り上げて，それらの制度を説明する。**第4章「国際比較から見た日本の財政構造」**は，国際比較によって，日本の財政構造の特徴を説明する。**第5章「政府の債務と財政の持続可能性」**は，政府の借金の仕組みと現状を説明する。

第Ⅱ部「公共部門の経済学」（第6章から第10章）は，財政の支出面を取り上げ，政府支出の分析方法や考え方を説明する。ここでは，初歩的なレベルであるが，ミクロ経済学・マクロ経済学の方法を利用する。**第6章「市場の効率性と政府」**は，なぜ政府（財政）が必要なのかを説明する。その考え方の1つに市場の失敗（市場システムは効率的であるが万能ではなく失敗することがある）があり，その失敗を補うために政府が必要とされること，しかし政府にも失敗があることを説明する。**第7章「公共財の供給」**と**第8章「外部性」**は，いずれも市場の失敗の例であり，これがどのようにして市場を失敗させるのか，また政府にはこの市場の失敗に対してどのような対処法があるのかを説明する。これらは，財政の3機能のうち，資源配分機能である。第7章は，公共財供給の理論と，これに密接に関係する話題として集合的意思決定（投票）の理論を説明する。公共財供給と投票の理論は多くの教科書で章を分けて説明するが，本書は集合的意思決定が公共財供給量を決定する理論であることを踏まえて，両者をまとめて説明する。公共財供給と集合的意思決定を1つの章で扱うことは，本書の特徴である。第8章は，どのような場合に外部性が生じ，政府はこれをどのようにして是正できるかを説明する。第6章から第8章は，グラフによってであるが，余剰分析の方法を多用してい

る。**第9章「低所得者対策と所得再分配」**は，財政の3機能のうち，所得再分配機能を扱う。所得再分配政策は，主に社会保障と所得税によって制度化され，現物給付と現金給付の方法を適宜，組み合わせて実施している。ここでは，現物給付と現金給付の方法がどのようなときに適しているのか，またそれらの方法にはどのような経済効果があるのかを両者を比較しながら説明する。**第10章「政策手段としての財政」**は，経済政策のために利用される財政を説明する。経済政策は，財政政策，金融政策，産業政策に区分できる。ここでは，必要に応じて金融政策にも触れるが，産業政策と財政政策を中心に政策手段としての財政について説明する。財政政策（特に経済安定化政策）は，財政の3機能のうちの経済安定化機能である。産業政策の説明は余剰分析の方法，財政政策はマクロ経済学の方法を用いている。

　第3部「租税論」（第11章から第19章）は，財政の収入面であり，租税（政府の収入のメインである）の議論を扱う。**第11章「租税の意義と仕組み」**は，望ましい租税のあり方を述べた原則論である租税原則や，課税主体，課税客体，納税義務者などの租税制度を理解するうえで必須の基礎概念（用語）を説明する。**第12章「租税分析の経済的視点」**は，税収の所得弾力性，税負担の転嫁，超過負担，課税の限界費用など税制を分析する際に利用される考え方と方法を説明する。ここではミクロ経済学の方法を利用している。**第13章「税制改革の理論」**は，規範的租税論の中でも特に代表的な3つの理論（包括的所得税，支出税，二元的所得税）を説明する。**第14章「日本の租税体系と税収構造」**は，現在の日本の税制の全体像を述べる。日本の税制はどのような税目があり，税収構成がどのようになっているのか，税制の体系的な構造にはどのような特徴があるのかを，日本税制の歴史的な経緯にも触れながら説明する。**第15章「個人所得課税」**は，所得税を中心にして，個人に対する所得課税の仕組みとその考え方を説明する。**第16章「法人所得課税」**は，法人税を中心にして，企業に対する所得課税の仕組みとその考え方を説明する。**第17章「間接消費課税」**は，消費課税のうちで，間接税タイプの課税を説明する。間接消費税には，酒税，たばこ税などの個別消費税と，小売売上税や付加価値税（日本では消費税）などの一般消費税がある。この章では，これらを全般的に取り上げるが，とりわけ付加価値税を中心に，

消費税の仕組みと考え方を詳述する。**第 18 章「資産課税」**は，資産（ストック）に対する課税である。政府は，所得税，法人税，消費税などのフロー課税を中心にして税収を調達するが，そのような中で，そもそもなぜ資産課税が必要とされるのか（資産課税の根拠論）を考察し，相続税・贈与税の意義と仕組みを説明する。**第 19 章「国際課税」**は，第 18 章までが内国税を中心にしていたことから視点を変えて，国際的な視点から課税を取り上げる。国際課税の課題として国際的二重課税の排除と国際的租税回避の防止を取り上げ，これらに関係する国際課税の考え方と最近の日本を含む各国の取り組みを説明する。

執筆の分担

本書は，野村が第 1 章，第 4 章，第 5 章コラム，第 13 章，第 14 章，第 15 章，第 16 章，第 17 章，第 18 章，第 19 章，石田が第 2 章，第 3 章，第 5 章本文，第 6 章，第 7 章，第 8 章，第 9 章，第 10 章，第 11 章，第 12 章の原案を作成したのち，相互のチェックを経て，全体として統一した。このようにお互いの担当章はあるが，共著である。

本書の利用方法

最近は多くの大学が授業を 2 単位科目として実施しているが，本書は 4 単位分のボリュームがある。財政学 1（前期）・財政学 2（後期）や財政学（春学期）・租税論（秋学期）などのやり方で年間 4 単位分の授業時間が確保されている場合には，本書の全部を利用することで 1 年分の内容になる。2 単位分の授業時間の場合には，第 I 部と第 II 部の全部をメインにして，第 III 部の一部（たとえば，第 11 章と第 12 章）を利用することで，租税論を含めて，財政学の全体を扱うことができると考えている。

本書の説明は，本書の目的のところで述べたように，数式の展開をほとんどやっていない。しかし，読者が自習として数式を展開させることができれば，本書の理解は完璧である。

謝　辞

　本書は，著者たちがこれまでに担当してきた財政学の講義経験を基にしている。私たちは，故横田信武先生（早稲田大学名誉教授）の学恩を受けている。石田にとって，横田先生は師匠であり，今日，石田が財政学研究者の業界にいるのは横田先生のおかげである。横田先生からいただいたご恩は，とても言葉では尽くせない。

　学問は，毎年確実に進化するというわけではなさそうだが，それでも 10 年も経つと，大きく発展している。財政学もそうである。また，財政制度の改正は，毎年度である。著者たちの不勉強や理解不足による誤った説明や時代遅れの記載があれば，どうぞご指摘をいただけると幸いである。

　本書のきっかけをいただいた横山将義先生（早稲田大学商学部教授），そして編集をご担当いただいた成文堂の飯村晃弘さんには，出版までに多年を要したにも関わらずご海容いただいた。心から感謝します。

　2024 年 5 月

石　田　和　之
野　村　容　康

目 次

はしがき　i

第1部　日本の財政構造と財政制度

第1章　財政学で何を学ぶか？ ……………………… 3

1 財政学とは ………………………………… 3

2 財政学の変遷 ……………………………… 5

3 財政の機能 ………………………………… 11

4 現代日本財政の課題 ……………………… 14

Column　森林環境税 ………………………… 18

第2章　予算制度 ………………………………… 19

1 財政と予算の基礎概念と諸原則 ………… 19

2 予算の編成・執行と決算 ………………… 29

3 予算の内容 ………………………………… 36

Column　予算の空白 ………………………… 42

第3章　政府支出の仕組みと現状 ……………… 44

1 主要経費別分類 …………………………… 44

2 社会保障への支出 ………………………… 45

3 防衛・公共事業・教育への支出 ………… 59

4 国から地方への支出 ……………………… 67

Column　適切な会計処理 …………………… 75

viii　目　次

第4章　国際比較から見た日本の財政構造 ……………………… *77*

1 政府支出の構造 ………………………………………………… *77*

2 政府収入の構造 ………………………………………………… *81*

3 財政赤字の現状 ………………………………………………… *86*

第5章　政府の債務と財政の持続可能性 ………………………… *91*

1 国債による資金調達 …………………………………………… *91*

2 財政赤字と財政の健全性 ……………………………………… *97*

3 公債の負担論と中立命題 ……………………………………… *106*

　　Column　債務償還費は経費？ ………………………………… *109*

第2部　公共部門の経済学

第6章　市場の効率性と政府 …………………………………… *113*

1 3つの経済主体による経済活動 ……………………………… *113*

2 競争市場の効率性 ……………………………………………… *115*

3 政府の必要性をめぐる議論 …………………………………… *120*

　　Column　フィッシング（釣り）による市場均衡 ………… *126*

第7章　公共財の供給 …………………………………………… *127*

1 公共財とは ……………………………………………………… *127*

2 公共財市場 ……………………………………………………… *131*

3 集合的意思決定 ………………………………………………… *138*

4 単純多数決の効率性 …………………………………………… *144*

目　次　*ix*

第8章　外部性 ……………………………………………… *151*

    1 外部性による余剰の損失 ………………………… *151*

    2 外部性の内部化 …………………………………… *158*

    3 便益・費用の帰着と費用負担のあり方 ………… *160*

    Column　J クレジットとカーボン・ニュートラル ……… *164*

第9章　低所得者対策と所得再分配 …………………………… *166*

    1 所得再分配の根拠となる考え方 ………………… *166*

    2 格差の尺度 ………………………………………… *171*

    3 所得保障のための現金給付 ……………………… *177*

    4 補助金と現物給付 ………………………………… *188*

    Column　所得と資産の格差 ……………………… *194*

第10章　政策手段としての財政 ……………………………… *196*

    1 産業政策 …………………………………………… *196*

    2 国民所得の決定と乗数効果 ……………………… *203*

    3 財政・金融政策の効果と有効性（閉鎖経済）……… *208*

    4 財政・金融政策の効果と有効性（開放経済）……… *214*

    Column　GDP, 豊かさ, 幸福 ……………………… *217*

第3部　租税論

第11章　租税の意義と仕組み ……………………………… *221*

    1 租税とは …………………………………………… *221*

    2 望ましい税制のあり方 …………………………… *222*

    3 税制の基本的枠組み ……………………………… *231*

x　目　次

　　　　Column　Tax Freedom Day ……………………………………… *238*

第12章　租税分析の経済的視点 ……………………………… *240*

　1　税収と税負担 ……………………………………………… *240*

　2　税負担の転嫁と帰着 ……………………………………… *243*

　3　課税の経済的コスト ……………………………………… *245*

　4　課税の価格効果と一括税の効率性 …………………… *252*

第13章　税制改革の理論 ………………………………………… *254*

　1　包括的所得税 ……………………………………………… *254*

　2　支出税 ……………………………………………………… *259*

　3　二元的所得税 ……………………………………………… *264*

　　　　Column　二元的累進所得税 ……………………………… *270*

第14章　日本の租税体系と税収構造 ………………………… *272*

　1　国税の体系 ………………………………………………… *272*

　2　地方税の体系 ……………………………………………… *275*

　3　政府部門全体の税収構造 ………………………………… *277*

　4　租税構造の形成過程 ……………………………………… *280*

　　　　Column　消費税は水平的に公平か？ ……………………… *289*

第15章　個人所得課税 …………………………………………… *291*

　1　日本の所得税制の特徴 …………………………………… *291*

　2　所得税の算定方法 ………………………………………… *292*

　3　確定申告とタックス・コンプライアンス ………… *300*

　4　個人所得税に関する論点 ………………………………… *302*

目 次　*xi*

第16章　法人所得課税 ································· *310*

   1　法人税の仕組み ······························ *310*

   2　法人所得税の意義と二重課税の問題 ········ *315*

   3　中立的な法人課税 ·························· *319*

      Column　法人税を負担するのは誰か？ ·········· *328*

第17章　間接消費課税 ································· *329*

   1　消費課税の分類 ···························· *329*

   2　一般消費税の形態 ·························· *332*

   3　消費型付加価値税の仕組み ················ *336*

   4　日本の消費税 ······························ *340*

      Column　VAT 税収比率 ·························· *345*

第18章　資産課税 ····································· *347*

   1　資産課税の分類 ···························· *347*

   2　資産課税の根拠 ···························· *349*

   3　資産課税の反対論 ·························· *353*

   4　日本の相続税・贈与税 ······················ *355*

第19章　国際課税 ····································· *363*

   1　国際課税原則と二重課税問題 ·············· *363*

   2　国際的租税回避への対応 ·················· *367*

   3　現代グローバル経済下での課題 ············ *371*

   4　租税回避阻止に向けた国際的取り組み ········ *375*

索　引 ··· *380*

第 1 部

日本の財政構造と財政制度

第1章　財政学で何を学ぶか？

　財政学の意義は，ある特定の国や公共部門で採用される財政制度のあり方を問うことにある。財政学では，それら制度と現実との関係がどうなっているのかを，さまざまな価値基準や規範的目標に照らして分析することを通じて，より望ましい制度や政策のあり方について追究する。本章では，財政学とはどのような学問かについてイメージを把握することを主眼として，財政学の意義，財政学の変遷，財政の機能について述べたうえで，現代日本財政が直面する主要課題に言及する。

1　財政学とは

　財政学は，英語の *Public Finance* の訳語となっているように，もともとヨーロッパから輸入された学問という性格が強い。この言葉の語源をひもとけば「みんな（public）のためにお金を融通する（finance）」となる。ここから，財政学とはもともと，すべての人にとって必要なモノを提供するために，どのように資金を集めて，これをどのように支出するか，つまり「人々にとっての共通の財布」について研究する学問であるということができる。

　現代の民主主義社会の下で，このような共通の財布は，予算という形で政府や公共部門によって管理される。予算とは，一会計年度における政府の歳入と歳出の見積りを示したものであるが，その内容は，法律で定められた制度とその統制を受けた政治過程において決定される。したがって，政府の資金活動について研究する財政学では，第1に，制度を評価することが重要なテーマであり，財政制度の全体像を把握することから始めなければならない。具体的には，次のような事柄について考察する。

- 一国の予算制度や会計の仕組みがどうなっているのか？
- どのような集合的意思決定過程を経て，実際に政策が立案されるのか？
- 国の借金である公債の発行にはどのような法律の縛りがあるのか？
- 政府収入の大部分を占める租税がどのような税目によって構成されているのか？
- 集められた収入はどのような経費として支出されているのか？
- 所得再分配のためには，どのような財政制度が有効であるのか？
- 国と地方自治体とは財政面でどのような関係にあるのか？

　第2に，現行の財政制度を評価するにあたっては，そもそもどのような制度や政策が望ましいのか，そのあるべき姿について知っておく必要がある。その際の規範としては，経済政策全般についてそうであるように，**効率性**と**公平性**の2つが基本となる。

　前者は，資源配分の効率性を意味しており，政府の活動が市場経済への強制的な介入という形をとることから，そのことが資源配分上どれくらいの損失やコストを生じさせるかに関心が置かれる。その際，当初の市場における資源配分が効率的であったならば，財政にはできるだけそのような状態を攪乱しないことが求められる。だが，もともと資源配分に何らかの非効率が存在していたとすれば，そのような非効率を是正することも政府の政策目標になりうる。

　他方，公平性の基準は，所得分配面での公正さに関わるもので，経済学が扱うことが困難なテーマである。どのような分配状態が公平であるかは，客観的に判断できる事柄ではなく，人々の価値観よって左右されるからである。この問題を厳密に取り扱う場合には，しばしば政治哲学や倫理学などの知見が必要となる。

　ただし，政策の評価においては，しばしば**効率性と公平性のトレードオフ**が指摘されるように，これら2つの基準は背反の関係に陥りやすい。たとえば，公平性の観点から高所得者の負担増を狙いとした所得税率の引上げが労働供給の減少につながって，効率性を損ねてしまうケースである。この点から，具体的な財政制度の立案にあたっては，どのようにすれば効率性と公平

性を両立させられるかが問われることになる。

したがって，第3に，財政学では，制度や政策を評価する材料として，それらが現実の経済社会とどのような関係にあるのかという視点から，現実の政策がマクロ経済全体の動向や，あるいはミクロの経済主体である家計や企業にどのような影響を与えているのかに焦点が当てられる。政策の効果を検証するには，過去の事実を文献から集めて歴史的に説明する方法や，特定の現象との因果関係を予測する理論モデルが妥当するかどうかを，統計データを使って検証するといった方法などがとられる。再び労働所得税の例を用いれば，それが現実に家計の労働供給にどのような影響を与えていて，そのことが所得階層別にどれくらいの税負担格差を生じさせているか，といったことが制度を評価するための判断材料となる。

以上のように，財政学の基本的な意義は，ある特定の国や公共部門で採用される財政制度のあり方を問うことにある[1]。そこでは，そうした国や時代背景に制約された制度と現実との相互関係がどうなっているのかが重要となる。財政学は，そのような両者の関係を，効率性や公平性などのさまざまな価値基準や規範的目標に照らして評価することを通じて，より望ましい制度や政策のあり方について考察する。

2 財政学の変遷

2-1 官房学

財政学の起源は，16～18世紀にプロイセン（ドイツ）で発展した**官房学（カメラリズム）**に遡る。カメラは，ドイツ語で「金庫」や貴重品を保管する場所を意味しており，その点から，官房学の目的は，国王の金庫（財産）の管理・充実にあった。当時の絶対王政を背景として，国家は，富国強兵や殖産興業などにより，どうすれば国王（封建領主）の財産を豊かにすることができるかが問題とされた。

1　財政学に近い学問分野として**公共経済学**がある。公共経済学は，経済における公共部門の役割を考察する点で財政学と重なる部分があるが，基本的な分析手法としてミクロ経済学に依拠しており，それゆえに確固たる制度的視点を備えていない点に財政学との本質的な違いがある。

6   第1部　日本の財政構造と財政制度

2-2　アダム・スミス

　民主的な政治体制の下で市場経済が誕生し，今日的な意味での「財政」を分析の対象としたのがアダム・スミス（Adam Smith）に始まる**古典派（主流派）経済学**である。しばしば先の官房学が「為政者目線での財政論」とされるのに対して，『国富論』（1776年）に展開されるスミスの議論は，「納税者（市民）目線での財政論」と喩えるとわかりやすい。

　スミス財政論の大きな特徴は，国家の役割をきわめて限定的に捉えたことである。すなわち，スミスが容認する具体的な国家経費としては，①国防，②司法・警察，③公共事業，④王室の維持，があげられるのみであった。その背後には，**自由放任主義（レッセフェール）**の思想があり，経済はできるだけ個人や企業の自由な活動に任せた方が発展すると考えられた。そのため，政府の活動は非生産的で，国民経済の発展を阻害するものとみなされた。国家経費は必要悪であり，歳出の規模は小さければ，小さいほど望ましいとされたのである。こうした思想は，**安価な政府論**あるいは**夜警国家論**[2]と呼ばれることもある。

　同様の理由で，スミスは**均衡財政**を主張した。スミスによると，ある年に税収不足を埋め合わせするために公債が発行されると，民間部門から政府部門に強制的に資本が移転させることになる。しかし，それは，資本が民間の生産的な用途から政府による非生産的な用途に振り替えられることを意味するので，国民経済全体の生産性を引き下げてしまう。つまり，財政赤字は，一国の生産的な資本の蓄積を阻害するので，原則としてこれを認めてはならないとしたのである。

　こうしたスミスの思想は，18世紀後半以降，リカード（D. Ricardo），ミル（J. S. Mill），ピグー（A. C. Pigou），マーシャル（A. Marshall）らのイギリスの主流派経済学者へと継承され，財政学領域の一部となる公共経済学の基礎が形成された。この中で，特にピグーは政府行動の厚生経済学的分析，マーシャルは租税転嫁に関する部分均衡分析などにより理論的な貢献を果たした。

---

2 「夜警国家」という言葉は，プロイセンの社会主義者フェルディナント・ラッサール（Ferdinand Lassalle）が自由主義国家をブルジョア的私有財産の夜警国家として批判したことに由来するとされる。

2-3 ワグナー

19世紀以降，資本主義が発展していくにしたがって，経済格差や分配上の問題が社会の不安定化要因として顕在化するなかで，労働者の権利と地位向上を求める動きが強まり，労資間の対立も激しくなっていった。こうした時代背景の中で，官房学の伝統を受け継ぐドイツでは，アドルフ・ワグナー（Adolf Wagner）に代表される歴史学派により，独立学問としての財政学（finanzwissenschaft）が盛んとなった。

その主な特徴として，以下の点があげられる。第1に，**国家経費の生産性**を主張したことである。前述のとおり，スミスは，政府の活動を市場経済における攪乱要因と認識したが，これに対して，ワグナーは，財政は，国民経済と有機的に結びついており，むしろ国民経済を補完してその発展に貢献するものと考えた。

第2に，財政の社会政策的機能を重視した。資本主義経済の矛盾としてあらわれる貧富の格差を是正して社会の安定化を図るためには，**所得再分配**の面で財政が果たす役割が大きくなる。具体的には，累進所得税と累進相続税を主要な財源として低所得者向けの給付を充実させるべきとした。

第3に，公債発行に積極的な評価を与えた。ワグナーは，スミスらの均衡財政主義に反論し，たとえば公務員の給与のように支出の効果が1年程度で終わる経常的経費は租税で賄うべきであるが，公共インフラのように，支出の効果が複数年にわたって継続する資本的経費を賄う場合には，公債発行による財源調達が望ましいとした。こうした考え方は，今日において建設公債発行の根拠となっている**利用時支払いの原則**（整備された社会資本は将来世代も利用できるので，公債発行を通じてその費用を将来世代にも負担してもらうというルール）にも受け継がれている。

このようなワグナー財政論の基底にあったのが，彼の唱えた**経費膨張の法則**である。これは，近代社会が発展していくにしたがって公共支出の水準は，その絶対額だけでなく，対国民所得比でみても長期的に上昇していくという見方である。ワグナーが歴史的趨勢の中に，政府活動の比重が増大していく必然性を見出だしたのは，資本主義経済の発展とその矛盾が増大する中で，国民が政府に求める公共サービスの質と量がより高度なものとなり，と

8　第1部　日本の財政構造と財政制度

りわけ文化・福祉の分野での国家活動が拡大すると予期したからである。

　ワグナーの「経費膨張の法則」を，戦争のような社会的危機の発生によって説明を加えたのがイギリスのピーコック（A. T. Peacock）とワイズマン（J. Wiseman）である。彼らは，2度の世界大戦を経たイギリスの財政構造の分析を通じて，大戦の勃発によって一時的に増大した経費が，大戦が終わった後も戦前の水準に戻ることなく断続的に上昇していく現象に重要性を認め，これを**転位効果**（displacement effect）と呼んだ。

2-4　北欧学派

　19世紀後半から20世紀にかけてのスウェーデンでは，ヴィクセル（K. Wicksell）やリンダール（E. Lindahl）を中心にして，主流派経済学の流れを汲んだ北欧学派が**公共経済学**の領域で独自の展開を見せる。北欧学派は，**利益説**を提唱し，税負担配分の基準を各人が享受する公共サービスからの受益の大きさに求めた。同時に，租税を市場経済における価格と同じように機能させる**自発的交換モデル**を通じて，公的サービスの効率的な供給水準をも明らかにしようとした。特筆すべき点は，従来の正統派財政学では，歳入と歳出は切り離して決定すべきとされていたところを，このような公共財の最適供給メカニズムを通じて両者の同時決定論を展開したことである。彼らの理論は，後にアメリカのサムエルソン（P. A. Samuelson）が一般均衡の枠組みで定式化することになった。（第7章参照）

2-5　財政社会学

　第1次大戦後の財政破綻を経験したオーストリアでは，ゴルトシャイト（R. Goldscheid）が国家と財政の相互関係を分析する**財政社会学**を提唱したことが注目される。彼は，財政社会学において，国家と社会を結びつける政治的，経済的，制度的，文化的な諸要素の相互作用を分析することで，一国の財政現象を歴史的文脈のもとで把握することの意義を主張した。

　同じ国のシュンペーター（J. A. Schumpeter）もまた，その著書『租税国家の危機』（1918年）で，ゴルトシャイトが財政社会学を通じて，予算が国家の「あらゆる粉飾的イデオロギーを脱ぎ捨てた骨格」であるという真理を広く

第 1 章　財政学で何を学ぶか？　　*9*

人々に知らしめた業績を高く評価した。シュンペーターによると，時代の転換期には必ず財政が危機的状況に陥るが，そうした危機に至る原因や兆候は国家財政の歴史的過程の中に表れることから，社会構造の変化を解明するには，国家財政に関する歴史的・社会学的分析が不可欠であるとした。このような視点は，現代において，とりわけ国民の租税への応諾と社会構造との関係性を重視する，マーティン（I.W. Martin）らによって提唱された**新財政社会学**へと受け継がれている。

2-6　ケインズ

1930 年代になると，世界恐慌を契機として財政に新たな役割を求める考え方が生まれた。イギリスでも深刻な不況により，無数の失業者が発生したが，そもそもなぜ経済にそのような大量の失業者が生じるのかは，古典派経済学では説明できなかった。当時の標準的な経済学によれば，市場における需要と供給の不均衡は価格で自動的に調整され，生産物市場で売れ残りが生じないのと同じように，労働市場でも超過供給（失業）は発生しないと考えられていたからである。こうして慢性的に失業が生じる経済を説明する新しい理論が求められるなかで，ケインズ（J. M. Keynes）は現代マクロ経済学の基礎となる**有効需要の原理**を打ち立てた。

それによると，失業が発生するのは，経済全体の有効需要が供給水準に満たないからである。そこで，もし不況下で企業や家計が生み出す需要が低迷しているのであれば，他方の需要の創出者である政府が財・サービスの買い手になって，不足分の需要を人為的に作り出せばよい。したがって，このとき政府に委ねられる役割とは，有効需要の創出を通じた失業の解消，すなわち完全雇用を達成して，安定的に経済を成長させることである。具体的には，不況に際して公共投資などの支出を積極的に拡大する**フィスカル・ポリシー**が求められる。このようにマクロ経済の安定を財政の役割に位置づけたケインズの貢献は，政府主導型の**福祉国家**の思想を理論的に支える根拠となった。

10 第1部 日本の財政構造と財政制度

2-7 公共選択学派

　ケインズの理論を批判したのがブキャナン（J.M. Buchanan）らの**公共選択学派**である。彼らは，北欧学派に倣って**方法論的個人主義**（社会構造の変化を個人の意思決定の集積として理解しようとする考え）の立場から，国家をさまざまな利害をもつ個人の集合体と捉えて，それら個人の意思決定がどのように政治過程を動かしていくのかを経済学的に分析する意義を主張した。

　そうした中で，現実の政策決定に関わる政治家・官僚・有権者らは，減税や支出拡大を支持しやすいが，増税や緊縮予算には反対しやすいため，現代の議会制民主主義は必然的に財政赤字の拡大に帰結するとした。この点で，ケインズの政策論は，政府が公正無私な，一部の知的エリートによって運営されるという前提（**ハーベイロードの前提**）に基づき，現実妥当性に欠けるものとみなした。

　公共選択学派が理論的に明らかにしたように，現実の政治過程を経た政府の政策決定が必ずしも公共の利益に結びつかないことは，**政府の失敗**と呼ばれている。

2-8 マスグレイブ

　財政学の歴史を考察し，政府の活動をその機能面から説明したのがマスグレイブ（R. A. Musgrave）である（『財政理論』，1959 年）。彼は，現代経済において財政が担うべき機能として，①社会財を供給するなどにより，市場で決まる資源配分に変更を加えること（資源配分機能），②経済格差を是正し，国民の最低限の生活を保障すること（所得再分配機能），③景気変動に伴う経済損失を最小限に止めながら，安定的な経済成長を維持すること（経済安定化機能）という 3 機能を総括した。財政現象をこのように機能的に把握するという方法は，初学者でもわかりやすく，今日でもなお財政学の骨格を形成している。

　しかし，マスグレイブ自身も認めるように，これら諸機能を 1 つの統合された予算を通じて同時に達成するのは困難であり，予算編成にあたっては，

3　複数の政策目標を同時に達成するためには，その目標の数と同じ数の政策手段を用意しなければならないという命題（ティンバーゲンの定理）が知られている。

第1章　財政学で何を学ぶか？　*11*

これら3つの目標が互いに影響しあっている点に留意する必要がある[3]。そもそも資源配分機能は，どのような税目によって公共サービスの財源を賄うかによって所得分配や経済成長への影響度合いは異なる。

　たとえば，累進所得税のように所得再分配を意図した租税政策は，短期的な景気変動を抑制する点で安定化には貢献するが，長期的な経済成長にはマイナスの影響を与える可能性がある。したがって，現実の財政運営においては，これら3機能間での対立点に十分配慮しながら，どのようにして全体として調和のとれた予算構造を実現していくかが課題となる。

3　財政の機能

3-1　資源配分機能

　現代の経済体制の下では，さまざまな財・サービスが市場を通じて供給される。経済学によると，こうした市場を通じた資源配分は，一定の条件の下で効率的であることが知られている。しかし，現実にはこのような条件が満たされず，**市場の失敗**が生じてしまうため，政府にはこの点を補正する機能が委ねられる。1つが，**公共財**の供給である（第7章）。公共財は，非競合性と非排除性の2つの性質によって定義されるが，とりわけ後者の性質は利潤を追求する民間企業による生産を困難にすることで，公共部門による供給が正当化される。一般道路などの社会インフラや国防・警察などの治安維持サービスが典型的である。

　第2に，**外部性**（第8章）が生じる財について，政府は税や補助金を通じて市場に介入することが正当化される。たとえば，ガソリンを燃料とする自動車は，CO_2の排出などにより環境に著しい悪影響を与えている（**負の外部性**）。このような場合は，市場で決まる自動車の生産量は過大であり，社会厚生の観点からは自動車への課税によってその供給量を抑制する必要がある。他方，感染症を防ぐワクチンは，その便益が予防接種した当人だけでなく，社会全体に広範囲に及ぶ（**正の外部性**）。このような財も，市場での需給バランスのみで供給量を決めるのは非効率であり，逆に政府からの補助金交付によって生産量を拡大することが望ましい。同じく正の外部性が大きい教

12 第1部 日本の財政構造と財政制度

育や図書館などを公共部門自体が供給することも，以下の所得再分配機能としての側面をあわせもつが，資源配分の効率性という観点から正当化できる。

第3に，政府は**独占**を排除するなどして，市場での公正な競争条件を確保しなければならない。この点は，基本的に独占禁止法などを通じた政府の規制政策によって対応が図られるが，電気，ガス，水道など**費用逓減産業**のサービスについては，価格規制や公共部門を通じた直接的な供給が求められる場合がある。それには，これら事業の生活必需財としての性格が強いことや，発足時の固定費用が莫大で大企業による独占（自然独占）が形成されやすいことから，むしろ価格に上限を設けたうえで地域独占的に生産・販売する方が公正かつ効率的であるといった考え方がある。

3-2 所得再分配機能

現代の資本主義経済の下で，私たちが生涯においてどれくらいの経済的資源を獲得できるかは，労働や資本などの**生産要素市場**を通じて決まる。原則として，社会的貢献度を表すとされる賃金率や収益率の下で，自らの生産要素をたくさん提供した人ほど多くの所得が得られる。そうした仕組みは，努力や貢献に応じた報酬という点で，社会の発展と進歩を促進させる誘因として機能している。

しかし，こうした分配のメカニズムは必ずしも公正であるということにはならない。現実の世界では，自らの努力のみによって能力を高めるには限界があるし，各人の社会的貢献度が必ずしも生産要素の価格に反映されるわけではない。たとえば，人生の途中で深刻な病気や怪我をしたり，あるいは障がいをもつなどして，努力する能力さえ失われてしまう場合がある。また，そもそも親の経済状態に基づいて，社会には，生まれながらにして著しい格差が存在するのが現実である。

そこで，政府には，もともと私たちの社会は不平等であるとの前提に立って，そのような運・不運で生じた不平等の解消に努めるとともに，人間としての生存と尊厳が脅かされることのないように，すべての人々に対して健康で文化的な最低限度の生活を保障する役割が求められる。

第1章　財政学で何を学ぶか？　*13*

　所得再分配のための手段としては，歳入面での租税・社会保険料と歳出面での政府移転支出が中心となるが，後者は失業手当といった**現金給付**と，無償の保育サービスといった**現物給付**の2種類がある。

　また，移転支出の対象をどのような範囲に設定するかという点では，経済的困窮者などに給付を限定する**選別主義的な再分配**と，受給資格を有するすべての世帯に給付を行う**普遍主義的な再分配**に分類できる。前者は必要となる財源が少なく，困窮者を効率的に救済できるとみられるが，受給者の選別に追加的な行政コストがかかる。また，受給者と非受給者との間で社会的分断を招きやすいという弊害も指摘される。一方，後者は，こうした選別主義の問題を回避しうるものの，給付を賄うための相当な財源が必要となる。

　以上は，基本的に富裕者から貧困者への**垂直的再分配**を想定したものであるが，これら再分配政策の実行過程においては，それぞれ異なる社会属性間での公平上の問題となる**水平的再分配**が生じることがある。この場合の社会属性としては，①年齢，②就労形態，③居住地域，④世帯特性などがしばしば問題となる。

　たとえば，賦課方式型の公的年金の下での社会保険料の引上げは，現役若年世代から高齢退職世代への再分配を引き起こすが，一方で，退職金を優遇する所得税は，非正規社員や転職を繰り返す労働者から，同一企業に長年勤め続けた正規労働者への再分配という要素を含んでいる。

　また，自動車やガソリンへの課税強化は，公共交通機関に乏しい，都市圏から離れた地域の住民の負担を引き上げる。さらに，教育の無償化や子ども手当の引上げなどは，単身者や子どものいない世帯から子育て世帯への所得移転という性格をもつ。このうち，特に①年齢は**世代間の公平**として議論される問題であり，この点で，政府には垂直的再分配を基本的な目標としつつも，同時にこのような水平的再分配に及ぼす影響にも留意した政策が求められることになる。

3-3　経済安定化機能

　ケインズ経済学の登場以来，景気の変動を緩和して，失業やインフレーションを最小限に抑える機能が財政に求められるようになった。経済安定化の

14 第1部 日本の財政構造と財政制度

ための財政手段としては，毎年の予算編成を通じて弾力的に景気変動に対応する積極的な**総需要管理政策**と，景気の変動を緩和する機能が自動的に働くように制度として組み込まれた消極的な財政政策に大別される。前者においては，総需要が総供給を超過するインフレ・ギャップがあるときは，政府支出の削減と増税を通じて，反対に総供給が総需要を超過するデフレ・ギャップがあるときは，政府支出の拡大と減税を通じて，それぞれ民間需要の過不足を補整する必要がある。

　一方，後者の消極的な財政政策とは，インフレ（好況）期には自動的に税収が伸長し，歳出が削減されるとともに，デフレ（不況）期には自動的に税収が落ち込み，歳出が増加するといった財政制度の働き（**ビルトイン・スタビライザー**）を意味している。たとえば，歳入面では個人所得税や法人所得税など，**税収の所得弾力性**の高い税目があげられ，歳出面では失業給付をはじめとする生活困窮者への支援制度がこれにあてはまる。

　上記2つの安定化手段を比べると，積極的な財政政策が基本的に予算編成を通じた法改定を伴うために，機動的でタイムリーな政策発動が困難であるが，ビルトイン・スタビライザーは制度として固定されているので，そのような問題が生じないという利点がある。

4 現代日本財政の課題

4-1 超高齢社会の到来

　日本は，2010年代に人口減少社会に移行したが，留意すべきは，**高齢化**と**少子化**が同時に進行しながら人口が減り続けている点で，国家財政に大きなインパクトを与えていることである。

　総人口に占める65歳以上の高齢者の割合（高齢化率）は，2023年時点で29％となっており，これは先進国中最高の水準であり，30年後には37％程度に上昇することが予測されている。高齢者人口そのものも2045年までは増加すると予想されているので，こうした変化は，確実に年金・医療・介護などの社会保障関係の支出を増加させる。

　また，同一世代内での経済格差は，若年世代よりも高齢世代内でより大き

第 1 章　財政学で何を学ぶか？　*15*

くなるため，超高齢社会の下で，社会保障には，格差拡大への対応という役割がいっそう求められる。子育て支援や教育への補助金は，そのような再分配政策の一環として位置づけられるが，少子化対策としての機能も担っている。

　他方で，労働力人口の減少は，それ自体社会保険料収入に下押し圧力を加えるとともに，供給力の低下から経済成長を鈍化させることにより，いっそう労働報酬に依存した歳入調達を困難にしている。

　このように現行の社会保障制度が，人口構造の変化に脆弱であるのは，第3章でみるように，基本的に現役世帯の税と社会保険料拠出によって高齢世帯の給付が賄われる仕組みとなっているからである。制度の持続可能性という観点から，まずは社会保障の負担と給付の見直しを含めて，どうやって来るべき超高齢社会の到来に耐えうる，頑健な再分配構造を構築していくかが日本財政にとって大きな課題となっている。

4-2　危機的な地域経済

　上記人口構造の変化は，なお止まない首都圏への人口集中と合わさって，地域経済の衰退をもたらしている。国土交通省によると，全市区町村の約3割で2050年の住民数が2015年の半分に満たなくなるとされている。これにより，小規模市町村では，医療・介護・保育・教育，公共交通，食料品・日用品の購入，防災インフラなどの生活圏における基礎的サービスの維持がますます困難になることが予想される。

　加えて，近年深刻な問題になっているのが，全国的にみた**空き家**の増加である。空き家の増大は，公衆衛生，景観，治安の観点から周辺地価の下落を引きおこすことで，地域経済の衰退を加速させている。

　これらのうち公共交通や商業施設の減少などは，民間企業や地域住民の努力と工夫によりある程度の対応が可能であるかもしれない。しかし，他の必需的な公共サービスや外部性の著しい空き家問題については，行政主体が責任を負うのは当然であろう。

　この点で，上記問題を踏まえて，一定の生活圏を中核的な拠点都市に集中させて居住環境を再整備する**コンパクトシティー構想**が提唱されているが，

16　第 1 部　日本の財政構造と財政制度

あくまで漸進的な移行を要する中長期的な課題の 1 つと位置付けられる。現在地域経済が直面する喫緊の問題について，国・道府県・市町村といった各行政主体がどのような役割を担って住民生活を保障していくのか，そのための費用をどのように国と自治体間で分担するのか，国と地方の財政関係のあり方が問われている。

4-3　気候変動対策

　気候変動が地球規模で起きている現象である限り，この問題に対しては国際間協力を通じたグローバルな対策が不可欠である。現在，気候変動対策において基本となる国際的枠組みが 2015 年に締結された**パリ協定（COP21）**である。この協定では，地球の平均気温上昇を産業革命前に比べて 1.5 度以下に抑えることを目指して，参加各国は自主的に CO_2 など温室効果ガスの排出量削減目標を設定することが求められた。

　日本では，当初 2030 年度に 2013 年度比で排出量を 26％ 削減することが掲げられたが，2021 年に同目標は 46％ に引き上げられるとともに，あわせて 2050 年カーボン・ニュートラル（温室効果ガスの排出量と吸収量を均衡化させること）の実現を目指す方針が示された。これらによって，現在，グリーン投資促進のための補助金や融資制度などの施策が拡充されつつある。

　同時に，パリ協定では，開発途上国の排出削減を支援するために，先進国には資金供与や低炭素技術等の移転を行うことが定められており，日本も引き続き **ODA**（政府開発援助）等による財政措置や技術支援を通じて国際貢献を果たしていくことが求められている。

　他方で，欧州各国で脱炭素の有力な手段として活用されている**炭素税**について見ると，日本は，2012 年に既存の石油石炭税に上乗せする形で**地球温暖化対策のための税**が導入されたのみである。その税率も欧州に比べて著しく低く，実効性が疑問視されている。排出量 1 トンあたりの税額でみると，2021 年時点でスウェーデンの 50 分の 1 にも満たない。

　また，2024 年には森林整備等の財源を調達する目的で，新たに国税としての**森林環境税**が導入されたが，実態は逆進性の強い個人住民税均等割の上乗せであり，直接的に温暖化ガス排出の抑制を意図したものではない。

第 1 章　財政学で何を学ぶか？　　**17**

　このように，日本は依然として国際公約の脱炭素化に向けて効果的な環境税制を整備できていない状況にある。具体的には，**揮発油税**をはじめとする化石燃料への課税や，とりわけ環境への負荷が大きい各種自動車に対する課税（**自動車税**など）が問題となる。これら消費課税に分類される税制については，負担の公平性に留意しながらも，適正な税率水準を設定して，全体として整合的な環境税体系を構築していく必要がある。

4-4　公的債務の問題

　日本では，1990 年代はじめのバブル経済の崩壊以来，税収不足を補うための公債発行への依存が強まる中で，**公的債務**は累増の一途をたどり，2024 年度末に普通国債残高が 1,105 兆円に達すると見込まれている。国の借金は国債だけではないので，国と地方を合わせた長期債務残高で計ると，2022 年度末で既に 1,239 兆円に達しており，名目 GDP の 2.2 倍までに及ぶ。

　後の章でみるように，このような公的債務の水準は先進国の中で際立って高く，予てより日本では**財政の健全化**が喫緊の政策課題とされてきた。政府債務の拡大には，次のような問題があると指摘されている。

　第 1 に，債務の持続可能性に疑念がもたれると，日本円に対する国際的な信認が低下し，為替レートの減価（円安）とともに物価が高騰するリスクが生じる。第 2 に，同じく国債価格が低下し，金利が上昇することで，企業の資金調達が難しくなり，経済成長に悪影響を及ぼす。第 3 に，歳出に占める利払い費が増大することにより，社会保障など他の政策的経費に回せる財源が減り，それだけ公共サービスの量と質が低下してしまう。

　公的債務の持続可能性を経常収支との関係から判断する見方もある。つまり，経常収支が黒字であれば，民間部門と政府部門を合わせた国内の貯蓄額が国内の投資額を上回っている状態にあり，その限りにおいて公債は国内で消化されているので問題ではない。反対に，経常収支が赤字であれば，海外から借入れを行わないと国内の投資を賄えないので，公債の消化を外国投資家に依存することなり，金利上昇への圧力が増大する。

　現在，海外部門の国債（短期証券を除く）保有率は 2023 年末時点で 7％程度であり，経常収支も 2015 年以降，10 兆円を超える規模の黒字が続いてい

18 第1部 日本の財政構造と財政制度

る。この点で，日本は必ずしも資金を海外に頼らなければ経済が回らないという状況ではない。だが，高齢化に伴う家計貯蓄の減少や貿易赤字の拡大など，将来的に経常収支の黒字幅を縮小させる要因はいくつか想定される。

　各国の歴史が示すように，際限なき政府の借金によって最終的にそのツケを払わされるのは，インフレで苦しい生活を余儀なくされる市民である。公的債務の持続可能性を確保していくことは，日本財政が先に述べてきた諸課題に対処するうえで最重要前提条件と言えるだろう。

参考文献

井手英策・倉地真太郎・佐藤滋・古市将人・村松怜・茂住政一郎（2022）『財政社会学とは何か―危機の学から分析の学へ』有斐閣

片桐正俊編（2014）『財政学第3版―転換期の日本財政』東洋経済新報社

神野直彦（2009）『財政学改訂版』有斐閣

横田信武・森岡一憲（2000）『財政学講義』中央経済社

Column　森林環境税

　「名は体を表す」という言葉がある。もともと仏教用語の「名体不二」に由来し，名前はその事柄の本質と切り離せないという意味らしい。だが，税金の世界では，名称が必ずしもその実体を表していない例もある。たとえば，「森林環境税」は，森林と環境のための税だろうという予想がつくが，「環境」という名が付いているにもかかわらず，欧州でメジャーな炭素税のように，汚染者負担原則という仕掛けにはなっていない。原則として，個人住民税均等割とあわせて1人年額1,000円を国が徴収して，それを①私有人口林面積（5割分），②人口（3割分），③林業従事者（2割分），を基準に各自治体に森林環境譲与税として配分する。そのため，納税者には，CO2排出を減らそうとか，ゴミを減らそうとか，環境に優しい行動をとる動機が働かない。また，譲与税の配分基準に人口が入っているので，都市部ほど配分額が増える傾向にあり，森林のない自治体はその使途に苦慮している現状がある。新税導入に先行して2019年度から開始された同譲与税の配分実績をみると，たとえば22年度までに東京都の大田区・渋谷区・台東区は，国から受け取った資金を1円も使わずに，全額を基金に積み立てたという（『東京新聞』2024年4月5日朝刊）。森林整備へのニーズは自治体ごとに異なるとすれば，実質的な人頭税という手段に拠らず，現行の地方交付税を拡充することこそ本筋ではないだろうか。

第2章　予算制度[1]

　財政は，予算と決算の繰り返しである。予算編成・執行と決算の仕方は，毎年度，一定の手順と形式にしたがって進められるように，法によって定められており，その体系が財政制度である。政府が毎年度作成する予算書にも一定の様式がある。この章では，これらがどのようにして定められているかを説明する。

1　財政と予算の基礎概念と諸原則

1-1　財政の特徴

　財政は，国の経済活動である。国が，経済主体として，個人や企業のような民間と性格が異なることに起因して，財政は，民間の経済活動と比べて，次のような特徴がある。

　第1に，民間の経済活動が当事者の自由意思に基づく取引であるのに対して，国の経済活動は課税や社会保険のように強制力を伴うものがある。脱税は，懲役や罰金の対象である。このような財政の強制力の反射として，財政は，民主的に運営するべきとされている。**租税法律主義**や**財政民主主義**の考え方がこれである。したがって，租税や予算はもちろんのこと，財政に関係する多くの制度は，国会での審議の対象とされている。

　第2は，国の経済活動には，受益と負担の間に個別的な対応関係がない。これを納税者（個人や企業）の側からいえば，国に対する税や保険料の支払いなどの負担と国が提供する行政サービスから受ける便益との間に経済的な等価関係がないことを意味する。所得税や相続税の累進課税や社会保障などの**所得再分配政策**は，これの典型例である。通常，経済的に等価交換ではない

1　本章は，多くを小村（2016）によっている。

20　第1部　日本の財政構造と財政制度

（つまり，金銭的に損をすることが確実な）取引に自由な意思で参加することは，まったくないとは言わないが，稀である。それを大規模に，国家全体として実現するのが財政である。財政の第1の特徴である強制力があってこそ，成り立つシステムである。

　第3は，経済活動の目的が政策目的の実現であり，個人や企業のように自己的なものではなく，社会的な性質をもつことである。経済学の用語を使うと，国は社会的厚生を最大にすることを経済活動の目的にしているといえる。もっとも，国家が本当に社会的厚生を最大にすることを考えているのか，疑わしい場面がないとはいえない。そのためにも国民（納税者）は，常に，国家を監視することが大切である。これも，財政民主主義である。

　第4に，国の経済活動では，意思決定が，個人的にではなく，集団による合意形成を通じて行われる。日本のような民主主義による政治的な意思決定システムを採用している国では，通常，この合意形成は選挙（投票）を通じた**政治過程**によって行われ，多数決の方法で様々なことを決めている。独裁的に決定することを是としない限りにおいては何らかの形で集団的な意思決定を行う必要があるが，これが最善の方法であるかどうかは，不明である。他に思いつく方法がなく，今のところ，これがセカンドベストだと考えられているが，民主的な意思決定はポピュリズムとして批判されることもある。かつての帝国主義国家でも選挙は実施されていたし，ナチス政権も選挙によって支持されていた。**集合的意思決定**という制約の中でいかにして財政を運営していくかは，日々の財政問題ではないが，財政学の根本的で，忘れてはいけない，難しい問題である。

　第5に，財政制度には法的な根拠がある。国家の成り立ちを定める基本法は憲法である。財政が国家運営のために必要不可欠であることを踏まえて，日本国憲法は第7章（83条から91条）を財政にあてている。ただ，憲法は，基本的なことを定めるのにとどまっており，具体的なことは法律に任せている。財政のことを具体的に定める法は，財政法である。財政法は，「国の予算その他財政の基本に関して」（財政法1条），具体的には，会計区分，予算，決算等を定めている。財政制度は，憲法を基礎とし，財政法を中心に組み立てられているが，その他にも会計法，特別会計に関する法律など[2]，多くの

第2章　予算制度　*21*

法が財政制度を構成している。また，租税法（所得税法，法人税法，消費税法，地方税法など）も財政に関係する法といえる。

1-2　財政と予算の諸原則

　国は，**予算**に基づいて，財政を運営する（経済活動を行う）。この意味で，予算は財政の要である。民間企業の経営活動にも予算があるが，財政の予算は，それとは比べられないくらいに重い存在である。国家の運営にとって財政が重要であること，そして財政の運営にとって予算が重要であることを踏まえて，憲法や財政法は，財政や予算に関する基本原則を明記している。

　憲法は，財政に関する基本原則として，**財政の国会議決原則**（83条），**租税法律主義**（84条），**国費の国会議決原則**（85条）を定める。

　財政の国会議決原則は，財政民主主義の宣言とされており，財政を処理する権限の行使には国会の議決を必要とする趣旨である。財政を処理する権限には租税の賦課徴収権限，国費の支出権限，債務負担権限なども含まれるから，これだけでも憲法として財政民主主義を宣言するには足りている。財政の国会議決原則に加えて，租税法律主義や国費の国会議決原則をわざわざ別に明記する必要はなく，財政の国会議決原則と租税法律主義・国費の国会議決原則は内容が重複する。しかし憲法は，租税法律主義・国費の国会議決原則もあえて確認的に基本原則として掲げることで，財政民主主義の精神を強調している[3]。

〈憲法〉

83条　国の財政を処理する権限は，国会の議決に基いて，これを行使しなければならない。

84条　あらたに租税を課し，又は現行の租税を変更するには，法律又は法律の定める条件によることを必要とする。

85条　国費を支出し，又は国が債務を負担するには，国会の議決に基くことを必要とする。

2　国有財産法，物品管理法，国の債権の管理等に関する法律，補助金等に係る予算の執行の適正化に関する法律などもある。

3　小村（2016）20-21頁。

22　第1部　日本の財政構造と財政制度

　予算に関する基本原則について，憲法は**単年度主義**（86条）を定めるだけであり，財政法が**会計年度独立の原則**（12条），**単一会計主義**，**総計予算主義**（14条）を定めている。また，**目的外使用の禁止**（32条），**非募債主義**（4条），**公債の市中消化の原則**（5条）なども，財政法が定める予算に関する基本原則である。

　単年度主義は，会計年度ごとに予算の国会議決が必要であることを求める原則である。会計年度独立の原則は，当該年度の歳入によって経費を賄うことを求める。繰越明許費が両者にとって同じく例外的な取り扱いであることなどから，単年度主義と会計年度独立の原則を混同することがあるが，両者は異なる概念である。単年度主義は，予算の歳出権限を当該年度に限定することで，予算に対する国会の審議権を確保し，財政民主主義の要請に応える。会計年度独立の原則は，当該年度の経費を当該年度の歳入で賄うことで財政の健全性を確保する。継続費や国庫債務負担行為は，会計年度独立の原則ではなく，単年度主義の例外である。

　単一会計主義（**予算単一の原則**，**会計統一の原則**）は，国の財政を経理する会計は財政状況を一覧して網羅できるように1つにまとめるのが望ましいとする考え方である。これによって予算にはメインとなる会計が1つあることになり，これを**一般会計**と呼ぶ。しかし実際には，一般会計にすべてを集約するのではなく，ここから切り離して経理した方が都合がよいこともある。そこで，単一会計の例外として，一定の要件（財政法13条2項）の下で別に会計を設けることが認められている。これを**特別会計**と呼ぶ。このようにして，会計は，一般会計と特別会計の2本立てになる（財政法13条）。2024年度現在，特別会計は13ある[4]。

　一般会計と特別会計は，いずれも国の会計という点で同じである。したがって，会計処理上の取り扱いなども，おおむね同じである。しかし，両会計の間には，一般会計は**一般財源**，特別会計は**特定財源**を想定するといった相

4　交付税及び譲与税配付金特別会計，地震再保険特別会計，国債整理基金特別会計，外国為替資金特別会計，財政投融資特別会計，エネルギー対策特別会計，労働保険特別会計，年金特別会計，食料安定供給特別会計，国有林野事業債務管理特別会計，特許特別会計，自動車安全特別会計，東日本大震災復興特別会計。

違もあり，さらにはそもそも特別会計は理由があって一般会計とは区分して経理していることもあり，運用の仕方などに若干の相違がある。特別会計が一般会計と異なる点には，①特別会計は，「特別会計に関する法律」（特別会計法）によって，歳入歳出が一定の範囲に限定されている，②剰余金は，一定の場合に，当該特別会計の翌年度の歳入に繰り入れることとされている（特別会計法8条），③いわゆる弾力条項の定めがある（特別会計法7条）ことなどがある。

　総計予算主義（完全性の原則）は，予算の全貌を明らかにするために，歳入歳出のすべてについて，差し引きではなくすべてを予算に計上させる。差し引きではなくすべてというのは，たとえば税収（歳入）を得るために必要な人件費（経費）を差し引いてその差額を歳入として予算計上するのではなく，税収額，人件費のそれぞれをすべて予算として計上することを意味する。したがって，必要経費を差し引いた実質的な収入を歳入として計上したり，他から収入する負担金などを差し引いて実質的な支出のみを歳出として計上するといった方法（純計予算主義）は，予算編成において，認められない。総計予算主義には，国の予算について，その全貌を明らかにすること，適正に経理すること，執行の責任を明らかにすることなどの意義がある[5]。

　総計予算主義に関連して，**収支統一の原則**（会計法2条）がある。総計予算主義が編成面から予算にアプローチするのに対して，収支統一の原則は，執行面で予算にアプローチする。収支統一の原則によって，たとえば，経費を相殺して収入を国庫に納付するといった純計的な方法による予算の執行が禁じられる。いずれの原則も予算が国家財政の全貌を明示することを求める趣旨である。両原則は，編成上の原則である総計予算主義の趣旨を，収支統一の原則が予算執行の側面から実効的に担保する関係にある[6]。

　目的外使用の禁止は，予算を当初の目的通りに支出することを求める原則である。予定通りに執行することは，当たり前であり，逆に，予定通りに執行しなくてよいとすれば，何のための予算なのか，ということになる。しかし実際には，予算編成後に世の中が変わることもあるし，場合によっては，

---

[5]　小村（2016）55頁。
[6]　小村（2016）57頁。

24　第1部　日本の財政構造と財政制度

予算編成時点ではあらかじめ具体的なことまで決められないことや予定通り
に執行することがかえって不都合を招くこともある。そのような場合に備え
て，目的外使用の禁止の例外的な取り扱いとして，移用や流用（財政法33
条），移替えが認められている。

　以上の他にも，財政法は，非募債主義（歳出は借金以外の方法（実質的には租
税である）で賄うことを基本とすること）（財政法4条）や公債の市中消化の原則
（国の借金を直接日本銀行に引き受けさせてはいけないこと）（財政法5条）を定めてい
る（第5章参照）。これらは，公債に関わる原則であるが，財政運営の基本原
則ともいえる。非募債主義は，健全財政の趣旨からの要請であり，戦前の軍
事費調達のための巨額の公債発行への反省から[7]，市中消化の原則は，戦時
体制下の日本銀行引き受けによる大量の公債発行が急激な物価上昇をもたら
したことへの反省から[8]，それぞれ定められた。

〈憲法〉

86条　内閣は，毎会計年度の予算を作成し，国会に提出して，その審議を受け
　議決を経なければならない。

〈財政法〉

12条　各会計年度における経費は，その年度の歳入を以て，これを支弁しなけ
　ればならない。
13条　国の会計を分つて一般会計及び特別会計とする。
　2項　国が特定の事業を行う場合，特定の資金を保有してその運用を行う場合
　その他特定の歳入を以て特定の歳出に充て一般の歳入歳出と区分して経理す
　る必要がある場合に限り，法律を以て，特別会計を設置するものとする。
14条　歳入歳出は，すべて，これを予算に編入しなければならない。
32条　各省各庁の長は，歳出予算及び継続費については，各項に定める目的の
　外にこれを使用することができない。

〈会計法〉

2条　各省各庁の長は，その所掌に属する収入を国庫に納めなければならない。
　直ちにこれを使用することはできない。

7　小村（2016）98頁。
8　小村（2016）133頁。

第2章　予算制度　　*25*

1-3　財政と予算の基礎概念

　収入は、「国の各般の需要を充たすための支払の財源となるべき現金の収納」（財政法2条）、**支出**は、「国の各般の需要を充たすための現金の支払」（財政法2条）として定義される。収入・支出のいずれにおいても、そのポイントは、「国の各般の需要を充たす」ことと「現金」である。「各般の需要を充たす」とは、政策目的を実現するためと言い換えることができる。したがって、支出は政策目的実現のための現金の支払いの意味であり、収入はその支出の財源となるための現金の収納の意味である。このようにして、現金の受渡によって収支を認識することは、国の会計が**現金主義**に基づくことを意味している[9]。

　収入と支出の概念は、期間の意味を含まない。そこで、これらに期間の意味を加えることにし、それを1**会計年度**で区切ったのが、歳入、歳出である（財政法2条4項）。1会計年度は、4月1日に始まり、翌年3月31日に終わる1年間である（財政法11条）。

　このような歳入と歳出の意味を踏まえて、財政と予算の意義を述べると、財政は、国の経済活動であり、この財政を金銭面からとらえ、歳入と歳出（1会計年度ごとの収入と支出）の計画として示したものが予算である、というようになる。

〈財政法〉
2条　収入とは、国の各般の需要を充たすための支払の財源となるべき現金の収納をいい、支出とは、国の各般の需要を充たすための現金の支払をいう。
　4項　歳入とは、一会計年度における一切の収入をいい、歳出とは、一会計年度における一切の支出をいう。
11条　国の会計年度は、毎年4月1日に始まり、翌年3月31日に終るものとする。

　予算は、内閣が国会に提出し、国会での議決によって成立する（憲法86条）[10]。国会の議決対象となる予算には、国（政府）の一般会計と特別会計の

9　ここでいう「現金主義」は、企業会計における期間損益計算のための発生主義をベースにした現金主義とは異なる意味である。

26 第1部 日本の財政構造と財政制度

他に，政府関係機関と財政投融資計画がある[11]。財政投融資計画は，「第2の予算」とも呼ばれ，借金を有償資金として積極的に利用することで税負担なく社会資本整備を進めることを利点に，かつて盛んに利用されてきた。現在でもその役割は変わらないが，2001年の財政投融資改革以降は，その規模を縮減している。

しばしば「予算が成立する」という表現を目にするが，予算の成立は，形式的には，立法府（国会）から行政府（各省庁）に対して**財政権限**を付与することを意味する。財政権限とは，財政運営のために必要な各種の権限を意味し，憲法は「財政を処理する権限」(83条)，「国費を支出し，又は国が債務を負担する」(憲法85条)権限と表現している。

予算を審議する国会では，通常，予算の執行に必要な法律案（予算関連法案）も同時に審議する。たとえ予算が成立しても，予算関連法案の成立がなければ，予定していた財源を得ることができなかったり，あるいは施策を実施できないことになる。そうすると，この予算は，事実上，絵に描いた餅になる。そのため，財政運営にとって，予算関連法案の成立は，予算の成立と同じくらいに重要である。予算と法律の関係も，どちらが優先するということはなく，両者は対等とされている。実際には，これまでに，予算は成立したけれども予算関連法案が成立しなかったということもあった。しかし，制度上は，いずれも同じ国会の意思で成立するものであり，予算と法律が矛盾することは，想定されていない。

予算も法律も国会で成立させる点は同じである。しかし，予算と法律は異なる議決形式である。基本的な考え方は，予算の財政運営における重要性を踏まえて，予算は，法律よりも容易に成立するようになっており，衆議院の

---

10 国では，「内閣」が予算を「作成」するが，地方では，「普通地方公共団体の長」が予算を「調整」する（地方自治法211条）。内閣や普通地方公共団体の長が議会に提出した予算を議会がどこまで修正できるかには，複数の見解がある。地方では，議会の権限として，「議会は，予算について，増額してこれを議決することを妨げない。但し，普通地方公共団体の長の予算の提出の権限を侵すことはできない。」（地方自治法97条）の定めがあるが，国にはこのような明文規定はない。

11 政府関係機関には，沖縄振興開発金融公庫，株式会社日本政策金融公庫，株式会社国際協力銀行，独立行政法人国際協力機構有償資金協力部門がある。

優先権を強くしている。予算と法律の相違は，次のようになる[12]。

1) 予算は，議決の前後ともに予算である（しかし，一般的には，わかりやすいので議決前の予算を予算案ということが多い）が，法律は，国会での議決によって法律案から法律になる。
2) 予算の編成権・提案権は，内閣のみである（憲法 73 条・86 条）が，法律の提案権は，内閣だけではなく，国会議員にもある（憲法 59 条，72 条）。
3) 予算は，衆議院に先に提出する（憲法 60 条）が，法律には衆議院の先議権はない。
4) 予算は，両院で意見が一致しないときは，衆議院の議決が国会の議決になる（憲法 60 条 2 項）が，法律は，衆議院で可決し，参議院でこれと異なった議決をしたとき，衆議院で出席議員の 3 分の 2 以上の多数で再び可決することで成立する（憲法 59 条 2 項）。
5) 予算は，参議院が，衆議院の可決した予算を受け取った後，国会休会中の期間を除いて 30 日以内に議決しないときは，そのまま衆議院の議決が国会の議決になり，成立する（憲法 60 条 2 項）が，法律は，参議院が，衆議院の可決した法律案を受け取った後，国会休会中の期間を除いて 60 日以内に議決しないとき，その法律案は否決したものとみなされる（憲法 60 条 4 項）。
6) 予算は，成立遅延に対処するための措置（暫定予算）がある（財政法 30 条）が，法律は，遅延に対処する措置はない。
7) 予算の効力は，原則として，1 会計年度限りである（単年度主義）（憲法 86 条）が，法律の効力は，多くの場合，永続的である。

　予算は，財政運営の計画であり，施策に金銭的な裏付けを与えるものである。したがって，予算は，会計年度が開始する前（つまり，遅くとも 3 月末まで）に成立させることが必要である（**事前決議の原則**）。しかし，何らかの事情で期限までに予算が成立しないことがある。このようなときには，**当初予算**（**本予算**）が成立するまでの応急措置として，**暫定予算**（財政法 30 条）が利用される。暫定予算の期間は，とくに決められてはいないが，2 週間程度のことが多い。その後に当初予算が成立すると，暫定予算は当初予算に吸収されて消滅する。

　暫定予算は，予算の空白を回避し，最低限の財政運営を日々絶え間なく継

12　真渕（2017）199-200 頁，小村（2016）164 頁などによる。

28 第 1 部　日本の財政構造と財政制度

続できることを保証する[13]。この意味で，現在の予算制度は，暫定予算が成立しないことは想定していない[14]。しかし，暫定予算が成立しないこともあり得る[15]。このような予算の空白に対しては，立替払い等の方法によって対処する。

　予算の成立後の事情によって，当初予算を修正したり，予算の追加が必要になることがある。このような場合に利用される予算は，**補正予算**（財政法29 条）と呼ばれる。従来は，年に 1 度，12 月に景気対策のための補正予算を設ける程度であったが，最近では，東日本大震災など大規模自然災害への対応や新型コロナウイルス感染症対策のために，1 年度間に複数回の補正予算を設けることも増えている[16]。

〈財政法〉

29 条　内閣は，次に掲げる場合に限り，予算作成の手続に準じ，補正予算を作成し，これを国会に提出することができる。

　一　法律上又は契約上国の義務に属する経費の不足を補うほか，予算作成後に生じた事由に基づき特に緊要となつた経費の支出（当該年度において国庫内の移換えにとどまるものを含む。）又は債務の負担を行なうため必要な予算の追加を行なう場合

　二　予算作成後に生じた事由に基づいて，予算に追加以外の変更を加える場合

30 条　内閣は，必要に応じて，一会計年度のうちの一定期間に係る暫定予算を作成し，これを国会に提出することができる。

　2 項　暫定予算は，当該年度の予算が成立したときは，失効するものとし，暫定予算に基く支出又はこれに基く債務の負担があるときは，これを当該年度の予算に基いてなしたものとみなす。

13　地方財政では，「骨格予算」が作成されることがある。これは，選挙日程との関係で，政策的な施策を含む本格的な予算を作成することをせず，骨格的な部分のみを反映して編成する当初予算をいう。当初予算が骨格予算の場合，選挙の後（通常，6 月議会）で予算の肉付けを行うことが多い。「肉付け予算」は，補正予算として成立される。

14　小村（2016）270 頁。

15　1991 年度の暫定予算編成時の与野党合意で「1 日たりとも予算の空白をつくるべきではない」として以降は予算の空白は生じていないが，それ以前には予算の空白が生じたことがある。（小村（2016）271-272 頁。）

16　地方財政は，従来から補正予算の回数は多かったが，最近では国の補正予算の影響を受けてさらに補正予算の回数が増えている。

第2章　予算制度　*29*

2　予算の編成・執行と決算

2-1　予算の執行

　財政運営は，予算の**編成**，**執行**，**決算**の繰り返しである。このスケジュールは，おおむね，表2-1 のようになる。会計年度は4月1日に始まるので，予算を事前に決めるためには，遅くとも3月31日までに国会で議決する必要がある。予算編成の作業は，毎年7月末ころに予算編成の基本的な方向性が**概算要求基準**（概算要求の基本的な方針）の閣議了解として示されることで本格化し，年末の閣僚折衝を経た政府案の決定でクライマックスを迎える。政府案が決定する頃には，予算関連法案の一部として，税制改正の内容も明らかになる。

　予算は，国会の議決を経て成立する。成立した予算は，翌年度に執行され，これによって財政が運営される。予算の執行は，すなわち財政運営である。

　予算の執行とは，具体的には，予算の成立（国会での議決）によって国会から内閣に執行権限を付与し，内閣から各省庁の長（大臣や長官など）に予算を配分することである。このようにして，実際の予算の執行は，各省庁の長の責任によって行われることになる。予算を配分することは，予算の**配賦**（財政法31条）と呼ばれる。予算は，**予算総則**，**歳入歳出予算**，**継続費**，**繰越明許費**，**国庫債務負担行為**（3で詳述）からなるが，これらのうちで配賦されるのは，歳入歳出予算，継続費，国庫債務負担行為である。予算総則と繰越明許費は，財務大臣が，国庫大臣として，処理し得る総括的事項とされている[17]。

　予算の配賦によって予算執行の権限を各省庁の長に与えるが，歳入予算と歳出予算では扱いに異なるところがある。歳入予算は財務大臣，歳出予算は各省庁の長が予算執行の責任者となる。また，歳入予算は単なる見積もりであり，予算計上された金額だけの収納を義務付けるものでもない。この意味で，歳入予算は，厳格な意味での予算の執行ではないともいえる[18]。一方

---

[17]　小村（2016）281頁。

30 第 1 部 日本の財政構造と財政制度

表 2-1 予算・決算のスケジュール

X − 1 年度	5 月	各省庁の課レベルの作業
	6 月	各省庁の局レベルの作業
	7 月から 8 月	省庁レベルの作業
	7 月下旬	概算要求基準の閣議了解
	8 月 31 日	各省庁から財務省へ概算要求の提出（予算決算及び会計令 8 条）
	9 月から	財務省主計局による各省庁へのヒアリング
	10 月	査定局議
	12 月末	閣僚折衝（大臣折衝）（12 月下旬）を経て，予算の政府案決定
	1 月	政府案の国会提出（衆議院の予算先議権（憲法 60 条））
	1 月から 3 月	国会審議（衆議院の優越（憲法 60 条②））
	3 月	予算成立（成立しないときは，暫定予算（財政法 30 条））
X 年度	4 月 1 日から 3 月 31 日	予算の執行（必要に応じて補正予算の成立）
X ＋ 1 年度	4 月から 7 月末	出納整理期間（会計法 1 条）
	8 月から 9 月	財務大臣による歳入歳出決算の作成（財政法 38 条）
	9 月	内閣から会計検査院に歳入歳出決算を送付（財政法 39 条）
	9 月上旬から 11 月上旬	会計検査院で歳入歳出決算の検査
	11 月 20 日前後	内閣から歳入歳出決算を国会に提出（憲法 90 条，財政法 40 条）（閉会中のときは翌年 1 月の国会に提出）

（出所）真淵（2017），小村（2016），財務省ウェブサイト等により作成。

で，歳出予算は，計上された金額を上限として，原則として目的（つまり，項の区分）に従って支出しなければならない。歳出予算の執行は，形式的には，支出負担行為と支出行為に区分される。支出負担行為は「法令又は契約等によって国が歳出義務を負うところの原因行為」，支出行為は「これ（支出負担行為）に基づいて現実にその歳出義務の履行を行う支出行為」である[19]。

歳出予算は国会で議決された予算通りに支出するのが原則であるが（予算の目的外使用の禁止（財政法 32 条）），それでも後になって当初の計画を変更するのが望ましいこともある。そのような場合に備えて，予算の**移用**（財政法 33 条 1 項），**流用**（財政法 33 条 2 項），**移替え**（財政法上の規定はない）の仕組みが用意されている。

移用は，経費の目的変更を伴って項や組織の区分間で経費（金額）を変更

---

18 小村（2016）282 頁。
19 小村（2016）284 頁。

することである。財政法は同じ所管内で他の組織に変更（移用）する場合のみを定めるが，他の所管に属する組織への移用を禁止するわけではなく，可能である。項が議決科目であることを踏まえて移用は国会の議決が必要であり，どのような移用を行う予定であるかは，あらかじめ予算総則に記載することになっている。移用の例には，内閣本府（沖縄開発事業費など）と沖縄総合事務局（沖縄治水事業工事諸費など）などがある。これは，各組織の間の移用である。移用は項以上の科目を変更するために必然的に目的変更を伴うが，それでも，できるだけ予算の目的外使用禁止の原則を損なうことなく，むしろ移用によって予算の執行が効率的になることを期待して，例外的に弾力的な運用を認めることに意義がある。

　移替えは，予算の目的変更を伴わずに所管や組織を変更する。具体的には，国会の議決を経ている範囲内で，予算成立後に，そのときの事情に応じて予算の責任のみを形式的に変更することを認める。移用と同じく，あらかじめ予算総則に記載される。実際に移替えが想定されるのは，各省庁（つまり，所管）の職務権限が変更されたときにそれに合わせて予算の執行権限を変更する（職務権限の変更等による予算の移替え），当初予算の段階では経費の区分を確定することが困難であるために，とりあえず特定の所管に一括して予算を計上しておき，実際の執行段階でこれを実施する所管や組織を確定させる（特定経費の予算の移替え），といった場面である。

　移用と移替えは，同じ所管内で組織を変更するとき，外見上はとても似ている。しかし，移用が目的変更を伴い，移替えは目的変更を伴わない点で，両者は別物である。

　流用は，目（項の下の区分）の間で経費を融通することである。流用といえば，世間では，不正な目的外使用の印象があり，それだけでネガティブなイメージがあるかもしれない。しかし，ここでの流用は，そうではなく，きちんとした手続きの1つである。流用は，移用や移替えが国会の議決を必要とするのに対して，目が行政科目であることから，国会の議決を必要としない。ただし，予算統制の観点から，財務大臣の承認は必要である。

32　第1部　日本の財政構造と財政制度

図2-1　予算書における移替え，移用の記載イメージ

（予算の移替え等）

第14条　行政組織に関する法令の改廃等による職務権限の変更等に伴い，予算の執行に関し，「甲号歳入歳出予算」，「乙号継続費」，「丙号繰越明許費」及び「丁号国庫債務負担行為」における主管，所管及び組織の区分によることができない場合においては，主管，所管若しくは組織の設置，廃止若しくは名称の変更を行い，又は主管，所管若しくは組織の間において予算の移替えをすることができる。

2　行政組織に関する法令の改廃等に伴い，この予算の主管又は所管，組織若しくは項に用いられている行政機関の名称が実際の行政機関の名称と対応しないことになった場合においても，その主管又は所管，組織若しくは項に係る予算は，その目的の実質に従い，そのまま執行することができる。

第15条　次の表の左欄及び中欄に掲げる所管及び組織のそれぞれの右欄の項に係る予算を使用する場合においては，その実施にあたる各省各庁所管の当該組織にその必要とする予算の移替えをすることができる。

所管	組織	項
内閣府	内閣本府	沖縄振興交付金事業推進費，沖縄北部連携促進特別振興事業費，沖縄教育振興事業費，沖縄保健衛生諸費，沖縄国立大学法人施設整備費，沖縄開発事業費，沖縄北部連携促進特別振興対策特定開発事業推進費

（予算の移用）

第16条　「財政法」第33条第1項ただし書の規定により移用することができる場合は，第1表の各号に掲げる各組織の経費の金額を当該各組織の間において相互に移用する場合，第2表の各号に掲げる各項の経費の金額を当該各項の間において相互に移用する場合及び第3表の各号に掲げる各組織の経費の金額又は各項の経費の金額を当該各組織又は各項の間において相互に移用する場合とする。

第1表　各組織の間の移用

所管	移用することができる組織（括弧書は当該組織の経費を示す。）
1　内閣府	内閣本府（沖縄開発事業費，航空機燃料税財源沖縄空港整備事業費自動車安全特別会計へ繰入）と沖縄総合事務局（沖縄治水事業工事諸費，沖縄道路整備事業工事諸費，沖縄港湾空港整備事業工事諸費，沖縄道路環境整備事業工事諸費，沖縄国営公園事業工事諸費，沖縄農業農村整備事業工事諸費）

第2表　各項の間の移用

所管	組織	移用することができる項
1　内閣府	沖縄総合事務局	沖縄治水事業工事諸費，沖縄道路整備事業工事諸費，沖縄港湾空港整備事業工事諸費，沖縄道路環境整備事業工事諸費，沖縄国営公園事業工事諸費及び沖縄農業農村整備事業工事諸費の各項

第3表　各組織の間又は各項の間の移用

1　予定経費要求書に予定した職員基本給，政府開発援助職員基本給，職員諸手当，政府開発援助職員諸手当，超過勤務手当及び退職手当の各経費の金額に過不足を生じた場合におけるこれらの経費に係る各組織又は各項

（出所）財務省「令和6年度一般会計予算」の予算総則による。

2-2　決算の手続き

　4月1日から3月31日の期間で予算を執行すると，翌年度に，出納整理期間（翌年度7月31日まで（会計法1条））を経て，決算に進む。近年はPDCAサイクルによって事業の成果を確認し，その結果を次の事業の計画に反映させることで効率的な事業の推進（予算の執行）を図ることが重視されている。

決算は，過去の事実についての計数的記録であり，事前に国会で議決した予算を政府が各種の法規に従って適正に執行したことの国会への事後的な報告である[20]。PDCA サイクルの観点からすると，決算は物足りない。

決算の手続きは，各省庁の長が決算報告書等を作成して財務大臣に送付し（財政法 37 条），財務大臣はこの決算報告書等に基づいて歳入歳出の決算を作成し（財政法 38 条），内閣から会計検査院へ送付する（財政法 39 条）。その後，内閣は，**会計検査院の検査**を経た決算を国会に提出する（財政法 40 条）。国会への提出時期は，近年は，常会（通常国会）を待たずに，PDCA サイクルを意識してできるだけ早い時期に提出するという趣旨から，11 月 20 日前後である[21]。決算には予算のような衆議院の先議権がないので，国会への提出は，通常，衆・参両院に同時である。

会計検査院による検査は，正確性，合規性，経済性，効率性，有効性の観点から行われる（会計検査院法 20 条 3 項）。表 2-2 は，会計検査院による検査の観点をまとめている。一見すると，会計検査院による検査は，政策評価的な関連からしても十分であり，これによって十分に PDCA サイクルが実現しそうである。しかし実際には，会計検査は，経済的な観点からの検査は乏しく，法的な観点，とりわけ合規性からの検査に終始している。したがって，会計検査に政策評価の視点からの評価を期待することはほとんどできない。そこで，最近では，政策評価の視点を含めた経済的な観点からの評価のために，会計検査とは別建てで，政策評価（政策評価法）を実施している。

国会は，決算を審議し，一応，議決もする。しかし，決算は，予算の成立のような意味では国会の議決を必要としていない。決算の国会提出の目的は，議決を経ることではなく，予算の執行について政治的批判の機会を与えることとされている。したがって，決算では，審議の過程そのものが国会提出の目的である[22]。

決算では**剰余金**が生じることがある。この剰余金（＝収納済歳入額－支出済歳

---

20 小村（2016）347 頁。

21 「平成 15 年度決算以降については，国会からの決算の早期提出の要請により，国会が開かれている場合には，常会を待たずに翌年度の 11 月 20 日前後に提出することとしている。」（小村（2016）355 頁。）

22 小村（2016）356 頁。

34　第 1 部　日本の財政構造と財政制度

表 2-2　会計検査の基準

法的な観点	正確性	決算が予算執行の状況を正確に反映しているか否か
	合規性	事務事業や会計経理が，予算や法律に従って適正に行われているか否か
経済的な観点	経済性	事務事業が無駄なく経済的・効率的に行われているか否か ・経済性：インプットを最小にする
	効率性	・効率性：アウトプット／インプットを最大にする
	有効性	事務事業が所期の目的を達成し，また，効果を上げているか否か（政策評価の視点を含む） ・有効性：アウトカム／インプットを最大にする

（出所）会計検査院法第 20 条 3 号，真淵（2017）250-253 頁より作成。

出額，歳計剰余金と呼ばれる）は，翌年度の歳入に繰り入れること（翌年度の歳入予算に計上するのではなく，翌年度の決算等において歳入として受け入れることの意味）とされている（財政法 41 条）。ただし，歳計剰余金から一定の控除を行った後の残額（財政法 6 条が想定する剰余金）については，公債の減債制度の一環として，その 2 分の 1 を下回らない金額を翌々年度までに歳入予算に繰り入れ，公債償還財源として計上することになっている（財政法 6 条 1 項）。これは，一般会計から国債整理基金（特別会計）への剰余金繰入である（第 5 章参照）。

2-3　スケジュールの問題

　表 2-1 が示したように，X 年度の予算は，X－1 年度に編成，X 年度に執行，X＋1 年度に決算，という具合にそれぞれにおおむね 1 年度をかけて進行する。この過程を，角度を変えて X 年度の作業として眺めると，X 年度には，X－1 年度の決算，X 年度の予算の執行，X＋1 年度の予算の編成が同時に進行している。お役所の業務も，なかなか忙しい。

　近年，「15 か月予算」（2020 年度第 3 次補正予算と 2021 年度当初予算の一体的編成など），「16 か月予算」（2021 年度補正予算と 2022 年度当初予算の一体的編成）などと呼んで，12 か月を超える期間をイメージして予算を編成することがある。このような予算を編成することの趣旨は，年度替わりのタイミングにおいても事業に切れ目を生じさせることなく，継続的に事業を実施するように予算を編成することである。そのため，このような予算の編成には，切れ目なく対応することが求められる景気対策・経済対策やコロナ対策などが背景にあることが多い。

15（16）か月予算の効果は，第1に，予算の規模が大きくなる（と感じる）ことである。当初予算に補正予算を加えた金額を通年の予算として捉えるので，補正予算の分だけ規模が大きくなるのは当然だが，それでも民間経済に対してプラスのイメージを与える効果があると期待されている。第2に，これによって，事業の実施（または，政府から民間への支払い）に年度替わりによる切れ目をなくして，歳出（支出）の波をなだらかにする効果がある。国が実施する事業は，単年度主義の考え方もあって，年度末でいった区切りとなることが多い。そのため1月から3月の期間は，年度末に向けて締めの作業に充てられることも多く，新規に実施される事業が減る傾向がある。また，新年度当初は，前年度予算の出納整理期間であり，新年度の事業の中には6月になってからどの事業にいくら配分するかといった具体的な内容が決まる（これを個所付けという）ものもあり，7月1日の官僚の人事異動を経るまで，実質的な動きがないこともある。15か月予算として補正予算から当初予算を一体的に編成することは，このような年度末と年度当初における事業の停滞を回避する効果がある。

　予算・決算のスケジュールが抱える問題は，PDCAサイクルとしての決算の意義において指摘されることがある。望ましいPDCAサイクルは，X年度に実施した事業の成果を踏まえて，X+1年度に事業を実施することである。しかし，表2-1のスケジュールからわかるように，国の予算・決算のスケジュールでは，これは不可能である。X年度には，当該年度の事業を実施（予算を執行）すると同時に，次年度（X+1年度）の予算編成を行っている。X年度の予算の執行が終わるとき（X年度末）には，X+1年度の予算はすでに成立している。X年度の決算が明らかになるとき（X+1年度の秋）は，X+2年度の予算の編成中である。事業の終わりを待って成果を確認し，この結果を次に反映させようとするならば，どうしても1年の間隔が空くことになる。秋に決算を国会に報告するのは，それでもできるだけ早く決算の結果を反映させようという努力である。

36　第1部　日本の財政構造と財政制度

表2-3　歳出予算，継続費，繰越明許費，国庫債務負担行為の内容

		歳出予算	継続費	繰越明許費	国庫債務負担行為
財政法上の根拠		14条	14条の2第3項	14条の3第2項	15条第5項
性格・趣旨		単年度主義	単年度主義の例外（数年にわたる継続事業の円滑な遂行に資するため）	会計年度独立の原則の例外（歳出予算の繰越制度）単年度主義の例外	単年度主義の例外（長期的事業の円滑効率的な執行を図るため）
対象		限定なし	工事，製造その他の事業で，その完成に数年度を要するもの（14条の2第1項）実際は防衛省の護衛艦，潜水艦などの建造に利用	歳出予算の経費のうち，その性質上又は予算成立後の事由に基き年度内にその支出を終らない見込のあるもの（14条の3第1項）	限定なし
期間		1年度	原則として5年度以内（14条の2第2項）	翌年度	1年度（経費の支出まで含めると複数年度）
付与される権限	債務負担権限	当該年度のみ	期間内で各年度に分割可能	翌年度に債務負担行為	求めた当該年度に全額負担行為を行うことを前提
	支出権限	当該年度のみ	後年度もあり	翌年度まで	なし
	後年度への繰越		特別の繰越手続なしで事業の完成年度まで逓次繰越可能（継続費の年割額の逓次繰越）		繰越明許費とした場合に限り翌年度に繰越可能翌々年度への繰越は不可

（出所）小村（2016）等により作成。

3　予算の内容

　予算は，予算総則，歳入歳出予算，継続費，繰越明許費，国庫債務負担行為で構成される（財政法16条）。表2-3は，歳出予算，継続費，繰越明許費，国庫債務負担行為の内容をまとめている。憲法は，財政を処理する権限において，国費の支出（**支出権限**）と債務の負担（**債務負担権限**）を区分している（85条）。歳出予算，継続費，繰越明許費，国庫債務負担行為は，それぞれ，これらの権限の付与のされ方などに相違がある。

第2章　予算制度　37

図2-2　予算総則の例

予算総則

〈歳入歳出予算〉
第1条　令和6年度歳入歳出予算は，歳入歳出それぞれ 112,571,688,422 千円とし，「甲号歳入歳出予算」に掲げるとおりとする。
〈継続費〉
第2条　「財政法」第14条の2の規定による既定の継続費の総額及び年割額の改定並びに新規の継続費は，「乙号継続費」に掲げるとおりとする。
〈繰越明許費〉
第3条　「財政法」第14条の3の規定により翌年度に繰り越して使用することができる経費は，「丙号繰越明許費」に掲げるとおりとする。
〈国庫債務負担行為〉
第4条　「財政法」第15条第1項の規定により令和6年度において国が債務を負担する行為は，「丁号国庫債務負担行為」に掲げるとおりとする。

（出所）財務省「令和6年度一般会計予算」による。

3-1　予算総則（財政法22条）

　予算総則は，予算の総括的，内容目次的な規定であり，予算運営に関わる重要事項を説明し，条文形式で記載される（図2-2）。予算の移替えや移用がここに記載されていることは，すでに説明した（図2-1）。

> 〈財政法〉
> 22条　予算総則には，歳入歳出予算，継続費，繰越明許費及び国庫債務負担行為に関する総括的規定を設ける外，左の事項に関する規定を設けるものとする。

3-2　歳入歳出予算（財政法23条）

　歳入歳出予算は，予算の中核である。歳入予算と歳出予算は性格が異なり，歳入予算は当該年度における歳入の見込み，歳出予算は当該年度における歳出の上限である（2-1参照）。

> 〈財政法〉
> 23条　歳入歳出予算は，その収入又は支出に関係のある部局等の組織の別に区分し，その部局等内においては，更に歳入にあつては，その性質に従つて部に大別し，且つ，各部中においてはこれを款項に区分し，歳出にあつては，その目的に従つてこれを項に区分しなければならない。

　歳入予算（表2-4）は，単なる見積もりである。形式的には歳入予算も配

38 第 1 部　日本の財政構造と財政制度

表 2-4　歳入予算の例

主管	部	款	項	金額（千円）
財務省	租税及印紙収入			69,608,000,000
		租税		68,566,000,000
			所得税	17,905,000,000
			法人税	17,046,000,000

（出所）財務省「令和6年度一般会計予算」による。

賦されるが，実質的には，これによって政府に徴収の権限を付与したり，義務を課すわけでもない。歳入の総括的責任者は財務大臣であり，その他の各省庁の長はその所掌の歳入の徴収等に関する事務を管理するだけである。この意味で，歳入予算には，所管の概念はなく，部局等の組織を主管と呼び，これを部，款，項といった予算科目に細分化する構成となっている。これらの区分は，すべて性質による上下・大小の分類である。たとえば財務省の場合，主管が財務省，部は租税及印紙収入，政府資産整理収入，雑収入，公債金である。租税及印紙収入（部）は，さらに租税と印紙収入の款に細分され，租税（款）はさらに所得税，法人税，相続税などの項に細分される。

　一方，**歳出予算**（表2-5）は，歳出の上限を設定するものであり，これは内閣に対する財政権限（つまり，債務負担権限と支出権限）の付与の意味をもつ。この権限は，各省庁の長に付与される（配賦）ことになっており（財政法31条），権限（責任）の及ぶ範囲という意味で各省庁が**所管**となり，これを部局等の組織に分け（つまり，所管と組織は異なる），そして部や款の区分をせずに，予算の目的によって項の区分に細分化する（歳出予算では，歳入予算のような，上下や大小の関係による区分は行っていない）[23]。たとえば総務省の場合，所管が総務省となり，組織は総務本省，管区行政評価局，総合通信局，消防庁などとなる。総務本省（組織）は，総務本省共通費，総務本省施設費，行政管理実施費などの項に区分される。歳入予算には○○省主管合計といった記載は

23　地方公共団体の予算には，歳出にも款の区分（議会費，総務費，民生費，衛生費など）がある。地方の予算で目的別分類といえば，款の区分で歳出を分類したものであり，したがって款別分類と呼ばれることもある。たとえば，○○負担金の名称で支出されるとき，○○県町村会議会議長会負担金（款は議会費），地方税共同機構負担金（款は総務費），○○県社会福祉協議会負担金（款は民生費）といった感じである。

第2章　予算制度　*39*

表2-5　歳出予算の例

所管	組織	項	金額（千円）
総務省	総務本省	総務本省共通費	41,900,654
		総務本省施設費	1,039,104
		行政管理実施費	153,051
		行政評価等実施費	210,072
	・・・	・・・	・・・
		総務省所管合計	18,210,671,996

（出所）財務省「令和6年度一般会計予算」による。

ないが，歳出予算には，その権限の趣旨を反映して，○○省所管合計の記載
がある。

　予算科目は，項の下に目の区分がある。項は国会の議決の対象となること
から議決科目（または，立法科目）と呼ばれ，目は，行政科目と呼ばれる。

　予算区分には，**組織別分類**，**対象別分類**，**目的別分類**の方法がある。組織
別分類は経費を支出する各省庁の部局等による分類，対象別分類は人件費，
物件費，補助費等の経費の性質による分類，目的別分類は施策や事業の目
的・機能による分類である。

　予算区分と歳入歳出予算の関係は，歳入予算は，これが単なる見積もりで
あるということもあり，対象別（性質別）分類と組織別分類を組み合わせた
ものとなっており，目的別分類は考慮されていない。一方，歳出予算は，国
会の審議が事業の目的を最大の関心事にすることもあり，項で目的別に分類
している。したがって，項が議決科目であることは，歳出予算が目的別に議
決されることを意味する。予算の目的外使用を禁止したり，移用のために特
例的に目的を変更する際にも国会の議決を必要とするなど厳格な手続きを求
めるのも，このような理由からである。

3-3　継続費（財政法14条の2）

　単年度主義の原則によると，国会の議決によって内閣に与える財政権限は
当該年度限りであり，翌年度以降については，その都度改めて，議決が必要
である。しかし実際には，翌年度以降についても権限を付与しておくことが

40　第 1 部　日本の財政構造と財政制度

好都合のこともある。継続費は，単年度主義の例外として，数年度にわたって（原則として 5 年度以内だが，これを超えるものもある[24]）**債務負担**権限と**支出権限**を内閣に付与する。

〈財政法〉
14 条の 2　国は，工事，製造その他の事業で，その完成に数年度を要するものについて，特に必要がある場合においては，経費の総額及び年割額を定め，予め国会の議決を経て，その議決するところに従い，数年度にわたつて支出することができる。

継続費は，長期にわたる事業を効率的に実施するために特例的に認められた弾力的な予算執行の仕方である。継続費の仕組みが導入された当初は大型の公共事業にも利用されたことがあるが，単年度主義の例外として，できるだけ限定的な利用が望ましいという趣旨から，現在では，防衛省のみで潜水艦・護衛艦の建造費などに利用されている（注 26 を参照）。継続費における後年度の支出は，後年度負担とも呼ばれる。

3-4　繰越明許費（財政法 14 条の 3）

会計年度独立の原則からすれば，当該年度の歳出には当該年度の歳入を財源として充てなければならない。歳出を繰越して翌年度に支出すると，前年度の歳入によって現年度の歳出を支弁していることになり，会計年度独立の原則に反することになる。しかし，歳出を繰越すことが効率的な財政運営に資することもある。このような観点から，一定の場合に歳出予算の繰越が認められている。**繰越明許費**は，翌年度に債務負担権限と支出権限を認めることで，歳出予算の繰越を認めるものであり，歳出予算の繰越制度の 1 つである[25]。歳出予算の繰越制度は，会計年度独立の原則の例外であると同時に，単年度主義の例外でもある。

24　主要事業の契約年数は，おおむね，護衛艦は 4〜5 年，誘導弾は 4 年程度，維持設備は 1〜2 年，航空機は 3〜5 年，弾薬は 2〜3 年，施設は 2〜3 年である（防衛省「防衛力抜本的強化の進捗と予算（令和 6 年度予算案の概要）」54 頁）。

25　歳出予算の繰越には，繰越明許費，事故繰越，継続費の年割額の逓次繰越がある。

第2章　予算制度　*41*

〈財政法〉

14条の3　歳出予算の経費のうち，その性質上又は予算成立後の事由に基き年
　度内にその支出を終らない見込のあるものについては，予め国会の議決を経
　て，翌年度に繰り越して使用することができる。

　繰越明許費を利用できる経費は，継続費の場合よりも緩やかではあるが限
定されており，その性質上又は予算成立後の事由のために年度内にその支出
を終らない見込のあるものとされている。

3-5　国庫債務負担行為（財政法15条）

　国庫債務負担行為は，債務負担権限のみを翌年度以降について認める。継
続費と同様に単年度主義の例外だが，その例外性は国庫債務負担行為の方が
弱いと解されている。したがって，国庫債務負担行為の対象とできる事業に
は，継続費のような限定はない。

〈財政法〉

15条　法律に基くもの又は歳出予算の金額若しくは継続費の総額の範囲内にお
　けるものの外，国が債務を負担する行為をなすには，予め予算を以て，国会
　の議決を経なければならない。

　公共事業には，継続費ではなく，国庫債務負担行為が用いられている[26]。
他には，公認会計士試験問題作成業務（金融庁）なども国庫債務負担行為の
例である。

　期間は，5年度以内を原則とするが，一定の場合にはこれを超える期間も
可能であり，たとえばPFI（Private Finance Initiative；民間資金を活用した公共サ
ービスの供給）事業では期間が30年間のものもある。

26　継続費制度の創設（1952年3月財政法改正）当初は，ダム工事等の公共事業にも継続費を用
　いていたが，その後工事の態様が直営施工から請負による一括施工に移行したことで，初年度に
　工事全体について一括契約することが可能となったこともあり，また継続費の利用は単年度主義
　の例外であることからできるだけ限定的であることが望ましいということもあり，国庫債務負担
　行為制度を用いている。1957年度以降は，公共事業で継続費は利用されていない（小村（2016）
　201頁）。

国庫債務負担行為が継続費や繰越明許費と異なるのは，これが債務負担権限のみを付与することである。したがって，後に実際に支出するためには，あらためて歳出予算に計上して，支出権限を付与する必要がある。

参考文献

小村武（2016）『〔五訂版〕予算と財政法』新日本法規出版株式会社
財務省ウェブサイト
真渕勝（2017）『行政学』有斐閣

Column　予算の空白

　最近はないが，これまでには，何度も予算の空白は生じている。

　大日本帝国憲法は，予算が3月31日までに成立しないときにはその予算を不成立の扱いとし，「帝国議会ニ於テ予算ヲ議定セス又ハ予算成立ニ至ラサルトキハ政府ハ前年度ノ予算ヲ施行スヘシ」（71条）との定めに基づいて，前年度の予算を施行することで予算の空白を回避していた。大日本帝国憲法から日本国憲法（1947年施行）に変わるとき，憲法からこの71条の規定は削除され，それまで会計法に含まれていた財政運営に関する規定を別建てにして財政法（1947年施行）を設け，新たに暫定予算の方法を採用した。

　暫定予算は，3月末までに当初予算が成立しなかったときに，予算の空白を避けるために「一定期間に係る」（財政法30条）予算として作成される。そして，大日本帝国憲法の規定とは異なり，日本国憲法は4月以降に成立した予算も有効とし，当初予算に暫定予算を吸収させる仕組みとした。

　しかし，財政法は，暫定予算が成立しなかったときのことまでは規定していない。この意味で，現行制度は，予算の空白を想定していないといわれる。暫定予算と予算の空白については，財政法制定当時に，次のような説明がある。

【第92回帝国議会衆議院財政法案外一件委員会】（1947年3月22日）
野田政府委員「豫算不成立に備える規定は，（略）ございません。（略）暫定豫算すらも認めないということになりますと，それは政治上の大きな問題になるだろうと思います。そのときは内閣を倒したいという一つの狙いとなると思いますが，内閣を倒すという大きな問題になりますと，これは巡査とかあるいは普通の役人の月給を拂わせないというような，國家機能を停止するというような方法をとらなくても，重要政策を否認すれば當然内閣を打倒す

ることができるのでありまして，そういう暫定豫算に盛られているものすら
これを否定するということは，實際上必要がないじやないか。おのずから政
治的にみて解決のできるものである，こういうふうに考えておる（略）」
出所：帝国議会会議録検索システム
https://teikokugikai-i.ndl.go.jp/#/detail?minId=009211149X00319470322&sp
kNum=25&single

　実際，当初予算であれ暫定予算であれ，期限までに成立しないことがあれ
ば，通常，政局が理由である。現行制度の考え方は，暫定予算の不成立を，財
政的な問題ではなく，政治的な問題としてとらえ，政治問題の解決は政治に委
ねている。

44　第１部　日本の財政構造と財政制度

第３章　政府支出の仕組みと現状

> 　政府の予算の中心は，一般会計である。一般会計歳出予算には一定の傾向
> がある。歳出予算を主要経費別分類でみると，国債費（借金返済）の他に，社
> 会保障，防衛，公共事業，教育，地方に多くを支出している。この章では，
> 政府支出のうちでこれらの比較的金額の大きな支出を取り上げ，その基礎と
> なる考え方とその支出を支える制度を説明する。

1　主要経費別分類

　政府（国）の支出を把握する際には，当初予算一般会計歳出の**主要経費別分類**（図3-1）がもっともよく利用される。主要経費別分類は，歳出の政策目的による分類であり，これによって，政府がどんな政策にいくらの支出を充てようとしているかがわかる。一般会計歳出総額から，国債費と地方交付税交付金等の国の政策目的とはいえない支出を除いたものは，**一般歳出**と呼ばれる。

$$一般歳出＝歳出総額－（国債費＋地方交付税交付金等）$$

　一般歳出は，政府が自分で使える政策的な経費のイメージである。一般歳出の中で，もっとも構成割合が大きいのは社会保障関係費である。次いで，防衛関係費，公共事業関係費，文教及び科学振興費がそこそこの規模を占める。

　本章は，主要経費別分類のうち構成割合の大きなものの中から，社会保障関係費，防衛関係費，公共事業関係費，文教及び科学振興費，地方交付税交付金等を取り上げて，政府支出の仕組みと現状を説明する。

第 3 章　政府支出の仕組みと現状　　45

図 3-1　2024 年度一般会計歳出予算の構成（主要経費別分類，総額 112 兆 5,717 億円）

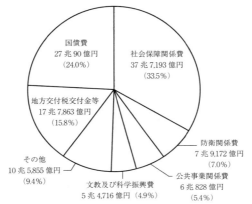

（注）「その他」の内訳は，食料安定供給関係費 1 兆 2,618 億円（1.1%），エネルギー対策費 8,329 億円（0.7%），経済協力費 5,041 億円（0.4%），中小企業対策費 1,693 億円（0.2%），恩給関係費 771 億円（0.1%），その他の事項経費 5 兆 7,402 億円（5.1%），予備費 1 兆円（0.9%），原油価格・物価高騰対策及び賃上げ促進環境整備対応予備費 1 兆円（0.9%）である。「国債費」の内訳は，利払費等 9 兆 7,133 億円（8.6%），債務償還費 17 兆 2,957 億円（15.4%）である。
（出所）財務省「令和 6 年度予算のポイント」14 頁より作成。

2　社会保障への支出

2-1　社会保障制度の考え方

社会保障とは，国家がすべての国民に最低限の生活を保障することであり，公助と言い換えることができる。この公助は自助を前提とした公助であり，働ける人には自力で稼いで生活させ，これができない人のみ公助によって生活を支えるという考え方である。この考え方が制度として成り立つためには，社会には働く場があり（雇用の確保），働くことで生活を支えることができるだけの所得を得られること（最低賃金制度）が前提となる。

　日本の社会保障制度は，この目的のために，**社会保険**，**公的扶助**，社会福祉，公衆衛生及び医療（以上は狭義の社会保障制度と呼ばれる）の制度を設けている。通常，社会保障制度と言えば，これらの狭義の社会保障制度を指すことが多い（本章でも，以下では，狭義の意味で社会保障という）。これに加えて，恩

46　第 1 部　日本の財政構造と財政制度

給や戦争犠牲者援護も社会保障制度の一環である（狭義の社会保障にこれらを加えたものは広義の社会保障と呼ばれる）。

　社会保険は，社会保障制度の中心であり，もっとも規模が大きい。社会保険には，**医療保険**（健康保険），**年金保険**（厚生年金保険），介護保険，雇用保険，労災保険がある。これらは広義の社会保険であり，このうちで医療・年金・介護の保険は，狭義の社会保険，雇用・労災の保険は，労働保険と呼ばれる。

　社会保障を経済的な機能から捉えると，社会保険（リスクの分散）の機能と所得再分配（高所得者から低所得者への所得の移転）の機能がある。このうち所得再分配の機能は，社会保障だけはなく，所得税でも担っている。しかし，所得税が所得再分配を行う程度に比べると，社会保障が実現する所得再分配は圧倒的に大きい。

　各種の社会保障制度に共通する課題を挙げると，第 1 に，誰を対象とするかがある。定義上，社会保障の対象は国民である。国民は，一般的には，市民権を有する者であり，国籍の保有者である。しかし，日本の社会保障制度は，日本国籍を持たない者を対象にすることもある（たとえば，生活保護の永住者等）。第 2 は，「最低限の生活」の水準である。社会保障制度が保障すべき範囲は，どこまでだろうか。これは，生活保護の水準や医療保険の適用範囲のあり方などで議論になる。それぞれの制度は，制度の趣旨を踏まえて適切に対象範囲を定めようとする。一方で，財政的な理由によって，範囲が影響を受けることがある。

2-2　社会保障の規模

(1)　社会保障関係費

　一般会計歳出で社会保障に関係する支出は，**社会保障関係費**として示されている。2024 年度当初予算一般会計の社会保障関係費は 37.7 兆円であり，これは歳出予算の中で最大の割合（33.5％）である（図 3-1）。近年，社会保障関係費は，高齢化の影響によって，増加傾向である。

　図 3-2 は，社会保障関係費の内訳を示している。年金給付費（36％）と医療給付費（32％）の割合が大きく，これらで総額の約 7 割を占める。介護給

第 3 章　政府支出の仕組みと現状　47

図 3-2　社会保障関係費の内訳（2024 年度一般会計予算，総額 37 兆 7,193 億円）

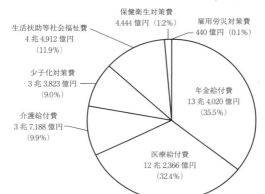

（出所）財務省「令和 6 年度社会保障関係予算のポイント」より作成。

図 3-3　社会保障財源としての税と保険料のイメージ

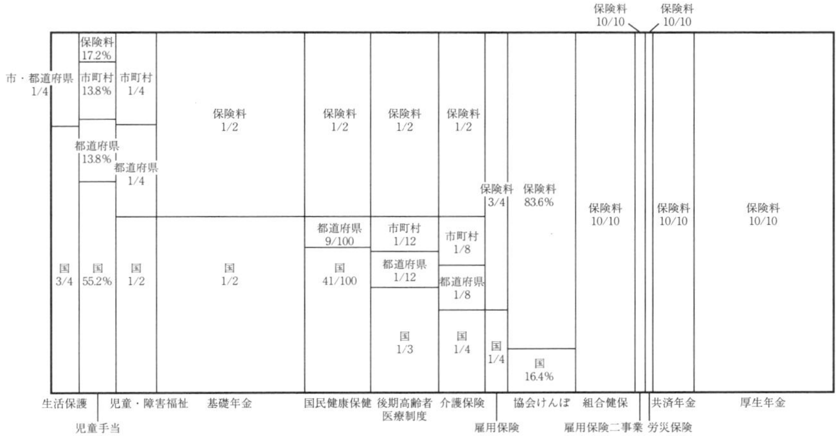

（注）1. 保険料は事業主拠出金を含む。2. 保険料，国庫，地方負担の額は 2018 年度当初予算ベース。3. 児童・障害福祉のうち，児童入所施設等の措置費の負担割合は，原則として，国 1/2，都道府県・指定都市・中核市・児童相談所設置市 1/2 等となっている。
（出所）総務省ウェブサイト資料を簡略化して作成。

付費，少子化対策費，生活扶助等社会福祉費は，それぞれ 10% 程度である。

図 3-3 は，社会保障の分野ごとに，財源としての税（国税，地方税）と保険料の割合を示している。税による社会保障財源は，公費負担（そのうち，国税

48 第1部 日本の財政構造と財政制度

表 3-1 社会保障給付費と社会支出（2019年度，兆円）

社会保障給付						社会支出	
項目別収入		部門別支出		機能別支出		政策分野別	
社会保険料	74.0	医療	40.7	高齢	57.8	高齢	48.4
				遺族	6.4	遺族	6.5
				障害	4.9	障害，業務災害，傷病	6.3
公費負担	51.9	年金	55.5	労働災害	0.9	保健	53.1
				保健医療	39.1	家族	9.7
				家族	9.2	積極的労働市場政策	0.8
資産収入	1.6	福祉その他	27.7	失業	1.5	失業	0.9
				住宅	0.6	住宅	0.6
その他	4.9			生活保護その他	3.5	他の政策分野	1.7
合計	132.4	合計			123.9	合計	127.9

(注) 社会支出には，社会保障給付費に加えて，施設整備等の個人に帰着しない支出も集計範囲に含む。社会保障給付における収入と支出の差額は，管理費等（本表では明示していない）による。
(出所) 国立社会保障・人口問題研究所『令和元年度社会保障費用統計』（令和3年8月）の表1，表4，表9，図6より作成。

分は国庫負担，地方税分は地方負担）と呼ばれる。生活保護のように全額を税で賄うものもあれば，厚生年金のように全額を保険料で賄うものまでさまざまである。全体としては，税よりも保険料で多くを賄っている。社会保障関係費は，社会保障財源の一部（国庫負担の部分のみ）であることに留意されたい。

(2) 社会保障費用統計

社会保障に要した費用の全体を捉える基準には，ILO（国際労働機関）基準の**社会保障給付費**とOECD（経済協力開発機構）基準の**社会支出**がある。これらは，社会保障に要する費用の規模やその政策分野ごとの構成を明らかにすることを目的にして，基幹統計の1つである社会保障費用統計として集計されている[1]。これらによると，表3-1が示すように，社会保障の全体の規模は，120兆円を超え（社会保障給付費で123.9兆円，社会支出で127.9兆円），社会保障関係費の3倍超になる。

社会保障給付費は，社会保障の機能別に9つのリスクとニーズによって社

---

1 基幹統計への指定は，政府の政策として当該分野の重要度が高いことの証となり，予算折衝などの際に財政当局に対する説明資料として利用しやすい，といったこともある。

会保障の範囲を設定する。最近は，社会保障給付費のデータを更新する国は限定的のようであり，国際比較には不便である。しかし，政策立案の基礎資料などに幅広く利用されており，収入面からは項目別，支出面からは機能別に加えて，部門別にも社会保障の給付と財源を捉えることができて便利である。

　社会保障給付費では，社会保障の負担と給付の関係も把握することができる。社会保障の財源（表3-1の項目別収入）は，社会保険料が74.0兆円（55.9%）（このうち，被保険者拠出は39.0兆円，事業主拠出は35.0兆円），公費負担が51.9兆円（39.2%）（このうち，国庫負担は34.4兆円，他の公費負担は17.5兆円），資産収入その他が6.5兆円（4.9%）である。

　社会支出は，社会的目的に応じた9つの政策分野によって社会保障の範囲を設定する。社会保障給付費と概ね同じ規模の総額になるが，施設整備費などの個人には直接移転されない費用も計上されることから，その分だけ社会保障給付費よりも金額が大きい。社会保障給付費が国際比較に不便であるのに対して，社会支出は，諸外国でも同様の基準でデータが更新されており，国際比較に便利である（第4章参照）。

2-3　生活保護

　公的扶助は，**生活保護制度**によって実施されている。労働者は，働き続けなければ生活していけない[2]。そのため労働者は，病気やけがによって働くことができなくなると，途端に生活に困窮する。生活保護は，このような場合に備えて，すべての国民に最低限の生活を保障し，いざというときにセーフティネットとなる役割を果たす。制度的には，憲法が述べる「健康で文化的な最低限度の生活を営む権利」（25条）を基礎とし，生活保護法がその内容を具体的に定める。厚生労働省ウェブページは，「生活保護は，最低生活の保障と自立の助長を図ることを目的として，その困窮の程度に応じ，必要な保護を行う制度です。また，生活保護の申請は国民の権利です。生活保護を必要とする可能性はどなたにもあるものですので，ためらわずに自治体までご相談ください。」と説明している。

　2　他にも，労働者には，遺産をほとんど残さないという特徴もある。

50　第 1 部　日本の財政構造と財政制度

〈憲法〉

25 条　すべて国民は，健康で文化的な最低限度の生活を営む権利を有する。

〈生活保護法〉

1 条　この法律は，日本国憲法第 25 条に規定する理念に基き，国が生活に困窮するすべての国民に対し，その困窮の程度に応じ，必要な保護を行い，その最低限度の生活を保障するとともに，その自立を助長することを目的とする。

　生活保護の認定は，個人ではなく，世帯単位である。したがって，世帯として生活に困窮していることを確認し，自助によっては最低生活費を賄えないと判断された場合にその不足分を支給する。生活保護における保護とは，低所得世帯に対する，所得補償を通じた，最低限の生活保障の趣旨である。

　自力で最低生活費を賄えないことを確認するプロセスは，**資力調査**と呼ばれる。生活保護制度が抱える課題のひとつに不正受給があり，その対策として資力調査を強化することがある。資力調査では，資産保有の状況や稼得能力に加えて，扶養義務者（親族等）に扶養の可否を確認する。適正に資力調査を行うことは生活保護制度の継続のために必要不可欠であるが，一方で，親族等への照会に対しては「恥ずかしい」，「迷惑をかけたくない」といったこともあり，そのために生活保護の申請をためらうこともある。正直で真面目な人ほどこのような思いが強かったりすると，結果として，かえって必要な人に生活保護が届かないことになる。不正受給対策と資力調査のバランスは，生活保護が抱える悩ましい課題である。

　最低生活費は，生活を営むための各種の費用に分けて，具体的には，生活扶助，住宅扶助，教育扶助，医療扶助，介護扶助，出産扶助，生業扶助，葬祭扶助といった扶助の種類ごとに計算される。これらのうちで生活扶助費は最低生活費を構成する項目の中心である。生活保護が想定する最低生活費（とりわけ生活扶助費）の水準は，各種の手当て，年金の給付水準，所得税・個人住民税の課税最低限や非課税限度額にも関係し，これをいくらに設定するかは，ただ生活保護制度だけの問題ではなく，税と社会保障を通じた論点である。憲法が述べる「健康で文化的な最低限度の生活」は抽象的であり，ここからわかりやすくいくらといった金額が確定するわけではない。実際に

は，そのときどきの国全体の経済水準や人々の生活水準に応じて設定され，見直される。

　生活保護の財源を巡って，この業務を担当する市町村の財政的な負担が取り上げられることがある。しかし，図3-3で示したように，生活保護財源の4分の3は国の負担である。また，生活保護費は地方交付税の基準財政需要額の算定項目に含まれている。つまり，財政制度上は，生活保護の運営において市町村の財政的な負担はそれほど重くないように設計されている。市町村における実際の負担は，資力調査や生活保護受給者の生活のフォローに要する労力であろう。生活保護の担当業務は，精神的な負担が重いといわれている。

2-4　医療と年金

(1)　社会保険

　社会保障制度の中心は**社会保険**であり，その中でも医療保険と年金保険がメインである（図3-2，表3-1参照）。これらは，保険としてみると，医療は短期の保険，年金は長期の保険として捉えることができる。

　社会保険は，政府が運営する保険であり，国民に強制的に加入させることに特徴がある。この強制加入によって，リスクの最大限の分散と所得再分配が可能となる。とりわけ所得再分配は，強制的に加入させるからこそ可能であり，自由意思によって加入する私的保険では実現不可能である（自分が経済的に損をすることが確実な仕組みに自ら加入する高所得者は，そんなに多くない）。

　社会保険は，政府が運営するとはいえ，保険である。したがって，通常は，保険料を主な財源にして運営される。この点で一般財源を中心にした一般会計とは切り離して経理するのが好都合ということになり，政府は，これを経理するために特別会計を設けている。年金保険と健康保険等を経理する特別会計は，年金特別会計と呼ばれる。

　図3-4は，年金特別会計を通じた社会保険の資金の流れのイメージである。納税者・被保険者の支払う税や保険料は，税は一般会計を通じて国庫負担となり，保険料は特別会計の歳入として直入される。年金特別会計は，これらを財源にして歳出を賄い，年金や医療の給付に充てる。当然ではある

52　第1部　日本の財政構造と財政制度

図3-4　年金特別会計を通じた資金の流れのイメージ

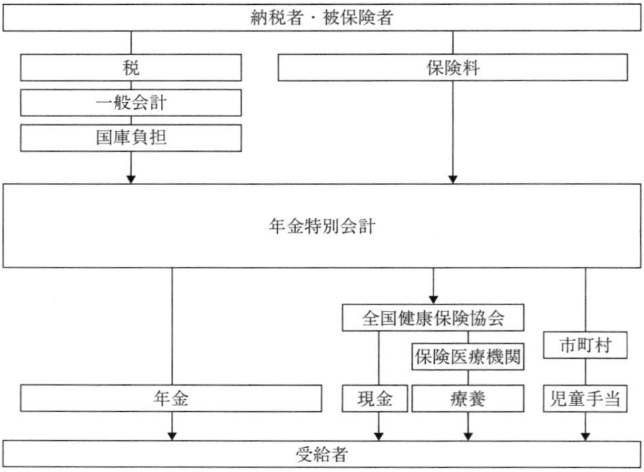

```
┌─────────────────────────────────────────┐
│              納税者・被保険者                  │
└─────────────────────────────────────────┘
     │                          │
┌──────────┐              ┌──────────┐
│    税     │              │   保険料   │
└──────────┘              └──────────┘
┌──────────┐                   │
│  一般会計  │                   │
└──────────┘                   │
┌──────────┐                   │
│  国庫負担  │                   │
└──────────┘                   │
     │                          │
┌─────────────────────────────────────────┐
│               年金特別会計                    │
└─────────────────────────────────────────┘
        │          │        │        │
              ┌──────────────┐
              │  全国健康保険協会  │   ┌────────┐
              └──────────────┘   │  市町村  │
                 ┌──────────┐   └────────┘
                 │ 保険医療機関 │
                 └──────────┘
┌──────────────┐ ┌──────┐┌──────┐ ┌──────┐
│     年金      │ │ 現金 ││ 療養 │ │児童手当│
└──────────────┘ └──────┘└──────┘ └──────┘
     │          │        │        │
┌─────────────────────────────────────────┐
│                受給者                       │
└─────────────────────────────────────────┘
```

が，税と保険料を含むために，年金特別会計の規模は社会保障関係費（一般会計）よりも大きい（2024年度予算の年金特別会計は約103.2兆円）。

(2)　公的医療保険制度の考え方と概要

　日本の公的医療保険制度は社会保険によって運営していることに特徴があるが，これは，**国民皆保険**として，すべての人が保険診療を利用できると同時に，医師は保険医として保険診療を中心に医療サービスを提供し，日本中のすべての病院で同じように医療保険を利用できること（フリーアクセス）を意味する。保険診療は，公的な保険であるという趣旨を踏まえて，病気や怪我などの標準的な治療をカバーしており，美容のための手術や労災保険の対象になるものは適用外である。ただし，不妊治療については，長年の議論の末，2022年度から一般不妊治療等について保険適用となっている。

　図3-5は，公的医療保険制度の財政構造のイメージである。公的医療保険制度は，まず，対象者を年齢によって区分し，後期高齢者（75歳以上）を**後期高齢者医療制度**として一括する。75歳未満は職業等に応じて**国民健康保険**（市町村国保と国民健康保険組合）または**被用者保険**（協会健保（協会けんぽ），健康保険組合，共済組合など）に加入する。

図3-5 医療保険制度の財政構造のイメージ

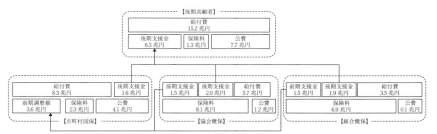

(注) 各制度において上段が支出，下段が収入（財源）である。共済組合，国保組合等は省略した。
(出所) 厚生労働省「医療保険に関する基礎資料〜令和2年度の医療費等の状況〜」参考4等により作成。

　組合健保はほぼすべてを，協会健保も多くを保険料で財源を賄っている。このように被用者保険が保険料を中心にして財源を賄う一方で，市町村国保は，財源の多くを公費に依存している。65歳以上75歳未満の前期高齢者を対象にして**前期高齢者医療制度**があるが，これは財政調整制度であり，被保険者がこれに加入するというわけではない。この運営は市町村国保である。前期調整額はその分の経費であり，協会健保と組合健保から，市町村国保に資金を移している。後期高齢者は，保険料の割合は少なく，公費（税）と現役世代の支払った保険料からの拠出（後期支援金）で財源を賄っている。給付費は，市町村国保が8.3兆円，協会健保が5.7兆円，組合健保が3.5兆円，後期高齢者が15.2兆円である。後期高齢者の給付費が突出している。後期高齢者医療のあり方は，現在も，医療保険財政の課題である。

　複数ある医療保険制度の中で，国民健康保険は，被用者保険や後期高齢者医療制度といった他の保険に加入していないすべての人が加入するという位置づけであり，国民皆保険を担保する機能を果たす。わかりやすく言えば，すべての人は国民健康保険に加入することになっており，他の保険に加入することでのみ国民健康保険から外れる。たとえば，ある企業で働いていた人（被用者保険の加入者）が転職などで数か月間無職になるが，この期間に病院に行くこともないのでそのまま放置することがあるかもしれない。このようなときに，たとえ国民健康保険の加入手続きをとっていなかったとしても，制度上はこの数か月間だけ国保に加入していたことになり，保険料の支払いを

図 3-6 国民医療費の構造（2020 年度，総額 42 兆 9,665 億円，（ ）は%）

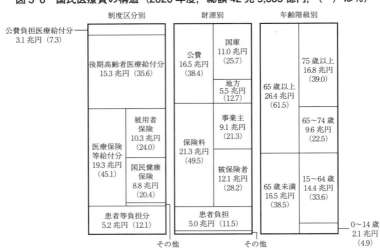

（注）図中の数値には，四捨五入のために小数点以下の端数が合わないものがある。
（出所）厚生労働省「国民医療費」を簡略化して作成。

求められる。

　図 3-6 は，**国民医療費**を制度区分別，財源別，年齢階級別に示している。国民医療費は，医療に要する経費の総額である。年齢階級別国民医療費では 75 歳以上が 39.0% であり，制度区分別でも後期高齢者医療給付分は 35.6% である。いずれにしても，高齢化が医療費の増加要因であることを再確認できる。一方で，14 歳以下の子どもの医療費は 4.9% である。

　財源別にみると，公費が 38.4%，保険料が 49.5%，患者負担が 11.5% である。保険料を中心に財源を賄ってはいるが，公費（税）による負担もそれなりに大きい。

(3) 医療保険制度の財政

　医療関係者は，医療は計画経済であるという。その趣旨は，第 1 に，医療サービスの価格を**診療報酬制度**によって定めていることにある。診療報酬制度は，政府の予算編成の過程の 1 つとして，本体（医科，歯科，調剤）（2 年ご

と）と薬価等（毎年）に分けて，医療サービスの価格を改定する。診療報酬は，保険医療機関や保険薬局の収入（報酬）を決める最大要因であると同時に，政府はこの改定によって医療費の総額を調整する。近年の傾向は，医療費の総額をできるだけ抑制することを意図して，本体を若干引き上げ，薬価を抑制している。第2に，政府は，医療の需給調整も行っている。医療サービスは，医師や歯科医師によって供給される。そこで，政府は，医学部・歯学部の定員管理や国家試験の合格率の調整によって，医療サービスの供給を調整している。医療の需要は，これは人口構造（規模や年齢構成）から見込まれるが，患者負担（窓口負担）を引き上げることで需要を抑制することができる。

このようにして計画経済的に医療財政をコントロールする一方で，各種の財政支出の中で医療などの社会保障は，支出額をコントロールしにくい分野とされている。たとえば，道路工事などの公共事業では，先に予算額を決めて，その金額の範囲内で事業を実施することができる。金額（予算額）が増えれば，それだけ臨機応変に事業量を増やすこともできる。そのため，景気対策のための補正予算では公共事業が便利に利用される。これに対して，医療では，予算額に応じて事業量（医療の供給量）を直接コントロールすることが困難である。コロナ対策で実施したような旅行割キャンペーンとは異なり，今年度は予算に計上した金額を使い切ったからといって医療サービスの供給を終了するわけにはいかない。要件を満たす被保険者が病院に行けば，必ず，医療サービスを受けることができる。政府にできることは，診療報酬制度や窓口での患者負担額などによる価格調整を通じた，間接的な支出額の調整である。支出額を変更するためには制度改正が必要である（これは，医療保険制度だけではなく，社会保障制度全般に通じる）。この意味で，医療保険制度では，制度が支出額を決めるといえる。

医療保険制度の財源は，図3-6の財源別国民医療費で示すように，保険料，公費，患者負担に区分できる。図3-5は，患者負担を除いた医療給付費を対象にして，財源（つまり，保険料と公費）を説明している（国民医療費から患者負担を除くと，医療給付費になる）。

保険料の負担の仕方は，保険制度によってさまざまである。組合健保は，

56　第 1 部　日本の財政構造と財政制度

表 3-2　国民健康保険税の賦課方法（市町村数，2020 年度）

賦課方法	所得割資産割均等割平等割	所得割均等割平等割	所得割均等割	計	構成比（%）
保険税	508	916	78	1,502	86.3
保険料	28	182	29	239	13.7
計	536	1,098	107	1,741	100.0
構成比（%）	30.8	63.1	6.1	100.0	

（注）均等割は世帯に属する被保険者数（子どもを含む）に応じた賦課，平等割
　　　は世帯ごとの賦課，所得割は世帯に属する被保険者の所得に応じた賦課，
　　　資産割は世帯に属する被保険者の固定資産税額に応じた賦課。
（出所）総務省「令和 3 年度市町村税課税状況等の調（国民健康保険関係）」第
　　　1 表等により作成。

財源のほとんどを保険料によって賄い，**総報酬制**と呼ばれる方式によって，
標準報酬月額・標準賞与額に保険料率（平均保険料率は 9.26％[3]，労使折半）を乗
じて保険料を計算する。これは，所得に応じた，比例的な負担である。

　国民健康保険（市町村国保）の財源構成は，公費 1/2，保険料 1/2 である。
2018 年度以降，都道府県が財政運営の責任主体となり，市町村は県が定め
る標準保険料率を参考にして保険料を設定している。保険料の賦課徴収や保
険給付，保険事業などは，従来通り，市町村の役割である。

　市町村は，国民健康保険の財源調達の方法として，**保険料方式**と**保険税方
式**のいずれかを選択できる。保険料方式よりも保険税方式の方が高い徴収率
を見込めるという理由から，86.3％の市町村が税方式を採用している（表 3-
2）。賦課徴収の単位は，保険料の公平な負担という観点から，世帯単位であ
る。日本の税制の中でこの税（国民健康保険税）のみが課税単位を世帯にして
おり，税としては珍しい存在である。国民健康保険財源のための保険料の代
わりに目的税を利用しているという特殊な性格を反映したものという位置づ
けである。その計算方法は，**応益割**（**均等割**と**平等割**）と**応能割**（**所得割**と**資産
割**）を組み合わせて市町村ごとに決定する。4 方式（均等割，平等割，所得割，
資産割）を利用する団体は 30.8％，3 方式（均等割，平等割，所得割）は 63.1％，
2 方式（均等割，所得割）は 3.1％である。資産割は，「国民健康保険でも固定

─────────
3　2022 年度予算，健康保険組合連合会資料による。

第3章 政府支出の仕組みと現状　*57*

資産税がかかる」（これは，制度的には不正確な表現である。）と住民からの評判が悪いことが多いためか，70％の市町村が利用していない。

　前期高齢者には，**前期高齢者財政調整制度**が設けられており，「制度間の医療費負担の不均衡の調整」という趣旨で，被用者保険（図3-5では協会健保と組合健保）から市町村国保へ資金が移転されている。前期高齢者医療制度は，これ自体が保険制度というわけではなく，被用者保険から市町村国保への財政支援の仕組みである。

　後期高齢者医療制度は，都道府県ごとに県内すべての市町村が加入する広域連合によって運営されている。その財源は，保険料（均等割，所得割）が1割，後期高齢者支援金（被用者保険などからの財政支援）が4割，公費5割（国：都道府県：市町村＝4：1：1）の割合である。

　医療保険制度の財政構造をみると，制度を区分しながらも，負担能力の高い保険制度から負担能力の低い保険制度に支援金を拠出するなどして，全体として医療保険財政を賄っており，その際，負担能力の低い保険制度には多くの公費を費やしている。これは，所得再分配である。

(4)　公的年金制度の考え方と概要

　年金制度は，退職後に一定の所得を受け取る仕組みであり，高齢者に対する所得保障である。年金制度は，医療保険と同様に，社会保険方式で運用されている。社会保険方式によって強制加入にすることで**国民皆年金**を実現し，財源調達の方法に賦課方式を利用することで世代間の所得再分配を実施している。

　年金は，同様の目的のものが民間金融機関の金融商品としても販売されている。それでも政府が公的年金として実施することには，理由がいくつかある。第1に，個人による貯蓄や家族による扶養の限界がある。人の寿命は予見不可能であるし，将来の経済状況は不確実である。このような状況において，人は近視眼的な経済行動をとりがちである。これをカバーするために，個人に任せるのではなく，政府による強制的な公的年金が必要とされる。第2に，公的扶助（つまり，生活保護）によって多くの人の退職後の生活を支えるのは現実的ではない。公的扶助には資力調査があり，心理的な抵抗が強い

58　第 1 部　日本の財政構造と財政制度

といわれている。また，公的扶助の財源は公費（税）であるが，すべての人
の老後の生活を保障するだけの財源を公費で賄うのは，財政的に現実的では
ない。第 3 に，私的年金は，任意加入であり，所得再分配の効果を期待でき
ない。

　公的年金制度の体系は，2 階建てで設計されており，1 階（基礎年金）部分
を**国民年金**，2 階（所得比例）部分を**厚生年金**で運営している[4]。公的年金保
険の運営は，保険者である国が，国民年金や厚生年金の加入者である被保険
者から徴収した保険料を財源として，退職者に年金（老齢年金）を給付する。
老齢年金の受給は終身で，開始年齢は 65 歳を基本として，繰り下げや繰り
上げが可能である。年金に加入する（つまり保険料の支払いが生じる）年齢は，
国民年金が 20 歳以上 60 歳未満[5]，厚生年金が 70 歳未満の人である[6]。

　被保険者は，厚生年金の加入者が第 2 号被保険者，第 2 号被保険者の扶養
配偶者が第 3 号被保険者，その他が第 1 号被保険者に区分される。国民年金
は，第 1 号から第 3 号までのすべての区分に共通する基礎年金の役割を果た
している。

　老齢年金の給付は，第 2 号被保険者は老齢基礎年金（国民年金から支給）と
老齢厚生年金（厚生年金から支給）の合計額，その他は老齢基礎年金を受け取
る。受け取る年金額の目安となる所得代替率（現役世代の所得水準に対する年金
額の比率）は，61.7％（基礎：36.4％，比例：25.3％）である（2019 年度）[7]。所得代
替率は年々低下しており，「平成 16 年財政再計算」は，50％程度を維持する
ことを将来的な目標としている。

(5)　年金財政

　年金の財源は，積立金の運用収益も利用するが，基本的には，国民年金は
保険料収入（1/2）と国庫負担（1/2），厚生年金は保険料収入である。保険料
は，国民年金が所得に関わらず定額（1 か月あたり 16,590 円，2022 年度現在）で

4　任意加入の私的年金による上乗せ部分（確定拠出年金など）を含めると，3 階建てになる。

5　したがって，働いてなくても，20 歳以上になると，国民年金保険料の支払い義務が生じる。

6　したがって，20 歳未満であっても，働いていれば厚生年金保険料の支払い義務が生じる。

7　https://www.mhlw.go.jp/nenkinkenshou/manga/09.html

あり，厚生年金は標準報酬月額と標準賞与額に保険料率（18.3%，労使折半）を乗じることで所得に比例させている（総報酬制）。

　年金の財政方式には，拠出金（保険料）と給付金（年金）の関係によって，**積立方式**と**賦課方式**がある。積立方式は，現役世代が拠出した保険料を積み立て，その運用収益を財源にして，将来，当該世代に年金を給付する。賦課方式は，現役世代が支払った保険料を同時期の老年世代に給付する年金の財源として利用する。日本の年金財政は，賦課方式を採用している。賦課方式の年金制度には，世代間の所得再分配の効果がある。

　賦課方式による年金財政は，現役世代からの所得移転によって老年世代の所得を保障する仕組みである。簡単に言えば，ねずみ講と同じ仕組みである。したがって，この財政方式による年金制度の持続可能性は，人口構成（現役世代と老年世代の人口比率）に左右される。少子高齢化は，賦課方式による年金財政の最大の敵である。

　現在の日本は，少子化によって財源の基礎となる現役世代は減っているが，高齢化によって年金給付の総額は増加している。そのため，少子化であるとはいえ，財源を増やす必要がある。財源を増やす方法には，第1に保険料の引上げがあり，政府は，2004年度から2017年度までの間，段階的に保険料を引き上げた（第14章の図14-7を参照）。第2に加入者の増加があり，そのためには，これまでは保険料の支払い対象になっていなかった人に保険料を支払わせることである。1991年4月から，国民年金は，20歳以上であれば，学生にも加入を義務付けた。2016年10月からは，短時間労働者への厚生年金の適用が順次，拡大されている[8]。ところで，2022年4月1日から成年年齢が18歳に引き下げられた。早晩，「18歳になったら国民年金」となるかもしれない。

③　防衛・公共事業・教育への支出

3-1　防　衛
　2024年度一般会計当初予算における**防衛関係費**は7.9兆円であり（図3-

8　同時に，健康保険料の支払いが生じる範囲も拡大することになる。

60 第 1 部　日本の財政構造と財政制度

表 3-3　戦略体系における 3 文書の位置づけ

国家安全保障戦略	・国家安全保障に関する最上位政策文書 ・外交，防衛に加え，経済安保，技術，サイバー，情報等の国家安全戦略に関連する分野の政策の戦略的指針を与える。 （おおむね 10 年程度の期間を念頭）
国家防衛戦略 （旧「防衛大綱」）	・防衛の目標を設定，それを達成するためのアプローチと手段を示すもの －防衛力の抜本的な強化（重視する 7 つの能力を含む） －国全体の防衛体制の強化 －同盟国・同志国等との協力方針 （おおむね 10 年程度の期間を念頭）
防衛力整備計画 （旧「中期防」）	・我が国として保有すべき防衛力の水準を示し，その水準を達成するための中長期的な整備計画で以下の内容を含むもの －自衛隊の体制（概ね 10 年後の体制を念頭） －5 カ年の経費の総額・主要装備品の整備数量（特に重要な装備品等の研究・開発事業とその配備開始等の目標年度などを本文に記載）

（出所）防衛省・自衛隊ウェブサイト「国家防衛戦略の概要」により作成。

1），2022 年度の 5.4 兆円から，2023 年度には 6.8 兆円になり，大幅に増加している。この背景には，防衛力整備計画（2023 年度から 2027 年度，総額 43 兆円程度）になって，中期防衛力整備計画（2019 年度から 2023 年度，総額 27.5 兆円程度）から防衛力整備の水準を大きく引き上げたことがある。

　国防の目的は他国の侵略から国土を守ることであり，他の政府支出の分野に比べて，ミッションが明確であるといわれている。防衛政策（安全保障政策）の体系もわかりやすく，表 3-3 に示すような位置づけで，最上位の国家安全保障戦略，次に国家防衛戦略（従来の防衛計画の大綱（防衛大綱）を 2022 年に改称），そして防衛力整備計画（従来の中期防衛力整備計画（中期防）を 2022 年に改称）というように体系化されている。毎年度の防衛予算は，防衛力整備計画に基づいて編成される。この意味で，防衛関係費は，中長期的な視点からの予算編成である。

　防衛予算の特徴の第 1 は，中長期的な視野で毎年度の予算が編成されることである。いざ有事ということになれば話は別であるが，そうでない限りは，基本的には，防衛力整備計画で予定したとおりに，粛々と整備計画を進めるのが防衛政策である。

　第 2 に，防衛関係費の規模は，GDP との関係で目安が示され，他国の防衛予算規模とも比較される。防衛予算の規模は，従来は GDP 比 1％が目安

第 3 章　政府支出の仕組みと現状　　*61*

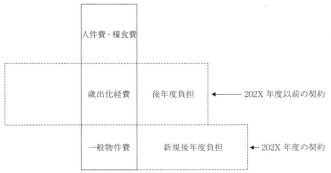

図 3-7　防衛関係費の経費別分類（3 分類）の関係イメージ

（出所）防衛省「防衛力抜本的強化の進捗と予算（令和 6 年度予算案の概要）」54 頁の図を簡略化して作成。

であったが，2023 年度予算編成では，3 文書の改定に伴って 2％の目安が登場した。

　第 3 に，国防は国の直轄事業であり，防衛関係費は，一般会計に計上された金額のすべてが国の直営で支出される。国の一般会計歳出の多くの分野で地方団体への支出（補助金など）が含まれるが，国防に関しては，地方団体がこの役割を担ったり，事業の委託を受けることはない。当然，国と地方の役割分担でも，国の役割が 100％である。したがって，社会保障や教育などの分野と異なり，国の防衛関係費がそのまま日本の防衛に要する経費の規模になる。

　第 4 に，**継続費**が使われるため，後年度負担がある（第 2 章参照）。図 3-7 は，防衛関係費の経費別分類（3 分類）のイメージ図である。防衛関係費の歳出予算を経費別分類すると，人件・糧食費と物件費に分けられる。人件・糧食費は，隊員の給与，退職金，営内での食事などに係る経費であり，物件費は，装備品の調達・修理・装備，油の購入，隊員の教育訓練，施設整備，光熱水料等の営舎費，技術研究開発，基地周辺対策や在日米軍駐留経費等の基地対策経費などに係る経費である。この物件費には，前年度以前に契約したものと当年度に契約したものがある。前者は，継続費によって後年度負担として契約時には債務負担のみを決めていたものが当年度になって歳出化さ

62　第1部　日本の財政構造と財政制度

れた事業費であり，歳出化経費と呼ばれる。後者は，当年度に後年度の負担分（これを新規後年度負担という）も含めて契約したもののうちで当年度の支出分であり，一般物件費（活動経費）と呼ばれる。このようにして，防衛関係費は，当年度の人件・糧食費と物件費に，年度を更新するごとに順次，後年度負担が歳出化された分（物件費）が合わさって毎年度の歳出予算を構成している。

　防衛（国防）は，純粋公共財であるが，それ以上に，性格上，民間部門に任せるには慎重さが求められる分野である。財政学は，国防経費の調達と管理のために始まった学問（官房学）であり，財政運営において防衛予算のあり方は重要なテーマである。一方で，防衛費の適正な規模がどれくらいなのかを決めるのは難しい。実際，財政学がこれを扱うこともほとんどない。防衛の現実は，財政学（経済学）の知見ではなく，政治学である。

3-2　公共事業

　2024年度一般会計当初予算における**公共事業関係費**は，6.1兆円である（図3-1）。公共事業関係費は，一時期厳しく抑制されていた。当初予算のピークは，1997年度の9.8兆円で，その後削減が始まり，2012年度には4.6兆円まで低下した。しかし，2013年度に国土強靭化[9]の考え方が登場して以降持ち直し，2019年度以降は安定的に6.1兆円である。

　図3-8は，公共事業関係費の内訳を示している。構成割合が大きいのは道路整備（35％）と社会資本整備総合交付金・防災安全交付金（23％）である。社会資本整備総合交付金は，2010年度にそれまでの社会資本整備に関係する個別補助金を総合的に交付金化して創設され，防災・安全交付金は2012年度補正予算で事前防災・減災対策等のための取り組みを集中的に支援するために設けられた。いずれも交付金の名称だが，補助金である。

　公共事業予算は，景気対策として利用しやすい。この理由には，公共事業

9　2013年12月11日「強くしなやかな国民生活の実現を図るための防災・減災等に資する国土強靭化基本法」成立，2014年6月3日「国土強靭化基本計画」閣議決定，2018年12月14日「国土強靭化基本計画」閣議決定（改訂），「防災・減災，国土強靭化のための3か年緊急対策」閣議決定，2020年12月11日「防災・減災，国土強靭化のための5か年加速化対策」閣議決定。

図 3-8 公共事業関係費の内訳（2024年度当初予算，総額 6.1 兆円）

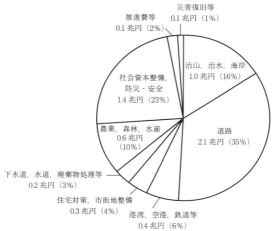

（出所）財務省「令和 6 年度国土交通省・公共事業関係予算のポイント」11 頁より作成。

が全国津々浦々で実施可能であり，そのため景気対策の波及効果を全国に広げることが期待しやすいことがある。また，社会保障や教育などと異なり，金額をベースにして事業の規模や内容を調整しやすいことも利点である。

　景気対策は補正予算によっても実施されることが多い。そのため公共事業は，他の分野に比べて，補正予算によって追加されることが多く，しばしばその規模も大きい。たとえば 2022 年度では，当初予算 6.1 兆円に対して，補正予算による追加は 2.0 兆円であり，2023 年度は，当初予算は 6.1 兆円，補正予算による追加は 2.2 兆円である。したがって，公共事業予算の実態を捉えるには，補正予算込みの金額を把握することが望ましい。

　公共事業予算の特徴の 1 つに，財源がほぼ借金（**建設公債**）で賄われることがある。毎年度の一般会計予算は，予算総則第 7 条で建設公債によって賄う「公共事業費の範囲」を記載している。ただ，公共事業関係費と建設公債発行額は（おおむね同規模であるが）一致はしないし，公共事業関係費の所管と建設公債による公共事業費の所管も同じではない。

　公共事業関係費の所管の中心は国土交通省である。しかし，他の省でも，規模は小さいが，公共事業関係費を支出している。また，建設公債を利用し

64　第 1 部　日本の財政構造と財政制度

た公共事業も，国土交通省を含めて，すべての府省で実施している。さらには，公共事業ということでいえば，一般会計の他に，財政投融資でも実施している。

　公共事業は，国による直轄事業だけではなく，社会資本総合整備交付金や防災・安全交付金のように，地方（都道府県，市町村）に対する補助事業として実施されるものもある。これらは，補助金として，国から地方に公共事業財源として支給される。補助金は，奨励的あるいは財政支援的な意図で国が地方に支給する資金であり，国庫支出金の一種（**国庫補助金**）である。たとえば，2020 年度決算による国から地方への普通建設事業費支出金は，2.2 兆円である[10]。公共事業に関係する国庫支出金は，国から地方への国庫支出金の中でも，生活保護費負担金に次いで構成割合が大きく，国庫支出金のメインのひとつである。

　最近では財政運営の多くの分野で政策評価が実施されているが，公共事業は，古くから経済的な観点からの評価に取り組んできた分野である。その方法は，費用便益分析の方法による純便益の測定であり，費用では建設費と維持管理費，便益では事業による効果を貨幣換算する。しかしその後の公共事業の結果を見ると，その評価が妥当であったかどうかは疑わしいものもありそうである。

3-3　教　育

　2024 年度一般会計当初予算における教育・研究開発への支出（**文教及び科学振興費**）は，5.5 兆円である（図3-1）。そのうち，教育の経費が文教関係費であり 4 兆 624 億円（74.2%），研究開発の経費が科学技術振興費であり 1 兆 4,092 億円（25.8%）である。文教及び科学振興費は，近年，わずかな増減はあるが，おおむね一定の水準を維持する傾向である。

　図 3-9 は，文教関係費の内訳を示している。義務教育費国庫負担金が 1.6 兆円，国立大学法人運営交付金が 1.1 兆円，高校生等への修学支援が 0.4 兆円である。

　義務教育費国庫負担金は，**義務教育費国庫負担金制度**に基づいて，国が地

10　総務省『令和 4 年度版地方財政白書』第 25 表その 1。

図 3-9 文教関係費の内訳（2024 年度当初予算，総額 4 兆 624 億円）

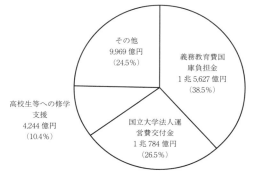

（出所）財務省「令和 6 年度文教・科学技術予算のポイント」により作成。

方（都道府県と指定都市）に支払う負担金である。負担金は，国と地方で共同して経費を負担すべきという考え方に基づき，一定の負担割合を事前に決めて国から地方に支出するものであり，国庫支出金の一種（**国庫負担金**）である。

公的義務教育は，学区制によって運営されており，住民（保護者）は居住する地域によって割り当てられた小・中学校に子どもを通わせることで教育サービスの提供を受ける。小・中学校の運営主体は市町村（の教育委員会）であり，その費用も市町村の財政によって賄われており，小・中学校の先生（教職員）は市町村の職員である。ただし，身分は市町村職員であるが，その人事権は都道府県（の教育委員会）に持たせており[11]，これによって，小・中学校の教職員は，市町村内だけではなく，県内での異動が可能になり，人員配置を効果的にしている[12]。その際，その給与についても，県費負担教職員制度によって，都道府県が負担している。義務教育費国庫負担金制度は，国も義務教育の運営には一定の責任をもつべきとの考え方に基づいて，県費による給与負担の一部を国が負担する仕組みである。国は，義務教育教職員の

---

[11] 指定都市を除く。
[12] しかし，総務省「地方公共団体定員管理調査」は県費負担教職員を都道府県職員として計上しており，世間では「学校の先生は県職だから」と言うこともあり，給与も県から振り込まれるので，実体は県といってよいかもしれない。

66　第１部　日本の財政構造と財政制度

給与費の３分の１を都道府県・指定都市に支払っている[13]。

　教育は，学習内容（教材），指導者（先生），設備（校舎など）によって構成される。教職員定数は，児童・生徒数から決まる基礎定数と，少人数教育やいじめ対応などの特別の配慮による加配定数からなる。義務教育費国庫負担金制度には，国に義務教育の費用の一部を負担させるだけでなく，費用負担を通じた教職員定数の管理によって，義務教育をコントロールする機能がある[14]。これに対して，最近では，市町村費負担教員任用によって対応する市町村もある。

　義務教育の経費は，少子化で児童・生徒数が減っているのだから金額も減るはずだという財政当局（財務省）と，ただでさえ過剰労働に追い詰められており，少人数教育の実現のためにもより多くの金額が必要であるという教育担当部局（文科省や県・市町村の教育委員会）の間に見解の対立がある。教育はエビデンスに基づいた政策立案（EBPM）の考え方による検証がもっとも期待される分野である。しかし，残念ながら，今のところ信頼に足るエビデンスはなく，情緒的な議論によって予算が編成されている。

　国立大学運営交付金は，国立大学法人の基盤的な運営経費として国から国立大学法人に交付する資金である。この資金は，使途を国立大学の裁量で自由に決めることができるように，補助金ではなく，交付金としている。

　高校生等への修学支援は，高校無償化の一環として，一定の所得制限の下で高校生等の授業料を支援するものである。（高等教育の無償化として大学授業料等の減免に要する経費は，社会保障関係費として計上されている。）

　図3-10は，教育費の総額（文教費総額）とその内訳を示している。教育費の総額は，約24兆円である。つまり，教育費では，国の負担は一部であり，国よりも，地方がより多くの経費を負担している。

　教育財政のあり方では，教育費の規模はこれで足りているか（もっと増やす

---

[13]　明治期にも義務教育に対する国庫補助の仕組みはあったが，シャウプ勧告による地方財政平衡交付金制度の創設によっていったんは廃止され，1953年度に復活した。その後，補助の対象となる費用の範囲や補助の割合等を変更しながら，2006年度に負担割合を２分の１から３分の１に引き下げて，現在に至る。指定都市が負担金の交付対象になるのは，2017年度である。

[14]　このような定員管理による政策の実施は，医療における医師・歯科医師数の管理など，他の分野においても利用されている（本章1-4(3)参照）。

第 3 章 政府支出の仕組みと現状　　67

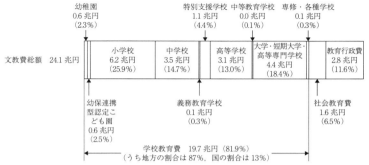

図 3-10　文教費総額の内訳（2019 年度）

（出所）文部科学省『文部科学白書 2021』参考資料文教費（2），総務省『令和 3 年度版地方財政白書』第 2 図より作成。

べきではないかという意見），誰がこれを負担すべきか（国，地方，あるいは本人）などが課題になる。国と地方の費用負担割合からもうかがえるように，教育の現場は，国よりも，地方である。地方では，教育を政治から独立させるという理念によって，教育委員会によって教育行政を運営している。知事部局からの独立性を高めることが教育財政（教育の財源確保）にどのような影響を及ぼしているかは，不明である。

4　国から地方への支出

4-1　地方制度の考え方と国と地方の財政関係

2024 年度一般会計当初予算における地方交付税交付金等（＝地方交付税＋地方特例交付金[15]）は，17.8 兆円である（図 3-1）。これは，一般会計の主要経費別分類では，社会保障関係費，国債費に次いで規模が大きい。しかし，国から地方への支出は，これだけではない。

図 3-11 は，国から地方への資金の流れのイメージを示している。国は，**交付税及び譲与税配付金特別会計**を設けて，地方交付税や地方譲与税などの国から地方への支出を管理している。一般会計歳出予算で計上された地方交付税交付金等も，この特別会計を経由して地方交付税の財源となり，地方団

15　地方特例交付金は，減収補填のための交付金である。

図 3-11　国から地方への資金の流れのイメージ

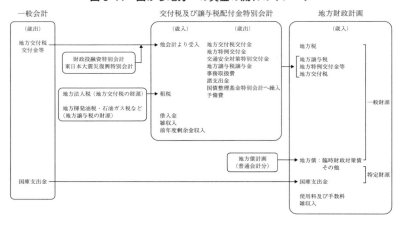

体に配分される。地方法人税や国税のうちの地方譲与税財源分は，一般会計を経由せずに，この特別会計に直接収入され，地方に配分される。国から地方への支出にはこの特別会計を経由しないものもあり，国庫支出金は一般歳出から支出される。この結果，国と地方の財源配分は，近年，税収では国：地方＝6：4であるのに対して，歳出（純計ベース）では国：地方＝4：6になっている。

　このように国から地方に多くの資金を支出するのは，日本の地方自治が**伝来説**の考え方に基づいていることによる。地方制度を設計する際の自治の考え方には，**固有説**と伝来説がある。固有説は，地方団体が固有に地方自治の権限を有していると考える。伝来説は，そうではなく，国から認められた範囲でのみ地方団体は自治の権限を有していると考える。日本の地方制度は，地方分権を尊重するが，中央集権を前提にした地方自治であり，伝来説である。

　地方自治（地方制度）を支えるのが地方財政である。したがって，地方制度が伝来説であるときには，当然，地方財政制度も伝来説の考え方で設計される。固有説の考え方に基づくとしても国による財政調整がまったく行われないわけではないが，伝来説に基づく場合にはそれなりに手厚い財政調整を行うことになる。地方交付税（財政調整制度）の萌芽は，大正期の市町村義務

教育費国庫負担と言われている[16]。

　国と地方の間では，あらかじめ役割分担が決められており，お互いに重複しないように行政サービスを提供している。役割分担の決め方は，住民の生活に身近なサービスは地方が提供する，地方ができないことは国が実施する（補完性の原理），通貨・外交・国防は国に固有の役割である，といった考え方を原則として，過去の経緯や財政的な事情を踏まえて，その都度決めていくといった感じである。このようにして決められた地方の業務は，自治事務と法定受託事務に区分され（地方自治法2条の9），それぞれに応じて，財源が与えられる。この財源賦与の仕組みが，国から見た地方財政である。

　地方財政制度は，国と地方の役割分担によって定められた地方の財政需要を賄うように，地方に対して各種の財源を与えている。図3-11では，**地方財政計画**（歳入）で，地方税，地方譲与税，地方特例交付金等，地方交付税，地方債（臨時財政対策債，その他），国庫支出金などの地方の財源を示している。これらのうち，地方税から地方債（臨時財政対策債）までは一般財源，地方債（その他）と国庫支出金は特定財源である。

　各種の地方財源には，国による地方財政の管理という観点から，次のような制度的な特徴がある。第1に，**地方税**は，地方団体の自主財源ではあるが，それでも地方団体の課税権は，国から与えられたものである。地方自治を実現するためには地方にも自主財源が必要であると考えて，地方税法によって，国が地方に税源の利用を認め，課税権を付与するのが地方税である。これは伝来説の考え方に他ならないが，この意味で地方税法は，地方団体の課税権の枠組みを定める法（枠法，枠組み法）と呼ばれる。そのため，当然のこととして，地方団体の行使できる課税権は，地方税法が認めた範囲内にとどまる（いわゆる条例による地方税法の上書きは認められない）。

　第2に，**地方交付税**は，地方の固有の財源とされるが，地方団体の依存財源であり，地方団体が標準的な行政サービスに利用することを想定して国が保障する一般財源である。

　第3に，**国庫支出金**は，これも地方の依存財源であるが，特定財源であり，国が特定の政策を実施するための経済的インセンティブの手段でもあ

---

[16]　黒田（2019年）5頁。

70　第 1 部　日本の財政構造と財政制度

る。国庫支出金は，国庫負担金，国庫補助金，国庫委託金からなる。**国庫負担金**は，国と地方が共同で責任をもつ事業において，あらかじめ国と地方の費用負担割合を決めた上で，国が地方に支出する資金である。これには，義務教育費負担金や生活保護費負担金などがある。**国庫補助金**は，地方の事業を奨励したり，援助するために国から地方に支出する資金である。これには，社会資本整備総合交付金や地方創生交付金などがある。**国庫委託金**は，国の事業を地方に委託する際に国から地方に支出する資金である。これには，衆議院議員選挙費委託金などがある。

　第 4 に，**地方債**は，これも依存財源であり，地方団体の借金である。地方債は，公共事業等の特定財源に利用されるものや，地方交付税の振り替わりである臨時財政対策債（一般財源）がある。特定財源の地方債について，国は，地方債計画によって地方債の総額を管理し，地方債の協議制度によって地方団体が破綻しないようにコントロールしている。

4-2　地方財政対策，地方財政計画，地方債計画

　地方団体は，行政サービスを提供するためにそれぞれに独立して財政を運営している。しかし，その財政は完全に自立しているわけではなく，国から見れば，地方財政は，国の財政の一部である。

　国は，自身の歳出予算においても地方交付税交付金や国庫支出金など地方への支出を見込む必要があるし，また，伝来説を踏まえた垂直的財政調整制度（地方交付税制度）の建前としても，地方の財源を保障し，健全に地方財政を機能させることに一定の責任がある。このようなことから，国は，予算編成の過程において，地方財政の収支を合わせるように帳尻を調整する。とはいえ，多数ある地方団体を個別（**ミクロの地方財政**）に面倒を見るのは大変な手間である。そこで，地方団体の全体（**マクロの地方財政**）を捉えて，収支の帳尻を合わせている。この帳尻合わせのための対処は，地方財政対策と呼ばれる。

　地方財政対策は，地方財政計画（地方交付税法 7 条）による地方交付税総額の決定や地方債計画（地方財政法 5 条の 3 第 10 項）による地方債総額の決定を中心に，各種の特別会計も含めた地方財政の全体を射程にして，地方財政に

財源の不足がないように対策する。国は，これらの作業を通じて，マクロの地方財政を管理する。財政破綻などの特別な場合は別にして，通常，国が直接管理するのは，このマクロの地方財政にとどまる。ミクロ（個別地方団体）の地方財政は，マクロの管理を通じた，間接的な管理といったところである。

　地方財政計画は，国から地方に支出する地方交付税の総額を決めるための計画（収支見込み）であり，国が保障する地方財政の範囲を示すという意味をもつ。したがって，その収支見込額も，実際の予算額や決算額によるものではなく，国が保障すべき地方財源の範囲という考え方を踏まえた見込額である。支出は標準的な水準の行政サービスに要する金額であり，収入も標準税率などによる地方税収額であって，超過課税や法定外税などによる地方団体の独自の収入は含まない。また，当然のこと，単年度の見込額であるが，マクロの地方財政ということから，総額ではなく，純計であり，会計の区分は，予算とは異なり，普通会計である。支出計上の仕方は，地方財政計画の関心が地方の政策ではなく，財源確保であることもあって，政策別ではなく，性質別分類である。このようにして作成される地方財政計画には，(1) 地方団体が標準的な行政水準を確保できるように地方財源を保障すること，(2) 国家財政・国民経済等と地方財政の整合性を確保すること，(3) 地方団体の毎年度の財政運営の指針となること，といった役割がある[17]。

　地方交付税総額は，地方財政計画の収支が釣り合うように算定される。地方交付税の財源は，地方交付税法によって国税の一定割合（交付税率という。交付税率は，所得税・法人税の33.1%，酒税の50%，消費税の19.5%，地方法人税の全額である）が定められているが，例年，これだけでは不足する。もし不足が常態化しているならば，地方の財源を保障するという地方交付税制度の趣旨からいえば，それは交付税率が低すぎるからであり，したがって，交付税率を引き上げて対応すべきである。しかし，交付税率の引き上げは国の一般歳出に充てる財源を減らすことになり，これでは国の財政が厳しくなる。そこで実際には，不足分は，一般会計からの借入や臨時財政対策債によって賄っている。

---

[17]　地方交付税制度研究会編『令和4年度地方交付税のあらまし』7頁。

72 第1部 日本の財政構造と財政制度

地方債計画は，国の予算や地方財政対策（地方財政計画），そして財政投融資計画などを踏まえて作成される，地方債総額の見込みである。そこでは，起債予定額だけではなく，政府資金や市場公募の見込みなど，その財源も併せて確保される。地方債計画には，(1) 地方債同意・許可の量的基準，(2) 所要資金の確保，(3) 地方公共団体の財政運営の指針の役割がある[18]。

4-3 地方交付税の配分

地方交付税の地方団体への交付は，総額の94％を**普通交付税**，6％を**特別交付税**として配分する。特別交付税は，災害対応などの普通交付税では対応できないような特別の財政需要により生じた財源不足を踏まえて，個別的に被害の状況等に応じて裁量的に算定される[19]。特別交付税は，個別に特別の財政需要を勘案するが，総額の範囲内で配分額を決定する仕組みであり，したがって，この所要額の総額が当初に予定された特別交付税総額を超えるようなことは，通常，生じない。

一方，普通交付税は，一定の基準によって，地方団体間の財政力格差の緩和に配慮（**財政力調整機能**）しながら，地方団体ごとに計算された財源不足額（**財源保障機能**）を配分する。個別に計算された財源不足額（普通交付税の所要額）の合計は，おおむね地方財政計画が予定した普通交付税総額と等しいが，必ずしも一致するわけではない。その差額は，各地方団体の基準財政需要額を比例的に割り引くことによって調整する。

普通交付税の配分は，次の計算式によって地方団体ごとに財源不足額を計算し，これを普通交付税の交付基準額として各地方団体に交付する。

各地方団体に配分される普通交付税額＝基準財政需要額－基準財政収入額

普通交付税は，標準的な財政需要を賄うための一般財源を保障する趣旨である。したがって，その算定の基礎となる**基準財政需要額**も標準的な行政サービスを実施するために必要と想定される経費の趣旨であり，**基準財政収入額**も標準的な水準を想定した収入額の趣旨である。

---

18 地方債制度研究会編『令和4年度地方債のあらまし』45頁。

19 都道府県・市の特別交付税は国（総務省），町村の特別交付税は県が算定する。

基準財政需要額の方が大きければ，その分だけ標準的な行政サービスのための財源が不足していることになり，普通交付税の交付対象になる。逆に，基準財政収入額の方が大きいならば，その団体には超過財源が生じていることになり，財源に余裕がある団体として不交付団体になる。東京都は，地方交付税制度の創設以来，一貫して不交付団体である[20]。

基準財政需要額は，普通交付税の行政サービスのための財政需要を賄うという趣旨を踏まえて，行政項目ごとに所要額（行政項目ごとの基準財政需要額）を積み上げて算定する。ただし，すべての行政項目を個別に計算するのはあまりにも計算が煩雑であるということから，ひとまとめにできるところは**包括算定経費**として一括して計算し，一括できないものについてのみ**個別算定経費**として積み上げている。個別算定経費も包括算定経費も，計算式は同じであり，次のようになる。

$$基準財政需要額＝単位費用×測定単位×補正係数$$

（計算例）令和3年度のある県の道路橋梁費（個別算定経費）の基準財政需要額[21]
- 単位費用＝道路1km当たり単価＝標準団体の道路橋梁費所要財源÷標準団体道路延長＝7,637百万円÷3,900km＝1,958千円
- 基準財政需要額＝道路1km当たり単価×道路の延長×（投資補正＋事業費補正＋寒冷補正）＝1,958千円×5,932km×（0.875＋0.158＋0.117）＝134億円

単位費用は，架空の標準団体（たとえば，都道府県であれば人口170万人，面積6,500km²など）を想定して，標準的な地方団体の合理的かつ妥当な水準（地方交付税法2条6号）の趣旨で行政項目ごとに標準的な単価を法定しており，都道府県と市町村のそれぞれで共通である。基準財政需要額を標準的な財政需要と言わしめる根拠は，標準的な水準として単位費用を定めていることにある。

測定単位には，基幹統計などの公的統計によって行政項目ごとに各地方団体の数値を用いる。この数値には，地域の実情を反映するという趣旨から，たとえば人口では，住民基本台帳人口ではなく，国勢調査人口を用いている。

---

[20] これを「制度的不交付」と呼ぶ文献を見たことがあるが，出所を忘れてしまった。
[21] 地方交付税制度研究会編『令和4年度地方交付税のあらまし』35頁。

74   第 1 部　日本の財政構造と財政制度

　測定単位が地方団体の実績値だとはいえ，単位費用は架空の標準団体の想定である。したがって，単位費用×測定単位によって財政需要額を算定すると，地方団体の実際の行政経費との乖離が大きくなる懸念がある。そこで，基準財政需要額の計算では，測定単位に**補正係数**を乗じることによって，測定単位を補正している。補正係数は，人口規模や気候，財政力などの自然的・社会的条件といった客観的条件に起因する行政経費の差に配慮するように設けられており，これによって基準財政需要額が各地方団体にとって公正妥当な算定になる。

　基準財政収入額も，基準財政需要額が標準的な水準の趣旨であるのと同様に，標準的な一般財源という趣旨で算定される。その計算式は，次のようになる。

> 基準財政収入額＝標準的な税収入見込額×基準税率（75％）＋地方譲与税等

　（計算例）市町村民税（個人均等割）の基準財政収入額[22]
　・基準財政収入額＝単位額×納税義務者数
　・単位額＝標準税率（3,500 円）×基準税率（75％）×徴収率（0.982）
　・納税義務者数＝前年度課税実績

　基準財政収入額の対象になる税目は，標準的な一般財源という趣旨から，原則として，**法定普通税**であり，超過課税や法定外税は含まない[23]。不交付団体の税収調達へのインセンティブに配慮して，地方税については標準税率に 75％の基準税率を乗じて，標準的な税収入見込額を計算している。つまり，25％相当分は，留保財源として，基準財政収入額（したがって，普通交付税）の計算から除外される。

　普通交付税の配分は，地方団体の財源不足額が基準である。しかし，その財源不足額は，標準的な行政サービスを前提にした不足額であり，地方団体の実際の不足額ではない。したがって，基準財政需要額も基準財政収入額も，測定単位に地方団体の実績値を使い，課税客体にも実績値を使うが，い

22　地方交付税制度研究会編『令和 4 年度地方交付税のあらまし』39 頁。

23　ただし，事業所税（目的税）や各種の地方譲与税（目的財源）は含む。また，道府県民税の交付金などは除く（地方交付税制度研究会編『令和 4 年度地方交付税のあらまし』36-37 頁）。

第3章 政府支出の仕組みと現状　*75*

ずれも予算額や決算額などの実際の金額とは異なる。このようにして財源不足額を標準の趣旨で計算することによって，地方交付税は，地方財政計画が標準的な一般財源を保障するという趣旨に合致するような制度設計となっている。

参考文献

黒田武一郎（2019年）『地方交付税を考える―制度への理解と財政運営の視点』ぎょうせい

国立社会保障・人口問題研究所ウェブサイト

財務省ウェブサイト

総務省『令和4年度版地方財政白書』

総務省「令和3年度市町村税課税状況等の調（国民健康保険関係）」

総務省ウェブサイト

地方交付税制度研究会編『令和4年度地方交付税のあらまし』一般財団法人地方財務協会

地方債制度研究会編『令和4年度地方債のあらまし』一般社団法人地方財務協会

防衛省・自衛隊ウェブサイト

文部科学省『文部科学白書2021』

Column　適切な会計処理

「会計とは，取引を記録することである。したがって，会計は結果をそのまま記録するだけであり，会計が取引を制限するようなことはない。」というのが，会計の本来らしい。しかし，財政の現場では，「会計的にこの支出はできない。」といったことがしばしばある。

もし会計が結果の記録ならば，会計をみれば，自動的に，どのような取引を行ったのかがわかるはずである。しかし，実際には，どんな施策にいくらを使ったのかがわからないことがある（というよりも，わからないことの方が多いかもしれない）。そのため，「あの事業にいくら使ったのか」を確認するために，改めて数値を確認することは日常茶飯事である。東日本大震災の復興のために国は特別会計を設けているが，国と地方を合わせて，実際のところこれまでにいくら使ったのかは，（おそらく）わからない。

わからなくなってしまう理由のひとつに，「復興」の名目ではあるが，実際に復興のためといえるかどうか悩ましいことがある。たとえば，研究者による現地での被災状況調査や，参与観察による被災者支援の調査研究は，研究だろ

うか，復興事業だろうか。

　これが深刻な問題なのは，予算編成において，一見そのままでは支出しにくい事業に対して，それでも何とかして実施したい場合に，（屁）理屈をつけて，関連しそうな他の事業の予算を充てることが行なわれるからである。これは，予算の工夫と呼ばれる。

　なぜ予算を工夫してまで，役人（担当者）は事業を実施しようとするのだろうか。よくあるのは，会計上の理由である。決して，私腹を肥やそうなどの悪気があるわけではない。むしろ職務に忠実に，目的を果たそうとしたときにこそ，このようなことが生じやすい。会計検査院は，毎年秋にこれを予算の流用として公表している。

　徳島県は，2017年度「阿波おどり空港における阿波藍魅力発信事業」で「リアルな人形」による展示のためにラブドールを利用した。これは住民監査請求の対象になったが，これが担当職員による不適切な会計処理であるとの判断は，妥当と思う。

第4章　国際比較から見た日本の財政構造

　本章では OECD（経済協力開発機構）のデータに基づき，先進諸外国と比較した日本の財政構造を概観する。ここで扱うデータは，中央政府，地方政府，社会保障基金の3つの政府部門で構成される一般政府レベルの数値である。また，各国の経済規模の違いを考慮するために，各指標は原則としてその国の GDP で割った比率を用いている。これにより，地方分権化の度合いや，社会保障制度の違いに左右されることなく，一国全体としての財政の状況を同一の基準で比較できる。はじめに政府支出と政府収入の構造を検討し，そのうえで，両者のバランスである，フローとしての財政収支と，それらが蓄積されたストックとしての公的債務の状況について順次見ていく。

1　政府支出の構造

　一般に，政府の役割に関する基本的な立場の違いを表したものとして，「小さな政府」と「大きな政府」がある。前者は，一国の経済を発展させるうえで，政府はなるべく民間の経済活動に干渉しない方が望ましいという考えで，低福祉・低負担を掲げるアメリカが典型である。他方，後者では，市場経済によって生じる歪みを抑えるために，政府はむしろ積極的に市場に介入すべきであるとされ，高福祉・高負担の欧州諸国があてはまる。

　実は，こうした考え方の根拠になっているのが，一国の財政規模であり，それは政府部門の支出がその国の経済規模に対してどれくらいの比重を占めるかによって把握することができる。

1-1　一般政府支出の推移

　図4-1 は，近年における一般政府支出の推移を主要国・地域間で比較した

78　第 1 部　日本の財政構造と財政制度

図 4-1　主要国・地域における一般政府支出の対 GDP 比の推移（%）

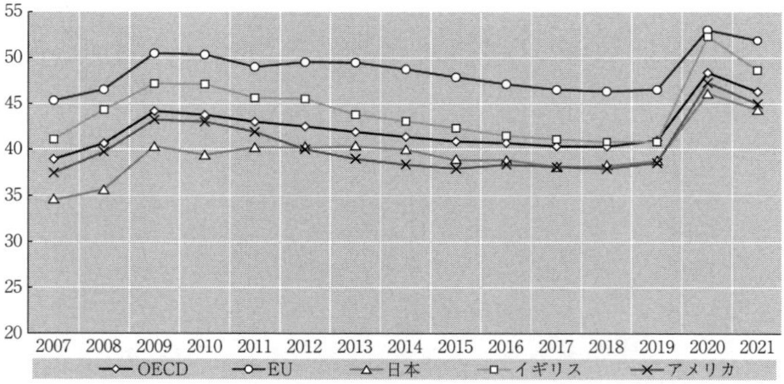

（出所）OECD（2023），p. 159 より作成。

　ものである。いずれの国・地域でも，新型コロナウィルス感染症の流行が始まった 2020 年に，支出規模が急激に増大し，翌年には減少している。特異な時期であったこれら 2 年を除けば，上記イメージを裏付けるように，アメリカの支出規模は低く，2010 年代を通じてほとんど 40％を下回っていたのに対して，EU（欧州連合）平均は常に 45％を超える高い水準であった。イギリス（2020 年まで EU 加盟）は EU の水準よりは低いものの，OECD 平均をやや上回っており，どちらかといえば「大きな政府」に分類される。

　日本は，2010 年代におおよそアメリカと同水準であったが，2011 年まではアメリカをも下回っている。このことから，先の考え方に従えば，日本は，先進国の中では最も「小さな政府」の 1 つである。日本は世界で最も高齢化が進んだ国である。にもかかわらず，なぜこのように財政の規模が小さいのだろうか。

1-2　一般政府支出の内訳

　表 4-1 は，各主要国における一般政府支出の中身について，国民経済計算によって区分される主要経費別にその規模を示している（コロナショックの影響を避けるために主に 2019 年で比較）。これにより，各国がどのような分野に，どれだけ優先的に公的資源を投入しているのか，おおよその価値観の違いをつかむことができる。

第 4 章　国際比較から見た日本の財政構造　　*79*

表 4-1　主要国・地域における一般政府支出の対 GDP 比（%）

	日本		アメリカ	イギリス	ドイツ	フランス	スウェーデン	OECD
	2007 年	2018 年						
支出合計（対 GDP 比）	35.0	38.8	38.1	41.1	45.2	55.6	49.3	40.8
一般公共サービス	4.4	3.8	5.8	4.3	5.7	5.5	6.9	5.4
防衛	0.8	0.9	3.4	2.0	1.1	1.7	1.2	2.2
公共の秩序・安全	1.2	1.2	1.9	1.8	1.6	1.6	1.3	1.7
経済業務	3.5	3.7	3.4	3.5	3.3	6.0	4.4	3.9
環境保護	1.1	1.1	0.0	0.6	0.6	1.0	0.5	0.6
住宅・地域アメニティ	0.8	0.7	0.5	0.8	0.4	1.1	0.7	0.6
保健	6.2	7.7	9.3	7.7	7.4	8.0	7.0	7.9
娯楽・文化・宗教	0.3	0.4	0.3	0.6	1.0	1.4	1.3	0.7
教育	3.4	3.3	5.9	4.9	4.3	5.3	6.9	5.1
社会保護	13.4	16.1	7.6	14.8	19.7	23.9	19.0	13.3

（注）日本以外は 2019 年の数値である。
（出所）OECD（2021），p. 87 より作成。

　表を見ると，日本は 2007 年から 2018 年までに，支出合計が約 4％ポイント上昇しているが，それは，主として「保健（医療関係支出）」と「社会保護（およそ医療以外の社会保障）」の増加によってもたらされた。「社会保護」の中には低所得者や家族向けの支出も含まれるが，実は，全体の 7 割が年金，介護，生活支援などの高齢者向け支出で占められている[1]。

　しかし，これら 2 つの費目を他国と比べると，「保健」で OECD 平均を下回り，「社会保護」でもイギリスを除く欧州諸国の水準には届いていない。日本では，その高い高齢化率にも関わらず，必ずしも高水準な社会保障サービスが提供されているわけではないのである。

　他の支出項目を主要国と比べたときに目を引くのは，日本が，これらの国々の中で「一般公共サービス」，「防衛」，「公共の秩序・安全」，「教育」の水準がいずれも最低となっている点である。このうち，「防衛」については日本が憲法に掲げる平和主義の原則，「公共の秩序・安全」については，国内の治安の良さが，それぞれ背景にあることが想定される。

1-3　公務員報酬と教育支出

　「一般公共サービス」の水準が低い要因の 1 つに，日本における公務員報酬の低さがある[2]。この支出項目の多くを占める一般行政サービスが公的部

1　OECD（2021），pp. 88-89。

80　第 1 部　日本の財政構造と財政制度

図 4-2　全雇用者数に占める一般政府職員の割合（%）

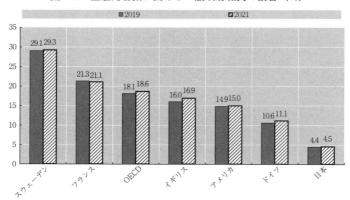

（注）日本については「社会保障基金」で雇用される職員が含まれていない。
（出所）OECD（2023），p. 181 より作成。

門に雇用される政府職員を通じて提供される点を考慮すれば，公務員報酬の低さは，一般的な行政サービス費用を相当程度抑えることに貢献する。

　図 4-2 は，全雇用者数に占める一般政府職員の割合を示している。日本の数字には，社会保障基金部門に属する職員が含まれていないという問題点があるが，この点を割り引いても，国際的に日本の公務員数の水準はかなり低い。日本における公務員の少なさ，ひいてはその報酬総額の低さが「小さな政府」を成立させる背景にある。

　さらに日本では「教育」への支出水準が低いことも特徴的である。近年，中等教育のみならず高等教育に関わる授業料の無償化についても，政策上の論点として検討されつつあるが，日本は，依然として先進国の中では教育への公的支出が最も薄い国の 1 つとなっている。

1-4　政府部門別の支出

　では，これらの支出は，一般政府の中のどの部門から支払われているのだろうか。この点を示した図 4-3 によると，日本は，OECD 平均である 2 割

2　2018 年で一般政府職員報酬の対 GDP 比は 5.4% で，OECD（平均 9.2%）の中では最低である（OECD（2021），p. 97）。

図 4-3　主要国における一般政府支出の政府部門別の構成比（％, 2019 年）

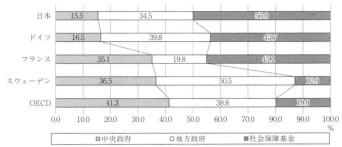

（注）ここでの地方政府には，市町村などの自治体に加えて州政府が含まれる。OECD 統計によると，アメリカとイギリスについては中央政府のデータに社会保障基金分が含まれており，両者の判別ができない。日本は 2018 年の数値である。
（出所）OECD（2021），p. 93 より作成。

をはるかに上回って社会保障基金を経由した支出が全体の半分を占めている。また，中央政府と地方政府との関係についてみれば，後者の支出割合が前者の 2 倍を超えており，支出面における地方政府の役割が大きい。

2　政府収入の構造

政府支出の基本的な財源となるのが政府収入であり，それは，①租税収入，②社会保障拠出[3]，③料金収入，④その他収入，で構成される。したがって，現実の財源調達手段として欠かせない，政府の借入れは，ここで定義される政府収入には含まれないことに留意する必要がある。

2-1　一般政府収入の推移と構成

政府収入総額の推移を示した図 4-4 によると，この中では EU 平均が先の高い政府支出を反映して最も高く，最近では 45％ を超える水準で推移している。イギリスは OECD 平均並みであり，アメリカは政府支出と同じように政府収入のレベルも低い。日本については，2013 年頃までアメリカと同

---

[3]　正確には「純社会保障拠出（net social security contribution）」で，日本では社会保険料に相当する。

図 4-4 主要国・地域における一般政府収入の対GDP比の推移（%）

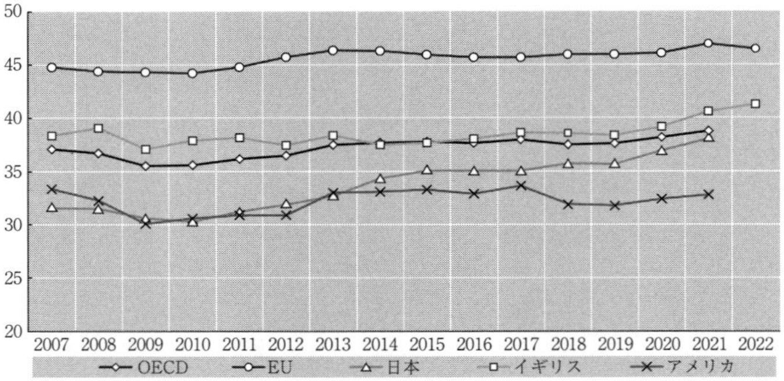

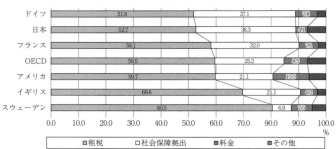

(出所) OECD (2023), p. 147 より作成。

図 4-5 主要国における一般政府収入の構成比 (2019年)

(注) 日本は 2018 年の数値である。
(出所) OECD (2021), p. 83 より作成。

水準であったのが，2014年以降しだいに上昇してきてはいるが，直近では38％程度で依然としてOECD平均を下回っている。

図4-5から，これら一般政府収入の構成を見ると，スウェーデンとイギリスが租税中心の収入構造である一方で，日本はドイツに似て，収入に占める社会保障拠出の比重が高いことがわかる。

2-2 租税収入（社会保障拠出を含む）の構成

ただし，これらの収入項目のうち，「料金収入」と「その他収入」は必ずしも国民にとって負担ではない。なぜなら，前者は，公営施設の利用料や販

第 4 章　国際比較から見た日本の財政構造　*83*

表 4-2　主要国における租税の対 GDP 比率とその構成比（%，2019 年）

		日本		アメリカ	イギリス	ドイツ	フランス	スウェーデン	OECD
		2000 年	2019 年						
税収構成比	個人所得課税	20.9	18.7	40.9	27.7	27.5	20.7	29.2	24.0
	法人所得課税	13.8	12.1	5.6	7.2	4.1	4.9	7.0	9.0
	資産課税	10.7	8.3	11.9	12.5	2.8	8.7	2.1	5.4
	消費課税	19.4	19.7	17.5	33.0	26.7	27.6	28.3	32.0
	社会保障拠出	35.2	41.0	24.2	19.9	37.8	33.0	21.5	26.6
総税収（社会保障拠出を含む）／GDP		25.3	31.5	25.2	32.1	38.6	44.9	42.8	33.4
総税収（社会保障拠出を含まない）／GDP		16.4	18.6	19.1	25.7	24.0	30.1	33.6	24.5
社会保障拠出／GDP		8.9	12.9	6.1	6.4	14.6	14.8	9.2	8.9

（出所）OECD, *Revenue Statistics* website, Tax Levels and Tax Structures: Comparative tables より作成。

売収入などのように政府部門からの個別具体的なサービス提供の対価として徴収されるものであり，後者についても政府保有資産を原資とした収入や，民間部門からの寄付金などで構成されるからである。

　そこで，国民にとって純粋な負担となる租税と社会保障拠出だけを取り出して，その水準と税目別の構成比を示したのが，表 4-2 である。税収と社会保障拠出金を合わせた負担の名目 GDP に占める割合は**国民負担率**，同じく税収のみの名目 GDP に占める割合は**租税負担率**と呼ばれる。

　それによると，日本は，2000 年から 2019 年までに，租税負担率が 2.2%ポイントの上昇にとどまるのに対して，社会保障負担率は 4.0%ポイント上昇している。この間の国民負担率の増加の大半が社会保障拠出によるものであったことがわかる。

　諸外国と比較すると，全体としての国民負担率はイギリスと同程度で，決して高くはない。税収構成比では，先に見たとおり社会保障拠出が際立って大きい反面，個人所得課税は最低で，アメリカの半分にも満たない。消費課税の比重もアメリカに次いで低いが，法人所得課税の比重はこれらの国々では最も高くなっている。こういった点から，日本は確かに直接税中心の税収構造を有しているように見えるが，その実態は，社会保険料中心であり，個人所得課税の役割は決して大きくないのである。

2-3　社会保険料の問題点

　以上の数値をもとにして，図 4-6 は，社会保障拠出を除いた租税項目別の

84　第 1 部　日本の財政構造と財政制度

図 4-6　主要国における租税負担率の内訳 (2019 年)

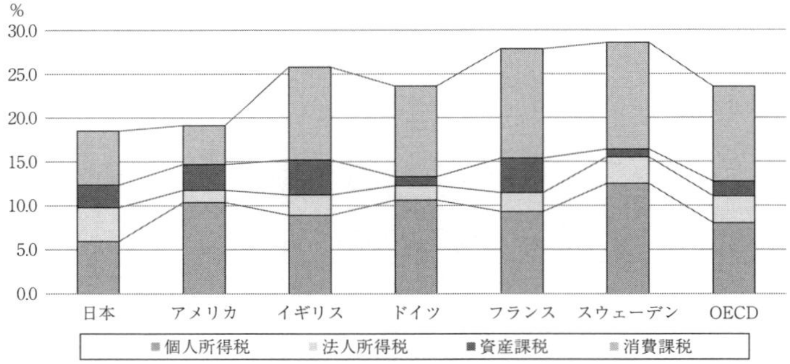

(出所) 表 4-2 と同じ。

　負担率を比較したものである。この図から，狭義の租税に限っていえば，日本の負担率がこれら国々の中で最低となっている直接的な要因が，とりわけ個人所得課税と消費課税の負担率が他の先進国と比べて顕著に低い点にあるのがわかる。

　このように日本に特徴的な社会保険料を中心とした租税構造では，少なくとも次の3つの理由によって，財政全体の再分配機能が制約されることになる。第1に，社会保険料の負担は，所得に対して逆進的に作用する。つまり，所得に占める保険料負担の割合は，高所得者ほど低下する。それは，社会保険料は，国民年金保険料のように定額となる場合があることや，報酬比例であっても通常，支払い額に上限が設定されているからである。また，個人所得税のように経費控除や所得控除を認めずに，労働報酬という粗収入に対して課されるという仕組みも負担の逆進性を強くする。

　第2に，社会保障が社会保険制度を通じて提供されるため，保険料を支払っていない人に対して給付の恩恵が与えられない。社会保障サービスは，排除原則が働く私的財としての性格が強いのである。

　第3に，同じ理由から，雇用保険など一部を除き，社会保険料は保険制度で運営される年金，医療，介護などの主として高齢者向けサービスの財源にしか使えない。若年者や現役世代への給付を増やすためには，社会保険料以外の財源に頼らざるをえない。先に見たような，日本で収入構造に占める租

第4章　国際比較から見た日本の財政構造　85

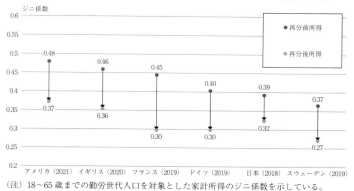

図4-7　勤労世帯の再分配前所得と再分配後所得のジニ係数の変化

(注)　18～65歳までの勤労世代人口を対象とした家計所得のジニ係数を示している。
(出所)　OECD (2023), pp. 176-177 より作成。

税の地位が高くないことと，教育を始めとする，純粋な税を原資とした支出項目が低水準に止まっていることの2つの事実は，決して無関係ではないのである。

　図4-7は，財政による所得再分配効果を知るために，生産年齢世帯における再分配前所得と再分配後所得のジニ係数を示している。日本について見ると，租税支払いと給付の前後で，ジニ係数が0.39から0.32に低下している。一国の再分配政策によってどれだけ所得格差が縮小したか，つまりその再分配効果を測定するには，これら2種類のジニ係数の変化幅を求めるか，あるいはそれらの変化率を計算すればよい。前者の変化幅はレイノルズ・スモレンスキー係数，後者の変化率は再分配係数と呼ばれている（第9章参照）。

　これら2つの係数が，日本は，それぞれ0.07，0.173で，これら主要国の中では最低である[4]。社会保障拠出を主とした日本のような財政構造の下では，その現役世代を対象とした再分配機能が働きにくいのである。

2-4　政府部門別の収入

　一般政府収入について，最後に政府部門別の構成比を示したのが，図4-8

---

[4]　図表4-9をもとに再分配係数を計算すると，日本以外の国では，アメリカ：0.225，イギリス：0.228，フランス：0.333，ドイツ：0.258，スウェーデン：0.260となる。

図 4-8 主要国における一般政府収入の部門別構成比（2019 年）

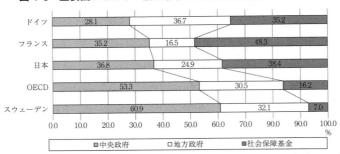

（注）ここでの地方政府には，市町村などの自治体に加えて州政府が含まれる。OECD 統計によると，アメリカとイギリスについては中央政府のデータに社会保障基金分が含まれており，両者の判別ができない。日本は 2018 年の数値である。
（出所）OECD（2021），p. 93 より作成。

である。これまでの状況から予想されるように，他国との比較では，日本における社会保障部門の収入，つまり社会保険料のウェイトの高さが改めて確認されるが，国と地方の比重では，3：2で前者の方が大きくなっている。先の図 4-3 の部門別の支出構成では，地方政府が中央政府の2倍を超える比重であったことを鑑みると，日本は，支出面で地方のウェイトが断然大きいものの，収入面ではそれが逆転していることがわかる。

この点は，地方政府からの支出を賄うために，日本では国から地方公共団体に相当程度の公的資金が移転されている事実，つまり政府間財政移転の重要性を物語っている。

3 財政赤字の現状

3-1 財政収支

これまで見てきた一般政府ベースでの収入と支出とのバランスを表したのが，一国全体の財政収支である。前者が後者を上回れば，財政黒字が生じ，その反対では，財政赤字が生じていることになる。もちろん，財政赤字が生じていることは，その分だけ公的部門が公債発行等により，国内の民間部門や外国から借入れを行っていることを意味している。

図 4-9 主要国・地域における財政収支の対 GDP 比の推移（％）

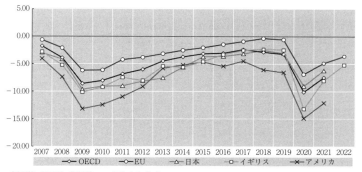

（出所）OECD（2023），p. 173 より作成。

図 4-9 は，近年における主要国・地域の財政収支を示している。この間，これらすべての国・地域で財政収支は一貫して赤字であったが，EU が赤字の水準が最も小さく，アメリカが最も大きくなっている。日本は，その中間に位置しており，2016～19 年にかけてはおおよそ OECD 平均並みの水準にあった。2020 年以後のコロナショックの影響を見ても，日本の赤字幅の拡大は，諸外国に比べるとそれほど大きなものになっていない[5]。

このように単年度の財政収支では，国際比較の点から，日本が必ずしも深刻な状態にあるようには見えない。しかし，少なくともこれまでの事実から明らかなのは，日本で財政赤字が生じているのは，決してその支出水準が諸外国に比べて過大だからというわけではないことである。

その実相は，支出が先進国の平均を下回る程度であるにもかかわらず，収入がそれよりもさらに低水準なために，支出を賄いきれていないことにある。逆に EU 諸国は，日本よりはるかに大きな支出を賄うために，やはり日本を大きく上回る水準の収入を確保することで，財政赤字の拡大を抑えているのである。

---

[5] 2008 年のリーマンショックや近年のコロナショックのような経済危機に伴う財政赤字の拡大（対 GDP 比の上昇）は，分子の財政赤字額の増加だけでなく，分母の名目 GDP の落ち込みにも大きく左右される点に注意する必要がある。

88   第1部　日本の財政構造と財政制度

表4-3　主要国における財政収支，基礎的財政収支，純利払い費の
対 GDP 比（2021 年，%）

	財政収支	基礎的財政収支	純利払い費
日本	− 6.2	− 5.8	0.4
アメリカ	− 12.1	− 8.9	3.2
イギリス	− 8.0	− 5.4	2.6
ドイツ	− 3.7	− 3.3	0.4
フランス	− 6.5	− 5.2	1.3
スウェーデン	0.0	− 0.1	− 0.1
OECD	− 7.5	− 5.6	1.9

（出所）OECD（2023），p. 173 より作成。

3-2　基礎的財政収支

　第5章で説明されるように，財政収支は，**基礎的財政収支（プライマリー・
バランス）**と純利払いの部分に分けて捉えることができる。基礎的財政収支
とは，政府収入と，純利払い費を除いた政府支出とのバランスを表したもの
である。政府収入の中には，前述のとおり国債発行収入などの借入れが含ま
れないので，基礎的財政収支は，債務に関連して生じる収支分を除外した財
政収支であり，ある年度において債務とは無関係な支出をどれだけその年の
租税収入等で賄えているかを意味している。したがって，純利払い費が大き
いほど，財政収支と基礎的財政収支との乖離は大きくなる。仮に基礎的財政
収支がプラスであれば，その余剰を利払い費に充てることができるので，そ
れだけ政府債務の増加を抑制することが可能となる。

　このような基礎的財政収支と純利払い費の水準を示したのが，表4-3であ
る。これによると，日本の財政収支は，それ自体 OECD 平均を上回ってい
るが，基礎的財政収支の赤字幅はアメリカに次いで高い。こうした点から，
コロナショックのさなかでも日本の財政赤字がそれほど拡大しなかったの
は，諸外国に比べて極端に低い金利環境の下で純利払い費の水準が低く抑え
られていたからであると推測できる[6]。

6　これら財政赤字がどの政府部門で生じているかという点では，日本の場合，2019 年時点でそ
のほとんどが中央政府のものであり，社会保障基金の収支は黒字で，地方政府の収支はほぼ均衡
状態であった（OECD（2021））。

図4-10 主要国・地域における一般政府粗債務残高の対GDP比の推移（％）

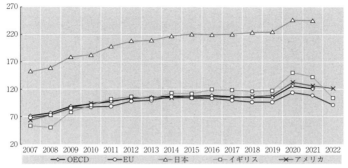

（出所）OECD（2023），p.153より作成。

3-3　粗債務と純債務

　公債発行等で補填された財政収支の赤字分は，これら公債が償還されない限り，政府の債務ストックとして蓄積される。図4-10は，一般政府レベルでみた公的粗債務残高（gross debt）の対GDP比を示している。2010年代を通して，OECD平均は100％程度であったが，日本は，その2倍を超えて先進国の中で最も高い水準にある。10年代半ば頃には220％程度で安定していたものの，コロナ禍を経て2021年で245％の水準となった。

　日本の公的債務が突出しているのは明らかであるが，政府は他方で資産も保有しているので，公的債務は上記のような粗債務ベースではなく，政府の保有資産をも考慮した純債務ベースで把握すべきという考え方もある。たとえ債務があっても，同時に一定の資産があれば，その分だけ債務償還のための追加的な資金調達手段となりうるからである。

　表4-4に示したのが，各国における2007年と2019年の粗債務と純債務である。ただし，ここでの純債務は，実物資産を考慮しておらず，粗債務から政府保有金融資産を控除したものである。日本の公的債務を，純債務ベースで評価すると，米英の1.5倍程度まで下がる。

　しかし，日本のこの間の変化率では，純債務（72％）が粗債務（46％）よりも高くなっている。これは，保有金融資産の増加ペースを粗債務の増加ペースが上回っていたことを意味している。第5章で詳述されるように，財政の

90　第 1 部　日本の財政構造と財政制度

表 4-4　主要国における粗債務・純債務の対 GDP 比（%）

	2007 年		2019 年	
	粗債務	純債務	粗債務	純債務
日本	155.5	73.1	226.5	125.8
アメリカ	64.6	45.5	108.0	82.7
イギリス	53.1	29.7	117.2	82.7
ドイツ	66.3	39.4	68.3	27.9
フランス	75.9	32.3	123.9	79.1
スウェーデン	47.6	− 19.6	46.2	− 37.9
OECD	72.8	38.6	109.2	65.8

（注）スウェーデンはどちらの年も，純債務がマイナスとなっているが，これは
　　　政府が粗債務を上回る金融資産を保有していることを意味している。2019
　　　年の日本の数値は 2018 年のものである。
（出所）OECD（2021），p. 77 から作成。

持続可能性は，粗債務ストックの対 GDP 比で判断される傾向にある。その
ため，現在の日本では，たとえ金利の上昇局面に際しても，この水準がさら
に上昇するのを回避すべく，一定の経済成長を維持しながら，基礎的財政収
支の黒字化を早期に実現することが求められている。

参考文献

OECD（2021）*Government at a Glance 2021.*
OECD（2023）*Government at a Glance 2023.*

第5章　政府の債務と財政の持続可能性

政府は，第3章で説明した支出の他に，国債費（借金の返済）に多くを支出している。政府にとって，借金は，返済時に財源を必要とするが，税収によって賄えない歳入を調達するための重要な財源である。この章では，政府の借金の財政的な意味，借金に関連する制度を説明し，あわせて，財政の持続可能性についても説明する。

1　国債による資金調達

1-1　公的債務

政府は，毎年度の歳出を賄うために税を中心に歳入を確保する。しかし，税では必要な歳入額に不足することもあり，また，いろいろな事情で税とは異なる方法で歳入を賄うことがふさわしいこともある。図5-1は，**公的債務**の種類をまとめている[1]。

普通国債，**財投債**（財政投融資資金特別会計国債），**借入金**は，国が**歳出需要**を賄うための資金調達の手段として利用する債務である。借入金は，広義には，一時的な資金不足を調整するための借入金（**一時借入金**）も含むが，狭義には，財源不足を補うための借入金をいう。一時借入金は，当該会計年度内に償還するが，狭義の借入金は，会計年度をまたがって償還することもある。1年以内に償還する場合は**短期借入金**，償還期間が1年超になる場合は**長期借入金**と呼ばれる。借入金は，一般会計だけではなく，交付税及び譲与税配付金特別会計，エネルギー対策特別会計，年金特別会計などの特別会計も利用している。その借入先は財政融資資金を利用する会計が多いが，借入金残高でみると，財政融資資金よりも民間金融機関が多い。

1　本節は，財務省理財局「債務管理リポート 2023」を参考にした。

92　第1部　日本の財政構造と財政制度

図5-1　公的債務の種類

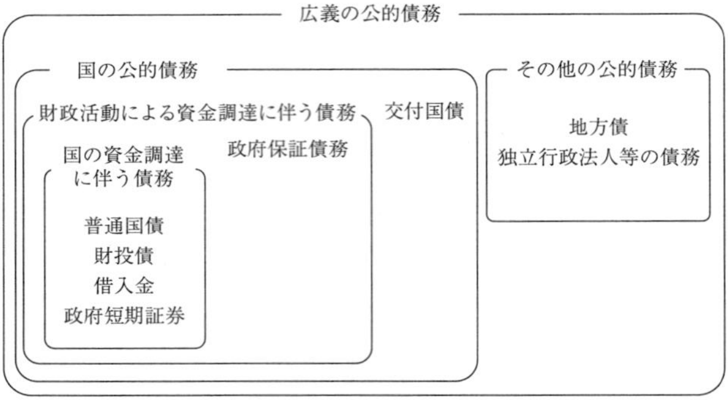

```
─────────────────── 広義の公的債務 ───────────────────
┌─ 国の公的債務 ──────────────────────┐  ┌─ その他の公的債務 ─┐
│ 財政活動による資金調達に伴う債務  交付国債 │  │                    │
│ ┌─ 国の資金調達 ──┐ 政府保証債務      │  │     地方債         │
│ │   に伴う債務    │                  │  │  独立行政法人等の債務 │
│ │                │                  │  │                    │
│ │   普通国債      │                  │  │                    │
│ │   財投債        │                  │  │                    │
│ │   借入金        │                  │  │                    │
│ │   政府短期証券  │                  │  │                    │
│ └────────────────┘                  │  │                    │
└──────────────────────────────────────┘  └────────────────────┘
```

（出所）財務省理財局「債務管理リポート2023」図3などにより作成。

　国の資金調達に伴う債務には，歳出需要を賄うためのものだけではなく，国庫の一時的な資金不足を賄うためのものがある。これは，**政府短期証券**と呼ばれる。政府短期証券には，財務省証券，財政融資資金証券，外国為替資金証券，石油証券，食糧証券などがある。

　国の資金調達に伴う債務に**政府保証債務**を加えたものが，財政活動による資金調達に伴う債務である。政府保証債務は，独立行政法人等の債務に対する保証などで利用され，政府保証債と政府保証借入金がある。資金需要に応じた機動的な調達には，政府保証債よりも政府保証借入金が優れており，逆に，流通市場における流動性では，政府保証借入金よりも政府保証債が優れている。

　交付国債は，金銭の給付に代えて交付するために発行する債券であり，債券発行による収入金の発生はない。戦没者などの遺族等に対して，国が弔慰金，給付金などの金銭の給付に代えて発行（狭義の交付国債）したり，国際機関に加盟する際に出資・拠出する現金を払い込む代わりに発行（出資・拠出国債）する。その他には，株式会社日本政策投資銀行危機対応業務国債，原子力損害賠償・廃炉等支援機構国債などもある。財政活動による資金調達に伴う債務に交付国債を加えたものが，国の公的債務になる。

　広義の公的債務には，国の公的債務に加えて，地方債や独立行政法人等の債務がある。地方債は，地方公共団体の発行する公債である。

第5章　政府の債務と財政の持続可能性　　*93*

1-2　国債の種類

　公債は，公共部門が財源調達を目的として行う金銭債務（債券）である。国が発行する公債は**国債**，地方公共団体が発行する公債は**地方債**と呼ばれる。

　政府の第1の財源調達手段である税と比べて，公債には次のような特徴があるといわれている。第1に，税が強制であるのに対して，公債は，これを購入して国に資金提供するか否かが公債購入者の自発的な決定に基づく（自発性）。第2に，税に比べて，公債は，国民の負担感が小さく，政府は公債の方が容易にかつ迅速に資金調達しやすい。第3に，公債は借金なので，将来償還する必要があり，償還財源（税）が必要である。この意味で，公債は税の前取りといわれる。

　制度上（発行の根拠法によって），国債は，**普通国債**と**財投債**に大別される。いずれも市場では区別されず同じ金融商品（国債）として取引されるが，財政運営の観点からは，両者の意義は大きく異なる。

　財投債は，**財政投融資制度**において**財投機関**に投融資する資金に充てるための国債である。財投機関は，この資金に加えて，自ら調達する資金（**財投機関債**）によって事業の資金を確保する。原則として，収益事業を対象にしており，将来の償還財源には，財投機関が実施する収益事業からの収益を想定している。財投制度は，税（無償資金）ではなく，借金（有償資金）を財源にすることで，市場システムの利用による事業の効率的な実施を図り，租税負担を抑制し，受益者負担を実現できるとされている[2]。

　財投債の発行は，特別会計に関する法律（特別会計法）が根拠であり，国会の議決が必要である。財投債によって調達した資金は，**財政投融資特別会計**に繰り入れられる。

〈**特別会計に関する法律**〉
62条　財政融資資金勘定において，財政融資資金の運用の財源に充てるために必要がある場合には，同勘定の負担において，公債を発行することができる。
2　前項の規定による公債の発行の限度額については，予算をもって，国会の議

2　財務省「財政投融資リポート2023」6頁。

94　第1部　日本の財政構造と財政制度

> 決を経なければならない。

　普通国債には，**建設国債**，**特例国債**，復興債，GX 経済移行債（脱炭素成長型経済構造移行債），**借換債**がある。復興債は，「東日本大震災からの復興のための施策を実施するために必要な財源の確保に関する特別措置法」（復興財源確保法）に基づいて，2011 年度から発行されており，復興財源のための国債であり，その資金は東日本大震災特別会計に繰り入れられる。今のところ，発行の期限は 2025 年度末である。GX 経済移行債は，「脱炭素成長型経済構造への円滑な移行の推進に関する法律」（GX 推進法）に基づいて，2023 年度から 2032 年度までの予定で発行する国債である。復興債も GX 経済移行債も，発行には国会の議決が必要である。借換債は，普通国債の償還財源のやりくりのための借り換えを目的とした国債である。したがって，新たに財源を確保するものではないことから国会の議決を必要としていない。建設国債と特例国債は，財政法を根拠にして発行する国債であり，両者を合わせて公債金として，一般会計の歳入になる。一般に国債と言えば，建設国債と特例国債を指すことが多い。

　財政法は，国債による財源調達に 2 つの制約を設けている。

　第 1 は，国は，歳出を賄うために，公債・借入金以外の歳入を充てることを原則としている（財政法 4 条，**非募債主義**）。公債・借入金以外の歳入には，国有財産利用収入，納付金，官業収入などもあるが，中心は税である。したがって，国は，税によって財源調達することが原則となる。

　ただし，財政法 4 条は，一定の条件の下での公債発行を認めている。この公債は，財政法 4 条但し書きを根拠にして発行されるので，**4 条公債**と呼ばれたり，あるいは，その内容が公共事業の財源のためのものであることから**建設公債**と呼ばれる。

　このように財政法は，原則として公債による財源調達を禁止していながらも，公共事業のためには公債発行を認めている。財政法の制定当初は，それでも建設公債による公共事業財源の確保は抑制的であり，「但し」というニュアンスからうかがえるとおり，本来は租税によって賄うべきところを例外的に建設公債を認めるという意識だった。しかし，建設公債だけではなく，

第5章　政府の債務と財政の持続可能性　　*95*

特例公債の発行も常態化している現在では，むしろ公共事業は建設公債による方が世代間の公平に資すると理屈付けて，普通に建設公債を発行している。公共事業は，一般に，その受益が及ぶ期間が長いので，長期間にわたる費用負担の方が受益と負担の対応関係からみて公平であるという考え方である。つまり，当初に公債によって資金調達しておいて，後に税によって長期間にわたって償還するのが受益者負担に沿うという趣旨である。

　財政法が認めるのは，公共事業等のための建設公債のみである。したがって，経常的経費を賄うためには，財政法上，公債発行はできない。しかし，毎年の予算をみるとわかるように，経常的経費を賄うために政府は公債金収入を利用している。これは，財政法による禁止規定を超えるために特例法[3]を制定し，この特例法を根拠にして発行する公債である。この公債は，特例法を根拠にすることから**特例公債**，あるいは，赤字を埋めるために発行することから**赤字公債**と呼ばれる。毎年度の歳入予算における公債金収入は，建設公債よりも，特例公債が多い。

　第2の制約は，**公債の市中消化の原則**である。国は，発行する公債を日本銀行（貨幣を発行する中央銀行）に直接引き受けさせてはいけない。しかし，ここで禁ずるのは日本銀行による直接引き受けであり，日本銀行が市場で国債を購入することは可能である。最近の日本銀行は，金融政策の効果もあって，多額の国債を保有している（図5-3）。

〈財政法〉
4条　国の歳出は，公債又は借入金以外の歳入を以て，その財源としなければならない。但し，公共事業費，出資金及び貸付金の財源については，国会の議決を経た金額の範囲内で，公債を発行し又は借入金をなすことができる。
5条　すべて，公債の発行については，日本銀行にこれを引き受けさせ，又，借入金の借入については，日本銀行からこれを借り入れてはならない。但し，特別の事由がある場合において，国会の議決を経た金額の範囲内では，この限りでない。

3　特例公債発行のための特例法は，時限立法であり，その都度，名称が変わる。現在の名称は，「財政運営に必要な財源の確保を図るための公債の発行の特例に関する法律」である。かつては毎年度特例法を制定していたが，最近（2012年度以降）は，1回の特例法で5年程度の期間で公債発行を認め（当初は3年），期限が来るとさらに5年延長する，というやり方である。

96　第1部　日本の財政構造と財政制度

1-3　国債の償還[4]

　国債による財源調達は，将来に償還が控えている。償還の方法は，国債ごとに発行根拠法で定めている[5]。建設国債と特例国債（財政法を根拠にした国債）は，**60年償還ルール**と呼ばれる方法で償還する。

　図5-2は，60年償還ルールのイメージである。たとえば，600億円を要する公共事業があり，この財源のために600億円の国債を発行したとする。公共事業の財源に国債を認める理由は，受益者負担の考え方を踏まえて，世代にわたってその費用を負担させることである。この趣旨に従うと，この借金は，インフラの耐用年数に相当する期間（たとえば，60年）を満期として，インフラを利用し続けている期間にわたって償還し続けるのが合理的である。しかし，いくら長期の国債とはいえ，満期を60年で国債発行するのでは，金利も高くなる。そこで，10年満期で国債を発行する。そうして10年後に，6分の1（＝100億円）を償還し，残り（6分の5＝500億円）は借換債を発行する。20年後には，また100億円を償還し，残り（400億円）の借換債を発行する。これを続けることによって，60年後に600億円の国債を償還する。

　国債の償還は，**国債整理基金特別会計**で管理されている。建設国債と普通国債の償還では，60年償還ルールがうまく機能するように，前年度期首における国債総額の1.6％相当額を一般会計から国債整理基金特別会計に繰り入れるというルールが定められている。これは，**定率繰入**（特別会計法42条1項）と呼ばれる。また，一般会計の決算で剰余金が生じたときにその半分以上を国債整理基金特別会計に繰り入れる仕組み（財政法6条1項）や，必要に応じて予算で定める金額を国債整理基金特別会計に繰り入れる仕組み（特別会計法42条5項）もある。その他，国債整理基金特別会計は株式を保有しており，この株式の売却による収入も償還財源に充てられる[6]。

4　本節は，財務省理財局「債務管理リポート2023」の「第Ⅱ編制度編3債務管理制度」を参考にした。

5　復興債は2037年度までに，GX経済移行債は2050年度までに償還することとされている。財投債は，財政融資資金の貸付回収金を償還財源にして，毎年度の償還に必要な金額を財政投融資特別会計から国債整理基金特別会計に繰り入れて償還する。

第 5 章　政府の債務と財政の持続可能性　97

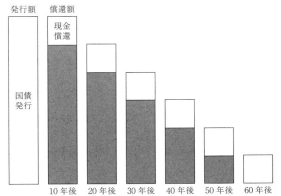

図 5-2　60 年償還ルールのイメージ

(出所) 財務省理財局「債務管理リポート 2023」図 2-19 を簡略化した。

2　財政赤字と財政の健全性

2-1　国債の価格と利回り

　国債は，たとえば，額面 5 万円（これを額面金額という）の 10 年固定利付国債を 1 ％の利率（これは表面利率と呼ばれる）で発行する，というようにして発行される。国債の収益率は，**利回り**と呼ばれる。国債の価格と利回りの間には，逆相関の関係があることが知られている。

$$\text{国債の利回り} = \text{表面利率} + \frac{\text{額面金額} - \text{購入価格}}{\text{購入価格}} \Big/ \text{残存期間（年数）}$$

(出所) 日本銀行ホームページ

　国債から得る収益は，当初に予定されていた利率（表面利率）によって約束された利子（上の例では，5 万円×1％＝500 円）に，額面金額（満期時にはこの金額で償還される）と購入価格の差額から得る利益の合計である。したがって，

6　復興債の財源は復興特別所得税など，GX 経済移行債の財源は化石燃料課徴金などである。また，たばこ特別税による収入は，国鉄清算事業団の長期債務と国有林野事業の累積債務の元利払いの財源に充てられている。

98　第1部　日本の財政構造と財政制度

国債の価格（購入価格）の上昇は，国債の収益率を低下させる。

　同じことであるが，これを市場金利の変化からとらえて，金融市場の全体で実勢金利が上昇するときに（このときには利回りも上昇している），表面金利は固定されているので，国債の市場価格（購入価格）が低下すると理解してもよい。

　政府は，いろいろな種類の国債を発行している[7]。これらの中で長期国債（10年）は，流通量が多く，その新規発行分の利回りは長期金利の指標とされて，民間金融機関の金利の基準になったり，景気動向の目安とされている。

2-2　財政ファイナンス

　日本銀行は，長期金利をコントロールするために，買いオペレーションによって長期国債を買い支えている。その結果，近年では，図5-3が示すように，日本銀行による国債保有のシェアは半分を超えている。このように中央銀行の保有が多いこと，そして国内の保有者が多くて海外の保有者が少ないことは，諸外国の国債と比べたときの，**日本国債の特徴**である。

　財政法5条は，日本銀行が国債を直接引き受けることを禁止している。しかし，買いオペが国債引き受けと変わらないならば，非伝統的金融政策における日銀の国債購入は，実質的には国債のマネタイゼーションである，という批判がある。国債を通貨の発行によって中央銀行が引き受けることは，**財政ファイナンス**と呼ばれる。

　非伝統的金融政策における買いオペが財政ファイナンスであるか否かについては，一致した見解があるわけではない。当時の日銀総裁は，政府の指示によって国債を購入すれば財政ファイナンスであるが，そうでなければ金融政策の一環という見解である。

2-3　貯蓄・投資バランス論

　国債発行による政府の収入確保は，資金循環の視点からとらえると，財政

7　短期国債（6か月，1年），中期国債（2年，5年），長期国債（10年），超長期国債（20年，30年，40年），物価連動国債（10年），個人向け国債（固定3年，固定5年，変動10年）がある。

第5章 政府の債務と財政の持続可能性 *99*

図 5-3 国債の保有者別内訳

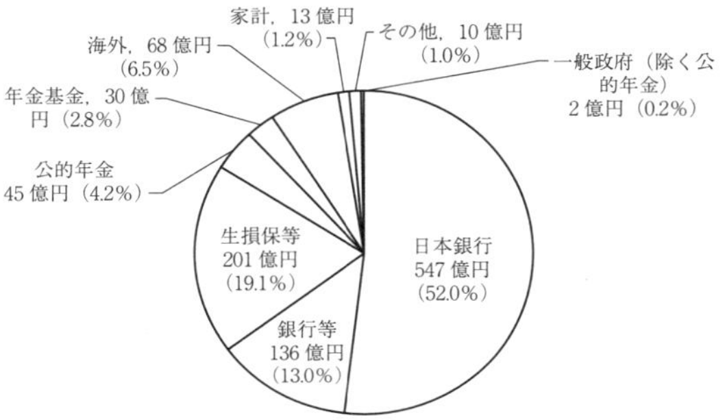

家計, 13 億円 (1.2%)
その他, 10 億円 (1.0%)
海外, 68 億円 (6.5%)
一般政府（除く公的年金）2 億円 (0.2%)
年金基金, 30 億円 (2.8%)
公的年金 45 億円 (4.2%)
生損保等 201 億円 (19.1%)
日本銀行 547 億円 (52.0%)
銀行等 136 億円 (13.0%)

（出所）財務省「債務管理リポート 2023」図 1-19 により作成。

赤字（政府の資金不足）を民間部門の余剰資金で賄っていることになる。政府債務をマクロ経済の資金循環の観点から説明する考え方に，**貯蓄・投資 (IS) バランス論**がある。これは，支出面の GDP（$=C+I+G+(EX-IM)$）と分配面の GDP（$=C+S+T$）の均等から，次のような均等式（恒等式）によって表現される。

民間部門の貯蓄投資バランス（$S-I$）＋財政収支（$T-G$）＝経常収支（$EX-IM$）

（S：貯蓄，I：投資，T：税収，G：政府支出，EX：輸出，IM：輸入）

　日本では，1990 年代前半以降，財政収支は赤字（$T<G$）であり，民間部門は貯蓄超過（$S>I$），経常収支も黒字基調（$EX>IM$）である。これをこの恒等式で理解すると，日本では，長年，財政の資金不足（財政赤字）を民間部門の貯蓄超過と経常収支黒字で賄っていることになる。

2-4　財政の尺度
　ここでは，財政を議論するときに用いられるさまざまな尺度をまとめて説明する。

(1)　国民負担率
　国民負担率は，国民所得に対する租税負担と社会保障負担の割合であり，

100　第1部　日本の財政構造と財政制度

図 5-4　国民負担率の推移

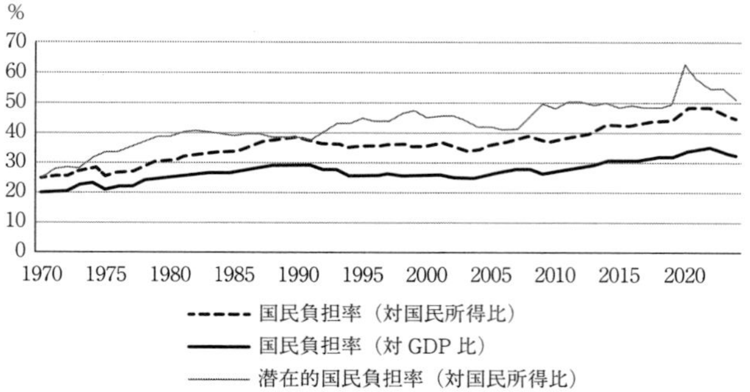

（出所）財務省ウェブサイト「令和6年度の国民負担率を公表します」の資料「国民負担率（対国民所得比）
　　　の推移」により作成。

財政の大きさを国民の負担という発想でとらえる尺度である。これは，次の
ように定義される。

> 国民負担率（％）＝租税負担率＋社会保障負担率
> ・租税負担率（％）＝租税負担÷国民所得
> ・社会保障負担率（％）＝社会保障負担÷国民所得

　国民負担率は現在の支払い（税と社会保険料）のみを負担としていて，将来
の支払いとなる財政赤字は含んでいない。しかし，日本財政のように，毎年
度特例国債を発行して財源調達することが数十年続いているような場合に
は，将来の負担も含めて国民の負担をとらえることも必要である。国民負担
率に財政赤字を含めたものは，**潜在的国民負担率**と呼ばれる。

> 潜在的国民負担率（％）＝国民負担率＋財政赤字÷国民所得

　国民負担率は，対国民所得比で測る場合の他に，対 GDP 比で測ることも
ある。国民所得は減価償却の分だけ GDP よりも小さいので，対 GDP 比の
国民負担率は，対国民所得比よりも，10％ポイントほど小さくなる。
　図 5-4 は，国民負担率（対国民所得比と対 GDP 比）と潜在的国民負担率（対
国民所得比）の推移を示している。どの指標でみても，上昇傾向である。

図 5-5 公債依存度と一般会計歳出に占める国債費の割合の推移

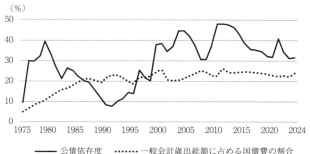

(出所) 財務省「我が国の財政事情（令和6年度予算政府案）」により作成。

2024年度（見通し）は，国民負担率が45.1％，潜在的国民負担率が50.9％である。

(2) 公債依存度，一般会計歳出総額に占める国債費の割合

　財政は，歳入と歳出からなる。国債は，歳入面で公債金になり，歳出面で国債費になる。

　歳入面で，一般会計歳入総額に占める公債発行額（公債金）の割合は，**公債依存度**という。これは，歳入を調達するのにどれくらい公債に頼っているか，逆に言えば，収入源として税がどれくらい不足しているかを意味する。

　歳出面では，**一般会計歳出総額に占める国債費の割合**によって，財政運営において償還財源が政策的経費を圧迫する具合を測る。これが高まることは，財政運営の硬直化を意味する。

> 公債依存度（％）＝公債発行額÷一般会計歳入総額
> 財政硬直化の指標（％）＝国債費÷一般会計歳出総額

　図 5-5 は，公債依存度と一般会計歳出総額に占める国債費の推移を示している。

　公債依存度は，2010年度の48.0％をピークにして，31.5％（2024年度）まで低下している。近年の30％代前半という公債依存度は，第2次臨時行政

102　第 1 部　日本の財政構造と財政制度

調査会（1981 年）を設け，行財政改革に取り組もうとした頃と同程度の水準
である。公債依存度が 50％を超えると，税よりも借金の方が多いのは望ま
しくないといえばわかりやすいし，多くの賛同を得る。しかし，絶対的な水
準として，これを超えると財政が破綻するという上限があるわけではない。
したがって，公債依存度を下げるにしても，どこまで下げればいいかにコン
センサスはない。財政法の趣旨に則れば特例公債の発行をゼロにするのが望
ましいが，特例公債の発行が長年にわたって常態化している現在の状況から
は，そんなに意味はなさそうである。

　一般会計歳出総額に占める国債費の割合は，1980 年代後半以降は，おお
むね 20％代前半の水準である（2024 年度は 24.0％）。これは，毎年度の歳出の
4 分の 1 弱が過去の借金返済のための支払いであり，その分だけ当該年度の
政策的経費を圧迫していることになる。当該年度の政策的経費の観点からす
れば，国債費は少なければ少ないほど望ましい。しかし国債費は，過去の公
債金収入の償還であり，後から減らすわけにはいかない。

⑶　基礎的財政収支，財政収支，債務残高対 GDP 比

　政府（財務省）は，政府の債務残高の減少を政策目標に掲げている。そこ
では，フローの指標として**財政収支と基礎的財政収支**（プライマリー・バラン
ス，PB），ストックの指標として**債務残高対 GDP 比**を利用している。

> 財政収支＝税収−（政策的経費＋国債の利払費）
> 基礎的財政収支＝税収−政策的経費
> 債務残高対 GDP 比＝債務残高/GDP

　政府の会計は現金主義であり，歳入に充てるための現金収入を歳入として
計上する。そのため，一般会計歳入は借金を含んでいる。しかし，通常の感
覚では，借金は収入ではない。財政収支と基礎的財政収支は，この通常の感
覚に近くて，借金による収入（公債金）と借金の返済（債務償還費）を除いて
収入と支出を比較する。

　図 5-6 は，一般会計歳入歳出予算をイメージして，財政収支と基礎的財政

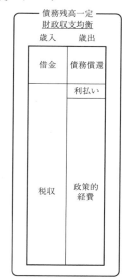

図5-6 基礎的財政収支と財政収支のイメージ

(出所)財務省「日本の財政関係資料」(令和5年10月)20頁より簡略化して作成。

収支を説明している。財政収支は、税収から政策的経費と利払費の合計を差し引いたものである。これが均衡するとき、新規の国債発行額は元本償還分に相当し、国債償還にかかる利払費は税収等から支払っていることになる。したがって、財政収支の均衡下では、債務残高は変化しない(一定)。つまり、債務残高を減らすためには、財政収支の黒字が必要ということになる。

基礎的財政収支は、税収と政策的経費の差額である。この均衡では、税収で政策的経費のみを支払うので、利払費は、税収ではなく、借金で支払う。ここでは、政策的経費を、基礎的財政収支の対象となる経費という意味で、基礎的財政収支対象経費と呼び、一般会計歳出の主要経費別分類では、歳出総額のうち国債費の一部を除いた経費とされている[8]。基礎的財政収支の均衡は、政策的経費を、借金ではなく、税収で賄っているという意味では健全であるが、利払費を新規国債発行で賄う分だけ、債務残高は増える。

---

8 一般歳出にも政策的経費のイメージがあるが、一般歳出は歳出総額から国債費と地方交付税交付金等を除いた経費であり、国にとっての政策的経費という意味合いが強い。

104 第1部 日本の財政構造と財政制度

　財政収支と基礎的財政収支の相違は，支出に利払費を含むか否かである。財政収支の均衡では，利払費を含めた支出を税収で賄えているが，基礎的財政収支の均衡では税収が賄うのは政策的経費のみであり，利払費のための支出を賄えていない。債務残高を減少させるためには，財政収支の黒字が必要である。しかし，近年の日本の財政は，いきなり財政収支の黒字化を目指すにはあまりに目標として厳しい。そこで，まずは基礎的財政収支の均衡（そして黒字化）を図り，その次に財政収支の均衡と黒字化を目指す，というようにして段階を踏む手順を想定している。

　財政の持続可能性に関する条件として，**ドーマー条件**が知られている。基礎的財政収支を明示的に考慮したドーマー条件は，次のようになる[9]。この条件から，基礎的財政収支の赤字が債務残高対 GDP 比を上昇させる要因になることがわかる。

$$
債務残高対 GDP 比 = \frac{前期の債務残高 \times (1 + 利子率) + 今期の PB 赤字}{前期の GDP \times (1 + 経済成長率)}
$$

　基礎的財政収支が均衡している（$PB=0$）とき，将来の債務残高対 GDP は，利子率と経済成長率のどちらが大きいかによって決まる[10]。利子率が経済成長率よりも小さいとき，債務残高対 GDP 比は小さくなり，逆に，利子率が経済成長率よりも大きいとき，債務残高対 GDP 比は大きくなる。また，利子率と経済成長率が等しければ，債務残高対 GDP 比は一定である。

　図 5-7 は，1995 年以降の金利と経済成長率の推移を示している。この図によると，過去の経験から利子率と経済成長率の関係を断定することは困難である。しかし，もし利子率は中央銀行（金融政策）によってコントロール

9　ドーマー条件の導出は，次のようなる。t 期の債務残高は $t-1$ 期の債務残高に t 期の財政収支赤字を加えたものなので，$D_t = (PB_t + rD_{t-1}) + D_{t-1}$（$D_t$ は t 期の債務残高，PB_t は基礎的財政収支赤字，r は利子率）と表すことができる（$PB_t + rD_{t-1}$ は，基礎的財政収支赤字に利払費を加えたものであり，財政収支赤字である）。この両辺を Y_t（GDP）で除し，$Y_t = (1+g) Y_{t-1}$（g は経済成長率）の関係を利用すると，ドーマー条件を得る。吉田（2015）の補論参照。

10　利子率と経済成長率で名目と実質を明示していないが，どちらであってもドーマー条件は同じである。

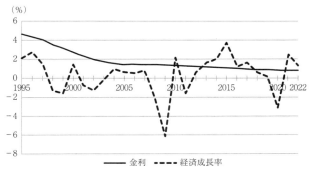

図 5-7　利子率と経済成長率の推移

(出所) 金利は，普通国債の利率加重平均であり，財務省ホームページによる。経済成長率は，経済社会総合研究所ウェブサイト「国民経済計算（GDP 統計）」の年次成長率（名目）の時系列データによる。

可能であるが，経済成長率は政府（財政政策）によるコントロールができないとすれば，国がとるべき政策は，できるだけ低い利子率を維持するか，あるいは経済成長率よりも低い利子率になるように金融政策を維持することかもしれない。

2-5　デフォルトの懸念

　債務残高の増加が問題になるのは，国の**デフォルト**（債務不履行）が心配されるからである。それでは，日本の財政は，いくらの債務残高まで耐えることができるのだろうか。

　一口にデフォルトといっても，完全に債務の支払いが滞るものから，利払いの一部のみで日程を調整し直すものなど，さまざまなレベルがある。これまでに国家財政のデフォルトが生じた例はいくつもあり，その中には何度もデフォルトしている国もある。日本は，敗戦時に対内（国内）債務のデフォルトを経験している。

　財政の持続可能性に関しては，債務残高対 GDP 比やドーマー条件などがあるが，これを超えるとデフォルトになるというようにして，デフォルトになる債務残高をいくらと明示するわけではない。したがって，いくらまで耐えることができるかは，事前にはわからない。もしデフォルトが起これば，そのときになって事後的に確認できるだけである。

106   第1部　日本の財政構造と財政制度

　デフォルトの可能性については，自国通貨を持たない（他国の通貨や共通通貨を利用している）場合や自国通貨建てで国債を発行していない場合に，デフォルトの可能性が高まる傾向があり，逆に，自国通貨をもち，自国通貨建てで国債を発行している場合には，デフォルトの可能性が低い。しかし，そもそも国内経済のために他国の通貨を利用している国は，経済も財政も脆弱であり，当該国の経済・財政の信用が乏しいからこそ，自国通貨建てによる国債発行ができない。

　日本財政のデフォルトの可能性については，楽観論から悲観論まで多くの論者によってさまざまな見解（懸念）がそれぞれに示されている。日本は自国通貨を持ち，円建てで国債を発行できている。だからといって，青天井に国債発行できるわけでもないだろうが，それでも，おそらく，デフォルトに至る可能性は低いのではないだろうか。

③　公債の負担論と中立命題

3-1　公債の負担論[11]

　公債は，政府の借金である。政府が，税ではなく，借金で財源を調達することに対しては，現役世代が負担すべき費用（税）を将来世代に先送りしているとして批判されることがある。果たして，公債は国民にとって負担になるだろうか。**公債の負担論**には，複数の代表的な見解がある。

　ラーナー（A. P. Lerner）に代表される新正統派と呼ばれる見解は，機能的財政論を背景にして赤字財政による景気対策を積極的に肯定し，公債による財源調達は負担ではないとする。この考え方では，公債の負担とは，財政支出による機会費用である。税であろうと，公債であろうと，いずれも民間で利用可能な資源が公共部門に移転することには変わらず，同じように機会費用が生じる。したがって，公債が，税に比べて，負担を生じているというわけではない。ただし，公債を内国債と外国債に区別すると，内国債は償還まで含めても国内における政府と民間の間の資金の移転であるが，外国債は利払いの分だけ外国に資金が流出する。したがって，外国債では将来世代に負

11　横田・森岡（2000）第7章3を参考にした。

担（転嫁）が生じることになる。

ブキャナンは，取引が自発的か否かで負担をとらえる。公債（の発行）は，希望者が自発的に購入するので負担ではない。一方，（償還時の）税は，強制的であり，非自発的なので負担である。

ボーエン・デービス・コップ（W. Bowen, R. Davis, D. Kopf）らは，家計の生涯にわたる消費が減少するときに公債の負担とする。公債発行と償還が同一世代で行われるときには，その世代にとって公債は負担にならない。しかし，償還のみが行なわれる世代があれば，その世代にとって公債は負担である。

モジリアーニ（F. Modigliani）は，民間経済における資本蓄積の減少によって将来世代の所得が減少することを負担とする。これは，負担の将来世代への転嫁である。公債も税も，民間の資本蓄積を減少させ，将来世代の所得を減少させるので負担である。しかし，公債と税を（簡単に）比べると，公債は同額だけ民間資本を減少させるが，税による民間資本の減少は限界貯蓄性向を乗じた分だけである[12]。つまり，公債の方が，負担が大きいことになる。

3-2 公債の中立命題

政府支出が一定の下では，政府が財源調達のために税を利用しても，借金（国債）を利用しても，家計の消費計画に与える影響は同じであり，税と借金は等価であるという定理が知られている（リカードの等価定理）。これと同じ趣旨の議論を異世代間に拡張して，親世代が子世代に対して利他的な遺産動機

---

[12] マクロ経済が完全雇用水準で次のように均衡しているとする。$Y = C + I + G$（Y は国民所得，C は消費，I は民間投資，G は政府支出），$C = c(Y - T)$（c は限界消費性向，T は税）。ここでは，完全雇用水準を前提とするので，総需要は一定であり，$\Delta C + \Delta I + \Delta G = 0$ である。公債によって財源を調達するとき，$\Delta D = \Delta G$（D は公債残高）であり，このときには $\Delta C = 0$ でもある。したがって，$\Delta C + \Delta I + \Delta G = 0 \Rightarrow -\Delta I = \Delta G = \Delta D$ となり，公債発行と同額だけ民間投資が減少する。税によって財源を調達するとき，$\Delta T = \Delta G$ であり，このときには可処分所得の減少によって消費も減るので $\Delta C = -c\Delta T$ である。したがって，$\Delta C + \Delta I + \Delta G = 0 \Rightarrow -\Delta I = (1 - c)\Delta T$ となり，増税額に限界貯蓄性向（$= 1 - c$）を乗じた分だけ民間投資が減少する（横田・森岡（2000）143-144 頁による）。

108 第 1 部 日本の財政構造と財政制度

図 5-8 税と借金の等価性

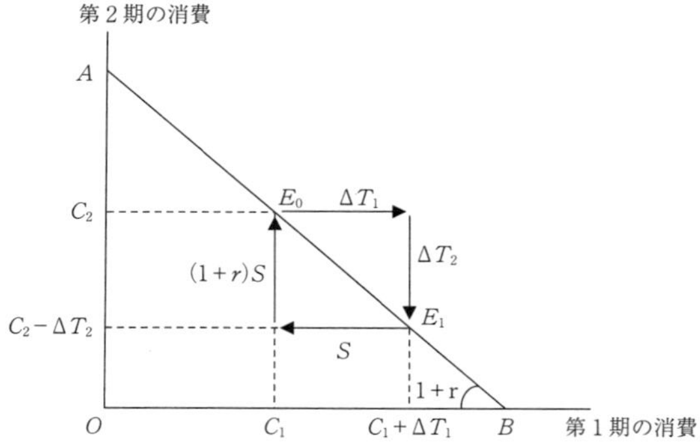

第 2 期の消費

A

C_2 E_0 ΔT_1

$(1+r)S$ ΔT_2

$C_2 - \Delta T_2$ E_1

S

$1+r$

O C_1 $C_1 + \Delta T_1$ B 第 1 期の消費

をもっていれば，異世代モデルにおいても等価定理が成り立つことも知られている（バローの中立命題）。税と国債が等価であるというこれらの考え方は，リカード・バローの**等価定理（中立命題）**と呼ばれる。その含意は，たとえ政府が税の代わりに借金を利用した（減税）としても，家計は将来の償還時の増税に備えて（減税分の）貯蓄を増やして対応するので，結局，家計の消費計画は変わらない，というものである。

図 5-8 で等価定理を説明する。政府は，第 1 期に T_1，第 2 期に T_2 の一括税を家計に課している。直線 AB は，課税後所得による家計の予算制約線である。当初の消費点は点 E_0 であり，第 1 期の消費は C_1，第 2 期の消費は C_2 である。

政府は，第 1 期に国債を発行することで ΔT_1 だけ減税し，第 2 期に利払費（利子率 r）を含めて全額（ΔT_2）を償還する。$\Delta T_2 = (1+r)\Delta T_1$ である。第 1 期の減税と第 2 期の増税によって家計の消費点は点 E_1 になるが，家計の予算制約線は以前のままで同じである。また，家計は，第 1 期に減税分を貯蓄（S）し，第 2 期にこの貯蓄分（$(1+r)S$）を増税の穴埋めとして利用することで，当初と同じ消費点 E_0 を実現できる[13]。つまり，政府が税によって財源調達しようと，あるいは国債発行によって財源調達しようとも，家計の予算制約は変わらないし，貯蓄をうまく調整することによって，家計は同じ消

---

13 ここでは家計の効用関数に何か変化が生じることを想定していない（つまり，効用関数は不変）ので，この家計は E_0 を実現するはずである。

第 5 章 政府の債務と財政の持続可能性 **109**

費点を選択できる。このようにして，税と国債は，家計の消費選択にとって等価になる。

税と借金が等価であることは，政府による財源調達のための借金の利用が負担の将来世代への先送りにはならないことを意味する。等価定理が実際に成り立つかどうかを検証した研究は多くあるが，見解はまちまちである。

参考文献

財務省理財局「債務管理リポート 2023」
財務省理財局「財政投融資リポート 2023」
横田信武・森岡一憲（2000）『財政学講義』中央経済社
吉田博光（2015）「我が国財政の健全化に立ちはだかる壁」『立法と調査』No.365

Column　債務償還費は経費？

　財政収支とは，政府部門の「収入」と「支出」のバランスであり，おおよそ租税収入等（社会保険料や料金収入を含む）と，利払い費を含む政府経費との収支尻を意味している。もちろん，収入の中には公債発行収入は含まれないし，支出の中にも公債の償還分は含まれない。仮にそれらを収入と支出に入れてしまっても，新たな借金によって借金の返済（借り換え）を行う部分を含めるだけで，実質的な意味はない。財政の実態を分かりにくくするだけである。にもかかわらず，第 3 章でみたように，日本の一般会計予算は，歳出に公債の償還費を含めている。たとえば，2024 年度歳出予算では，償還費（17 兆円）と利払い費（10 兆円）を合計した金額が「国債費」として計上されている。他方で，歳入予算（第 14 章）には，公債金収入として 35 兆円が示されている。しかし，35 兆円の新規国債を発行する一方で，17 兆円の償還があるので，この部分は重要でない。35 兆円から 17 兆円を引いた 18 兆円にこそ意味があり，この金額が一般会計レベルでみた国の財政赤字となる。

　では，なぜ歳出に償還費を入れているかというと，日本では長期国債（満期 10 年）について「60 年償還ルール」が採用されていて，国債は 60 年かけて税で完全に償還することになっているからである。そこで，毎年，国債の発行残高の 60 分の 1（1.6 ％分）を償還費として「国債整理基金特別会計」に繰り入れなければならず，この金額が 23 年度に 17 兆円であったということである。

　したがって，日本では，歳出に債務償還費を含めない国際標準とは異なり，

110 第1部 日本の財政構造と財政制度

償還費の分だけ歳出が膨んで，財源不足がより深刻に見えてしまう。本来，国の歳出に償還費を含めないのは，償還費と他の経費項目では性質がまったく異なるからである。たとえば，防衛費を1兆円カットすれば，他の条件を一定とする限り，財政赤字を1兆円だけ減らせる。しかし，償還費を1兆円カットしたからといって，財政赤字が1兆円減るわけでなく，逆に財政赤字は1兆円増加する。償還費の減少分は，他の条件を一定とする限り，国債発行の増加で埋めなければならないからである。国債残高の増加は，利払い費を増加させて，財政収支をさらに悪化させるのは言うまでもない。このような補足説明を要するように，国の予算に公債の償還分まで含めて歳出を計上しているのは，主要先進国の中で日本ぐらいである。予算・財政の透明性が謳われる中で，国際比較を困難にする予算書の作り方は，そろそろ改めてもよいのではないか。

第2部

公共部門の経済学

第6章　市場の効率性と政府

　市場が競争的であるとき，市場均衡は効率的（パレート効率）であるといわれる。本章は，市場は多くの場合に効率的であるが，市場にも失敗することがあることを説明する。市場が失敗するときは，政府の出番である。あわせて，政府の失敗も説明する。

1　3つの経済主体による経済活動

　経済学は（財政学も），さまざまある**経済主体**を，市場との関わり方によって，家計（個人，消費者），企業（生産者），政府という3つに区分してとらえる。

　家計は，生産物市場で消費の担い手（需要者）になり，労働市場で労働供給の担い手（供給者）になる。いずれの市場においても，家計は，自身の効

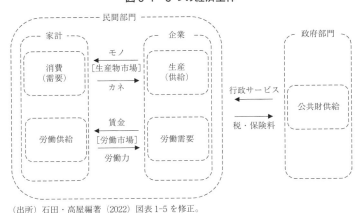

図6-1　3つの経済主体

（出所）石田・高屋編著（2022）図表1-5を修正。

用の最大化を目的に意思決定すると想定する。つまり，生産物市場では効用が最大になるように財・サービスの消費量を選択し，労働市場では，効用が最大になるように，余暇と労働の時間配分を決定する。

企業は，家計とは逆に，生産物市場では生産の担い手（供給者）になり，労働市場では労働需要の担い手（需要者）になる。いずれの市場においても，企業は，利潤を最大化することを目的に意思決定すると想定する。生産物市場では利潤が最大になるように財・サービスの生産量を決定し，労働市場では利潤が最大になるように雇用量（労働投入量）を決定する。労働は，資本と並んで，企業にとって生産要素であり，労働市場は生産要素市場のひとつである。

家計と企業はいずれも民間部門である。両者の間には，企業が生産した財・サービスを家計が購入（消費）し，家計が提供する労働を企業が購入（雇用）する，という関係がある。生産物市場と労働市場では，家計と企業の立場が入れ替わる。

政府は，民間部門から徴収した税・保険料を財源にして，行政サービスを供給する。このような政府の経済活動は，政府が定める制度によって運営される。これが財政である。財政（政府の経済活動）の最大の特徴は，自発的な取引ではなく，公権力による強制力をもって市場に介入し，民間部門の経済主体を従わせることにある。

家計が効用最大化を目的にし，企業が利潤最大化を目的にするのに対して，政府は，何を目的にするだろうか。最もよくある想定は，政府は社会全体にとって望ましいことをするはずだと期待して，社会全体の厚生（社会的厚生）を最大にすることが政府の目的であると想定するやり方である。このような政府は，**慈悲的な政府**と呼ばれる。しかし，実際には，政府は本当に社会全体のことを考えているのだろうかと疑わしいこともある。社会全体ではなく，政府自身の利益を最大にすることを目的にするような場合は，**リバイアサン政府**と呼ばれる。その他にも，政府の意思決定は官僚に支配されていて，官僚は獲得予算を最大にすることを目的にしている，といった仮説もある。

経済活動における諸々の意思決定において，政府が家計や企業と決定的に

異なるのは，政府の意思決定が集合的（集団的）であり，政治を伴うことである。このために，たとえ政府が社会的厚生を最大にすることを目的にしたとしても，その意思決定の過程で家計や企業とは異なるメカニズムが働き，政府は社会的厚生を最大にするような選択が困難かもしれない。これらは，政治過程，集合的意思決定，公共選択などと呼ばれる（第7章参照）。

2 競争市場の効率性

2-1 家計の行動，需要曲線，消費者余剰

家計は，効用を最大にするように，複数の財・サービスの消費量の組み合わせを決定する。これは，最も簡単なケースとして消費財が2財のみであるケースを想定して，次のような**家計の効用最大化**問題によって表されることが多い。

$$max \quad U = U(x, y)$$
$$s.t. \quad p_x x + p_y y = I \quad （p_x は x 財の価格，p_y は y 財の価格，I は所得）$$

図6-2の点 E_0 は，（x 財の価格が p_{x0} のときに）家計が効用を最大にするように消費の組み合わせを選択した結果を示している。このとき，x 財の消費量は x_0，y 財の消費量は y_0 である。点 E_0 が無差別曲線と予算制約線の接点であることは，家計の効用最大化の条件が無差別曲線の接線の傾きと予算制約線の傾きが等しくなること（限界代替率と相対価格（価格比）の均等）であることを示唆している。

家計の効用最大化の条件

> 限界代替率＝価格比

この条件は，ある消費の組み合わせが効率的か否かを判定する際に利用できる。たとえば，ある消費の組み合わせにおいて，その限界代替率が価格比と異なるとすれば，その消費の組み合わせは効率的ではないと判断できる。

家計の需要曲線は，家計が効用最大化の選択をした結果による需要量とそ

116　第2部　公共部門の経済学

図6-2　消費者の効用最大化

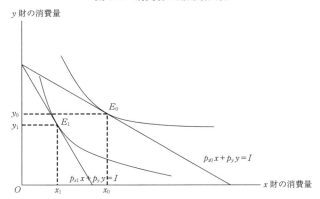

図6-3　個別需要曲線と市場需要曲線（私的財の場合）

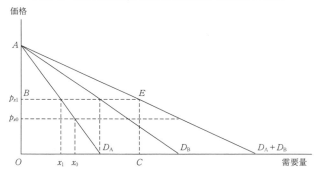

の価格の関係を示している。図6-2で示すように，たとえば x 財の価格が上昇する（p_{x0} から p_{x1}）と，均衡は点 E_0 から点 E_1 に変わり，x 財の消費量（需要量）は減少する（x_0 から x_1）ので，価格と需要量との間には負の相関関係がある。この関係を表わした曲線が，x 財の**個別需要曲線**である（図6-3）。

　個別需要量を市場全体で集計すると，市場の需要量になる。したがって，**市場需要曲線**は，図6-3で示すように，個別需要曲線を水平方向に合計したものになる。このようにして私的財の市場需要曲線を導出できる（私的財の定義は，後述する）。

　需要曲線の高さには，消費から得られる限界便益（MB（Marginal Benefit），

限界効用や限界評価ということもある）の意味がある。**消費者余剰**（家計が財・サービスを消費することから得る純便益）は，消費から得る総便益額からこの消費のために要した支払総額を差し引くことによって得ることができる。これを図6-3で示すと，点Eの消費点において，家計の総便益額は四角形$AOCE$，この総便益を得るための家計の支払額は四角形$BOCE$である。したがって，消費者余剰（＝総便益額−支払額）は三角形ABEとなる。

2-2 生産者の行動，供給曲線，生産者余剰

企業（生産者）は，自身の利潤を最大にするように生産量を決定する。**企業の利潤最大化**行動は，次のような利潤最大化問題として定式化される。

$$max \quad \pi = R(x) - C(x)$$

ここから，企業の利潤最大化条件として，次を得ることができる。

企業の利潤最大化の条件

> 限界収入＝限界費用（競争市場では，価格＝限界費用）

競争市場で企業の利潤最大化条件が価格と限界費用の均等になることは，次のようにして説明できる。競争市場で操業する企業は，市場に対して価格支配力をもたない。そのため，市場で与えられる価格を所与として販売量（生産量）を決定するので，この企業の売上は，$px(=R(x))$になる。そうすると，このときの限界収入はpなので，競争市場では限界収入は価格に等しくなり，利潤最大化条件は，価格＝限界費用となる。

図6-4は，**個別供給曲線**から**市場供給曲線**を導出している。市場需要曲線の場合と同様に，個別企業による生産量を市場全体で集計すると市場の生産量になるので（$x_0 + x_1 = x_2$である），市場供給曲線は個別供給曲線を水平に合計したものになる。

生産者余剰（企業が財・サービスを生産することから得る純便益）は，生産物の販売収入から，生産のために要した費用を差し引くことによって得ることができる。図6-4で生産者余剰を示すと，点Eの生産点において，企業の収

118　第2部　公共部門の経済学

図6-4　個別供給曲線と市場供給曲線

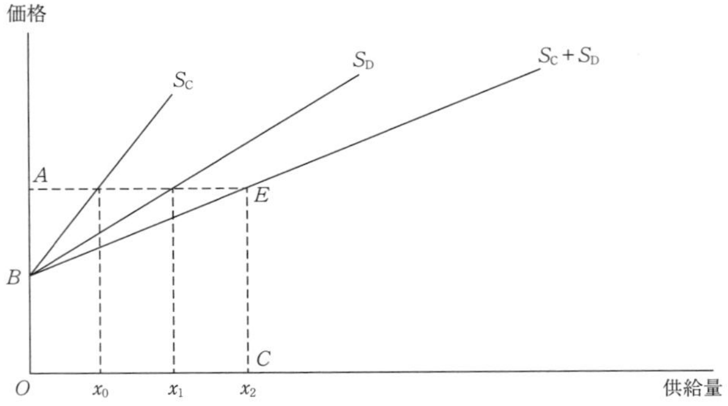

入は四角形 $AOCE$，この収入を得るための費用は四角形 $BOCE$ である。したがって，生産者余剰（＝収入−費用）は三角形 ABE となる。供給曲線は限界費用を反映しているので，ここで差し引いた費用には固定費用を含まない（四角形 $BOCE$ は総可変費用）ことに注意されたい。

2-3　市場均衡の効率性

　需要量と供給量が一致する水準で市場は均衡する。市場均衡が効率的である（効率的な資源配分を実現する）ことを確認する方法は，複数ある。ここでは，そのうちで（おそらく）最も簡単で有用性が高いと思われる，余剰分析の方法で市場均衡が効率的であることを説明する。これは，市場均衡が**総余剰**を最大にすることとして言い換えることができる。

　図6-5で，市場均衡が最大の余剰を実現することを説明する。図6-5で市場均衡は点 E である。このときの消費者余剰は三角形 ABE，生産者余剰は三角形 BCE，総余剰は三角形 ACE である（この総余剰は，F の消費量による総便益である四角形 $AOFE$ から，F の生産量に要した費用である四角形 $COFE$ を差し引いても得ることができる）。

　取引価格が均衡価格よりも低い H だとする。このときには，均衡価格よりも低い販売価格のために企業の生産量は減少して K になる。生産量が減ると，同様に，消費量も減る。したがって，消費者余剰は四角形 $AHJI$，生産者余剰は三角形 HCJ，総余剰は四角形 $ACJI$ になる。この総余剰は，市場

図6-5 市場均衡と余剰

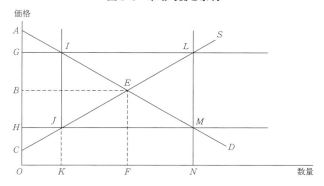

均衡の総余剰である三角形 ACE と比べて，三角形 IJE だけ小さい。このようにして取引価格が均衡価格より低いときには，取引量（生産量と消費量）が減少し，その結果，総余剰が減少する。

ただし，取引価格の低下によって消費者余剰が増える可能性があることに注意されたい。たとえば，消費者保護を目的にして，政府がある財の価格を低く抑えるような政策（教育に費用がかかりすぎるのはよくないとして，私立学校の授業料に上限を設けるなど）を実施するとする。このような政策は，消費者余剰を増加させるかもしれないが，社会全体の余剰を減らしており，生産者余剰の犠牲の上に成り立つ。価格に上限を設ける政策は，**価格の天井政策**（プライス・シーリング）と呼ばれる。価格の天井は，生産者の犠牲を伴うとしても，消費者を保護すべきと判断される場面で利用される。

逆に，取引価格が均衡価格よりも高い G だとする。このときにも，総余剰は減少する。取引価格が G のときには，消費者の購入量（需要量）が K に減少するので，消費者余剰は三角形 AGI になる。需要量の減少は同量の生産量の減少をもたらし，生産者余剰は四角形 GCJI になる。その結果，総余剰は四角形 ACJI になり，市場均衡の総余剰である三角形 ACE と比べて，このときも総余剰は三角形 IJE だけ減少している。

取引価格が低すぎる場合と反対に，取引価格が高すぎる場合には，生産者余剰の増加を見込むことができる。しかし，たとえ生産者余剰の増加が生じたとしても，消費者余剰の減少はそれを上回り，総余剰は減少する。均衡価

120 第2部 公共部門の経済学

格よりも高い取引価格を設定しようとする政策は，**価格支持政策**と呼ばれ，代表的な例は農産物の価格支持である。農産物の価格支持は，消費者を犠牲にして，生産者（農家）を保護する政策である。

次に，取引量が均衡量よりも少ない K だとする。このとき，供給曲線はこの生産量のところで垂直になり，CJI になる。この結果，消費者余剰は四角形 AGJ，生産者余剰は四角形 $GCJI$，総余剰は四角形 $ACJI$ となる。ここでも，三角形 IJE だけ総余剰は減少する。

また，取引量が均衡取引量よりも多い N のときにも，総余剰は小さくなる。このとき，取引価格は H なので，消費者余剰は三角形 AHM である。生産者余剰は，生産者の収入である四角形 $HONM$ から費用である四角形 $CONL$ を差し引くことで，三角形 HCJ － 三角形 JML になる。したがって，総余剰は三角形 ACE － 三角形 EML となり，やはり市場均衡の総余剰よりも小さくなる。

これらの確認からわかることは，取引価格が高すぎても低すぎても，そして取引量が多すぎても少なすぎても，市場均衡に比べて総余剰が減ることである。結局，市場均衡が実現する総余剰が最大ということになる。

市場が決める価格に従うのが最もよい，ということになるが，それでも，現実には，価格のコントロールが求められることがある。このような価格政策が正当化されるのは，全体の利益（余剰）を犠牲にしてでも，特定の人々に配慮することが望ましいと判断できる場面である。そして，確かに，社会の現実には，総余剰を犠牲にしてでも配慮すべき場面がありそうである。そのようにして市場への介入が正当化されるとして，それでは誰がその役割を果たせるだろうか。この役割を果たせるのは，政府しかいない。

3 政府の必要性をめぐる議論

3-1 市場の失敗と政府の役割

前節では市場均衡が効率的であることを確認した。しかし，いつでも市場均衡が効率的かといえば，そうではない。市場が効率的であるためには，いくつかの条件がある。これが満たされないとき，市場均衡は，効率的にはな

らない。

　第1に，市場均衡が効率的であるためには，市場が競争的でなければならない。競争的な市場とは，市場に多数の家計と企業が参加していることを意味する。

　多数の家計や企業が市場に参加するとき（完全競争市場），家計や企業は，プライス・テイカーとなり，市場で決まる価格を所与として，消費量や生産量の意思決定を行う。もし市場参加者が少数（不完全競争市場）であれば，この少数の家計や企業が市場に対して価格形成力をもつかもしれない。このように市場が競争的ではないとき，その市場で決まる均衡は，必ずしも効率的にはならない。

　第2に，たとえ市場が競争的であったとしても，そこで取引される財が**公共財**である場合には，市場均衡が効率にはならない可能性がある。（第7章参照。）

　第3に，消費や生産が**外部性**（外部効果）を伴うときにも，市場システムはうまく機能しない。たとえば工場の生産が機械の作動による騒音を伴い，そこに出入りする車両のために道路を渋滞させるなど，近隣住民の生活に迷惑を及ぼすことがある。このような迷惑は住民（家計）の効用を低下させる。このとき，住民は，工場から補償金をもらったりして被害を償われているわけではない。ただ近所で工事が始まり，迷惑して損害を被っただけである。このように，工場（企業）と住民が取引したわけでなく，工場から住民に直接迷惑が及ぶことは，経済学が外部性と呼ぶ状況の例である。外部性は，市場を経由せずに（つまり，市場の外で），直接影響を及ぼすことをいう。直接的な影響は，好ましいとき（消費者の効用を増加させたり，企業の利潤を増やす）もあれば，好ましくないとき（消費者の効用を低下させたり，企業の利潤を減らす）もある。どちらの場合でも，市場に任せておくと，効率性を損なうことが知られている（第8章参照）。

　第4に，初期投資の規模が大きく，そのために長期平均費用が逓減するような産業では，市場への新規参入がなく，結果的に独占に陥ってしまう可能性がある。このような独占は，**自然独占**と呼ばれる。自然独占は，独占市場なので（競争市場ではない），非効率的である。

122　第2部　公共部門の経済学

　第5に，家計と企業の間で市場取引に関連する情報が非対称であるかもしれない。情報が非対称であるときにも，市場均衡は非効率になる。あるいは，市場そのものが成立しなくなることもある。

　第1の条件は，市場が競争的であるための前提であり，第2から第5の例は，たとえ市場が競争的であったとしても，その市場均衡が非効率になるケースである。後者は**市場の失敗**と呼ばれる。市場の失敗は，現代の財政学（とりわけ公共経済学）において，経済システムとして効率性に優れている市場システムを利用していながらも，政府の経済活動を必要とする理由として，最も支配的な見解である。市場の失敗を是正するために政府が市場に介入することは，財政の資源配分機能である。

　これに加えて，**効率と公平のバランス**を図ることも政府の役割として重要である。市場システムは，価格調整を通じて，効率的な資源配分を実現する。競争的な市場の均衡は，余剰を最大にする点で最も効率的である。しかし，均衡においてその余剰がどのように分配されるかは，これを公平性の観点から評価すると，必ずしも満足できるものではないかもしれない。通常は（一括的な再分配を非現実的であると考えれば），効率性と公平性はトレード・オフの関係にあり，どちらか片方を改善すると，もう片方が犠牲になる。さらには，そもそも市場は，効率性の実現は得意だけれども，公平は苦手である。そこで，政府に対して，市場が苦手とする公平を実現する役割を期待する。これは，財政の所得再分配機能である。

　最後に，**パターナリズム**（温情主義，家父長主義）と呼ばれる考え方がある。この考え方では，民間の経済主体は近視眼的であり，将来を見据えた合理的な意思決定をすることに限界がある。そこで，民間経済主体の自主的な意思決定に任せるのではなく，政府が代わりに決めてあげるのが望ましいというのがパターナリズムである。たとえば，公的年金制度のような社会保険は，個人の自主性に任せると不十分なので，政府が強制的に個人に貯蓄させる仕組みである。

3-2　厚生経済学の基本定理

　市場の効率性に関する有名な定理に，**厚生経済学の基本定理**がある。

第6章 市場の効率性と政府 **123**

厚生経済学の基本定理

> 第1基本定理：市場経済で達成される資源配分はパレート効率である。
> 第2基本定理：任意のパレート効率点は，適切な再分配政策によって市場
> 　を通じて達成できる。

　第1基本定理は，市場が競争的であるとき，そこで実現する均衡が効率的
であることを述べる。第2基本定理は，効率的な資源配分の可能性はいくつ
もあるが，適切な再分配政策を実施することによって，そのうちのどれでも
任意の効率的な資源配分を実現できることを述べる。これは，効率的な資源
配分が複数あるとして，そのうちで最も公平な資源配分を選択できる，つま
り，効率性と公平性が両立できるという意味でもある。ここで想定される
「適切な再分配政策」は，一括固定税や一括補助金による再分配である。

　財政学にとって厚生経済学の基本定理の最も大切なメッセージは，効率と
公平の両立可能性である。厚生経済学の基本定理は，両者にはトレード・オ
フの関係はなく，分離（独立）して効率かつ公平な状態を実現可能と主張す
る。そして，それ（効率と公平の両立）を実現する方法として，一括的な再分
配政策を挙げる。

　経済学のディシプリンは，現実の複雑な経済現象を抽象化して単純な姿に
置き換え，モデル化することで経済活動の背後に潜む傾向や規則性を発見す
る。一括的な再分配政策が実行可能であるとの想定は，もっとも単純な想定
では，しばしば利用される。しかし，いざ現実の政策論を前にすると，一括
的再分配という想定はあまりにも現実的ではない。政策科学の財政学として
現実を踏まえて議論すれば，効率と公平はトレード・オフと言わざるを得な
い。むしろ，トレード・オフにある効率と公平をどのようにしてバランスさ
せるかが，財政学の課題である。

3-3　政府の失敗

　政府には市場の失敗を補う役割が期待されている。だからといって，政府
が市場メカニズムよりも有能であることにはならない。政府もまた，失敗す
る（**政府の失敗**）。

124 第2部 公共部門の経済学

図6-6 公共財の独占的供給によるレント・シーキング

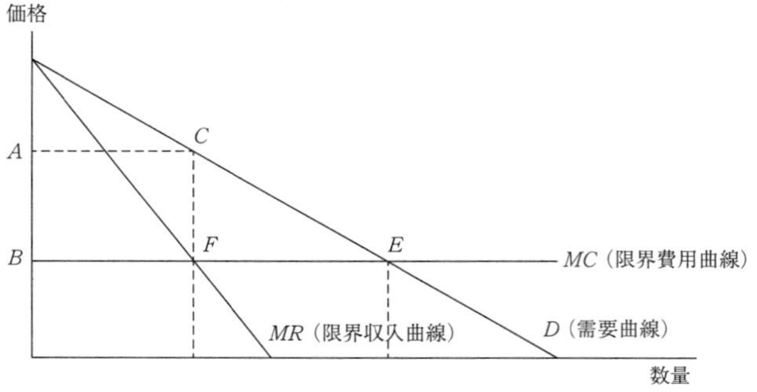

価格

A ---- C

B ──── F ──── E ──── *MC*（限界費用曲線）

MR（限界収入曲線）　　　*D*（需要曲線）

数量

　そもそも政府は，1つである。したがって，政府が財・サービスを供給すると，それだけで独占的供給（売り手独占）である。独占は，その主体が民間であっても政府であっても，市場に非効率を発生させる。

　民間部門（個人や企業）が，政府に働きかけることによって，利益を追求していくことは，**レント・シーキング**と呼ばれる。政府の経済活動が独占的であることは，そこにレント（超過利潤）が発生しやすいことになり，レント・シーキングを容易にする。

　図6-6は，政府がある財（公共財であっても，私的財であってもよい）を独占的に供給することでレント（四角形*ABFC*）が生じることを示している。このとき，超過負担（三角形*CEF*）も生じており，この財は供給量も不足している（望ましい水準に比べて過小である）。

　政府は，本来，公共の福祉など社会全体のために寄与すべき（慈悲的な政府による社会的厚生の最大化）である。しかし実際には，政府自身のために活動するかもしれない。ここには，政府を構成する政治家や官僚の私的な目的も含まれる。政治家は，社会全体ではなく，自分の当選のために，自分自身の選挙区の有権者のための政策を企画するかもしれない。官僚は，自分自身の出世のために，社会的に望ましい水準を超えて支出しようとするかもしれない。また，私的な目的のために活動する圧力団体の影響が，政治家や官僚に及ぶこともある。

　一般に，行政機構は，組織の規模が大きい。組織は，規模が大きくなるだ

けで，目に見えない非効率が生じやすい（**X非効率性**と呼ばれる）。大規模な組織を機能させるために多くの規則を設けると，その規則がまた，組織を硬直化させることもある。省庁間の縦割りが壁となって制度改正がスムーズに進まず，中途半端で木に竹を接いだ仕組みが出来上がることもある。

　政府の意思決定は，常に，遅れ気味である。社会経済の状況を認知し，判断するには時間を要する。その後，状況に応じて政策を決定するが，これにも一定の時間を要する。政局の緊迫によって，その時間は更に長くかかるかもしれない。政策を実施し，実際に市中に資金（お金）が流れるまでには，そこから更に時間がかかる。

　政治家の最大関心事は，選挙である。選挙前には予算規模が膨らみ，「バラマキ」と呼ばれるような施策が実施されやすい。この結果，選挙のタイミングに合わせて，財政・金融政策が緩和されるかもしれない[1]。

　政府が腐敗や汚職にまみれる可能性もある。政治家や官僚が特定の民間企業と密接な関係をもち，接待を受けたりすることは，政府の意思決定を歪めかねないとして禁止されている。先進国では，政府の汚職は比較的少ないかもしれないが，それでも，贈収賄事件はしばしば日本でニュースになる。

　地下経済の存在も，政府の失敗に含められる。地下経済は，麻薬の取引や人身売買など違法な経済活動だけではない。合法であっても，政府から把握できない経済行為は地下経済に含まれる。地下経済は，実態の把握が困難であり，政策によるコントロールが難しい。

　このように，政府にも多くの失敗がある。それでも，市場の失敗は矯正する必要があり，そこに財政の役割がある。また，実際のところ，国家（政府）のない状態は考えにくい。最低限，国家を運営するための財政は必要である。

参考文献
　石田和之・高屋定美編著（2022）『ビジネスを学ぶためのミクロ経済学入門』中央経済社
　真渕勝（2017）『行政学』有斐閣

1　政府の失敗について，ここまでの例は，真渕（2017）8-2 を参考にした。

Column　フィッシング（釣り）による市場均衡

　アカロフ＆シラー（2017）『不道徳な見えざる手』（東洋経済新報社）は，「フィッシング（釣り）均衡」という考え方を提案している。フィッシング（fishing ではなく，phishing の造語をあてている）は，フィッシング詐欺がイメージしやすいが，彼らがいうフィッシングは，あからさまな詐欺だけではなく，そんなに欲しくはなかったのに広告や宣伝などによってその気にさせられて購入するような場面や，改めて考えれば不合理なのに，その場の勢いで無駄に支払ってしまうような場面も含まれる。

　経済学のオーソドックスな前提では，消費者は自分自身の嗜好（選好）に従って，各種の財・サービスの購入量と支払い額を決める。たとえば，月額いくらといった料金設定のサービスの中には，加入は簡単だが，退会には手間がかかるようなものがある。そのような場合に，ときに私たちは，面倒であるという理由で，退会手続きを先延ばしにして，余計な支払いをすることがある。もちろん退会に手間がかかるのは意図的に仕組まれている。これもフィッシングの例である。入りにくくて出やすいのは日本の大学くらいかもしれない。大学は良心的である。

　世の中には，このようなフィッシングがあふれている。市場では販売者が顧客獲得のために競争している。そこでは，フィッシングは競争の手段として普通に利用されている。アカロフ＆シラーは，市場の失敗に，公共財や外部性だけではなく，フィッシングも含むべきと主張する。

　フィッシングが存在するとき，市場均衡は最適ではない。余剰の用語を使うと，消費者余剰が生産者余剰に移転しているし，総余剰も減少する。経済学が想定する効率的な競争市場は，実際のところ，どれくらい存在するだろうか。現実社会では，失敗している市場の方が多いのかもしれない。

第７章　公共財の供給

　公共財は市場の失敗の１つである。政府は，市場の失敗を是正することを根拠にして，公共財を供給する。しかし，政府による公共財供給は，政治過程を通じて決定されるという意味で，通常の民間部門による意思決定とは異なるメカニズムがある。本章では，公共財供給の理論と，公共財の供給に深く関わる考え方として集合的意思決定（投票）に関連する理論を説明する。

1　公共財とは

1-1　公共財の定義

　公共財は，消費において非排除性と非競合性という２つの性格をもつ財として定義される。

　消費の排除性は，特定の消費者を消費から排除できるかどうかを意味する。通常の取引では，対価を支払わない消費者は，消費から排除される（つまり，消費できない）。このようにして対価の支払いの有無によって消費者を区別し，支払いのない消費者を排除できる場合，この消費には排除性があるといわれる。逆に，対価の支払いのない消費者であったとしても消費から排除できない場合，この消費は排除性がない（または，非排除的である）といわれる。

　消費の競合性は，消費者同士が消費を巡ってライバル関係にあるかどうかを意味する。ある人が消費することによって数量が減ってしまい，その分だけ他の人が消費できなくなるような場合は，多くの財・サービスに当てはまる極めて自然なケースであるが，消費が競合的であるといわれる。逆に，ある人が消費したとしても，他の人の消費が減らないような場合は，消費は競合的ではない（または，非競合的である）といわれる。

128　第２部　公共部門の経済学

表 7-1　消費の性格による財の分類

		消費の排除性	
		あり	なし
消費の競合性	あり	私的財 （衣類，食料品，家具）	準公共財 （漁業資源や地下水など共有資源）
	なし	準公共財 （会員制のスポーツクラブなどクラブ財，WiFi 設備や音楽・映像の配信サービスなどデジタル財）	純粋公共財 （国防，街灯，地球温暖化防止）

　表 7-1 は，消費の競合性と排除性という２つ性格を基準にして財を分類している。**私的財**は競合性と排除性のいずれの性格も備えている財であり，公共財はそれ以外の財である。公共財のうち，非競合的かつ非排除的な財は**純粋公共財**，どちらか一方の性格のみを備えている財は**準公共財**と呼ばれる。国防，街灯，地球温暖化防止などは，純粋公共財の例である。競合性のみを有している財には**共有資源**があり，排除性のみを有している財には**クラブ財**や**デジタル財**がある。

1-2　公共財の特徴

　公共財（とくに純粋公共財）には，次のような特徴が知られている。

　公共財は，すべての消費者で消費量が等しくなる。ある人に消費させるために公共財が供給されたとする。このとき，公共財の消費は非競合的であるから，この人の消費によって他の人の消費は妨げられない。それと同時に，非排除的でもあることから，他の人はこの公共財の消費から排除もされない（逃れられない）。結局，誰かが消費すると，他の人も同じだけ消費せざるを得なくなる。つまり，個人間で消費量が均等になる。これを**等量消費**と呼ぶ。個人間の等量消費は，そのまま社会全体の消費量とも等しくなる。等量消費は，私的財と比べたときに，公共財に際立つ決定的な特徴である。

公共財の等量消費

個人 A の公共財消費量＝個人 B の公共財消費量＝社会全体での公共財消費量

図7-1 公共財の消費者数に対する限界費用

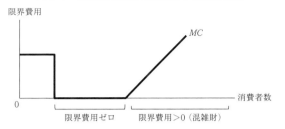

ここで注意すべきは，等量消費になる一方で，その消費から得る便益（公共財に対する評価）は，通常，個人間で異なることである。たとえば，ミサイル防衛システムや国立公園への評価は人によって異なるだろう。

公共財の消費では，消費が非競合的であることから，消費者が増えることによって生じる限界費用はゼロである。したがって，いったん供給すれば，追加的に消費者が増えたとしても，追加的な費用なしでサービスを消費させ続けることができる。ただし，財・サービスの中には，一定水準の消費者数までは非競合的であるが，図7-1で示すように，それを超えると競合的になるものがある。このとき，この財は**混雑財**と呼ばれる。

そもそも何が公共財に分類されるか（非排除的であり非競合的であるか）は，その時代における市場の状況や技術水準などによって変化する。かつてのアナログ放送テレビは特定の視聴者を排除できなかったが，現在のデジタル放送テレビは，受信料を支払わない消費者を排除できる。道路は，一般国道や県道・市町村道では料金徴収が困難だが，高速道路では料金を徴収して，支払いのない運転者の利用を排除している。また，混雑財のように，消費者（利用者）数が一定の水準を超えることで生じる状況もある。

共有資源やクラブ財は，公共財の性格のうち一方のみを備えている。したがって，部分的に公共財と同様の特徴をもつ。たとえば，教師が学生に提供する講義は，クラブ財であるが，教室に受講者があふれるようになると，混雑財である。

通常は財・サービス（公共財）に含めて考えないようなもので，公共財の性格をもつものがある。国が定める制度や私たちの日常生活に影響する習

130　第２部　公共部門の経済学

慣，あるいは，親切，正直，公正，思いやりなどは，非競合的で非排除的かもしれない。そうであるならば，「正直者が馬鹿を見る」は，フリー・ライダー（後述する）の一種である。

1-3　政府による公共財の供給と管理

　公共財が原因で市場が失敗するという考え方は，政府が道路や公園などの行政サービスを提供することを正当化する。公共財供給による資源配分機能は，財政の機能の１つである。それでは，実際，政府はどのようにして公共財の供給に関わっているだろうか。

　第１に，政府は，公共財を供給するが，だからといって，政府の供給する財・サービスがすべて公共財というわけではない。住宅（公営住宅）や医療（医療保険）は，民間でも生産・販売される私的財だが，政府が一定の責任をもって供給することが多い。また，生産と供給の主体が異なることもある。公営住宅の生産（建築）は民間企業だが，これの管理や住民への貸出しは公共部門であることが多い。

　第２に，政府が供給する際には，効率的であろうと思われる数量を政府が見積もり，それに必要な財源は，公共財の消費者から対価として徴収するのではなく，別途，税によって財源を調達することが多い。効率的な供給量を判断するための方法は，費用便益分析が代表的である。費用便益分析は，道路やダムなどのハード事業（公共事業）の効率性評価には従来から利用されてきたが，最近では，ソフト事業の評価にも利用されている。

　第３に，できる範囲で市場システムの機能を利用する，つまり政府の管理の下で民間に公共財を供給させるというやり方がある。政府の管理による公共財の私的供給である。これには，寄付やボランティアなどの個人や企業による自発的な公共財の供給を活用する，税の優遇や補助金などによって民間による自主的な公共財の供給を促す仕組みを設ける，あるいは当初は公営で始めて後から民営化する方法などがある。近年では，非営利団体など民間と公共の中間的な性格の団体による公共財供給も増えている。

　共有資源は政府による管理が有効な例である。漁場資源，地下水，共有林などは，共有資源の典型例だが，これらは枯渇性資源でもあり，使いすぎる

と資源が枯渇して，もはや誰も使えなくなってしまう。会議室に置いてある
お菓子はなぜか減りが早いといわれるが，これも共有資源かもしれない。共
有資源の枯渇は，**共有地の悲劇**と呼ばれる。悲劇を回避する対応策には，利
用量を制限する，共有資源を私有化する，枯渇性資源から再生可能資源へと
転換を図るなどの方法がある。

　政府による公共財の供給管理において留意すべきは，たとえ民間による自
主的な供給があったとしても，通常それだけでは社会的に必要とされる公共
財の供給量には不足することである。どんなに積極的に民間による公共財の
供給を利用したとしても，それによって政府による公共財の供給が不要にな
ることはない。また，そもそも政府が供給するのは公共財だけではない。結
局のところ，政府が何をどれくらい供給すべきかは，公共財の理論から必然
的に解が得られる問題ではなく，政治（民主主義）による意思決定の問題で
ある。

２ 公共財市場

2-1　公共財の効率的供給

　公共財市場の均衡は，公共財市場で需要量と供給量が一致するときに生じ
る。需給の一致によって市場が均衡することは，私的財であっても公共財で
あっても同じである。

　しかし公共財は，等量消費の特徴があるため，個別需要曲線と市場需要曲
線の関係が私的財とは異なる。図7-2で，D_AとD_Bは，それぞれ個人Aと
個人Bの公共財需要曲線である。需要曲線の傾きが右下がりであることは，
公共財でも私的財でも同じである。

　等量消費では，いったん個人Aの公共財消費量が決まると，それと同じ
量だけ個人Bも公共財を消費するので，個人Aの公共財需要量と個人Bの
公共財需要量は常に等しくなる。言い換えると，個人Aの公共財消費量が
Q_0であるとき，個人Bの公共財消費量も必ずQ_0になる。このとき，社会
全体での公共財消費量もQ_0である。

　私的財の場合と同様に，公共財でも，需要曲線の高さは限界便益を意味す

132　第2部　公共部門の経済学

図7-2　公共財市場の均衡

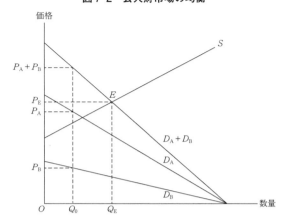

る。公共財消費量がQ_0のとき，各人の公共財消費の限界便益は，それぞれの需要曲線から，個人AがP_A，個人BがP_Bである。これを市場全体でみると，個人Aの限界便益と個人Bの限界便益を合計して，市場にはP_A+P_Bの限界便益があることになる。すべての消費量でこの作業を行うことで，**公共財の市場需要曲線D_A+D_Bを得ることができる**。

このようにして，個人の公共財需要曲線の垂直和が市場の公共財需要曲線になる。公共財の垂直和は，私的財の市場需要曲線が個人の需要曲線を水平方向に合計したこと（水平和）と対称的である。これは，等量消費の特徴から，公共財ではすべての個人が同じだけの数量の公共財を消費するが，その評価は個人間で異なることを意味する。

供給曲線は，私的財であっても公共財であってもとくに変わるところはない。ここでは，とりあえず，図7-2のように公共財の（市場）供給曲線を示している。

公共財市場の均衡は，公共財の市場需要量と市場供給量が一致するときである。図7-2は，この均衡を点Eで示している。このとき，この公共財の均衡価格はP_E，均衡数量はQ_Eである。

点Eで公共財が供給されるならば，その公共財は効率的に供給されていることになる。公共財の市場需要曲線の高さは，公共財に対する社会全体で

第7章　公共財の供給　*133*

の限界便益を意味した。したがって，市場需要曲線と供給曲線の交点で公共財供給量が決まることは，社会全体での限界便益と限界費用が等しくなる水準で公共財が効率的に供給されることを意味する。これが**公共財の効率的供給**の条件である。

　公共財の市場需要曲線の導出で説明したように，公共財の社会全体での限界便益は，公共財の個人的限界便益の合計である。これを踏まえて公共財の効率的供給の条件を言い換えると，公共財の個人的限界便益の合計が限界費用に等しくなることである。公共財を効率的に供給させる条件は，**サムエルソン条件**と呼ばれている。

サムエルソン条件

> 公共財の社会的限界便益＝公共財の個人的限界便益の合計
> ＝公共財の限界費用

2-2　公共財消費へのただ乗りと自発的な供給

　公共財の供給量が図7-2のように交点 E で決まるのならば，私的財の場合と同じように市場に任せておけば，公共財も効率的に供給できるはずである。それではなぜ公共財は市場に任せてはいけないのだろうか。それは，公共財の場合には，個人の需要曲線が信用できないかもしれないからである。

　図7-2では，個人 A の公共財需要曲線が個人 B の公共財需要曲線の上方に位置している。これは，個人 B よりも，個人 A の方が公共財に対して高い限界評価を与えている（大きな限界便益を得る）ことを意味する。したがって，もし各人に限界便益に応じた支払いを求めるならば，個人 A は，個人 B と同じ量の公共財を消費するために，個人 B よりも常に多く支払わねばならない。このことを個人 A はどのように思うだろうか。個人 A は，正直にいえば，主観的な限界評価が高めであるのはその通りで，確かにそれだけの金額を支払う価値があると思ってはいる。しかし，個人 B は，少ない支払いで，個人 A と同じだけの公共財を消費する。このように考えて，個人 A は不満に思うかもしれない。そうならば，嘘をついて，自分の限界評価を低めに表明して，支払いも低く抑えればよいことになる。実際のところ，

134　第2部　公共部門の経済学

自分の支払いが少なくなったとしても，公共財には等量消費の特徴があるから，他人の支払いによって供給量が確保されれば構わない。このようにして，適切な対価の支払いを逃れて，他人の負担によって公共財を消費しようとする行動は，**ただ乗り**（フリー・ライダー）と呼ばれる。ただ乗りは，消費者が匿名であったり，あるいは大規模であったりするときに生じやすいといわれる。

　ただ乗りは，個人的には経済的に合理的な行動である。しかし，個人の限界評価が低めに表明されたことが社会全体の公共財への限界評価を低くすることになり，その結果，社会全体では公共財の供給量が不足するという不都合に陥る。ただ乗りが望ましくないのは，ただ乗りという行為そのものではなく，個人的に合理的な意思決定の結果が社会全体では非効率をもたらすことにある。

　市場システムの最大の長所は，個人の合理的な行動が社会全体にとっても望ましい結果に至ることにある。公共財の場合には，ただ乗りが生じることで，この長所が当てはまらない。これは公共財による市場の失敗である。

　実際には，ただ乗りできるにもかかわらず，公共財を自発的に供給しようとする個人や企業もある。彼らは，なぜ公共財供給の費用を自発的に負担しようとするのだろうか。しばしば指摘されるのは，他者を思いやる利他心の気持ちである。自分が所属するコミュニティで他者との信頼関係が強まるほど，利他心も強くなるといわれている。また，自分で公共財を供給することから満足を得る（公共財の自発的供給が効用を高める）かもしれない。もちろん供給した公共財は自分でも消費できる。自発的供給があるために，ただ乗りが生じても，おそらくは供給量がゼロになることはない。それでも，過小供給であることには変わりはない。

2-3　ニスカネンの官僚モデル

　公共財のただ乗りは，公共財の供給を市場に任せると過小供給になるという議論である。逆に，市場に任せると，過大になるという議論もある。ここでは，**ニスカネンの官僚モデル**を紹介する。

　ニスカネン（W. A. Niskanen）のモデルは，ブキャナンとタロック（G. Tullock）

のグループから始まる公共選択学派（第1章参照）と呼ばれるグループのアプローチである。公共選択では，政府の失敗を前提に，政府による公共財の供給は過大になると考える。そして，それではなぜ政府による公共財供給は過大になるのか，あるいは，どのようにしてその過大供給を是正できるのかをテーマにする。ニスカネンの官僚モデルやブレナン（G. Brennan）とブキャナンのリヴァイアサン・モデルが有名である。リヴァイアサン・モデルによれば，政府は，リヴァイアサンという専制君主国家であり，社会的厚生ではなく，政府自身の欲望（たとえば税収最大化）を優先して，公共財を独占的に供給する[1]。この結果，公共財の供給（政府の規模）は過大になる。

　ニスカネンの官僚モデルは，政治家と官僚をプレーヤーとして想定する。政治家は，国民の代表として，公共財の需要者となり，官僚は，予算編成を通じて，公共財を供給する。政治家と官僚の間には公共財供給に関する情報の非対称があり，政治家のもつ情報は官僚よりも少ないとする。情報の非対称という想定は，このモデルが公共財供給を過大にする決め手である。

　官僚は，社会的便益（総余剰）を最大にすることではなく，獲得予算額の最大化を目的に公共財供給量を決めようとする。獲得予算は行政経費のための支出であり，すなわち公共財供給のための費用である。したがって，獲得予算額を最大にしようとする官僚の目的は，公共財供給量の最大化を目的にすることと同義になる。

　図7-3に，ニスカネンの官僚モデルによる公共財供給を示している。ADは公共財需要曲線，OSは公共財供給曲線である。政治家と官僚の間に情報の非対称がなければ，点Eの均衡で公共財供給量はQ_0に決まる。総余剰は三角形AOEで最大になり，Q_0は社会的に望ましい公共財供給量である。このときの官僚の獲得予算額（公共財への支出額）は，三角形OEQ_0である。

　公共財への支出額は供給曲線の下側の面積なので，Q_0を超えて公共財供給量を増やすと，公共財への支出を更に増やすことができる。官僚は，（官僚自身の余剰でもなく，）公共財への支出額を最大にしようとするので，公共財

1　リヴァイアサン（Leviathan）は，イギリスの哲学者ホッブズ（T. Hobbs）が17世紀に著した同名の政治哲学書として知られる。ホッブズは，旧約聖書に登場する海の怪物レヴィアタンの名に由来して，絶対王政国家を指してリヴァイアサンと呼んだ。

136 第2部 公共部門の経済学

図7-3 ニスカネンの官僚モデル

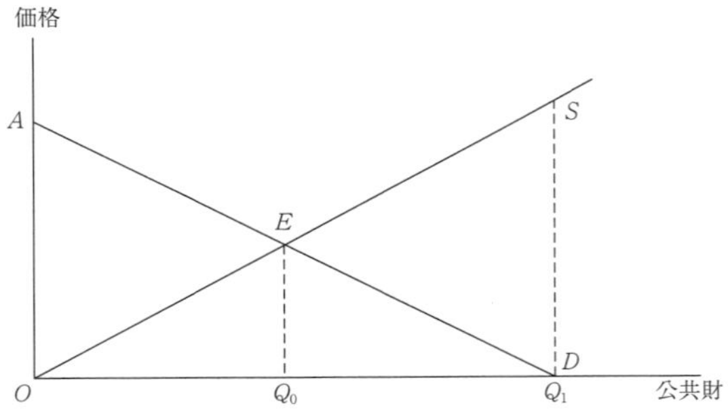

供給量を増やしたい。情報の非対称がなければ Q_0 を超えて公共財供給量は増えないが，情報は官僚に多くある。したがって，官僚は，思いのままに，公共財の供給を増やせる。

　結局，官僚は，総余剰がゼロになる（三角形 AOE ＝三角形 EDS になる）まで，公共財を増やす。このとき公共財供給量は Q_1 になり，公共財への支出額は三角形 OSQ_1 である。直観的には，余剰をすべて公共財供給の財源として使い切ってしまうことになる。これ以上の公共財供給は，総余剰がマイナスになるので，財源がない。（借金を許容すれば，更に公共財への支出を増やせるかもしれない。）

2-4　リンダール・メカニズム

　効率的な公共財供給を実現する方法の1つに，**リンダール・メカニズム**と呼ばれるモデルがある。リンダール・メカニズムは，納税者（公共財の消費者）に公共財からの限界便益に等しい費用をそれぞれ負担させることよって公共財を効率的に供給する。

　図7-4で，リンダール・メカニズムを説明する。リンダール・モデルの政府は，各個人（ここでは個人 A と個人 B）に公共財消費のための費用負担割合（P_A と P_B）を提示する。この費用負担割合は，公共財の財源であるという意味で租税価格と呼ばれる。個人は，それぞれの需要曲線（D_A と D_B）に基づいて，租税価格と公共財からの限界便益が等しくなるように公共財消費量を決める。このとき，公共財は等量消費であるから，個人 A の公共財消費量

図 7-4 リンダール・メカニズム

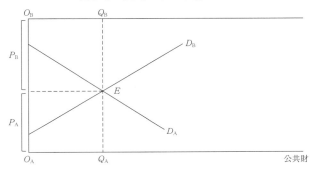

と個人 B の公共財消費量は等しくなければならない。もし両者が相違するときには，政府は新たな租税価格を提示する。両者の公共財消費量が等しくなるまで，このプロセスを繰り返す。個人 A と個人 B の公共財消費量が等しくなるときが均衡（**リンダール均衡**）である。

図 7-4 で，リンダール均衡は点 E である。点 E では，公共財の費用が両者の租税価格の合計（P_A+P_B）によって賄われており，これは公共財の社会的限界便益に等しい。したがって，リンダール均衡は公共財の効率的供給の条件（サムエルソン条件）を満たすことになり，リンダール均衡による公共財供給は効率的といえることになる。

リンダール・メカニズムは，納税者の交渉によって均衡に至るメカニズムであり，実質的には全員一致の合意による方法である。したがって，民主的な意思決定方法でもある（民主的な意思決定方法の詳細は，③で述べる）。Gruber (2011) は，リンダール・メカニズムの実例として WTO のような国際機関を挙げている。各国は，国際機関の趣旨に賛同して，分担金を支払って加盟国になる。そこでは，重要事項について，全員一致によって意思決定する。身近なところでは，ごみ処理施設を共同で運営する広域行政などもリンダール・メカニズムの例といえる。構成団体となる市町村は，負担金を支払って，共同で行政サービスを運営することにメリットをみる[2]。

---

[2] 2022 年度に徳島市，小松島市，勝浦町，石井町，北島町による広域ごみ処理施設整備計画が合意に至らず白紙になったのは，リンダール・メカニズムが全員一致に至らなかった例である。

138 第2部 公共部門の経済学

　ただし，全員一致は，合意のための意思決定にかかる費用が多大である。そのため，リンダール・メカニズムは確かに効率的な公共財供給を実現するが，この仕組み（交渉による全員一致）で公共財供給の意思決定を行うことが現実的であるのは，参加者がそんなに多くなかったり，参加者に共通の目的が共有されているなどの限られた状況である。

③　集合的意思決定

　政府による公共財供給の意思決定は，政治過程を経て決定される**集合的意思決定**である。そこには，家計や企業のような民間部門による意思決定（個人的意思決定）とは異なるメカニズムが働く。公共財のただ乗りは，個人的意思決定を前提として，公共財供給を市場に任せると過小供給（非効率）になることを示唆する議論である。それでは，集合的意思決定による公共財供給は，効率的といえるだろうか。結論を先に言えば，過大，過小，効率的な場合，いずれもありうる。③で集団による意思決定のメカニズムを説明し，④でその効率性について説明する。

3-1　集団による意思決定の方法

　政府の意思決定は，通常，**投票**によって行われる。投票には，**直接投票（レファレンダム）**[3]と**間接投票**がある。間接投票は，直接投票によって選ばれた代表者が議会で意思決定する方法であり，代議員制とも呼ばれる。日本の財政は，間接投票による意思決定である。多数の投票者による間接投票で意思決定することに加えて，投票を経ていない官僚が意思決定に大きく影響することも，政府の意思決定の特徴である。

　投票などの合意プロセスによって多人数で意思決定する場合，その決め方は，全員一致，7/8ルール，2/3ルール，過半数（選択肢が3つ以上の場合），多数決（最多数の投票者の支持），**単純多数決**（または，単純可半数。過半数超の投票

3　国政では国民投票，地方では住民投票と呼ばれる。国民投票は憲法第96条，住民投票（特別法の場合）は憲法第95条，住民投票（直接請求制度）は地方自治法第12条に定めがある。2007年には，「日本国憲法の改正手続きに関する法律（国民投票法）」が成立している。

者の支持），などの方法がある。多数決には，選択肢をウェイト付けした，**ボルダ得点方式**による投票もある。一般に，多くの合意を必要とするほど，意思決定のために多くのコストがかかる。

なお，独裁も集合的意思決定の1つであるが，投票など合意のプロセスは不要である。独裁による意思決定は，最も合意のコストが少なくて済むという利点があるが，民主的ではない。

3-2 民主的な意思決定の条件

日本を含めて先進国では，集合的意思決定の方法は，最低限，民主的であることが求められる。集合的意思決定の理論では，表7-2の条件を満たすとき，**民主的な意思決定**がなされたとされる。いずれの条件も，直観的にも，民主的な意思決定として同意できる要件である。

表7-3は，投票者が2人で，2つの選択肢から週末の過ごし方を合意する例である。2人の場合，両者で意見が合わないと合意に至ることはできず，そこに多数決などの方法が入り込む余地はない。したがって，仲良くしてもらう（全員一致）しかない。図7-4のリンダール・メカニズムは，2人の参加者が（仲良く）交渉するモデルである。

3-3 コンドルセのパラドックス

投票者が2名の場合にはお互いが譲り合う（交渉する）しか合意はないので，以下では，最小の投票者数として，3人を想定する。

表7-4は，3人の投票者（若者，中高年，高齢者）に対して3つの選択肢（教育，国防，公共事業）がある。各投票者は，表7-4で示す各自の選好にしたがって，選択肢に投票する。このように各人が自分の選好にしたがって投票するとき，この投票者は**正直な投票者**と呼ばれる[4]。

ここでは，単純多数決の方法で1つを選ぶとする。単純多数決の方法は，総当たりで選択肢同士を比較し，過半数の支持を得た選択肢を選ぶ。具体的には，どれが過半数の支持を得るかを確認するために，順番に選択肢を2つ

---

[4] そうではなく，「勝ち馬に乗る」ということで，他の投票者を意識して投票することもある。このような投票者は，戦略的投票者と呼ばれる（北村（2022）75頁）。

140　第2部　公共部門の経済学

表7-2　民主的な意思決定の条件

1. 支配性 　すべての人に支持された選択肢は，社会的にも望ましい。 2. 推移性 　選択肢Aよりも選択肢Bを選好し，選択肢Bよりも選択肢Cを選好するとき，選択肢Aは選択肢Cよりも選好される。 3. 独立性 　選択肢Aよりも選択肢Bを選好するとき，新たに選択肢Cが追加されたとしても，選択肢Aと選択肢Bの選好順位は影響を受けない。

（注）独立性の意味は次のようになる。公園よりも図書館を選好しているとする。ここに新たな選択肢として
　　スポーツジムを追加しても公園と図書館の選好関係（公園よりも図書館を選好する）が変わらないとき
　　（スポーツジムのある公園として公園の魅力が増すようなことがない），これらの選択肢は独立である。

表7-3　2人の投票者

順位	夫	妻
1位	映画	テニス
2位	テニス	映画

表7-4　3人の投票者（決まるケース）

順位	若者	中高年	高齢者
1位	教育	公共事業	国防
2位	公共事業	教育	公共事業
3位	国防	国防	教育

ずつ比較する。

　表7-4で単純多数決をするため，たとえば，第1回目として，教育と公共事業を比べるとする。教育と公共事業の比較では，若者は教育を支持し，中高年と高齢者は公共事業を支持する。したがって，公共事業が選ばれる。次に，第2回目として，公共事業と国防を比較する。若者と中高年は公共事業，高齢者は国防を支持する。ここでも公共事業が選ばれる。結局，教育と比べても，国防と比べても，公共事業が過半数の支持を得る。このようにして単純多数決によって選ばれた公共事業は，**コンドルセ勝者**と呼ばれる。（4で説明するが，ここで中高年の選好が選択されるのは，**中位投票者の定理**である。）

　しかし，このような合意形成は，いつもうまくいくわけではない。表7-5は，表7-4と同じく，3人の有権者がいて，3つの選択肢（教育，社会保障，公

第7章　公共財の供給　*141*

表7-5　3人の投票者（決まらないケース）

順位	若者	中高年	高齢者
1位	教育	公共事業	社会保障
2位	社会保障	教育	公共事業
3位	公共事業	社会保障	教育

共事業）が与えられているが，単純多数決による投票は合意に至ることができない。

　表7-5で，表7-4と同じように単純多数決を実施すると，次のようになる。第1回目として，教育と公共事業を比べると，若者は教育を支持し，中高年と高齢者は公共事業を支持する。したがって，公共事業が選ばれる（ここまで表7-4と同じである。）。第2回目として，公共事業と社会保障を比較する。若者と高齢者は社会保障，中高年は公共事業を支持する。したがって，社会保障が選ばれる。そこで，第3回目として，社会保障と教育を比べると，若者と中高年は教育，高齢者は社会保障を支持し，教育が選ばれる。

　そうすると，次には教育と公共事業を比較することになる。これは第1回目の投票と同じである。つまり，2つの選択肢間の優先順位の比較は，循環して最初に戻ってしまい，永遠に決まらない。このようにコンドルセ勝者が存在しないケースは，**コンドルセのパラドックス**と呼ばれる。一体なぜ決まらないのだろうか。

　たとえば，2つずつ比較する（単純多数決）のではなく，多数決の方法（各人が1票をもって一斉に投票するやり方）ではどうだろうか。若者は教育，中高年は公共事業，高齢者は社会保障に投票するので，それぞれが1票ずつとなり，やはり決まらない。

　あるいは，選好順位によって得点（1位の選択肢を3点，2位を2点，3位を1点）を設定する（ボルダ得点）のはどうだろうか。このときには，3つの選択肢のすべてが6点になり，やはり決まらない。つまり，決めるための方法がないのであり，多数決のやり方が悪いわけではない。

　民主的に決めるための方法に関連して，アローは，民主的な決定の基準を満たす「決めるための方法」が存在するのは，投票者の選好が単峰型であるか，あるいは独裁的に決定することの2つの可能性しかないことを示した

図7-5 単峰型の選好（a, b）と複峰型の選好（c）

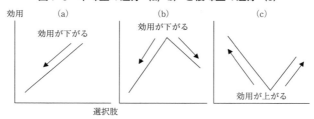

図7-6 単純多数決が決まる場合の選好　　図7-7 単純多数決が決まらない場合の選好

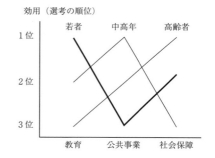

（**アローの不可能性定理**と呼ばれる）。しかし，独裁は民主的ではない。

　単峰型の選好とは，図7-5(a)(b)で示すような，頂点から離れると効用が下がる選好のタイプである。逆に，(c)のような，頂点から離れると効用が上がる選好は，複峰型と呼ばれる。不可能性定理によると，すべての投票者の選好が単峰型のときに単純多数決はうまくいくが，投票者の中に複峰型の選好をもつ者がいると単純多数決はうまくいかない。

　表7-4（決まるケース）と表7-5（決まらないケース）の選好を図示して確認すると，単純多数決で合意できる表7-4 はすべての投票者の選好が単峰型であり（図7-6），合意できない表7-5 は若者の選好が複峰型である（図7-7）ことがわかる。

　ところで，図7-6や図7-7で示される選好の型は，選択肢の並び順に依存する。たとえば図7-7を図7-8のように並び変えると，高齢者の選好が複峰型になる。ちなみに，図7-7は，どのように並べても，若者，中高年，高齢

第 7 章　公共財の供給　　143

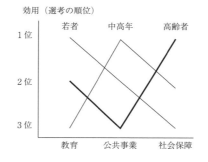

図 7-8　高齢者が複峰型の選好になる場合

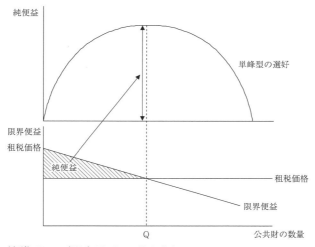

図 7-9　単峰型の選好と限界便益の逓減

(出所) Hyman (2011), Fig. 5.5, p. 237 による.

者のすべてが単峰型の選好になることはない。また，図 7-6 は，並べ方によって複峰型の選好を含むようになり，このときには，単純多数決で決めることができない。

　選好が単峰型であるという制約そのものは，そんなに厳しい制約ではない。むしろ複峰型の選好が，支離滅裂といえる。図 7-9 で示すように，公共財の限界便益が逓減するとき（これは一般的な想定である），この選好は単峰型

144　第２部　公共部門の経済学

である。

　しかし，誰の選好が複峰型であるかは，図7-8で例示したように，相対的である。選好が複峰型であることは，そのような選好（価値観）そのものに問題があるわけではなく，既存の価値観に基づく秩序に馴染まないだけかもしれない。このように考えると，確かに複峰型の選好をもつ者が存在することで単純多数決による合意形成に至ることはできなくなるが，逆に，全員の選好が単峰型である社会の方が窮屈かもしれない。

４　単純多数決の効率性

　単純多数決による決定は，民主的である。だが，民主的であるだけでは，公共財供給の意思決定としては物足りない。さらに進んで，単純多数決の結果には効率的であってほしい。果たして，そうだろうか。

4-1　中位投票者の定理

　単純多数決は，中位投票者の選好を反映することが知られている（**中位投票者の定理**と呼ばれる）。中位投票者は，各人を一定の順序（年齢や所得の順など何でもよい）で並べたとき，真ん中（中位）に位置する人である。

　なぜ単純多数決は中位投票者の選好を選ぶのか。表7-6の事例は，１週間に何回の防犯活動をするかを直接投票によって決めようとしている。AからHの住人がいて，全員が単峰型の選好をもち，Aは１回，Bは２回，Cは３回，という具合に，それぞれ望ましいと考えている防犯回数がある。

　単純多数決の方法で回数を選ぶとする。最初に，防犯回数が１回と２回のどちらがよいかを尋ねる。このときには，１票（１回）対６票（２回）となり，２回が勝つ。次に防犯回数２回と３回で投票すると，２票（２回）対５票（３回）となり，３回が勝つ。同様にして，３回と４回の投票では３票（３回）対４票（４回）となり，４回が勝つ。ここまでは回数の多い方が投票に勝っていたが，４回と５回の投票では，４票（４回）対３票（５回）となり，４回が勝つ。このようにして，結局，４回が勝つ。

　４回は，中位投票者（M）の選好である。これが中位投票者の選好が単純

表7-6　1週間の防犯活動回数の決定：直接民主制のモデル

		1週間当たりの防犯回数を1回から順に増加させていくと…						
		1	2	3	④	5	6	7
投票者	A	Y	N	N	N	N	N	N
	B	Y	Y	N	N	N	N	N
	C	Y	Y	Y	N	N	N	N
	M	Y	Y	Y	Y	N	N	N
	F	Y	Y	Y	Y	Y	N	N
	G	Y	Y	Y	Y	Y	Y	N
	H	Y	Y	Y	Y	Y	Y	Y
結果		Pass	Pass	Pass	Pass	Fail	Fail	Fail

(出所) Hyman (2011), Table. 5.5, p. 184.

図7-10　1週間の防犯活動回数の決定：間接民主制のモデル

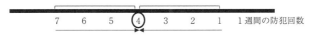

多数決の結果になることの直観的な説明である。

　中位投票者の定理によって間接民主制を説明することもできる。Downs (1957) は，中位投票者モデルによって，2大政党による政治体制を説明した。図7-10は，間接民主制によって，1週間の防犯活動回数を決めようとしている。この例では，2つの政党（たとえば，左党と右党とする）があり，左党は防犯回数が多いほどよいと考えて，逆に，右党は防犯回数は少ない方がよいと考えている。有権者は，自分の考えに近い政党に政権をとってほしいと考えて，どちらかの政党に投票する。投票の結果，4回を提示する政党が最大（ここでは過半数）の支持を獲得し，有権者から選ばれる。つまり，中位投票者の選好が反映される。これは，**タウンズの政策収束定理**と呼ばれている。

4-2　投票均衡（政治的均衡）

　図7-11で，投票者の意思決定（公共財消費量の決定）を説明する（これは，図7-9の下図と同じである）。政府が公共財供給に要する費用を各人に等しく負担

146 第2部 公共部門の経済学

図7-11 投票均衡（政治的均衡）

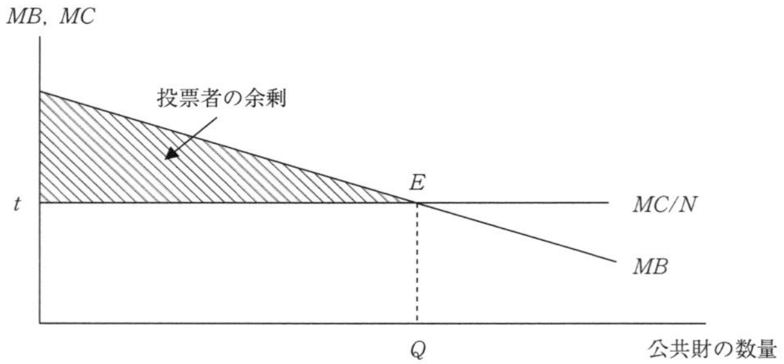

MB, MC

投票者の余剰

t ・・・・・・・・・・・・・・・・・・・・・・・・ E ・・・・・・・・・・・ MC/N

MB

Q   公共財の数量

させるとすると，投票者が N 人として，1人当たりの公共財1単位当たり
費用負担額（租税価格 t）は，MC/N（平均限界費用）になる。投票者の限界便
益（MB）曲線は，通常の想定通り，右下がりとする。

　投票者は，租税価格と限界便益が等しくなるように公共財消費量 Q を決
める。この均衡は，**投票均衡**（または，**政治的均衡**）と呼ばれる。投票均衡 E
は，投票者が自分自身にとって最も望ましい公共財消費量を決めた結果であ
り，このとき，この投票者の余剰は最大である。つまり，投票均衡により実
現する公共財供給量は，効率的な公共財供給量である。投票均衡 E は，限
界便益曲線と平均限界費用曲線の交点なので，$MB = MC/N$ が成り立つ。こ
れは，投票均衡の条件である。

4-3　単純多数決均衡による公共財供給の効率性

　単純多数決は，中位投票者の定理によって，中位投票者の選好を反映す
る。つまり，単純多数決で公共財供給量を決めると，中位投票者の投票均衡
の水準に公共財供給量が決まる。したがって，単純多数決では，中位投票者
で表した投票均衡の条件が成立している。

単純多数決の均衡

中位投票者の $MB = MC/N$ ⇔ N×中位投票者の $MB = MC$

　単純多数決による公共財の供給（N×中位投票者の $MB = MC$）が効率的かど

第 7 章　公共財の供給　*147*

図 7-12　単純多数決が効率的な例

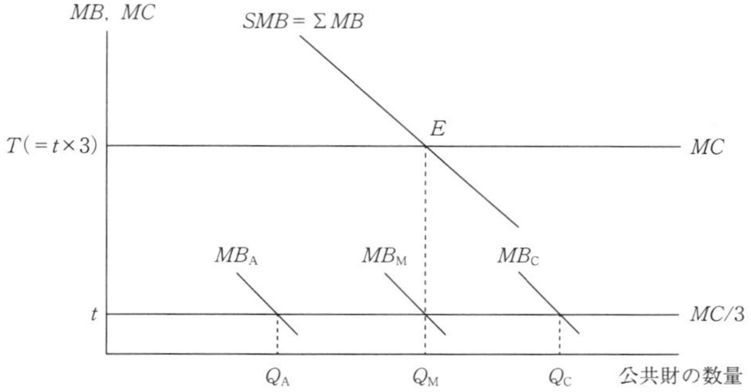

（出所）Hyman（2011），Table. 5.5, p. 183 を簡略化した。

うかは，この式が公共財の効率的供給の条件（サムエルソン条件，つまり SMB（社会的限界便益）$=MC$）を満たすかどうかで判断できる。$N \times$ 中位投票者の $MB=SMB$ のとき，単純多数決の均衡はサムエルソン条件を満たすことになり，単純多数決は効率的な公共財供給を実現する。ここで $N \times$ 中位投票者の MB と ΣMB（$=SMB$）の関係に留意すると，中位投票者の MB と平均 MB が等しいときに，サムエルソン条件を満たすことがわかる。

　図 7-12 は，単純多数決が効率的な公共財供給を実現するケースを示している。投票者は 3 人（A, M, C）であり，中位投票者は M である。租税価格は，3 人に共通で，$MC/3$ である。この租税価格を前提にしたそれぞれの投票均衡による公共財供給量（消費量）は，Q_A, Q_M, Q_C である。中位投票者の定理による公共財供給量は Q_M になる。この Q_M が効率的な供給量であることは，Q_M が $SMB=MC$（公共財の効率的供給の条件）の均衡点 E による供給量でもあることから確認できる。このとき，$SMB=\Sigma MB=3MB_M$ である。

　図 7-12 が示唆するように，社会全体にとって望ましい公共財供給量は Q_M であるが，投票者 A にとって望ましい公共財供給量（投票者 A の投票均衡）は Q_A である。公共財供給量 Q_M は，社会全体にとっては望ましい水準であるが，投票者 A にとっては過大供給である。同様に，投票者 C にとっても，個人的に望ましい公共財供給量は Q_C であり，供給量 Q_M は過小供給である。社会全体で望ましい水準の公共財供給であったとしても，それがそのまます

148　第2部　公共部門の経済学

図7-13　単純多数決が非効率な例

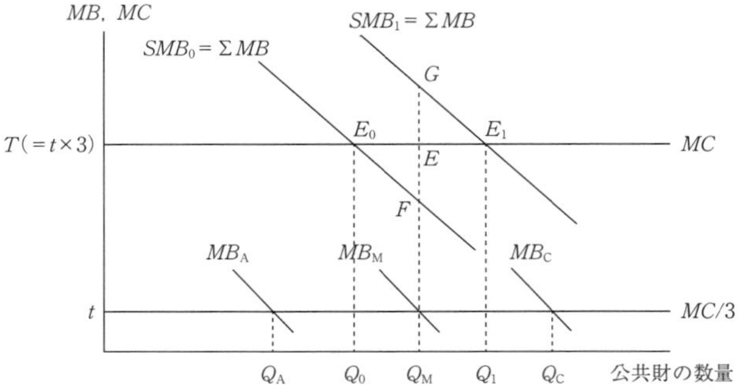

べての個人にも望ましいわけではない。これが望ましいのは中位投票者のみであり，他の人にとっては，過大であったり，あるいは過小となる。

　図7-13は，単純多数決が公共財の効率的供給を実現しないケースを示している。社会的限界便益が SMB_0 のとき（このとき $\Sigma MB < 3MB_M$ である），効率的な公共財供給量は Q_0 である。したがって，単純多数決による公共財供給量は過大（$Q_M > Q_0$）である。過大な公共財供給は，三角形 EE_0F だけの超過負担を生じる。

　逆に，社会的限界便益が SMB_1 のとき（このとき $\Sigma MB > 3MB_M$ である）には，効率的な公共財供給量は Q_1 となり，単純多数決による公共財供給量は過小（$Q_M < Q_1$）になる。このときの超過負担は，三角形 EE_1G である。

　以上をまとめると，次のようになる。

単純多数決（中位投票者の定理）による公共財供給の効率性

> 平均 MB ＝中位 MB のとき，効率的
> 平均 MB ＜中位 MB のとき，過大供給
> 平均 MB ＞中位 MB のとき，過小供給

　平均 MB と中位 MB が一致するかどうかは，投票者の選好の強さ（分布の仕方）にも依存する。たとえば，3つの選択肢のうちの1つに特に強い選好を示す投票者がいる場合には，中位投票者の結果は効率的にはならない。

第 7 章 公共財の供給 **149**

表 7-7 各順位の点が共通のとき

順位	若者	中高年	高齢者
1 位（3 点）	教育	公共事業	国防
2 位（2 点）	公共事業	教育	公共事業
3 位（1 点）	国防	国防	教育

表 7-8 各順位の点が任意のとき

順位（合計 10 点）	若者	中高年	高齢者
1 位	教育 （5 点）	公共事業 （5 点）	国防 （7 点）
2 位	公共事業 （3 点）	教育 （3 点）	公共事業 （2 点）
3 位	国防 （2 点）	国防 （2 点）	教育 （1 点）

　表 7-7 と表 7-8 は，これを**ボルダ得点**による投票方法で確認している。表7-7 は，各順位の得点が全員に共通であるのに対して，表 7-8 では，各人の持ち点 10 点を各順位に自由に設定している。表 7-8 は，平均 MB と中位 MB が異なる例である。いずれの場合も単純多数決（中位投票者）で決めると，公共事業が選択される。しかし，ボルダ得点によると，表 7-7 は公共事業を選び，表 7-8 では国防が最高点を得る。

　表 7-8 のように任意に点を付ける方法は，民主的な意思決定として妥当だろうか。おそらくは順位ごとの点は共通にしておき，その上で優先順位を決めるやり方が集団の意思決定方法としては妥当である。実際に多くの人は，そう極端な嗜好をもっているわけではない。そうならば，単純多数決（中位投票者）の結果は，おおむね効率的といえそうである。

参考文献

北村周（2022）『民主主義の経済学』日経 BP

Downs, A.（1957）*An Economic Theory of Democracy*, Harper.

Gruber, Jonathan.（2011）*Public Finance and Public Policy*, Third eds., Worth Publishing.

Hyman, D.（2011）*Public Finance: A Contemporary Application of Theory to Policy*

10th ed., South-Western Cengage Learning.

第8章　外部性　*151*

第8章　外部性

外部性も，公共財と並んで，市場の失敗の典型である。本章では，余剰分析の方法を利用して，外部不経済・外部経済がどのようにして市場を失敗させるのか，外部性を克服するにはどのような方法があるかを説明する。

　経済活動による便益や費用が，市場に参加する売り手や買い手とは異なる第三者にまで及ぶことがある。これは，**外部性**（または**外部効果**）と呼ばれる。第三者に及ぶのが費用の負担などマイナスの影響のとき，この外部性を**外部不経済**（あるいは**負の外部性**）という。逆に，便益の増加などプラスの影響が第三者に及ぶとき，これは**外部経済**（または**正の外部性**）と呼ばれる。外部性があるとき，市場均衡は効率的な資源配分を実現できない。これは，公共財と並んで，市場の失敗の1つである。

1 外部性による余剰の損失

1-1　外部不経済
　外部不経済の例には，自然環境の汚染や地球温暖化などがある。生産活動が外部不経済を伴う場合，生産者は適切に費用負担をしていないことになる。石炭による火力発電が二酸化炭素を排出して地球を温暖化させるのは，生産による外部不経済の例である。

(1)　生産の外部不経済
　市場供給曲線は，生産者の私的な限界費用のみを反映している。この意味で企業が自ら負担する費用を反映する供給曲線は**私的限界費用曲線**と呼ばれる。一方，もし生産活動が周辺の自然環境を悪化させるなら，たとえこの企

152   第2部　公共部門の経済学

業が自然環境の悪化を認識していなかったとしても，社会的にはこれを費用
として認識すべきであり，生産費用に含めるのが望ましい。これが生産に外
部不経済が生じている状態である。外部不経済による費用は，**限界外部費用**
と呼ばれる。望ましい費用は，私的限界費用と限界外部費用を合わせた費用
であり，これは**社会的限界費用**と呼ばれる。

社会的限界費用＝私的限界費用＋限界外部費用

　市場均衡が望ましい生産量となるためには，その前提となる供給曲線も適
切に費用を反映していなければならない。したがって，供給曲線は限界外部
費用を含めた社会的限界費用でなければならない。しかし，生産者は限界外
部費用を支払わずとも，私的限界費用を負担するだけで生産できる。そのた
め，生産者には，社会的限界費用よりも低い私的限界費用のみの負担で生産
を行う動機がある。生産者が外部不経済を無視して生産するとき，市場均衡
による生産量は過大になる。これが，外部不経済による市場の失敗である。
　図8-1は，生産が外部不経済を生じる市場を描いている。供給曲線（限界
費用曲線）は，私的限界費用のみを反映した PMC（私的限界費用曲線）と，社
会的限界費用を反映した SMC（社会的限界費用曲線）が描かれている。SMC
は，限界外部費用の分だけ PMC の上方に位置している。
　生産者が外部不経済を無視して（限界外部費用の負担なしで）生産する場合の
均衡は，私的限界費用曲線 PMC と需要曲線 D の交点 E である。一方，限
界外部費用を考慮して生産する場合の均衡は，社会的限界費用曲線 SMC と
需要曲線 D の交点 F である。点 E は外部不経済を無視した生産であること
から非効率的な均衡であり，点 F は外部不経済を考慮した生産であること
から効率的な均衡である。点 E のとき価格は P_0，生産量は Q_0 であり，点 F
のとき価格は P_1，生産量は Q_1 である。点 E と点 F で価格と生産量を比べ
ると，外部不経済を無視した生産によって，市場で取引される価格は低くな
り，その分だけ生産量が多くなることがわかる。このようにして，外部不経
済の存在を無視した生産活動は過剰生産を招く。
　過剰生産が望ましくないのは，余剰の損失という弊害をもたらすからであ

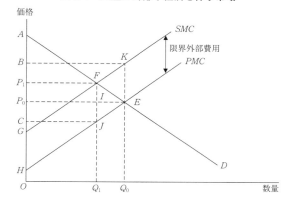

図8-1 生産が外部不経済を伴う市場

る。限界外部費用を考慮せずに生産を行った場合の余剰は，均衡点が点Eであることから，消費者余剰は三角形AP_0E，生産者余剰は三角形P_0HEである。生産の外部不経済による外部費用は，1単位当たりKE（$=GH$）の大きさで，Q_0の生産量に相当し，四角形$GHEK$（または四角形BP_0EK）になる。この外部費用は，社会的な費用であり余剰を減らす。したがって，総余剰は，消費者余剰＋生産者余剰－外部費用となり，三角形AGF－三角形EFKになる。

外部不経済を考慮した生産による均衡は点Fである。このときの余剰は，消費者余剰が三角形AP_1F，生産者余剰が四角形P_1HJF，外部費用（余剰のマイナス）が四角形$GHJF$である。しがたって，総余剰は三角形AGFになる。

点Eと点Fで総余剰を比べると，三角形EFKの大きさだけ点Eの場合の総余剰が少ない。これが，外部不経済による余剰の損失である。

(2) 消費の外部不経済

外部不経済は，消費によっても生じる。自動車の運転による二酸化炭素の排出は最近注目を集める例であるが，その他にも空き家の放置，ゴミ屋敷なども需要者による外部不経済の例である。消費に外部不経済を伴う場合も，数量（消費量）は過大になり，余剰の損失が生じる。

図8-2は，消費が外部不経済を生じる市場を描いている。需要曲線（限界

図8-2　消費が外部不経済を伴う市場

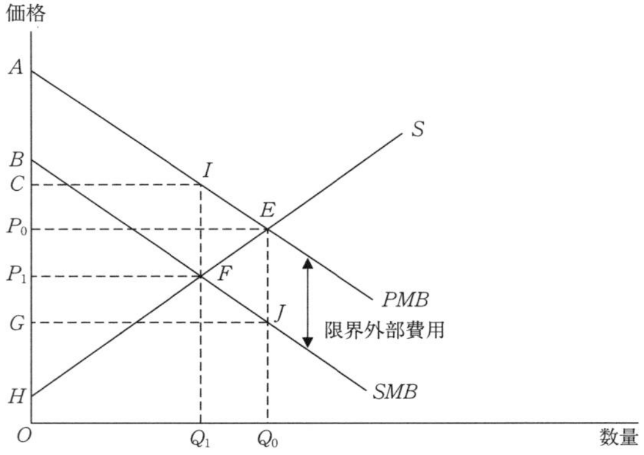

価格

縦軸ラベル: A, B, C, P_0, P_1, G, H

図中の点・曲線: S, I, E, F, J, PMB, 限界外部費用, SMB

数量

O　Q_1　Q_0

便益曲線）は，私的限界便益のみを反映したPMB（私的限界便益曲線）と，社会的限界便益を反映したSMB（社会的限界便益曲線）が描かれている。SMBは，限界外部費用の分だけPMBの下方に位置している。

> 社会的限界便益＝私的限界便益－限界外部費用

　消費者が外部不経済を考慮に入れずに（限界外部費用の負担を考慮せずに）消費する場合の均衡は，私的限界便益曲線PMBと供給曲線Sの交点Eである。一方，限界外部費用を考慮して消費する場合の均衡は，社会的限界便益曲線SMBと供給曲線Sの交点Fである。点Eは外部不経済を無視した消費であることから非効率的な均衡であり，点Fは外部不経済を考慮した消費であることから効率的な均衡である。点Eと点Fで消費量を比べると，点Eの消費量が大きい。このようにして，外部不経済の存在を無視した消費は，過剰消費を招く。

　過剰消費が望ましくないのも，生産の外部不経済の場合と同様に，余剰の損失という弊害をもたらすからである。限界外部費用を考慮せずに消費する場合の余剰は，均衡点が点Eであることから，消費者余剰は三角形AP_0E，生産者余剰は三角形P_0HEである。消費の外部不経済による外部費用は，1

第8章 外部性 *155*

単位当たり EJ（＝AB）の大きさで，Q_0 の消費量について発生し，この大きさは四角形 $ABJE$（または四角形 P_0GJE）となる。この外部費用は，社会的な費用であり余剰を減らす。したがって，総余剰は，三角形 BHF－三角形 EFJ になる。

外部不経済を考慮した消費による均衡は，点 F である。このときの余剰は，消費者余剰が四角形 AP_1FI，生産者余剰が三角形 P_1HF，外部費用（余剰のマイナス）が四角形 $ABFI$ である。総余剰は，三角形 BHF となる。点 E と点 F で総余剰を比べると，三角形 EFJ の大きさだけ点 E の場合の総余剰が少ない。

このように外部不経済は，消費に伴っても，生産に伴っても生じうるが，いずれも取引量が過大になることによって余剰を減らし，効率的な資源配分を妨げる。

1-2 外部経済

外部経済の例には，教育や素敵な住宅がある。教育は，これを受ける本人にとって利益となるだけではなく，教育を受けた人が多くなることで社会全体の教育水準が上がり，新たな産業やビジネスが生まれるというメリットもある。街並みに配慮した住宅を供給することは，その住宅の周囲の環境も改善する。このような社会全体でのメリットが外部経済であり，市場を経由せずに，直接，第三者に便益が**スピルオーバー**しているといえる。

(1) 消費の外部経済

消費者が需要曲線を通じて享受するのは**私的限界便益**のみであり，たとえ外部経済として市場に**限界外部便益**が存在するとしても，私的限界便益はこれを含まない。そのため，限界外部便益を含んだ**社会的限界便益**を反映した需要曲線による均衡と比べて，外部経済があるときの消費量は少なくなる。これが外部経済による市場の失敗である。

図 8-3 は，消費に外部経済が伴う場合を描いている。PMB は私的限界便益曲線，SMB は社会的限界便益曲線である。SMB は，限界外部便益を含む分だけ，PMB よりも上方に位置している。

156 第2部 公共部門の経済学

図8-3 消費が外部経済を伴う市場

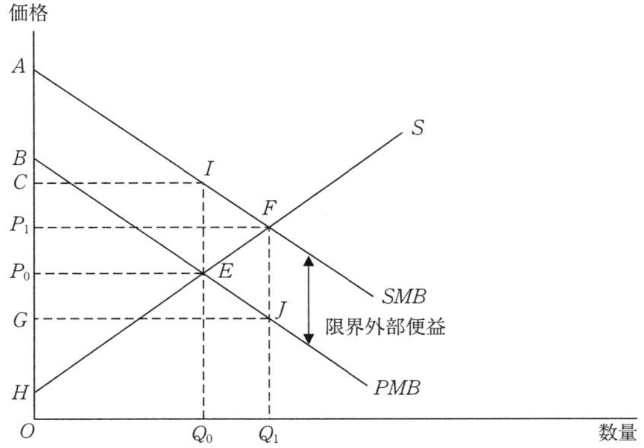

価格

A

S

B —————— I
C —————— F
P_1 ———————— F
P_0 —————— E ———————— SMB
　　　　　　　　　　　　　限界外部便益
G —————— J
　　　　　　　　　　　　　　PMB
H

O　　　Q_0　Q_1　　　　数量

社会的限界便益＝私的限界便益＋限界外部便益

消費者は限界外部便益を自分自身の便益とみなさない。そのため，消費者の自発的な取引に基づく市場の均衡は，私的限界便益曲線 PMB と供給曲線 S の交点 E になる。これに対して，限界外部便益を含んで決まる効率的な均衡は社会的限界便益曲線 SMB と供給曲線 S の交点 F である。点 E と点 F の消費量を比べると，点 E の消費量が少ない。これは，外部経済を伴う場合にそのまま市場に任せて取引させると，望ましい水準に比べて消費量が過小になることを意味する。

消費の外部経済による過小消費も，余剰のロスを発生させる。外部経済を無視した均衡点 E では，消費者余剰は三角形 BP_0E，生産者余剰は三角形 P_0HE，外部便益は四角形 $ABEI$ である。総余剰は，消費者余剰＋生産者余剰＋外部便益なので，四角形 $AHEI$ となる。

効率的な均衡点 F のとき，消費者余剰は，効率的な消費量 Q_1 から得る総便益（四角形 BOQ_1J）から，消費者がこれだけの総便益を得るために支払う四角形 P_1OQ_1F を差し引くことによって，四角形 BOQ_1J－四角形 P_1OQ_1F である。生産者余剰は三角形 P_1HF，外部便益は四角形 $ABJF$ である。したがって，効率的な消費による総余剰は，消費者余剰＋生産者余剰＋外部便益な

ので，四角形 BOQ_1J − 四角形 P_1OQ_1F + 三角形 P_1HF + 四角形 $ABJF$ = 三角形 AHF となる。

　点 E と点 F で総余剰を比べると，三角形 EFI だけ点 E のときの総余剰が少ない。これが外部経済による余剰の損失である。

(2)　生産の外部経済

　生産に伴う外部経済もある。経済学では，ミツバチの果樹園が有名な例である。企業の研究開発投資が一国全体の競争力を高めたり，学校が地域コミュニティーの核としての役割を果たすことも生産の外部経済といえる。

　図8-4は，生産に外部経済が伴う場合を描いている。PMC は私的限界費用曲線，SMC は社会的限界費用曲線である。PMC は，限界外部便益の分だけ余計に費用を含んでいるので，SMC よりも上方に位置している。

$$\boxed{\text{社会的限界費用＝私的限界費用－限界外部便益}}$$

　生産者は限界外部便益による費用低下を認識しない。そのため，生産者の自発的な取引に基づく市場の均衡は，私的限界費用曲線 PMC と需要曲線 D の交点 E になる。これに対して，限界外部便益を考慮した効率的な均衡は，社会的限界費用曲線 SMC と需要曲線 D の交点 F である。点 E と点 F の生産量を比べると，点 E の生産量が少ない。生産の外部経済の場合も，市場に任せて取引させると，生産量は望ましい水準に比べて過小になる。

　生産の外部経済による過小供給も，余剰のロスを発生させる。外部経済を考慮しない均衡点 E では，消費者余剰は三角形 AP_0E，生産者余剰は三角形 P_0GE，外部便益は四角形 $GHJE$ である。したがって，総余剰は，消費者余剰＋生産者余剰＋外部便益＝四角形 $AHJE$ となる。

　効率的な均衡点 F では，消費者余剰は，三角形 AP_1F である。生産者余剰は，生産者の収入である四角形 P_1OQ_1F から費用である四角形 GOQ_1K を差し引いて，四角形 P_1OQ_1F − 四角形 GOQ_1K である。外部便益は四角形 $GHFK$ なので，効率的な生産による総余剰は，三角形 AP_1F + 四角形 P_1OQ_1F − 四角形 GOQ_1K + 四角形 $GHFK$ = 三角形 AHF となる。点 E と点 F で総

158 第２部　公共部門の経済学

図 8-4　生産が外部経済を伴う市場

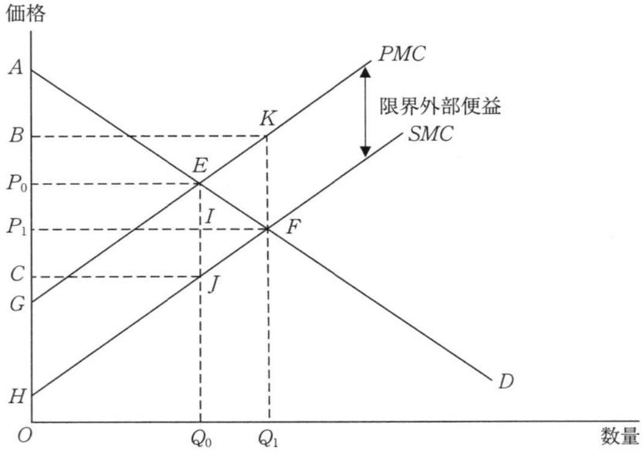

価格

A

B

P_0

P_1

C

G

H

O　　*Q_0*　*Q_1*　　　　　数量

PMC

K

E

I

F

J

D

限界外部便益

SMC

余剰を比べると，三角形 *EFJ* だけ点 *E* のときの総余剰が少ない。

2 外部性の内部化

　外部性が存在するとき，政府は，生産者や消費者に経済的なインセンティブを与えることで，私的限界便益（市場需要曲線）や私的限界費用（市場供給曲線）ではなく，社会的限界便益や社会的限界費用を反映した取引が行われるように促し，失われた余剰を回復させることができる。このようにして外部性に対処することは，**外部性の内部化**と呼ばれる。

2-1　ピグー税による外部不経済の内部化

　外部不経済を内部化するために使われる税は，**ピグー税**と呼ばれる。ピグー税では，政府は，外部費用を生産者に負担させるために，限界外部費用に等しい税率で課税する。これによって生産者は，私的限界費用ではなく，社会的限界費用によって生産を行うことになる。地球温暖化防止を目的として二酸化炭素の排出に課税する環境税は，ピグー税の代表例である。

　図 8-1（生産の外部不経済）でピグー税の効果を説明する。生産者にピグー税を課すと，課税後の生産者の供給曲線は *SMC* になり，市場は点 *F* で均衡し，生産者は点 *F* で生産量を決める。このとき，消費者余剰は三角形 *AP_1F*，

生産者余剰は三角形 P_1GF になる。政府にはピグー税分（四角形 P_1CJF）の税収が入る。ピグー税収は，点 F による生産量 Q_1 によって生じる外部費用の大きさ（四角形 $GHJF$）と等しい。したがって，外部費用とピグー税収はキャンセルされる。総余剰は，三角形 AGF になる。

このようにして外部不経済のために過大であった生産量は，ピグー税によって効率的な水準まで減少し，余剰のロスが解消され，社会全体の資源配分の効率性が改善する。内部化された外部費用の分だけ政府に税収が入ってくることは，ピグー税の特徴（メリット）である。ピグー税が，外部不経済を内部化すると同時に，税収をもたらすことは，**二重の配当**と呼ばれる。ただし，総余剰は増加するが，生産量の減少によって，消費者余剰と生産者余剰は減少する。

2-2 補助金による外部経済の内部化

外部経済が生じている場合には，補助金を支給することによって，外部経済を内部化できる。このとき，政府は，外部便益の大きさだけ補助金を支給する。

図 8-3（消費の外部経済）で補助金による消費の外部経済の内部化を説明する。政府は，消費者に 1 単位当たり JF の補助金を与える。これによって消費者は，SMB の需要曲線で消費量を決定する。このとき，均衡は点 F となり，消費者余剰は三角形 AP_1F，生産者余剰は三角形 P_1HF になる。政府は 1 単位当たり JF の補助金を消費量 Q_1 に対して支出するので，補助金の支給額は，四角形 P_1GJF になる。これは余剰のマイナスであるが，これと同額の外部便益（プラスの余剰）が四角形 $ABJF$ だけ獲得できるので，総余剰の計算で両者はキャンセルされる。総余剰は，三角形 AHF となる。

補助金による外部経済の内部化の効果によって，過小であった消費量が効率的な水準まで増加し，余剰のロスが解消され，社会全体の資源配分の効率性が改善する。ピグー税の場合と異なるのは，総余剰が増加するだけではなく，消費量が増加するために，消費者余剰と生産者余剰が増加することである。ただし，これもピグー税の場合と逆だが，政府には内部化された外部便益の分だけ補助金の支払いが生じる。

160　第２部　公共部門の経済学

2-3　その他の方法

　政府が外部性に対処する方法は，課税や補助金の他に，規制や市場の創設
もある。公害や騒音などの公害では，伝統的に，生産量を制限したり，生産
に利用する技術に条件を設けるなど，直接規制の方法が用いられてきた。ま
た，地球温暖化対策では，二酸化炭素排出権を取引する市場を新たに創設す
ることも行われている。

　図8-1（生産の外部不経済）で数量規制を説明する。この図では，効率的な
生産量は Q_1 である。したがって，政府は生産量の上限を Q_1 に規制する。こ
れによって生産量は Q_1 にとどまり，市場価格は P_0 から P_1 に上昇する。こ
のとき，消費者余剰は三角形 AP_1F，生産者余剰は四角形 P_1HJF，外部費用
は四角形 $GHJF$ になる。総余剰は，三角形 AGF になる。

　このように数量規制によっても効率的な生産量を実現し，総余剰の最大を
実現できる。ただし，生産者余剰は，外部費用を負担していない分だけ，ピ
グー税の場合よりも大きい。したがって，生産者からすれば，外部不経済に
対処するとしても，課税よりも数量規制の方が好まれる。

③　便益・費用の帰着と費用負担のあり方

　外部性を伴う経済活動では，しばしばその費用負担のあり方が議論にな
る。補助金による内部化では，その財源が必要である。課税による内部化
は，そのまま生産者等に費用負担を求めるので，財源を心配する必要はない
が，外部不経済の費用は企業に負担させるべきだろうか。それとも，その企
業が生産する商品を購入する消費者に負担させるべきだろうか。

　経済学の考え方では，市場が費用負担の実際を決める。したがって，取引
の場面で形式的に消費者が費用を支払うのか，それとも生産者が費用を支払
うのかは，どうでもよい。たとえば，外部不経済の内部化のためのピグー税
を生産者に課すとき，納税義務者として政府にピグー税を支払うのは生産者
である。しかし，経済的な負担の意味で，実際にピグー税を負担するのは，
必ずしも生産者だけではない。市場の状況次第で，消費者も一部を負担す
る。

第8章　外部性　*161*

　図8-1（生産の外部不経済）でピグー税負担の帰着を説明する。図8-1でピグー税の大きさは四角形 P_1CJF である。ここでは生産者が納税義務者なので，生産者が政府に四角形 P_1CJF を支払う。しかし生産者は，ピグー税の一部を消費者に転嫁しており，すべてを自分で負担するわけではない。

　ピグー税課税前の取引価格は，P_0 である。したがって，ピグー税がないときには，消費者の支払う価格と生産者の受け取る価格は一致していて，消費者は P_0 の価格を支払い，生産者は P_0 の価格を受け取る。ピグー税を課すと，市場の取引価格は P_1 に上昇する。このとき，消費者は P_1 の価格を支払うが，生産者が対価として受け取る価格は $C = (P_1 - ピグー税)$ である。この差額 $(P_1 - C)$ がピグー税率である。ピグー税は，生産者から政府に支払われて，政府の収入になる。

　消費者は，ピグー税の課税前に比べて，$P_1 - P_0$ だけ支払い価格が上昇している。これが消費者のピグー税負担である。一方，生産者は，ピグー税の課税前に比べて，$P_0 - C$ だけ受け取る価格が低下する。これが生産者のピグー税負担である。両者の合計は，ちょうどピグー税率に等しい。これは，生産者は政府から $FJ\ (= P_1 - C)$ のピグー税率を課されたが，その一部 $(P_1 - P_0)$ は価格の上昇によって生産者から消費者に転嫁され，生産者は $P_0 - C$，消費者は $P_1 - P_0$ をそれぞれ負担することになったと理解できる。このように，通常の課税に生じるのと同様に，ピグー税でも税負担は転嫁する。最終的な税負担割合は，消費者と生産者の価格弾力性によって決まる。（第12章参照）。図8-1では，消費者のピグー税負担額は四角形 P_1P_0IF，生産者のピグー税負担額は四角形 P_0CJI である。

　このようなことから，経済学的な発想では，制度上，政府が誰に費用の支払いをさせるかにはほとんど興味がない。しかし，現実は異なる。たとえ実際には転嫁があったとしても，それを実感できるかといえば，難しい。感覚的には，ガソリン税は，ガソリンスタンドではなく，すべてドライバーの負担であり，自動車税も，メーカーではなく，すべて購入者の負担である。そのため，制度上，誰に費用負担させるかは大きな関心事となる。

　社会的な費用負担のあり方として，古くから支持されている考え方に**受益者負担**がある。受益者負担の考え方は，その施策や事業の受益者に対して費

162 第2部 公共部門の経済学

用負担を求めることを望ましいとする。受益者に負担を求めることは，対価としての支払いにも通じて，わかりやすく受け入れやすい。受益者負担は，状況に応じて，開発者負担，利用者負担，原因者負担，損傷者負担，汚染者負担などと言い換えられる。ピグー税は，原因者負担による費用負担として捉えることができる。

図8-5は，便益のスピルオーバーのケースである（単純化のために限界費用曲線を水平にしていること以外は，図8-3（消費の外部経済）と同じである）。たとえば，鉄道や再開発事業などの社会資本の整備が便益のスピルオーバーを伴うことはよく知られている。鉄道は，ただ交通機関として人の移動や貨物の運搬を便利にするだけではなく，沿線の開発を促し，地域の経済を活性化させる。再開発事業によって都市が造られると，産業が集積し，地域全体の生活が豊かになる。図8-5で，ある地域に社会資本を整備することを考える。この社会資本から当該地域の住民が得る私的便益は PMB，近隣市町村の住民にスピルオーバーする便益も含めた社会的便益は SMB である。

スピルオーバーする便益を考慮しない場合，均衡は点 E であり，社会資本量は Q_0 である。この社会資本から地域住民が得る純便益（余剰）は三角形 BP_0E，その整備に要する費用は四角形 P_0OQ_0E，そしてスピルオーバーによって近隣住民が享受する便益は，四角形 $ABEI$ である。ここでは，この社会資本整備の費用はすべて当該地域の住民が負担しており，近隣住民はただでスピルオーバー分の便益を享受している。社会資本量 Q_0 は，スピルオーバーする便益を無視して決まる社会資本量である。

効率的な均衡は SMB と MC の交点 F であり，このときの社会資本量は Q_1 である。社会資本量が効率的な水準のとき，当該地域の住民が得る純便益は，三角形 BP_0E ― 三角形 EJF，近隣住民が得る外部便益は四角形 $ABJF$ であり，純便益の合計は三角形 AP_0F となる。これに要する費用は四角形 P_0OQ_1F である。

点 E と点 F で社会資本量を比べると，点 E の社会資本量 Q_0 は，点 F の社会資本量 Q_1 に比べて，少ない。社会資本量が過少であることは，三角形 IEF の余剰のロスを生じている。

効率的な社会資本量 Q_1 を実現するために必要な費用（四角形 P_0OQ_1F）は，

第8章　外部性　*163*

図8-5　便益のスピルオーバーと費用負担

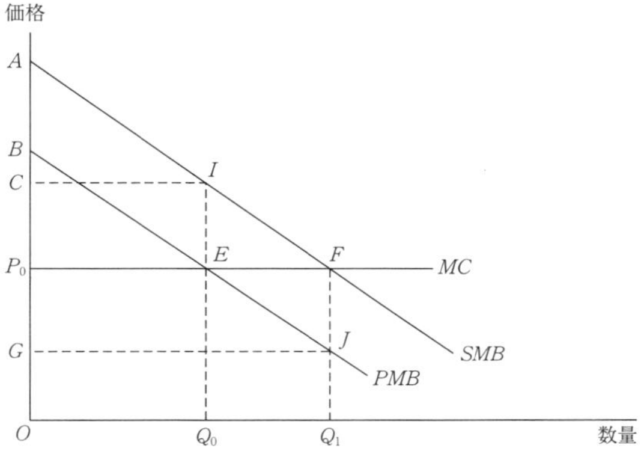

どのようにして負担させるのがよいだろうか。1つのやり方は，私的限界費用 PMB によって決まる社会資本量の費用（四角形 P_0OQ_0E）を当該地域住民に負担させ，残り（四角形 EQ_0Q_1F）を近隣住民に負担させる方法である。このやり方では，当該地域住民の負担は従前と変わらないが，その純便益は三角形 BP_0E ＋四角形 EQ_0Q_1J になり，四角形 EQ_0Q_1J だけ増加する。当該地域住民にしてみれば，自身は従前と同じ費用負担で，近隣住民の負担によって，より多くの便益を享受できることになる。そうすると近隣住民からは，「もう少し負担すべきだ」と言われるかもしれない。そこでもう1つのやり方は，社会資本量 Q_1 の下での PMB（$=JQ_1$）に対応する大きさの費用（四角形 GOQ_1J）を当該地域住民に負担させ，残り（四角形 P_0GJF）は近隣住民を含めた社会全体で負担する方法である。

　どちらがより受益者負担の趣旨に合うかは，一概には言えないが，現実的には，たとえば空港や道路などの公共事業の場合，PMB に対応する費用は地方税，スピルオーバーに対応する費用は国税（つまり，上位の政府部門からの補助金）で賄うといった方法がある。地方公共財に伴うスピルオーバーは，政府間財政移転の理論的根拠の1つである。

　費用負担のあり方（そして，外部性の内部化の方法）を考える際に留意すべきは，資源配分の観点からは，必ずしも外部不経済の場合は課税，外部経済の場合は補助金というわけではないことである。外部不経済も外部経済も，い

164 第2部 公共部門の経済学

ずれも課税によっても補助金によっても，内部化できる。そもそも便益と費用は，互いにマイナスの費用と便益であり，外部経済と外部不経済の関係も表裏一体である。たとえば地球温暖化防止は，温暖化は外部不経済であるが，温暖化防止は外部経済である（公共財でもある）。地球温暖化防止のための森林保全事業では，森林所有者に補助金を与えてもよいし，逆に課税してもよい。（もっとわかりやすいと思われる例は，子どもに勉強させるために，「勉強したらお小遣いをあげる」としてもよいし，「勉強しなかったらお小遣いを減らす」としてもよいのと同じである。）

　資源配分上はどちらでもよいとはいえ，政府にしてみれば，財政的には正反対であり，課税は収入が増えるが，補助金は支出が増える。費用負担をどのようにするかの現実は，公共財の供給と同様に，政治が決める。

Column　Jクレジットとカーボン・ニュートラル

　2023年10月，東京証券取引所は，カーボン・クレジット市場（Jクレジットと呼ばれる二酸化炭素排出権を売買する市場）を開設した。買い手（Jクレジットの購入者）は，クレジットの購入によって，二酸化炭素排出をオフセットし，売り手は，クレジットの売却によって資金を得る。

　カーボン・クレジット市場開設のきっかけは，パリ協定（2020年以降の期間を対象に2015年採択）である。京都議定書（1997年採択，2020年までの期間を対象）は，ほとんどうまくいかなかったといってよく，パリ協定がどこまで機能するかは，各国のこれからの取り組みにかかっている。日本は，パリ協定を踏まえて，2050年までのカーボン・ニュートラル実現を目標として掲げている。

　カーボン・クレジット市場の創設は，二酸化炭素排出（地球温暖化）という外部不経済を新規市場の創設によって内部化する取り組みである。クレジットの種類によって二酸化炭素の単価が異なるのは，おおむねクレジット創出に要する費用を反映している。二酸化炭素が地球温暖化に与える影響（限界外部費用）は，森林吸収系であっても，再生可能エネルギー系であっても，（おそらく）同じである。

　人は1日に約1kgの二酸化炭素を出すらしい。そうすると，80歳まで生きるとすれば，約29トンになる。省エネ系クレジットだと約4.8万円，森林系J

クレジットだと約23.2万円で，一生分の二酸化炭素排出をオフセットできる。「私はカーボン・ニュートラルです」という人が現れる日が来るだろうか。

市場開設以降の売買状況：2023年10月11日〜2024年2月29日

クレジットの種類	約定値段（加重平均，円）	類型売買高（t-CO2）
省エネルギー	1,665	62,898
再生可能エネルギー（電力）	3,032	136,068
再生可能エネルギー（熱）	2,282	122
J-クレジット森林	8,095	64
J-VER（未移行）森林	8,450	52
合計	−	199,204

（出所）日本取引所グループウェブサイトにより作成。

166　第2部　公共部門の経済学

第9章　低所得者対策と所得再分配

　政府は，税と社会保障を使って，低所得者に一定の生活維持を保障し，所得再分配を行っている。この章では，所得再分配の根拠となる考え方，格差の尺度，所得再分配政策の手段としての現金給付と現物給付の経済的効果を説明する。これらは，公共支出（とくに社会保障と教育）（第3章）や所得税（第15章）の制度的な根拠となる議論であり，これらを経済効果の視点で分析する際にも有用な方法である。

［1］　所得再分配の根拠となる考え方

　日本の財政は，社会保障に多くの財源を支出している（第3章）。なぜ，政府は低所得者の経済力に配慮し，再分配政策を実施するのだろうか。憲法は「健康で文化的な最低限度の生活」（25条）を保障し，公的扶助のために生活保護制度がある。これは，高所得者と低所得者の所得格差を縮小するというよりも，生活に困窮するレベルの低所得者に対して，最低限の生活を保障する趣旨である。本章は，最低限の生活のための所得保障と所得再分配（高所得者と低所得者の間の所得格差の縮小）を説明する。

1-1　功利主義

　古来，所得格差を縮小すべきとする考え方は，いくつかある（逆に，格差を拡大すべきという考え方は，たぶん，存在しない）。

　もっとも有名な考え方は，**功利主義**であろう。功利主義の考え方は，「最大多数の最大幸福」のスローガンで有名である。ベンサム（J. Bentham）は功利主義の創始者である。彼の考え方によれば，政府は個人の効用の総和である社会的厚生を最大にすることを目的とすべきである。これは，経済学でし

図 9-1 完全平等な所得分配の効率性

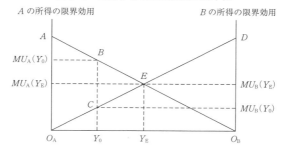

ばしば見かける通常の想定であり，社会的厚生を最大にする政府は慈悲的な政府でもある。このとき，単純な想定の下では，完全平等の所得分配が社会的厚生を最大化することが知られている。

図 9-1 で，完全平等な所得分配の効率性を説明する。この社会には個人 A と個人 B がいる。社会全体の所得（個人 A の所得＋個人 B の所得）は一定であり，図 9-1 はこれを横軸で測っている。2 人とも所得に関して同じ効用関数（MU_A, MU_B）を持っていて，**所得の限界効用は逓減**すると仮定する（したがって，所得の限界効用曲線は負の傾きになる）。個人 A の所得の限界効用曲線は AO_B，個人 B の所得の限界効用曲線は $O_A D$ である。

所得分配が Y_0 のとき，個人 A の所得は $O_A Y_0$，個人 B の所得は $O_B Y_0$ であり，個人 A の所得＜個人 B の所得である。このとき，個人 A の効用は四角形 $AO_A Y_0 B$，個人 B の効用は四角形 $CY_0 O_B D$ であり，社会全体の効用（個人 A の効用＋個人 B の効用）は，四角形 $AO_A Y_0 B$ ＋四角形 $CY_0 O_B D$ である。

ここで，個人 A の所得を増やし，個人 B の所得を減らすような再分配を行うとする。$MU_A(Y_0) > MU_B(Y_0)$ であるから，この所得再分配は，社会全体の効用を増やす。個人 B から個人 A への再分配を進めていくと，ちょうど個人 A の所得と個人 B の所得が等しくなる（つまり，Y_E の所得分配）とき，$MU_A(Y_E) = MU_B(Y_E)$ となり，このとき，個人 A の効用は四角形 $AO_A Y_E E$，個人 B の効用は四角形 $EY_E O_B D$ になり，社会全体で効用の合計は，四角形 $AO_A Y_E E$ ＋四角形 $EY_E O_B D$ で最大になる。これ以上に再分配を進めると社会全体の効用は減少する。したがって，完全平等が効率的な再分配になる。

168　第2部　公共部門の経済学

　この単純化された設定は，再分配を行ったとしても社会全体の所得が一定（減少しない）と想定している。しかし，この想定は現実的ではないかもしれない。再分配によって所得を減らされる個人は，経済的なインセンティブを失い，労働供給を減らし所得を減らすかもしれない（この設定では，個人の所得は所与であり，労働供給も全く考慮していない）。そうすると，完全平等な所得再分配は，社会全体の所得を減らし，社会全体の効用も減らすので，効率的な再分配にはならない。しかし，単純な想定で完全平等を効率的とする功利主義の結論は，わかりやすい。

1-2　リスク分散のための所得の平準化

　所得の限界効用の逓減の想定は，功利主義的な社会全体の観点からだけでなく，個人的にも，リスク分散の観点から所得の平準化（均等化）を望ましくするかもしれない。もし個人の所得に変動（または不確実性）が見込まれるとすると，再分配の方法によって個人の所得を平準化することで，効用は改善する。

　図9-2は個人の所得の効用曲線を描いている。所得の限界効用逓減を想定して，所得が大きくなると，所得の限界効用（効用曲線の傾き）は小さくなる。Y_1 は第1期の所得，Y_2 は第2期の所得として（あるいは，将来の所得の見込みを Y_1 もしくは Y_2 としてもよい），Y_1 の所得から得る効用を $U(Y_1)$，Y_2 の所得から得る効用を $U(Y_2)$ とする。この個人が第1期と第2期から得る効用の合計は，$U(Y_1) + U(Y_2)$ である。

　政府は，第1期，第2期ともに $\dfrac{Y_1 + Y_2}{2}$ の所得を得るように再分配を行うとする（第1期と第2期の所得を平準化しただけであり，2期間の合計所得は，$Y_1 + Y_2$ のままである）。これによって，この個人の生涯の効用は $U\left(\dfrac{Y_1 + Y_2}{2}\right) \times 2$ になる。

　再分配の前後で効用を比較すると，$U\left(\dfrac{Y_1 + Y_2}{2}\right) > \dfrac{U_1(Y_1) + U(Y_2)}{2}$ なので，$U\left(\dfrac{Y_1 + Y_2}{2}\right) \times 2 > U(Y_1) + U(Y_2)$ であり，再分配後の効用が大きい。こ

図9-2 不確実性回避のための所得再分配の効率性

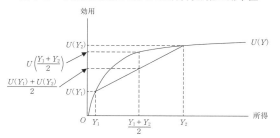

のようにして，再分配による所得の平準化は効用を増加させる。生涯所得に変わりがないとしても，所得の限界効用の逓減を想定すると，異時点間（世代間）の再分配は，個人の効用を改善する。

図9-2の効用曲線は，危険回避的な効用曲線とも解釈できる。そうすると，もし人々が所得の変動に対して危険回避的であるとするならば，所得の平準化によって効用が高まるともいえる。

1-3 パレート改善

パレート効率が所得再分配の根拠とされることもある。他人の効用に影響を与えずに，特定の人たちの所得を均等化することで効用を改善できるならば，このような再分配はパレート効率的（**パレート改善**）といえる。

所得再分配がパレート効率的になり得るためには，所得再分配によって自らの所得を減らす者が効用を低下させないことが必要である。高所得者はたっぷり所得があるために所得に関心がなく，その結果，自らの所得を減らして（財源にして）低所得者に所得を移転しても効用の低下が生じないならば，このような所得再分配はパレート効率的である。しかし実際の所得再分配は，中高所得層から低所得層への所得移転である。そうすると，中所得者は，所得の減少によって効用を低下させると想定できるので，実際上，パレート効率な再分配は不可能かもしれない。

これに対して，ホフマン（H.Hochman）とロジャース（J. Rogers）は，所得再分配を公共財の1つと捉え，人々が利他的効用関数をもつ場合は，それ自体正の外部性が大きいので，公共部門による政策がパレート改善をもたらし

170 第2部 公共部門の経済学

うるという議論を展開している。

1-4 プラトン

　有名な哲学者であるプラトン（Plato）は，高所得者と低所得者の所得の割合は 4：1 が望ましい，と言ったそうである。プラトンの教えにしたがったわけではないだろうが，従業員から経営者（社長）の顔が見えるような小規模な職場では，経営者と従業員の給料の倍率はこのくらいのような気がする。

1-5 平等主義

　結果の平等主義者と**機会の平等主義**者は，常に対立しているようである。機会の平等主義者は，すべての人に平等な機会を与えることが公正であり，これが困難な限りにおいて所得再分配を行うのがよいと考え，結果の平等を求めるのは行き過ぎであるとする。一方，結果の平等主義者によると，現実の世の中は機会の不平等であふれており，機会の平等実現は不可能である。このような現実からすると，結果の平等が公平のために必要だと考える（第18章参照）。

　結果の平等主義も機会の平等主義も，いずれの平等主義も一長一短かもしれない。結果の平等主義者が主張するように，確かに，機会の平等を本当に実現することは難しい。だからといって，結果の平等主義も極端であり，非現実的である。

　平等主義の一種に，トービン（J. Tobin）による**財の平等主義**がある。結果や機会の平等主義に比べて，比較的穏健であり，社会的にも多くの人に受け入れられているといえる。これは，特定の財・サービスについては平等に与えられるべきと考える。通常，医療，教育，住宅などが対象になる。実際，これらの分野では低所得者に配慮した政策が行われることが多い。最近の日本では，義務教育（初等教育）だけではなく，中・高等教育も，平等主義の考え方で無償化が進められている。何でも無償化というわけにはいかないが，これも財の平等主義のひとつである。

2 格差の尺度[1]

2-1 ローレンツ曲線を利用した格差の尺度
(1) ローレンツ曲線

表9-1のように所得が分布する社会があるとする。この社会の人口は10人（個人Iから個人X）であり，たとえば個人Iの所得は292万円，個人IIの所得は423万円，……といった具合である[2]。

表9-1のような所得の分布状況を視覚的にわかりやすく表現する方法に，**ローレンツ曲線**がある。ローレンツ曲線は，横軸に所得額の低い順に個人を並べ，縦軸に所得額の累積比を測る。表9-1をローレンツ曲線として表すと，図9-3のようになる。図9-3は，横軸に，所得の低い個人から順に，個人I，個人II，……と並べている。縦軸の所得額累積比は，個人Iは所得額

表9-1　ある社会の10人の所得（万円）

個人	I	II	III	IV	V	VI	VII	VIII	IX	X
所得	292	423	501	569	636	709	791	886	1,037	1,449

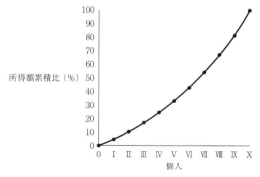

図9-3　ある社会（表9-1）のローレンツ曲線

---

1 本章で紹介する他には，アトキンソン係数やタイル係数なども知られている。
2 総務省「家計調査年報」（2019年）の「2人以上の世帯のうち勤労者世帯」の所得階級別年間収入。表9-1でジニ係数を計算すると，0.238になる。

172 第2部 公共部門の経済学

図9-4 ジニ係数のイメージ図

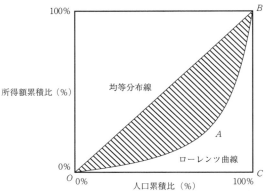

シェア4%がそのまま，個人IIのところは，個人Iの所得額シェア（4%）＋個人IIの所得額シェア（6%）によって10%となる。個人Xに至ると，これは全員の所得なので，所得額累積比は100%になる。このようにして所得分布を表す（つまり，ローレンツ曲線を描く）ことで，所得が高所得者（たとえば個人X）にどの程度集中しているのかを視覚的にとらえることができる。高所得者に集中する所得が多くなるほど，ローレンツ曲線は，下方に湾曲する。

(2) ジニ係数

ローレンツ曲線を利用して所得格差を数値化する方法のもっとも有名なものに，**ジニ係数**がある。図9-4に，ジニ係数のイメージを示している。

図9-3（表9-1）では，人口が10人しかおらず，そのためローレンツ曲線に滑らかさはなかったが，人口を増やすとローレンツ曲線は，図9-4の円弧 OAB のように，滑らかに描くことができる。横軸が低所得者から順に並べた人口の累積比，縦軸が所得額累積比であることは，図9-3と同じである。

ローレンツ曲線（実際の所得分布の状況）との比較のための基準として，均等に所得が分布している状況を考える。均等に所得が分布する状況を図9-4に描くと，対角線 OB になる。対角線 OB は，**均等分布線**と呼ばれる。均等分布線を利用すると，均等分布線とローレンツ曲線の乖離具合によって，実際の所得分配が均等分配からどれくらい離れているか（高所得者にどれくらい

集中しているか）をとらえることができる。これがジニ係数である。

　ジニ係数は，均等分布線とローレンツ曲線の乖離を，面積 OAB（図9-4の斜線部）の大きさによって測定する。この面積は，ローレンツ曲線が均等分布線に近づくと0に近づき，ローレンツ曲線と均等分布線の乖離が大きくなると1/2に近づく。ジニ係数は，これ（面積）を2倍して，0から1の範囲で表される[3,4]。その解釈は，ジニ係数は小さいほど，所得分配は平等である。

$$\boxed{\text{ジニ係数}＝\text{面積 } OAB \times 2}$$

　ジニ係数による不平等の測定は，わかりやすいが，いくつか留意点がある。第1に，ジニ係数は，絶対的にではなく，相対的に解釈すべきである。たとえばジニ係数が0.5を超えているので格差が大きいといったように，数値の大きさそのものによって不平等の状態を評価すべきではない。そうではなく，ジニ係数が0.5から0.3に低下したので格差が縮減した，といった理解の仕方が妥当である。第2に，不平等の状況によっては，ジニ係数の大きさからはうかがえないものがある。たとえば，ローレンツ曲線が交差するとき，どちらの不平等が大きいかをジニ係数から判断することはできない。

(3)　ジニ係数の改善度

　日本では，税と社会保障によって所得再分配政策を実施している。厚生労働省は，ジニ係数を利用して，所得分配の格差や，税と社会保障による再分配効果（**ジニ係数の改善度**）を推計し，「所得再分配調査」で公表している。ジニ係数の改善度は，所得再分配を実施する前と後でジニ係数を比較し，ジニ

3　所得を $x = (x_1, x_2, \cdots, x_n)$ とすると，ジニ係数 G_x の計算式は，$G_x = \dfrac{1}{2n^2\bar{x}}\sum_{i=1}^{n}\sum_{j=1}^{n}|x_i - x_j|$，ただし，$\bar{x} = \dfrac{1}{n}\sum_{i=1}^{n}x_i$，である。

4　なぜ2倍するのかといえば，2倍したとしても係数の解釈に支障はなく，0から1/2よりも0から1の方が直観的にわかりやすいから，といった感じでよいと思うが，正確には，ジニ係数＝面積 OAB/三角形 OCB なので，0から1の範囲をとる。

174　第2部　公共部門の経済学

係数の変化率によって所得再分配の効果を示す。

> ジニ係数の改善度（％）＝
> （再分配前のジニ係数－再分配後のジニ係数）／再分配前のジニ係数

　「所得再分配調査」によると，当初所得（所得再分配前の所得）のジニ係数は，2005年の0.52から2021年の0.57へと若干上昇し，再分配前の格差は拡大している。一方で，再分配所得（所得再分配後の所得）のジニ係数は，0.37から0.38の水準を維持しており，格差はおおむね変わらない。このことは，再分配効果の拡大を示唆しており，実際，再分配によるジニ係数の改善度は，2005年の26.4％から2021年の33.1％に上昇している。

　再分配による改善度を社会保障による改善と税による改善に分けると，圧倒的に社会保障による改善が大きい。2005年の改善度は，社会保障による改善度が24.0％，税による改善度が3.2％である。2021年の改善度は，社会保障による改善度が29.8％，税による改善度が4.7％である。ここから，当初所得では格差が拡大してきたが，社会保障によって格差が是正され，再分配所得の格差は拡大せずに済んでいる，という状況を伺うことができる。

　税よりも社会保障が所得再分配の効果を大きく発揮していることは，所得格差拡大の原因に立ち戻るとわかりやすい。近年の所得格差拡大の最大の原因は，高齢化である。高齢化によって労働所得を失う人口が増加することで当初所得の格差が拡大し，彼らが医療や年金等の社会保障を受給することで所得再分配が行われるというのが，実態である。高齢社会が続く限りこの傾向が続くことが予想される。

⑷　レイノルズ・スモレンスキー係数（RS係数）

　ジニ係数の改善度と類似の尺度に，**レイノルズ・スモレンスキー係数**（RS係数）がある。RS係数は，再分配前のジニ係数から再分配後のジニ係数を差し引いたものであり，ジニ係数の改善度と比べて，より簡便に再分配の効果を示す尺度である。図9-5は，ローレンツ曲線を用いた，RS係数のイメージ図である。斜線部の2倍がRS係数である。

第 9 章　低所得者対策と所得再分配　*175*

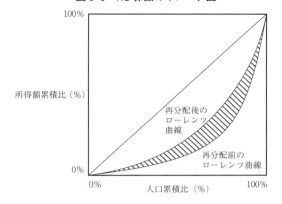

図 9-5　RS 係数のイメージ図

RS 係数 = 再分配前のジニ係数 − 再分配後のジニ係数

(5) カクワニ係数

　ジニ係数や RS 係数は，所得分布をプロットしたローレンツ曲線を利用した。社会保障給付や負担，税（の支払い）をプロットしたローレンツ曲線（**集中度曲線**と呼ばれる）を利用することで，税や社会保障といった再分配政策の集中度（累進度や逆進度）の尺度とすることもできる。集中度係数を利用した尺度は，**カクワニ係数**と呼ばれる。

　図 9-6 は，ローレンツ曲線と集中度曲線を描いている。累進的な所得税では，低所得者ほど所得税の支払い額が少なく，高所得者ほど支払い額が大きくなる。この累進所得税の集中度曲線は，ローレンツ曲線よりも下方に湾曲する。これは，図 9-6 で，**負担の集中度曲線**として描かれている[5]。一方，社会保障給付は，低所得者に手厚く，逆に，高所得者には薄く給付される。そのため，負担の集中度曲線とは逆に，**給付の集中度曲線**は，均等分布線よりも上方に湾曲する。いずれの場合にもジニ係数と同様の方法で**集中度係数**

5　図示していないが，消費税のような逆進的な負担の場合，その集中度曲線は，均等分布線とローレンツ曲線の間に位置する。

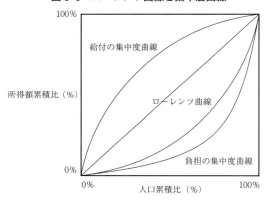

図9-6 ローレンツ曲線と集中度曲線

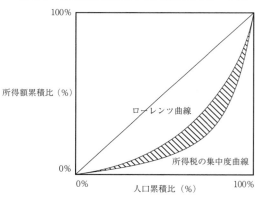

図9-7 累進所得税のカクワニ係数のイメージ図

を考えることができる。集中度係数は，集中度曲線と均等分布線で囲まれた面積の2倍であり，集中度曲線が均等分布線よりも上方に湾曲することもあるので，−1から1の範囲になる。

図9-7は，累進所得税のカクワニ係数のイメージ図である。カクワニ係数は，ローレンツ曲線と負担の集中度曲線によって囲まれた面積（図9-7の斜線部）の2倍であり，−2から1の範囲の値をとる。

所得税など所得格差を縮小するときのカクワニ係数は正になり，逆に，消費税など所得格差を拡大するときのカクワニ係数は負になる。累進所得税は

第 9 章　低所得者対策と所得再分配　177

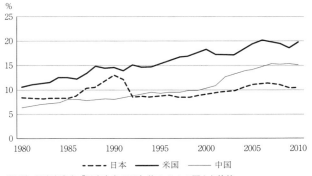

図9-8　日・米・中のトップ1%所得層が占める富の割合

(出所) 経済産業省『通商白書2020』第Ⅱ-2-4-3図より抜粋。

所得格差を縮小するので，カクワニ係数は正になる。

> 累進所得税のカクワニ係数＝所得税の集中度係数－ジニ係数

2-2　トップ1%による占有率

　ピケティ (T. Piketty)『21世紀の資本』以降，**トップ1%の所得層が所有する富の占有率**によって経済格差をとらえる方法が流行している（第18章・表18-1参照）。この尺度は，富の集中を明示するので，相続税のような富の集中排除を意図した議論には有用である。

　図9-8は，日・米・中のトップ1%所得層が占める富の割合を示している。日本では，バブル経済期に富の集中が進み，バブル経済の崩壊によってその程度は低下したが，その後は，緩やかに富の集中が進行している。

③　所得保障のための現金給付

　低所得者対策は，制度上は税や社会保障によって実施されるが，そこで利用される方法は，現金給付か現物給付（または，両者の組み合わせ）である。現金給付には，所得保障のための支給と奨励的な支給（補助金）がある。③で所得保障のための現金給付，④で補助金と現物給付を説明する。

178 第2部 公共部門の経済学

3-1 最低賃金制度

各種の低所得者対策からなる社会保障制度が成り立つためには，その前提として，**最低賃金制度**が必要である（第3章参照）。最低賃金制度は，政府から家計への所得移転ではないが，制度によって家計の最低限の所得を保障し，家計が自らの労働によって自立的に経済的な生活を営むことができるようにしている。

日本では，1947年の労働基準法に最低賃金に関する規定が設けられてはいたが，最低賃金制度が具体的に動き始めた（最低賃金法が制定された）のは，1959年である。2002年の最低賃金（全国加重平均額）は663円であったが，毎年，少しずつ引き上げて，現在（2023年10月1日以降）は1,004円である。

賃金は，労働市場の需要と供給によって決まる。しばしばサプライサイダー的な考え方によって，企業の利潤が増えると労働者の賃金が増えるといった主張がなされることがあるが，全くナンセンスである。企業（労働需要者）にしてみれば，手元資金が増えたからといって，賃金を多めに支払う理由は全くない。逆に，労働市場が売り手市場であったり，人手不足であるときには，自らの利潤の多寡とは無関係に，より高い賃金の支払いに迫られる。資金不足など理由は何でもよいが，もし市場が求める水準の賃金を支払うことができない場合には，その企業は雇用を確保できない。これの行きつく先が，いわゆる人手不足倒産である。

図9-9で，最低賃金の効果を説明する。Dは労働需要曲線，Sは労働供給曲線であり，この労働市場は点Eで均衡している。均衡賃金はW_0であり，均衡労働量はL_0である。このとき，労働者の余剰は三角形W_0BE，企業の余剰は三角形AW_0Eであり，総余剰は三角形ABEになる。

政府が最低賃金制度を導入して，最低賃金の水準をW_gに設定したとする（最低賃金は，均衡賃金よりも高い水準に設定しなければ，意味がない）。最低賃金の導入によって，労働者の余剰は四角形W_gBIH，企業の余剰は三角形AW_gH，総余剰は四角形$ABIH$になる。最低賃金制度は，総余剰を三角形EHIだけ減少させる。

このようにして，最低賃金は，社会全体の余剰を減少させる。それでも最低賃金制度が必要とされ，利用され続けているのは，たとえ総余剰が減少し

図9-9　最低賃金制度の効果

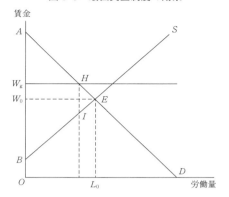

たとしても，それより重視されるべき役割を果たしていると考えられるからである。第1に，もし最低賃金制度がなければ，多くの労働者が働いても生活を自立的に維持することができないかもしれない。そのようなときには，多くの労働者の生活を公的扶助（生活保護制度）が支えることになるが，それは財政的に持続不可能である。第2に，総余剰は減少するが，労働者の余剰は増加している（かもしれない）。もし労働者の余剰が増加するのであれば，最低賃金制度は，政策判断として，総余剰を犠牲（ここでは，企業の余剰を犠牲）にしても実施するだけの価値があるかもしれない。

　第3に，労働市場が独占的な場合には，最低賃金制度の導入は，むしろ総余剰を増やすかもしれない。**買い手独占の労働市場**は，雇用の場が限定的な地域（都会から離れた地方）や，企業城下町のようなケースが当てはまる。図9-10で，労働市場が買い手独占の場合の最低賃金制度の効果を説明する。この独占企業の限界費用曲線 MC は，追加的に労働者を増やすために支払う高い賃金をすでに雇用している労働者全員にも支払う必要があるために，供給曲線 S よりも上方に位置する。需要曲線 D は，通常通り，右下がりである。

　買い手独占の労働市場における賃金と雇用量は，次のようにして決まる。企業の利潤最大化条件は $MC=D$ なので，点 H で労働量は L_0 に決まり，企業が支払う賃金は W_0 となる。企業の余剰は四角形 AW_0IH，労働者の余剰

図 9-10 買い手独占の労働市場における最低賃金制度の効果

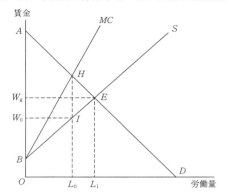

は三角形 W_0BI, 総余剰は四角形 $ABIH$ である。

政府が最低賃金を W_g に設定すると，企業は労働量を L_1 に増やすことになる。その結果，企業の余剰は三角形 AW_gE, 労働者の余剰は三角形 W_gBE となり，総余剰は三角形 ABE に増える（独占によって生じていた余剰のロス（三角形 EHI) が解消される）。このようにして買い手独占の労働市場では，賃金率の引き上げによって，雇用が増加し，余剰も増加することが期待できる。

3-2 生活保護制度

各種の社会保障制度の中で家計の生活保障のもっとも基礎となるのは，公的扶助（**生活保護制度**）である（第3章参照）。生活保護制度は，政府から家計に所得を移転することで，家計に最低限の所得を保障する。

生活保護制度のような所得移転制度のもっとも重要な論点は，労働意欲低下への影響である。生活保護によって働かなくても所得を得ることができるのであれば，人々は働く意欲を失って，働かなくなってしまうのではないだろうかという懸念である。最近年金への関心の高まりに伴って話題になっているベーシックインカムも，政府から家計への所得移転であり，同様の懸念がある。

所得移転が家計に与える効果は，所得効果によって考えることができる。図9-11は，所得移転が家計の労働供給に与える効果を説明している。家計

図9-11 現金給付が労働時間に及ぼす影響

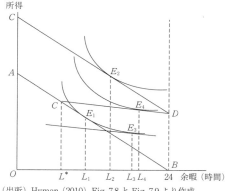

(出所) Hyman (2010), Fig. 7.8 と Fig. 7.9 より作成。

は，24時間という時間制約を前提として，自らの効用が最大になるように，余暇時間と労働時間を配分する。図9-11で横軸に余暇時間，縦軸に所得を測ると，家計の所得と余暇時間の関係は直線 AB（傾きは賃金率である）で表すことができる。直線 AB は，所得移転がないときの家計の予算制約線として解釈される。この家計の効用は，点 E_1 で最大になり，このときの家計の余暇時間は L_1，労働時間は $24-L_1$ になる。

政府が DB の手当てを家計に給付すると，家計の予算制約は，手当の大きさだけ直線 AB から上方に平行にシフトし，直線 CD になる。余暇を正常財だとすると，家計の効用最大化は点 E_2 のような位置になり，余暇の消費は L_1 から L_2 に増える。余暇時間の増加は，その分だけ，労働時間を減少させる。もっと手当が大きくなると，この家計は全く働かなくなるかもしれない。

この議論は，余暇が正常財であるという想定に大きく依存している。余暇が正常財であるという想定が非現実的でなければ（実際のところは，現実的な想定といえる），所得移転が労働供給を減らすことはほぼ確実といえる。

実際の生活保護制度は，所得移転によって最低生活費を保障するが，所得にかかわらず一定額を給付するのではなく，受給者に自らの稼ぎがあった場合には，その稼得所得の大きさに応じて給付額が減少する仕組みである。このときの家計の予算制約は，図9-11の ACD の折線のようになる。折線

182 第2部 公共部門の経済学

ACD では，稼得所得がゼロ（労働供給もゼロ時間）のときには最大の手当て DB を受給するが，稼得所得の増加に応じて手当てが減少し，点 C の稼得所得（労働供給は，$24-L^*$ 時間）のときに手当てがゼロになる。このような所得移転では，家計は，手当ての分だけ賃金率が下がることになる。

　稼得所得額に応じて給付額が減少する場合の家計の均衡を点 E_4 とする。このときの家計の労働時間は $24-L_4$ である。この家計の労働供給の決定には，所得効果と代替効果が働いている。点 E_1 から点 E_3 への変化が代替効果である。手当ての給付による賃金率の低下（代替効果）が，L_1 から L_3 に余暇を増加（労働供給を減少）させている。点 E_3 から点 E_4 への変化が所得効果である。所得効果も，余暇が正常財であることを反映して，L_3 から L_4 に余暇を増加（労働供給を減少）させる。結局，稼得所得額に応じて給付額を減少させたとしても，労働供給が減少することは変わらない。

　所得移転が実際にどれくらい労働供給を減少させるかは，実証分析の課題である。Hyman（2010, 第7章）は，実際に与えられる給付額はとても少ないので所得効果による労働供給の減少もそんなに大きくないこと，たとえ受給者が労働して自ら所得を得たとしても，スキルが低いために貧困を抜け出すほどの所得を得ることが困難である，といった先行研究を紹介している。

　最近の日本では，生活保護受給世帯の 55％が高齢者世帯であり，低所得の中心に高齢者がいる。日本の貧困問題は高齢者問題である，といわれるゆえんである。所得移転による最低生活費の保障が労働意欲にマイナスのインセンティブを与えるのではないかという懸念がある一方で，高齢者に対しては，退職を前提として働くことを期待していなかったはずである。しかし，最近は，働く高齢者が増えているようである。

3-3 負の所得税（Negative Income Tax）

　生活保護制度のような所得移転の方法による最低生活費の保障は，資力調査がある。生活保護には，この資力調査が必要な人に必要な給付を行うことの妨げになっているのではないかといった問題があった（第3章参照）。また，そもそも生活保護制度（社会保障制度）と所得税（税制）はうまくリンクしていないのではないか（たとえば，生活保護基準額と所得税の課税最低限の関係など）

第９章 低所得者対策と所得再分配 *183*

図 9-12 負の所得税

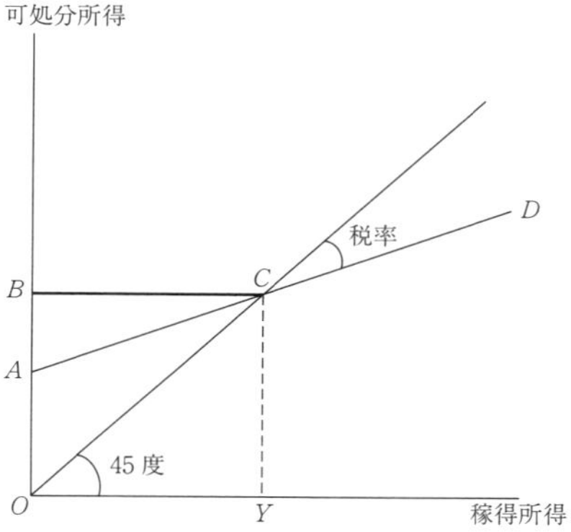

といった問題もしばしば指摘されてきた。これらの問題を回避する方法に，フリードマンの**負の所得税**の考え方がある。負の所得税は，一定の基準額を下回る所得者に対しては，マイナスの所得税として税の還付（つまり，給付）を行い，基準額を上回る所得者からは所得税を徴収することで，負担と給付を所得税制として一本化（したがって，給付の財源をすべて所得税収で賄うことが想定されている）するアイデアである。ただ，結論を先に述べておくと，多くの教科書で紹介される有名な考え方ではあるが，労働供給への負のインセンティブが生じることは生活保護制度と同様であり，本格的に実施しようとすると多くの財源を要することが見込まれたこともあって，実際に負の所得税が採用された例はない。

図 9-12 で，負の所得税を説明する。横軸は稼得所得（還付や納税前の所得）であり，縦軸は可処分所得（基準以下の所得では還付後，基準以上の所得では納税後）である。

最低水準の所得として OA を保障し，一定の税率（1－直線 AD の傾き）で所得税を課す場合を考える。このとき家計は，稼得所得が Y に至るまでは，稼得所得の増加とともに逓減する額の所得税の還付を受け，Y を超える稼得所得を得るようになって所得税の支払いが始まる。これは，稼得所得額に応じて給付額が減少する場合（図 9-11 の折線 ACD）に相当する。

最低保証所得を OB とし，稼得所得が生じた場合には全額を相殺する仕組

184 第2部　公共部門の経済学

みに変更すると，家計の可処分所得は BCD の折線で表される。水平部分
BC は，稼得所得が Y に至るまで（つまり，低所得者）の間，稼得所得の減少
率（実質的な所得税率）が100％であることを意味する。つまり，高所得者よ
りも低所得者の方が高い所得税率に直面していることになる。

　低所得者の方が高い税率（所得の減少率）に直面することを避けて，所得水
準に関わらず一定の税率を課したのが直線 AD である。受給者の所得減少
率を引き下げると，還付と納税の分岐となる所得水準（稼得所得 Y）は，高く
なる。納税者の平均実効税率の水準まで受給者の所得減少率を引き下げる
と，還付に必要な財源を賄うことが難しくなるくらいに分岐所得水準が高く
なる（必要な財源が増える一方で，納税者が減少する）といわれている。

3-4　勤労所得税額控除（Earned Income Tax Credit）

　負の所得税が有する困難を回避しつつ，所得税を利用して低所得者に給付
を与える方法に，**給付付き税額控除**の仕組みがある。その代表的な方法は，
勤労所得税額控除（EITC）である。EITC は，所得税計算において税額控除
を利用して，税額控除がマイナスになるときに給付を行い，低所得者の所得
を支援する。EITC と負の所得税との相違は，労働に対するマイナスのイン
センティブへの配慮にある。負の所得税とは異なって，EITC は，勤労所得
を有する人（働く人）のみを対象とするので，働かない人は対象外である。
アメリカでは，1975 年に連邦所得税で EITC が採用され，現在では，これ
に加えて多くの州でも利用されている[6]。

　EITC は，図 9-13 に示すように，台形のイメージで説明される。その具
体的な仕組みは，世帯構成（単身と婚姻，そして子どもの数）に応じて，稼得所
得に上乗せする形で，給付額（マイナスの控除額）ゼロから始まって，一定の
水準までは逓増し（この段階は phase-in と呼ばれる），途中で給付額は一定にな
り，その後は逓減して（この段階は phase-out と呼ばれる），最終的に給付額がゼ
ロになるように設定する[7]。一定水準まで給付額（控除額）を逓増させるの

6　IRS ウェブサイトによると，2024 年 5 月時点で，デラウェア州，ハワイ州，オハイオ州，サ
　ウスカロライナ州，ヴァージニア州を除いた州政府で EITC が採用されている。

7　2023 課税年度の EITC（連邦所得税）は，次のようになる。

第9章　低所得者対策と所得再分配　185

図9-13　勤労所得税額控除のイメージ（連邦所得税，2023 Tax Year）

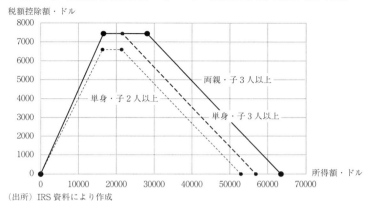

（出所）IRS 資料により作成

は，労働への参加を促すためである。phase-in 率，phase-in の終わる所得水準，最大の税額控除額，phase-out 率は，単身ステイタスと婚姻ステイタスで共通であり，両者は phase-out の始まりと終わりの所得水準が異なる。子どもの数は，3人までは，多くなるほど控除額も大きくなる。

　EITC による給付は，実質的には，賃金に対する上乗せ補助金の給付に等しい。政府による賃金の上乗せは，労働者の受け取る賃金を増やすことで，低賃金労働者に対して労働参加を促す効果があり，雇用主にとっても低賃金労働者を積極的に雇用するインセンティブを付与するといわれている。

	Phase-in rate	Phase-in ends	Maximum credit amount	Phase-out begins	Phase-out rate	Phase-out ends
No children	7.65%	$7,840	$600	$9,800 ($16,370)	7.65%	$17,640 ($24,210)
1 child	34%	$11,750	$3,995	$21,560 ($28,120)	15.98%	$64,560 ($53,120)
2 children	40%	$16,510	$6,604	$21,560 ($28,120)	21.06%	$52,918 ($59,478)
>2 children	45%	$16,510	$7,430	$21,560 ($28,120)	21.06%	$56,838 ($63,398)

（注）（　）は Married ステイタスの場合。その他は，Single ステイタスと Married ステイタスで共通。
（出所）Center on Budget and Policy Priorities ウェブサイト

186　第２部　公共部門の経済学

　賃金の上乗せという観点から見ると，最低賃金制度は，政府が補填せずに賃金率を上乗せする方法といえる。一見異なる最低賃金制度とEITCだが，賃金の上乗せという点で同じ経済効果をもつ。

　EITCの仕組みを日本で議論する際に留意すべきは，日本では，所得税は個人単位，生活保護は世帯単位であり，所得税（税制）と所得保障（社会保障制度）で単位が異なることである。税と社会保障を一体的に整えるためには，単に金額をそろえるだけでなく，負担・給付の単位もそろえることが必要である。それはすなわち，「貧困」をどのようにしてとらえるかという理念の問題でもある。

3-5　退職後のための所得保障（年金）

　定年退職の制度があり，一定の年齢で労働市場から退場を迫られる社会では，退職後の生活を支えるための所得をどのようにして賄うかは，個人的な問題というだけではなく，社会的な課題でもある。もし公的年金制度のような政府による所得の保障制度がなければ，家計は，自らの貯蓄によって，退職後の所得を確保する必要がある。

　公的年金が個人の貯蓄に及ぼす影響は，次のようにして考えることができる。個人の生涯を２期間に分け，第１期には所得があり，所得のうち一部を貯蓄に回し（残りは消費），第２期は，第１期の貯蓄とその利子所得を消費にあてるとする。この個人の予算制約は，次のようにして表すことができる。

　　第１期の予算制約式：$Y_1 = C_1 + S$

　　第２期の予算制約式：$C_2 = (1 + r)S$

　　生涯の予算制約式：$Y_1 = C_1 + \dfrac{C_2}{1 + r}$

　　（Y：所得，C：消費，S：貯蓄，r：利子率，右下添え字は時期）

　この個人は，第１期に得た所得のすべてを費やして第１期と第２期の消費を賄っており，遺産はない。これは，第１期の所得を労働所得と考えて，この個人は自らが稼得した労働所得をすべて消費することで生涯の生活を賄っており，財産を遺す余裕がないと解釈できる。実際，日本の相続税では，相

第９章　低所得者対策と所得再分配　**187**

続発生件数に対して相続税の納税件数は８％程度である（第18章・図18-3参照）。約９割の人が相続税の支払いが必要になるほどには財産を残していないわけであり，労働者にとってはおおむね生涯所得＝生涯消費が成り立つといえる。

　年金財政の方式が**積立方式**だとする。積立方式では，所得のある時期に保険料を支払い，これを運用した元利合計を将来の年金として受給する。このときの予算制約式は，次のようになる。

$$第１期の予算制約式：Y_1 = C_1 + S + D$$
$$第２期の予算制約式：C_2 = (1+r)(S+D)$$
$$生涯の予算制約式：Y_1 = C_1 + \frac{C_2}{1+r}$$

（D：年金保険料）

　生涯予算制約式は，年金制度がないときと，まったく同じである。積立方式による公的年金制度は，個人の予算制約に変化を生じないし，したがって消費計画にも影響はない。つまり，積立方式によって公的年金制度を導入したとしても，個人の保険料を含めた貯蓄総額（$S+D$）には変化はなく，公的年金制度の効果は，これがなかったときに自ら貯蓄した分を公的年金への拠出として振り替えるのみである。

　次に年金財政の方式が**賦課方式**だとする。賦課方式では，政府に支払った保険料はそのときの高齢者の年金給付の財源にあてられ，自らが高齢者（受給者）になったときに受け取る年金の財源は，そのときの若年世代が支払った保険料から賄われる。したがって，予算制約式は，次のようになる（保険料はDで一定，人口成長率もnで一定とする）。

$$第１期の予算制約式：Y_1 = C_1 + S + D$$
$$第２期の予算制約式：C_2 = (1+r)S + (1+n)D$$
$$生涯の予算制約式：Y_1 + \frac{n-r}{1+r}D = C_1 + \frac{C_2}{1+r}$$

　賦課方式では**人口成長率**が年金の収益率になり，年金受給額は，第２期予

188   第２部　公共部門の経済学

算制約式で $(1+n)D$ と表されている。生涯予算制約式には，受給する年金
額の項が所得に追加されており，この年金額の大きさ（人口成長率と利子率の
大小関係）によって，年金が個人の消費計画に与える影響が決まる。

賦課方式による公的年金制度の効果

> ・$n=r$ のとき，積立方式の場合と同様に，個人の消費計画には，影響を与えな
> い。
> ・$n>r$ のとき，賦課方式で受給する年金額はプラスになる。個人は，公的年金
> 制度がない場合，または積立方式による公的年金制度の場合よりも，消費を
> 増やすことができる。
> ・$n<r$ のとき，賦課方式で受給する年金額はマイナスになる。個人は，公的年
> 金制度がない場合，または積立方式による公的年金制度の場合よりも，消費
> を減らすことになる。

$\boxed{4}$　補助金と現物給付

4-1　補助金の効果

　政府は，いろいろな政策で家計に補助金を支給している。住宅政策では，
経済的に困窮する家計に対して，一定期間，家賃相当額を支給する制度があ
る[8]。医療保険における３割の患者負担は，政府による７割補助である。最
近では，物価高騰対策として低所得者に一定額を支給したり[9]，一定の所得
水準以下の家計に対して授業料に充てるための就学支援金を給付する[10]，な
どの政策がある。

　政府から家計への補助金は，その使途を制限する**特定補助金**と使途に制限
のない**一般補助金**があり，支給方法には**定額補助**と**定率補助**がある。

　図9-14で定率補助金と定額補助金が家計の消費選択に与える影響の相違
を説明する。補助金の対象は（何でもよいが）医療サービスだとする。横軸に
医療サービスの消費量，縦軸にその他（医療サービス以外）への支出額を測る。

8　住宅確保給付金（厚生労働省）。

9　新たな経済に向けた給付金・定額減税一体措置（2023年12月）（内閣府）。

10　高等学校等就学支援金制度（文部科学省）。

第9章 低所得者対策と所得再分配　*189*

図9-14　補助金の効果

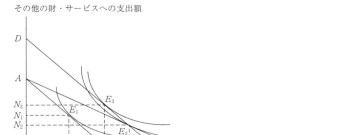

(出所) Hyman (2010), Fig. 7.1. を簡略化。

　医療への補助金がないときの家計の予算制約は AB であり，OA は所得金額，予算制約線 AB の傾きは医療サービスの価格を意味する。家計は，当初，点 E_1 の均衡点で消費量を決定し，医療サービスの消費量は Q_1（このときの医療サービスへの支出額は AN_1），N_1 をその他の支出に充てている。

　政府が定率補助の方法で家計に補助金（医療サービスへの支払いのみに充てることができる特定補助金）を支給すると，家計の予算制約は AC になる。このとき，家計は，点 E_2 の均衡点で消費量を決定し，医療サービスの消費量は Q_2（このときの医療サービスへの支出は AG，そのうち N_2G は補助金を充て，残りの AN_2 を自己負担する），N_2 をその他の支出に充てる。

　一方，同じ補助金額（つまり，N_2G）を定額補助金として家計に給付すると，家計の予算制約は DF になる。このとき，家計は点 E_3 の均衡点で消費量を決定し，医療サービスの消費量は Q_3（このときの医療サービスへの支出は DN_3，そのうち DA（$=N_2G$）は補助金を充て，残りの AN_3 を自己負担），その他への支出は N_3 である。

　定率補助と定額補助の効果を比較すると，定額補助の方が家計の効用が高く，定率補助の方が医療サービスの消費量が多い。定率補助の方が医療サービス消費量が多くなるのは，定率補助によって自己負担で支払う医療費の単価が低下したために多くの医療サービスを消費するようになったためであ

190　第2部　公共部門の経済学

図 9-15　定率補助金による超過負担

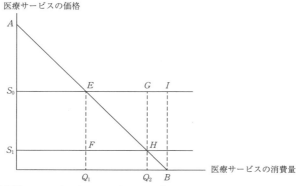

(出所) Hyman (2010), Fig. 7.2 を利用して作成。

る。しかし，効率性（家計の効用）の観点からすれば，家計はこんなに多くの医療サービスを消費しなくてもよかったわけであり，定額補助に比べてその分だけ定率補助の場合の効用は低下している。家計にすれば，ある程度の量の医療サービスを消費したら，他に消費したいものがあるということである。この効用の低下は，補助金額が等しいにもかかわらず，効用を享受し損なった分であり，定率補助による余剰の損失（超過負担）である。

図 9-15 は，定率補助によって生じる超過負担を，市場需要曲線と供給曲線で説明している。ここでも，図 9-14 と同様に，医療サービスへの補助政策を想定して，横軸は医療サービスの消費量，縦軸は医療サービスの価格を測り，直線 AB は医療サービスの需要曲線である。医療サービスの供給曲線は，水平（医療供給の限界費用は一定）としている。水平の医療サービス供給曲線は，医療価格が一定の水準で維持されることを意味する。診療報酬制度によって医療の公定価格が決まる日本の医療制度をイメージすると，水平の医療サービス供給曲線は現実的である。医療費補助がないときの供給曲線は S_0 であり，医療サービス消費量は Q_1 になる。

日本の公的医療保険制度のように患者負担が3割になるように，医療機関に7割の定率補助を実施するとする。補助金給付によって，供給曲線は S_1 ($=S_0 \times 0.3$) になり，下方にシフトし，医療サービス消費量は Q_2 に増える。

補助金は，患者の余剰を四角形 S_0S_1HE（補助金がなくても消費していた医療サービス分に支払う価格の低下によって四角形 S_0S_1FE，価格の低下による医療サービス消費量の増加によって三角形 EFH）だけ増やす。しかし，このときに政府が支出した補助金額は四角形 S_0S_1HG である。したがって，政府が支出した補助金額よりも余剰の増加分は小さい。その差（三角形 EHG）は定率補助金がもたらした超過負担である。定率補助金の代わりに，余剰の増加分に等しい四角形 S_0S_1HE だけの定額補助金を支給すれば，超過負担は生じない。

図 9-15 は，社会保険による患者負担の軽減が医療サービスの消費を増やし，超過負担を生じることを示唆している。しかし，医療サービスの超過負担については，次のような疑問が生じるかもしれない。

患者負担の軽減による医療サービス消費の増加は，他の消費財の場合と同じように，過剰な（社会的に望ましくない）医療サービス消費と言ってよいだろうか。言い換えると，市場が決める医療サービス消費量は，妥当なのだろうか。たとえば，こどもの医療費を無償化することによっても超過負担が生じるが，三角形 EBI は医療を受ける必要がなかったものとして，厚生ロスといってよいだろうか。

また，そもそも安いからといって，人々は病院に行くだろうか。医療サービスを医科と歯科に分けると，医科は必需品，歯科はぜいたく品といわれている[11]。保険診療の医療需要において医科の需要の価格弾力性がそんなに大きくないとすれば，患者負担の低下による医療サービス消費量の増加は，そんなに多くないかもしれない。一方で，医療政策として医療需要をコントロールしようとするときには，患者負担の変更が最も効果的だと言われている。後期高齢者医療制度における負担の引き上げ（2割負担の導入）は，この効果を狙って実施された。

低所得者対策の対象になるサービスは，医療や教育など，特別の配慮が必要とされるサービス（価値財）である。効率性や超過負担の議論をこれらに適用するには，他の消費財とは異なる配慮が必要かもしれない。

---

[11] 厚生労働省「家計調査」は，保険医療サービスを「2人以上の世帯のうち勤労者世帯」の選択品的支出（ぜいたく品的なもの）に分類している。

192 第2部 公共部門の経済学

図9-16 現物給付の効果

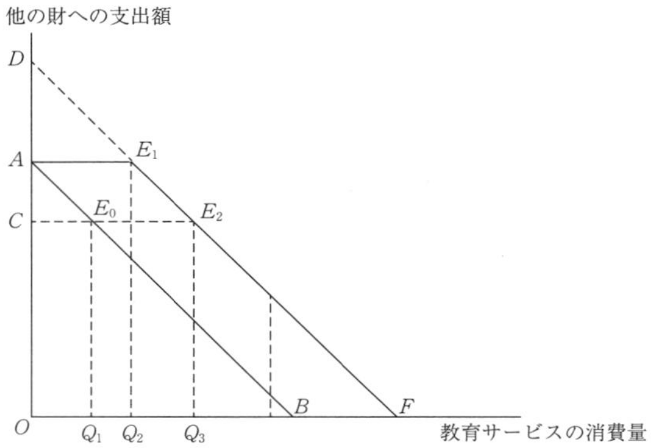

他の財への支出額

（図：縦軸「他の財への支出額」、横軸「教育サービスの消費量」。点 D、A、C が縦軸上に、点 E_1、E_0、E_2 がグラフ内に、点 Q_1、Q_2、Q_3、B、F が横軸上に示されている。）

4-2 現物給付

　家計への教育や医療の支援は，補助金（現金）だけではなく，**現物給付**によって実施されることもある。無償の公教育（義務教育など）は，現物給付による教育サービス提供の例である。

　図9-16で，無償の公教育を提供することが家計の消費選択に与える影響を説明する（図を簡略にするために，無差別曲線は省略している。）。直線 AB は，無償の公教育実施前の家計の予算制約線である。無償の公教育が実施される前，家計は点 E_0 で消費を選択する。このとき，家計は Q_1 の有償の私教育（塾など）を子供に与えている。家計の私教育への支出額は AC，教育以外への支出額は CO である。

　政府が無償の公教育 Q_2 を実施すると，家計の予算制約線は AE_1F になる。もともと子供の教育に多くを支出しない（Q_1 しか私教育に支出しない）家計であれば，Q_2 の教育で十分と考え，私教育への支出額をゼロにして，点 E_1 を選択するかもしれない。現物給付は，このような家計に対しても，最低限 Q_2 だけの教育を消費させる効果がある。あるいは，無償の公教育を利用しながらも，それまでの私教育への支出額をそのまま維持する家計であれば，点 E_2 を選択し，Q_3（$=Q_1+Q_2$）の教育を子供に与えるかもしれない。このような家計に対しては，無償の公教育の実施は，子供に与える教育を増加させる。

第９章　低所得者対策と所得再分配　　*193*

図9-17　所得制限付きの教育無償化の効果

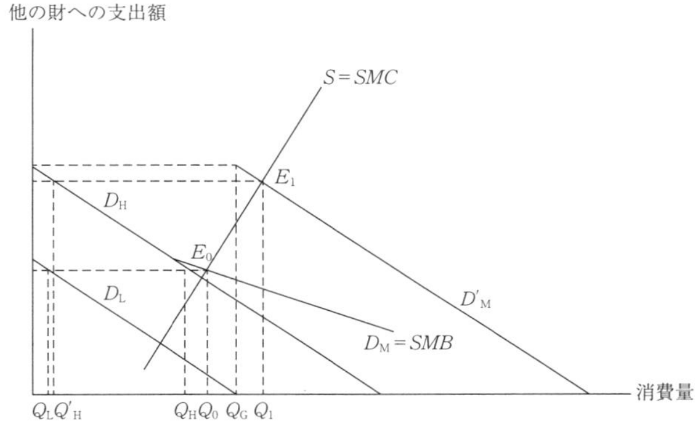

（出所）Hyman（2010），Fig. 7.3 を利用している。

　現物給付によって無償の公教育を実施する代わりに，同じだけの教育を受けることができる補助金を家計に支給すると，家計の予算制約線は，直線 DF になる。現物給付との相違は，予算制約線上の DE_1 の部分が選択可能になることである。DE_1 上を選ぶとき，この家計は子供に Q_2 よりも少ない教育を与えており，その分を教育以外への支出に充てていることになる。家計の効用は，補助金給付前に比べて，そして点 E_1 を選択する場合に比べても，高まる可能性がある。しかし，子供の教育のためという政策目的からすれば，このような形で家計（親）の効用が高まることは，望ましいとは言えない。

　現物給付の効果（メリット）は，家計に一定の消費量を実現させることである。子供の教育や医療は，親に依存することが多く，子どもは自分で決定できない。最低限の教育や医療をきちんと子供に届けるためには，現金給付ではなく，現物給付によって無償の公教育や医療を実施するのがよい。

　日本では，高校や大学の授業料無償化などは，家計に所得制限を設けることが多い。図9-17で，所得制限付きの無償化政策の効果を説明する。家計には，高所得者 D_H と低所得者 D_L がいて，高所得者と低所得者を合わせた市場需要曲線を D_M（社会的限界便益（SMB））としている。供給曲線 S（社会的限界費用（SMC））は，右上がりである。

194 第2部 公共部門の経済学

　無償化を実施する前は，この市場は SMB と SMC の交点 E_0 で均衡し，社会全体の消費量は Q_0 である。このとき，低所得者の消費量は Q_L，高所得者の消費量は Q_H である（$Q_0 = Q_H + Q_L$）。

　所得制限付きの無償化政策は，低所得者に一括して Q_G の消費量を支給することに等しい。したがって，無償化後の市場需要曲線は D'_M（$= Q_G + D_H$）になる。このとき，社会全体の消費量は，均衡点 E_1 によって，Q_1 になる。低所得者の消費量は Q_G，高所得者の消費量は Q'_H である（$Q_1 = Q'_H + Q_G$）。無償化前と比べて，社会全体の消費量は増加し，低所得者の消費量も増加するが，高所得者の消費量は減少する。

　高所得者の消費量が減少するのは，低所得者の消費量の増加によって価格が上昇したため（右上がりの供給曲線）である。低所得者の消費量増加が，価格上昇を通じて，高所得者の消費を追い出したわけである。

参考文献

　経済産業省『通商白書2020』
　厚生労働省「所得再分配調査」
　厚生労働省「被保護者調査」
　厚生労働省ウェブサイト「平成14年度から令和5年度までの地域別最低賃金改定状況」
　総務省「家計調査年報」
　トマ・ピケティ著・山形浩生・守岡桜・森本正史訳『21世紀の資本』みすず書房，2014年
　Hyman, D. (2010), *Public Finance: A Contemporary Application of Theory to Policy*, 10th edition.

Column　所得と資産の格差

　個人間の所得や資産に格差があることは，みな何となく認識していた。しかし，なかなかこの問題に本格的に取り組むことができなかった。その理由の1つは，データ不足のために格差を把握できなかったからである。現在でも十分とは言えないが，それでも，世界中の研究者の努力によって，ざっくりとではあるが，この問題を議論できるだけの，格差のデータベースが構築され，公表されている。

所得や資産の格差を把握するためには，税のデータを利用する方法が伝統的に利用されてきた。しかし，基本的に，税はフロー（その代表は所得）を対象にしており，ストックへの課税は補完的である。そのため，税のデータによる経済力（特に資産）格差の把握には限界がある。そこで，最近利用されているのは，国民経済計算のデータに税などのデータを補完することでマクロ的に格差を把握する方法（DINA：Distributional National Accounts）である。World Inequality Database は，この方法で世界中の国の格差を公表している（無料で誰でも使える）。

 下図は，World Inequality Database による 1820 年以降の日本の所得格差である。日本でも，特に 2000 年以降，トップ層への経済力の集中が進んでいることがわかる。おおむね戦間期にトップ層のシェアが急速に縮小し，戦後は緩やかに格差が拡大している。格差はどこまで拡大するのだろうか。

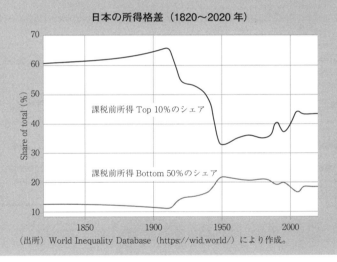

日本の所得格差（1820〜2020 年）

（出所）World Inequality Database（https://wid.world/）により作成。

196　第 2 部　公共部門の経済学

第 10 章　政策手段としての財政

　　政府は，財政支出を手段として利用して，産業政策や景気対策を実施する。
この章では，これらにどのような経済効果が期待されているのかを余剰分析
と乗数効果の考え方によって説明する。本章は，マクロ経済学の知識（初歩的
なレベルで構わない）があると理解しやすい。

　財政は，政策目的の実現のために必要な財源を調達し，それを支出するこ
とで教育や社会保障などの目的を実現する。このようにして財政は，必然的
に政府の収入と支出を伴い，民間経済の活動に影響を与える。効率性の観点
からは，基本的には，政府の収入や支出は，民間経済に影響を与えないこと
が望ましい。しかし，政府は，財政が民間経済に及ぼす影響を経済的なイン
センティブとして積極的にとらえ，財政を手段として利用することがある。
　経済政策は，**財政政策**，金融政策，**産業政策**からなる。このうち，財政政
策と金融政策は，経済安定化政策（これを単に経済政策と呼ぶこともある）と呼
ばれる。財政政策と産業政策は，財政を政策手段として利用する。本章は，
政策手段として財政を利用することの経済的な効果を説明する。

1　産業政策

　政府は，消費者保護のためや特定の産業を保護したり育成するために，価
格政策，数量規制，補助金，税などを利用する（価格支持政策と数量規制の考え
方は，第 6 章でも説明した）。ここでは，余剰分析の考え方で，生産補助金，輸
入関税，輸出補助金，数量規制（輸入割当，輸出自主規制）の経済効果を説明す
る。

図 10-1 生産補助金の経済効果

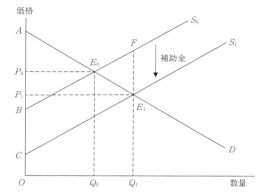

1-1 生産補助金の経済効果

　国は，地方公共団体に対して，国庫支出金として，いわゆる補助金を支給している（第3章参照）。それだけではなく，家計や企業などの民間部門に対しても，政府の意図に沿う事業を奨励する趣旨で，補助金を利用する。企業の研究開発への補助金は，企業に研究開発に取り組むように促すための補助金である。エコカー補助金は，環境負荷の少ないエコカーの普及を促すために，エコカーの購入者に支給する補助金である。他にも，産業政策ではないが，自然災害の被災者の生活再建のための補助金もある。

　図 10-1 で，補助金の一例として，**生産補助金**（生産者に対して支給する補助金）の効果を説明する。生産補助金の例には，農家に対する補助金がある[1]。

　補助金前の需要曲線は D，供給曲線は S_0，均衡は D と S_0 の交点 E_0 であり，均衡価格は P_0，均衡数量は Q_0 である。余剰は，消費者余剰が三角形 AP_0E_0，生産者余剰が三角形 P_0BE_0，総余剰が三角形 ABE_0 である。

　政府が生産者に対して，生産量1単位当たり BC の補助金を支給すると，生産者は，補助金を受け入れることによって生産に要する費用（限界費用）を軽減させ，その分だけ販売価格を引き下げて，生産量を増やすことができる。補助金支給後の供給曲線は，補助金分だけ下方に平行シフトして，S_1 に

---

[1] 制度上は交付金と呼ぶものが多いが，その趣旨は生産補助金である。補助の仕方（基準）も，定額，定率，生産量，作付面積，品種などに応じてさまざまある。

図 10-2 輸入関税・輸入割当の経済効果

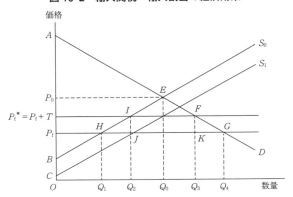

なる。このときの均衡は，D と S_1 の交点 E_1 であり，均衡価格は P_1，均衡数量は Q_1 になる。消費者余剰は三角形 AP_1E_1，生産者余剰は三角形 P_1CE_1 である。補助金の支出（四角形 BCE_1F）は，政府余剰のマイナスなので，総余剰は，消費者余剰＋生産者余剰−補助金の支出となり，三角形 ABE_0 −三角形 E_0E_1F になる。このようにして生産補助金は，消費者余剰と生産者余剰を増やすが，総余剰を減少させる。

1-2 貿易政策

(1) 輸入関税

政府は，貿易政策で**関税**[2]や数量規制を利用する。図 10-2 で**輸入関税**の

---

[2] 関税（tariff）は，税（tax）の一種であり，租税法律主義（憲法 84 条）の考え方に基づいて，国会の議決を経て決められる。内国税は税法（国会の議決）で定められるが，関税は，法律（関税定率法と関税暫定措置法）による場合に加えて，条約（これも国会で承認される）によって税率を定める場合もある。関税定率法で基本税率，関税暫定措置法で暫定税率や特恵税率（一般特恵税率，LDC 特恵税率），条約（WTO 協定）で協定税率（WTO 協定税率（単に協定税率ともいう），経済連携協定税率（EPA 税率））を定めている。法律で定めた税率は，国定税率と呼ばれる。2022 年 4 月現在（税関ホームページ「関税のしくみ」による），7,658 の基本税率，412 の暫定税率が設定されている。たとえば，ごぼうの基本税率は 20%，WTO 協定税率は 12% である（暫定税率は設定なし）。ロケット発射装置の基本税率は 12.8%，WTO 協定税率は 8.4% である（暫定税率は設定なし）。

効果を説明する。多くの関税が従価税の方式で税率を定めるが、ここでは図の理解を簡単にするために、従量税の方式で説明する。

図 10-2 で、国内需要曲線は D、国内供給曲線は S_0 である。外国との取引がなければ（閉鎖経済）、国内需要曲線 D と国内供給曲線 S_0 の交点 E で国内市場は均衡し、価格 P_0 で数量 Q_0 が取引される。

国際価格が P_f で、自由貿易が行われるとする。国内価格 P_0 よりも国際価格 P_f の方が低いので、国内の取引価格は国際価格の水準まで下がり、国内需要は Q_0 から Q_4 に増加し、国内供給は Q_0 から Q_1 に減少する。国内需要が国内供給よりも大きくなり、国内供給だけでは国内需要を賄えないが、輸入がその不足分を補う。輸入量は、$Q_4 - Q_1$ である。

政府が輸入量 1 単位当たり T の輸入関税を課すとする。輸入関税によって国内価格は P_f から P_f^*（$= P_f + T$）に上昇する。この結果、国内生産量は Q_1 から Q_2 に増加、国内需要量は Q_4 から Q_3 に減少、輸入量は $Q_3 - Q_2$ に減少する。輸入関税による国内生産量の増加によって、国内生産者は保護されたことになる。

自由貿易の効果を余剰の変化で確認すると、次のようになる。閉鎖経済下では、消費者余剰は三角形 AP_0E、生産者余剰は三角形 P_0BE、総余剰は三角形 ABE である。自由貿易下では、消費者余剰は三角形 AP_fG、生産者余剰は三角形 P_fBH、総余剰は三角形 AP_fG ＋ 三角形 P_fBH である。閉鎖経済よりも自由貿易の方が総余剰は三角形 EHG だけ大きく、これが貿易の利益である。

輸入関税を課すと、消費者余剰は三角形 AP_f^*F、生産者余剰は三角形 P_f^*BI、政府の関税収入は四角形 $IJKF$、総余剰は三角形 AP_f^*F ＋ 三角形 P_f^*BI ＋ 四角形 $IJKF$ である。輸入関税は、自由貿易に比べて、三角形 IHJ ＋ 三角形 FKG だけ余剰を減らしている。この余剰の減少は、すべて国内価格の上昇に起因する消費者余剰の減少である。輸入関税による国内価格の上昇は、国内消費量を Q_4 から Q_3 に減少させることで、三角形 FKG だけ消費者余剰を損失させ、同時に、Q_1 から Q_2 に非効率的に国内生産量を増やすことで、三角形 IHJ だけ消費者余剰を損失させる。一方、生産者余剰は輸入関税によって自由貿易よりも増加している。このようにして輸入関税は、総余剰の

200　第2部　公共部門の経済学

減少を伴って，生産者を保護する。それでも，閉鎖経済に比べると，たとえ
関税がかかっているとしても輸入によって消費量は増加する。そのため，輸
入関税下の総余剰は，閉鎖経済よりは大きい。

(2)　輸入割当

　政府は，輸入関税の代わりに，**輸入割当**を利用しても同じ効果を得ること
ができる。同じく図10-2で輸入割当を説明する。

　輸入割当で政府は，輸入量を $Q_3 - Q_2$ に制限する。輸入量が $Q_3 - Q_2$ に制
限されることで，国内の取引価格は $P_f + T$ まで上昇する。この結果，消費
者余剰は三角形 $AP_f{}^*F$，生産者余剰は三角形 $P_f{}^*BI$ ＋四角形 $IJKF$ になり，
総余剰は三角形 $AP_f{}^*F$ ＋三角形 $P_f{}^*BI$ ＋四角形 $IJKF$ になる。この総余剰
は，輸入関税と同じである。自由貿易と比べた余剰のロスも，輸入関税の場
合と同じで三角形 IHJ ＋三角形 FKG になる。このように，総余剰は輸入関
税の場合と同じであるが，輸入割当の場合には関税収入（政府の余剰）が発生
せず，この分は，輸入割当を受けた生産者（つまり，国際価格で仕入れて国内価
格で販売している輸入業者）の余剰になる。

(3)　生産補助金と輸入関税の比較

　図10-1で説明したように，産業保護（生産者保護）は，生産補助金によっ
ても可能である。そこで，輸入関税の代わりに生産補助金を利用するとどう
なるだろうか。図10-2を利用して，生産補助金と輸入関税の効果を比較す
る。

　輸入関税の場合と同じだけの生産量 Q_2 を実現できるように国内生産者に
生産補助金を支給すると，国内供給曲線は下方にシフトして S_1 になる。国
内供給曲線がこのように S_0 から S_1 にシフトしても，国内の取引価格は国際
価格の P_f のまま変わらない。また，国内需要曲線もそのまま D である。し
たがって，輸入量は，$Q_4 - Q_2$ になる（輸入関税のときは $Q_3 - Q_2$ であった）。

　このとき，消費者余剰は，自由貿易下と等しい三角形 AP_fG になり，生産
者余剰は，自由貿易下よりも大きい三角形 P_fCJ になる。総余剰は，生産補
助金の支給（四角形 $BCJI$）が余剰のマイナスなので，三角形 AP_fG ＋三角形

P_fBH −三角形 IHJ になる。生産補助金は，自由貿易下と比べて三角形 IHJ だけ余剰が少なく，輸入関税と比べて三角形 FKG だけ余剰が大きい。

生産補助金と輸入関税の違いは，国内の取引価格が国際価格のままであるか，それとも国際価格よりも高い関税込み価格になるかである。生産補助金は，国際価格がそのまま国内の取引価格になるため，自由貿易時と同様に，国内の取引価格上昇による歪みは生じない。生産補助金と輸入関税の間で生じる三角形 FKG の消費者余剰の差は，これ（国内取引価格上昇による歪みの有無）が原因である。一方で，国内生産者の売上は，輸入関税の場合も生産補助金の場合も同じである。全体としては，生産補助金の方が，産業保護に要する効率上の費用（余剰のロス）が少なくて済む。このようにして，産業保護のような国内問題の解決のためには，関税のような対外政策ではなく，生産補助金のような国内政策によるのが望ましいとする議論がなされる。これは，セカンド・ベスト論と呼ばれる[3]。

(4) 輸出補助金

政府は，生産者に補助金を支給することで輸出を奨励し，特定の産業の育成を図ることもある。図 10-3 で，**輸出補助金**の効果を説明する。D は国内需要曲線，S は国内供給曲線であり，P_f は国際価格である。閉鎖経済下の国内の取引価格 P_0 よりも国際価格 P_f の方が高い。自由貿易下で国内価格は P_f になり，そのときの国内需要量は Q_2，国内生産量は Q_3 になる。国内需要量 Q_2 と国内生産量 Q_3 の差（$Q_3 - Q_2$）が輸出量になる。

政府は，輸出 1 単位当たり M の補助金を生産者に支給する。補助金の支給によって国内価格は P_f から $P_f + M$ に上昇する。この価格上昇によって，国内需要量は Q_1 に減り，国内生産量は Q_4 に増え，輸出量は $Q_4 - Q_1$ に増加する。

余剰は，輸出補助金前（自由貿易下）の消費者余剰が三角形 AP_fF，生産者余剰は三角形 P_fBH，総余剰は三角形 AP_fF +三角形 P_fBH である。輸出補助金の支給によって，消費者余剰は三角形 AP_f^*G，生産者余剰は三角形 P_f^*BI

3　横山（2012），229 頁。

202 第 2 部 公共部門の経済学

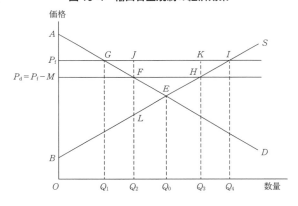

図 10-3 輸出補助金の経済効果

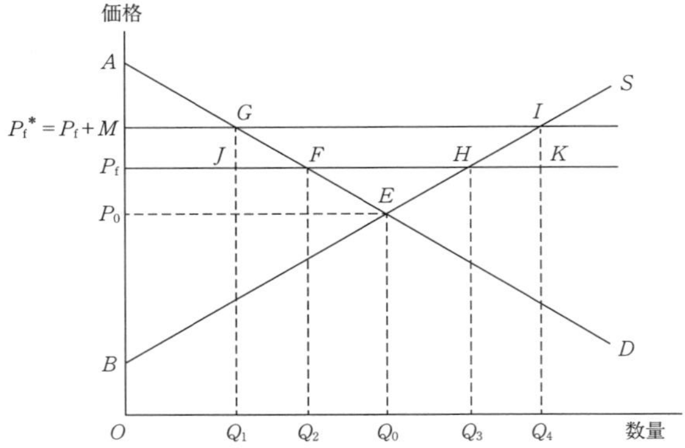

図 10-4 輸出自主規制の経済効果

になる。補助金の支給額は四角形 $GJKI$ であり、これは余剰のマイナスなので、総余剰は三角形 AP_fF + 三角形 P_fBH − 三角形 GJF − 三角形 IHK になる。

　自由貿易と輸出補助金で総余剰を比べると、輸出補助金で三角形 GJF + 三角形 IHK だけ余剰が減少している。これは、輸出補助金による余剰の損失である。

(5) 輸出自主規制

　政府は、輸出を奨励するのとは逆に、輸出量を自主的に制限する（**自主規**

第10章　政策手段としての財政　*203*

制）こともある。

　図 10-4 で，輸出自主規制の効果を説明する。国際価格は P_f であり，自主規制前（自由貿易下）の輸出量が $Q_4 - Q_1$ であるところを，政府は，自主規制によって輸出量を $Q_3 - Q_2$ に制限する。輸出量の制限によって，国内価格は M だけ低下して（国際価格 P_f は変わらない），$P_d = P_f - M$ になり，国内生産量は Q_3 に減少し，国内消費量は Q_2 に増加する。

　規制後の消費者余剰は三角形 AP_dF，生産者余剰は四角形 P_dBLF（国内消費による生産者余剰）＋四角形 $JLHK$（輸出による生産者余剰），総余剰は三角形 AP_dF＋三角形 P_dBH＋四角形 $JFHK$ である。一方，規制前の消費者余剰は三角形 AP_fG，生産者余剰は三角形 P_fBI，総余剰は三角形 AP_fG＋三角形 P_fBI である。規制前に比べて，規制後に総余剰が三角形 GJF＋三角形 KHI だけ減少している。これは輸出自主規制による余剰の減少である。

2　国民所得の決定と乗数効果

　政府は，経済安定化政策の手段として財政を利用する。しばしば利用されるのは景気低迷時に経済を下支えするための公共支出である。その経済効果は**乗数効果**として知られている。ここでは，乗数効果の考え方と，これを理解する前提となる均衡 GDP の決定を説明する。

2-1　総需要による均衡国民所得の決定

　財政政策の効果を考えるときには，家計や企業を一国全体の集計的な経済活動として，マクロ的にとらえる方法がよく利用される。マクロ的に経済活動をとらえる（マクロ経済学）とき，市場を生産物市場，労働市場，貨幣市場（，そして外国）に区分するやり方がよく利用される。乗数効果の最も単純な場合は，生産物市場のみを想定して，この市場の均衡から GDP が決まると考えて説明される（このとき，他の市場では変化がなく，物価や利子率は一定であると想定している）。このアプローチは，**45 度線分析**と呼ばれる。

　図 10-5 で，45 度線図による均衡 GDP の決定を説明する。横軸に GDP（ここでは，単純化して減価償却を無視するので，国民所得 Y と同義である），縦軸に総

204 第2部 公共部門の経済学

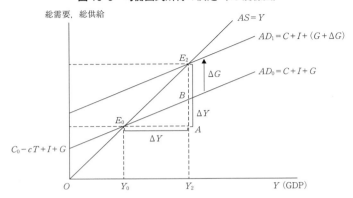

図10-5 均衡国民所得の決定（45度線図）

需要 AD（Aggregate Demand）と総供給 AS（Aggregate Supply）を測る。総需要と総供給は，一国全体で集計した需要と供給である。45度線分析は，需要が供給を決定し（**有効需要の原理**）[4]，供給（生産）額は，そのまま GDP になると考える。総供給は，GDP と同額が常に生産されることから，そのグラフは45度線になる。これが，このアプローチ（生産物市場の均衡による GDP の決定）を45度線分析（45度線図）と呼ぶ所以である。

生産物市場の均衡条件は，総需要と総供給の一致である。需要量と供給量が一致することは，生産物市場に限らずすべての市場の均衡条件だが，ここでの総需要と総供給の一致は，マクロ経済における三面（生産面，支出面，分配面）等価の原則による恒等式の意味も含んでいる。総需要は支出面，総供給は生産面からとらえた GDP である。

総需要は，消費支出 C（Consumption），投資支出 I（Investment），政府支出 G（Government Expenditure）から構成されるとする（これは閉鎖経済である。後でこれを開放経済に拡張するときには，ここに海外との取引（純輸出）を追加する）。消費支出は，ケインズ型消費関数を想定して，所得水準と無関係に決まる一定額

---

4 逆に，供給が需要を作るという考え方（セイの法則と呼ばれる）もある。需要と供給のどちらが重要かという議論は，はさみの上刃と下刃のどちらが重要かという議論にたとえられることがある。両方とも重要（片方だけでは役に立たない）という意味である。

第 10 章　政策手段としての財政　*205*

（基礎消費 C_0）と可処分所得（$Y-T$，T は租税）に応じて決まる額（＝限界消費性向 c ×可処分所得，$0<c<1$）からなるとする。投資支出と政府支出は，所与として，外生的に与えられるとする。これらの設定をまとめると，次のようになる。

45 度線分析の設定

生産物市場の均衡条件（総需要＝総供給）：$AD=AS$
総需要の構成（総需要＝消費支出＋投資支出＋政府支出）：$AD=C+I+G$
消費支出の決定（ケインズ型消費関数）：$C=C_0+c(Y-T)$，$0<c<1$
総供給＝GDP の想定：$AS=Y$

この設定をグラフで表現したのが図 10-5 である。総供給線 AS は，総供給が国民所得と等しいことから傾きが 45 度の直線（45 度線）である。総需要線 AD_0 は，切片が $C_0-cT+I+G$，傾きが c（限界消費性向）の直線である。均衡 GDP（均衡国民所得）は，$AD=AS$ の条件から，AD_0 線と AS 線の交点 E_0 で決まり，図 10-5 では，これを Y_0 としている。このようにして決まる Y_0 は，次のように表すことができる。

$$均衡 GDP（Y_0）=\frac{1}{1-c}(C_0-cT+I+G)$$

2-2　乗数効果

政府が，景気対策などの目的で，政府支出を増やすとする。政府支出の増加は，その何倍か（乗数倍）の大きさで GDP を増やすことが知られている。これは**乗数効果**と呼ばれる。

均衡 GDP の決定式を利用して，乗数の大きさを得ることができる。政府は ΔG だけ政府支出を増やすとする。このとき，総需要は，ΔG だけ大きくなり，図 10-5 の AD_1 のようになる（ΔG だけ上方に平行にシフトする）。生産物市場の均衡は点 E_2 になり，均衡 GDP は Y_2 になる。

政府支出の増加によって増加した GDP の大きさを ΔY（図 10-5 では Y_2-

206　第2部　公共部門の経済学

Y_0）と表記すると，政府支出の増加による乗数効果の大きさは，$\Delta Y/\Delta G$ で表され，これは**政府支出乗数**と呼ばれる。同様の考え方で，**投資乗数**（$\Delta Y/\Delta I$），**租税乗数**（$\Delta Y/\Delta T$）もある。図10-5で政府支出乗数と投資乗数を示すと E_2A/E_2B になる。租税乗数は，BA/E_2B である。租税乗数は，減税の乗数効果として利用することが多い。

　政府支出増加の財源を増税で賄うとき（$\Delta G=\Delta T$）の乗数は，**均衡予算乗数**と呼ばれ，1になることが知られている。これは，たとえ均衡予算であったとしても，政府支出の増加は，それと同じだけのGDP増加を実現できることを意味する。

45度線分析の乗数（閉鎖経済）

> 政府支出乗数（$\Delta Y/\Delta G$）＝投資乗数（$\Delta Y/\Delta I$）＝$1/(1-c)$
> 租税乗数（$\Delta Y/\Delta T$）＝$-c/(1-c)$
> 均衡予算乗数＝1

　ここまでは，海外との取引を無視した設定（閉鎖経済）であった。海外との取引（輸出 EX，輸入 IM）を加える（開放経済）と，総需要は $AD=C+I+G+(EX-IM)$ になる。$EX-IM$ は純輸出（経常収支）である。議論を簡単にするために，輸出 EX は所与で一定，輸入は $IM=mY$（m は限界輸入性向，$0<m<1$）とする。

　総需要 AD は，自国の生産物に対する需要（支出）の総額である。C，I，G には，自国の生産物に対する支出と海外の生産物に対する支出の両方が含まれている。AD の構成式で IM を控除することには，ここ（$C+I+G$）から海外の生産物に対する支出を除く意味がある。したがって，$m<c$ である。一方，EX は，自国の生産物に対する海外からの需要の意味であり，これは自国の生産物に対する需要の構成要素なので，加算している。

　開放経済の均衡GDPの決定式と各種の乗数は，次のようになる。開放経済の乗数は，閉鎖経済に比べて，限界輸入性向の分だけ小さくなる。

第10章　政策手段としての財政　*207*

45度線分析の乗数（開放経済）

$$均衡 GDP = \frac{1}{1-c+m}(C_0 - cT + I + G + EX)$$

政府支出乗数（$\Delta Y/\Delta G$）＝投資乗数（$\Delta Y/\Delta I$）＝$1/(1-c+m)$

租税乗数（$\Delta Y/\Delta T$）＝$-c/(1-c+m)$

2-3　ビルトイン・スタビライザー

　経済安定化政策としての財政政策には，ビルトイン・スタビライザー（自動安定化装置）と裁量的財政政策（フィスカル・ポリシー）がある。ビルトイン・スタビライザーの機能も，乗数を使って説明できる。

　所得再分配政策の第一義的な目的は低所得者への配慮であるが，副次的な効果として，景気変動（GDPの毎年度の変化）を抑制する効果がある。これは，そのために何か政策を講ずるわけではなく，ただその制度があるだけで自動的に経済を安定化することから，**ビルトイン・スタビライザー**（自動安定化装置）と呼ばれる。ビルトイン・スタビライザーは，政策というよりも，機能である。

　ビルトイン・スタビライザーは，生活保護，失業手当，累進所得税などが典型例である。景気が悪化すると，労働者は仕事を失い，所得を失う。もし失業手当がないと，所得の減少した労働者は，消費も大きく減らす。消費が大きく減ると，総需要も大きく減少する。このような景気停滞の負の循環は，GDPを乗数的に減少させる。しかし失業手当があると，労働者は，たとえ稼得所得を大きく失ったとしても，失業手当によって可処分所得をそんなに大きく減らさずに済む。そうすると，消費もそんなに減らさずに済み，総需要やGDPの低下も抑制される。

　ビルトイン・スタビライザーは，乗数効果を小さくすることで，経済を安定化させる。ここで租税を T（所得水準に関係のない一括的な税）から所得に応じた税 tY（tは税率）に変更すると，均衡GDPの決定式は，次のようになる。

$$均衡 GDP = \frac{1}{1-c(1-t)}(C_0 + I + G)$$

208　第2部　公共部門の経済学

$c>c(1-t)$ なので，一括税よりも比例所得税の場合の方が乗数は小さい。つまり，ビルトイン・スタビライザーの機能が発揮されている。このようにして，税が，一括的ではなく，所得に比例することで乗数が小さくなるのは，一括税の場合には稼得所得の減少がそのまま同額だけ可処分所得を減らすのに対して，比例所得税の場合には稼得所得の減少分に（1−税率）を乗じた分だけの可処分所得の減少にとどまるからである。一括税と比べて比例所得税がどれだけ乗数効果を小さくするか（ビルトイン・スタビライザー機能の大きさ）は，**マスグレイブ・ミラーの指標**と呼ばれている。

$$\text{マスグレイブ・ミラーの指標} = \frac{\text{比例所得税の乗数} - \text{一括税の乗数}}{\text{比例所得税の乗数}}$$

所得税率が累進的に設定されている場合には，稼得所得の低下に伴い適用される限界税率も低下するため，可処分所得の減少はさらに抑制される。これが累進所得税のビルトイン・スタビライザー機能である。税によるビルトイン・スタビライザーの効果は，税収の所得弾力性が高くなるほど，大きくなる。

このように税と社会保障にはビルトイン・スタビライザーの機能が備わっている。これによって，経済変動の振れ幅は小さくなり，経済は自動的に安定化される。しかし，ビルトイン・スタビライザーによっていくらかは経済が安定化されるとしても，この効果は限定的である。

3　財政・金融政策の効果と有効性（閉鎖経済）[5]

その都度景気の状態を判断し，経済を安定化させるために実施する財政政策は，**裁量的財政政策**と呼ばれる。財政政策のメインは，ビルトイン・スタビライザーではなく，裁量的財政政策である。したがって，単に財政政策というときには，裁量的財政政策を意味することが多い。ここでは，比較のために金融政策にも触れながら，財政政策の効果を説明する。

5　横山（2012）第5章を参考にした。

図 10-6 財政・金融政策の効果

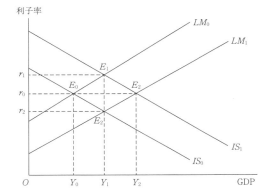

3-1　IS・LM 分析

　財政・金融政策の効果は，**IS・LM 分析**の枠組みで説明しやすい。45 度線分析は，生産物市場のみを想定していたために，物価と利子率は一定であり，投資 I も一定であった。しかし，$IS・LM$ 分析では，生産物市場の均衡に加えて，貨幣市場の均衡を考慮して，利子率が変化すると考える。(つまり，物価は一定，利子率は変化すると想定する)。

　図 10-6 で $IS・LM$ 分析を説明する。IS 曲線は生産物市場が均衡する利子率と GDP の組み合わせ，LM 曲線は貨幣市場が均衡する利子率と GDP の組み合わせである。したがって，IS 曲線と LM 曲線の交点は，生産物市場と貨幣市場が同時に均衡するときの利子率と GDP の組み合わせを意味する。

　利子率は，貨幣需要 L と貨幣供給 M の均衡によって，貨幣市場で決まる。貨幣供給 M は，利子率とは独立に，中央銀行が政策的に決定できるとする。一方，貨幣需要 L は，取引需要と投機的需要からなり，取引需要は国民所得 Y の増加関数，投機的需要は利子率 r の減少関数であるとする。これは，k を貨幣需要の所得感応度 ($k>0$)，h を貨幣需要の利子感応度 ($h>0$) として，$L=kY-hr$ のように表すことができる。

　これらの設定に基づいて貨幣市場の均衡条件 (貨幣需要量＝貨幣供給量) を示すと，次のようになる。これは，LM 曲線の式である。LM 曲線の傾きは，$k/h>0$ なので，右上がりである。

$$M = kY - hr \Leftrightarrow r = \frac{kY - M}{h}$$

　生産物市場では，利子率の変化の影響が，投資の変化を通じて総需要に及ぶ。投資の限界効率の考え方に基づいて，投資が利子率の減少関数だとすると，投資関数は，I_0 を独立投資，b を投資の利子感応度（$b>0$）として，$I = I_0 - br$ のように表わすことができる。

　この設定による生産物市場の均衡条件は，次のようになる。これは，IS 曲線の式である。IS 曲線の傾きは，$-\dfrac{1-c}{b}<0$ なので，右下がりである。

$$Y = \frac{1}{1-c}(C_0 - cT + I_0 - br + G) \Leftrightarrow r = -\frac{1-c}{b}Y + \frac{C_0 - cT + I_0 + G}{b}$$

　生産物市場と貨幣市場が同時に均衡するときの均衡 GDP と均衡利子率は，IS 曲線と LM 曲線の交点で与えられ，それぞれを Y_0，r_0 とすると，次のようになる。

$$Y_0 = \frac{1}{1-c+b\dfrac{k}{h}}\left(C_0 - cT + I_0 + G + M\frac{b}{h}\right)$$

$$r_0 = \frac{1}{1-c+b\dfrac{k}{h}}\left((C_0 - cT + I_0 + G)\frac{k}{h} - M\frac{1-c}{h}\right)$$

3-2　財政・金融政策の効果

　図 10-6 で，当初（財政・金融政策実施前）の IS 曲線と LM 曲線を IS_0，LM_0 とする。このとき，生産物市場と貨幣市場を同時に均衡させるのは点 E_0 になり，均衡利子率は r_0，均衡 GDP は Y_0 である。

　政府支出の増加（ΔG）のような財政緩和策は，総需要の増加を通じて，IS

曲線を右方（IS_0 から IS_1）にシフトさせる。その結果，新たな均衡は IS_1 と LM_0 の交点 E_1 になり，利子率は r_1 に上昇し，GDP は Y_1 に増加する。政府支出の増加によって総需要は増加し，利子率の上昇を伴うが，均衡 GDP も増加している。

　もし利子率の上昇がなければ（利子率が r_0 のままであれば），GDP は Y_2（点 E_2）まで増えていたはずである。利子率を一定と想定したときの GDP の増加は，生産物市場のみの均衡によって GDP の決定を考えたときの GDP の増加に等しい。これは，図 10-5 の Y_0 から Y_2 への増加に相当する。このことから，r_0 から r_1 に利子率が上昇することによって GDP が Y_2 から Y_1 に減少したと解釈できる。これは，利子率上昇による GDP のクラウディングアウトである。

　このとき（生産物市場と貨幣市場の同時均衡）の政府支出乗数は，均衡 GDP の決定式から，次のようになる。

IS・LM 分析の政府支出乗数

$$政府支出乗数 （\Delta Y/\Delta G） = \frac{1}{1-c+b\dfrac{k}{h}}$$

　これを 45 度線分析（生産物市場のみの均衡）による政府支出乗数（$1/(1-c)$）と比べると，bk/h だけ小さい。これが，利子率上昇によるクラウディングアウトである。k/h は LM 曲線の傾きであり，b は投資の利子感応度であるから，LM 曲線の傾きが急である（貨幣需要の利子感応度 h が小さい）ほど，そして IS 曲線の傾きが緩やかである（投資の利子感応度 b が大きい）ほど，クラウディングアウトは大きくなり，政府支出乗数は小さくなる。

　貨幣供給の増加（ΔM）のような金融緩和策は，LM 曲線を右方（LM_0 から LM_1）にシフトさせる。その結果，新たな均衡は IS_0 と LM_1 の交点 E_3 になり，利子率は r_2 に低下し，GDP は Y_1 まで増加する。このようにして，貨幣供給の増加が，利子率の低下を通じて，投資支出を増やし，GDP の増加をもたらすプロセスは，**伝達メカニズム**と呼ばれる。貨幣供給の増加が GDP の増加に及ぼす乗数効果（$\Delta Y/\Delta M$，ここではこれを金融政策乗数と呼ぶ）は，

212 第2部 公共部門の経済学

均衡 GDP の決定式から，次のようになる。

$$
\text{金融政策乗数 } (\Delta Y / \Delta M) = \frac{\dfrac{b}{h}}{1 - c + b\dfrac{k}{h}}
$$

b/h は，投資の利子感応度と貨幣需要の利子感応度の比率であり，伝達メカニズムを意味する。貨幣需要の利子感応度が大きいほど，利子率の低下は貨幣需要を大きく増やし（貨幣市場の均衡のために利子率が大きく下がらず），投資の利子感応度が小さいほど，利子率の低下が投資の増加に結びつかず，伝達メカニズムが低下し，金融政策乗数は小さくなる。

3-3　財政・金融政策の有効性

政府支出乗数（財政政策の効果）と金融政策乗数（金融政策の効果）には，b/h の相違がある。この相違に起因して，両政策の有効性に違いが生じる。図 10-7 で，投資の利子感応度 b（利子弾力性）がゼロの場合と貨幣需要の利子感応度 h（利子弾力性）が無限大（これは，**流動性のわな**と呼ばれる）の場合を説明する。

図 10-7 (a) は，投資の利子感応度がゼロの場合である。投資の利子弾力性がゼロのとき，利子率が変化しても投資は変化しないので，IS 曲線は垂直になる。このとき，政府支出の増加（財政緩和策）は，IS 曲線の右方シフト（IS_0 から IS_1）によって，利子率を上昇させ（r_0 から r_1），GDP を増加させる（Y_0 から Y_1）。しかし，貨幣供給の増加（金融緩和策）は，LM 曲線を右方シフト（LM_0 から LM_1）させて利子率を低下させる（r_0 から r_2）が，GDP は Y_0 のまま不変である。したがって，財政政策は有効であるが，金融政策は無効である。

これを乗数で説明すると，投資の利子感応度がゼロ（$b=0$）のとき，政府支出乗数は $1/(1-c)$ になる。これは，利子率の上昇によるクラウディングアウトが生じていないときの乗数に等しい。一方，金融政策乗数は，ゼロである。投資の利子弾力性 b がゼロであることによって，伝達メカニズムがま

図 10-7 財政・金融政策の有効性

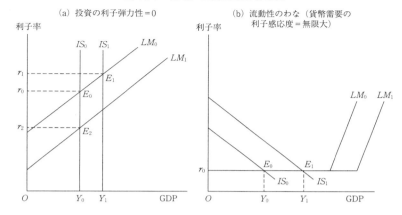

ったく働かないわけである。

図 10-7 (b) は，流動性のわなの場合である。利子率がゼロに近いくらいに低くなると，もはやこれ以上利子率が低下しても貨幣需要は増加しない。このようなときに貨幣需要の利子感応度は無限大になり，LM 曲線はこの利子率の水準で水平になる。これが流動性のわなである。流動性のわなの状態では，政府支出の増加（財政緩和策）は，IS 曲線を右方シフト（IS_0 から IS_1）させ，利子率を r_0 に維持したまま（上昇させずに），GDP を Y_0 から Y_1 に増加させる。しかし，貨幣供給の増加（金融緩和策）は，LM 曲線を右方シフト（LM_0 から LM_1）させるだけで，GDP は Y_0 のまま不変である。したがって，財政政策は有効であるが，金融政策は無効である。

これを乗数で説明すると，流動性のわな（$h=$無限大）の状態では，政府支出乗数は $1/(1-c)$ になる。投資の利子弾力性がゼロの場合と同様に，財政緩和策は，クラウディングアウトをまったく生じない。金融政策乗数は，これも投資の利子弾力性がゼロの場合と同様に，ゼロになる。ここでも，伝達メカニズムはまったく働いていない。

投資の利子弾力性がゼロであったり，流動性のわなに陥っていたりするとき，経済は不況にある。ここでの議論は，不況のときには，金融政策は効果がなく，財政政策に効果があることを示唆している。

214 第2部 公共部門の経済学

4 財政・金融政策の効果と有効性（開放経済）

4-1 マンデル・フレミング・モデル

　海外との取引を含めた設定での財政政策の効果は，*IS・LM* モデルに海外との取引を追加したモデルで説明できる。これは，**マンデル・フレミング・モデル**と呼ばれる。図 10-8 で，マンデル・フレミング・モデルによって，変動相場制における財政政策と金融政策の効果を説明する。

　図 10-6（*IS・LM* モデル）に国際収支の均衡を表す *BP* 線を追加すると図 10-8（マンデル・フレミング・モデル）になる。図 10-8 は，自国を小国と仮定して，完全資本移動を想定している。このときには，資本移動の利子弾力性が無限大であり，*BP* 線は外国利子率の水準で水平になる（つまり，国内利子率＝外国利子率）[6]。

4-2 財政・金融政策の効果と有効性

　図 10-8 で，財政・金融政策実施前の *IS* 曲線と *LM* 曲線は IS_0 と LM_0 であり，均衡点 E_0 では，国内利子率と外国利子率が r_0 で等しく，均衡 GDP は Y_0 である。

　政府支出の増加（ΔG）は，いったん，*IS* 曲線を右方にシフトさせる（IS_0 から IS_1 へのシフト）。その結果，利子率は r_1 に上昇し，GDP は Y_1 まで増加する。国内利子率の上昇（国内利子率＞外国利子率）は，外国からの資本流入をまねく。資本流入によって為替レートが上昇し（たとえばドル円の場合，円高ドル安），純輸出が減少する[7]。純輸出の減少は，*IS* 曲線を左方にシフトバックさ

　6　国際収支 *BP* の均衡は，（資本移転等収支などを無視して簡単には，）*BP*＝経常収支－金融収支＝0 と表すことができる。経常収支（純輸出）＝*EX-IM*，金融収支＝資本流出－資本流入である。内外利子率の格差によって生じる資本の流出入の大きさは，資本移動の利子弾力性による。利子弾力性が無限大のとき，極めて大きな資本の流出入が生じるので，国際収支＝0 となるには，内外利子率の格差がゼロ（つまり，国内利子率と外国利子率が等しい）ことが必要になる。資本移動の利子弾力性がゼロのときの *BP* 線は垂直になり，利子弾力性がゼロと無限大の間にあるときの *BP* 線は右上がりになる。

　7　ここでは，経常収支（純輸出）は円建てであり，マーシャル・ラーナーの条件が成立している

図10-8 財政・金融政策の効果

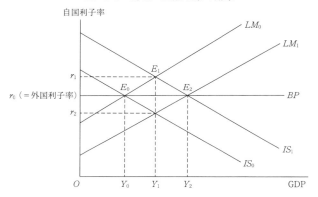

せる（IS_1 から IS_0 へのシフト）。IS 曲線の左方シフトによって国内利子率は低下する。国内利子率の低下は、国内利子率と外国利子率が等しくなるまで続く。IS 曲線の左方シフトは、国内利子率の低下だけでなく、均衡 GDP も減らす。結局、均衡 GDP は Y_0 に戻る。

このようにして変動相場制では、財政政策によって総需要を拡大しても、自国通貨の増価によって経常収支が悪化し、GDP は増加しない。自国通貨の増価によるクラウディングアウトが生じるわけである。このときの政府支出乗数は、資本移動の利子弾力性を f とすると、次のようになる。IS・LM モデルの場合に比べて、資本移動の利子弾力性の分だけ、政府支出乗数は小さい。資本移動の利子弾力性が無限大のとき（図10-8）、政府支出乗数がゼロになり、GDP をまったく変化させないことも確認できる。

IS・LM・BP 分析の政府支出乗数

$$\text{政府支出乗数}(\Delta Y/\Delta G) = \frac{1}{1-c+(b+f)\dfrac{k}{h}}$$

貨幣供給の増加（ΔM）は、LM 曲線を右方にシフトさせる（LM_0 から LM_1

ことを想定している。また、為替レートの決定は、いろいろな説があるが、ここでは金利平価説をイメージされたい。

へのシフト）。その結果，利子率は r_2 に低下し，GDP は Y_1 まで増加する。国内利子率の低下（国内利子率＜外国利子率）によって，外国に資本が流出する。資本流出によって為替レートは低下し（たとえばドル円の場合，円安ドル高），純輸出が増加する。純輸出の増加は，IS 曲線を右方にシフトさせる（IS_0 から IS_1 へのシフト）。IS 曲線の右方シフトは，国内利子率が外国利子率と等しくなるまで続く。この IS 曲線の右方シフトによって，GDP は Y_1 からさらに増加して Y_2 になる。

　変動相場制での金融政策は，自国通貨の減価による経常収支の改善を伴い，GDP を増加させる。このときの金融政策乗数は，次のようになる。資本移動の利子弾力性 f がゼロのとき，金融政策乗数は IS・LM モデルの場合と同じになることもわかる。

IS・LM・BP 分析の金融政策乗数

$$\text{金融政策乗数}\ (\Delta Y / \Delta M) = \frac{\dfrac{b+f}{h}}{1-c+(b+f)\dfrac{k}{h}}$$

　このような結論（変動相場制では財政政策は無効であり，金融政策は有効である）には，完全資本移動（水平な BP 線）の想定が大きく効いている。現実の経済では，資本移動の利子弾力性は，ゼロでもなければ無限大でもなく，その間にある。このときには BP 線は右上がりになる。そうすると，財政政策は，クラウディングアウトを伴いながらも，GDP を増加させるし，金融政策も GDP を増加させる。実際には，財政政策も金融政策も，いずれも GDP を増やすことができるといえる。

参考文献

　嶋村紘輝編著（2015）『マクロ経済学』（成文堂）
　税関ホームページ
　横山将義（2012）『経済政策』（成文堂）

Column　GDP，豊かさ，幸福

　アマルティア・セン（1998 年ノーベル経済学賞）によれば，飢えは，所得や貧困とは関係なく，政府が国民の必要に応えないときにおこる。確かにその通りかもしれない。稀ではあるが，餓死は最近の日本にもある。

　政府は GDP の安定的な成長を目指して経済政策を実施する。GDP は，国の経済規模を測る尺度として最も受け入れられており，今日，世界中で利用される唯一の尺度といってもよい。

　GDP は生産物の価値を測っただけであり，私たちが実際に豊かさを感じる多くのものを含んでいない。GDP が豊かさの指標ではないことは，GDP の計算方法の確立にかかわったサイモン・クズネッツ（1971 年ノーベル経済学賞）が当初から認めている。現在の GDP は，私たちの生活の豊かさではなく，政府が財源（税と保険料）を調達し続けるために有用な尺度である。しかし，私たちは，政府ではなく，私たちの生活が持続可能であるかどうかを知りたい。GDP の代わりに「幸福」を測ろうという考え方があるが，幸福は危ない。ブータンの「国民総幸福量（GNH；Gross National Happiness）」は有名だが，「ブータンは，世界でもっとも貧しく，独裁的な国のひとつ」（ダイアン・コイル（2015 年）119 ページ）である。

　GDP の最大の欠点は，welfare を含まないことである。そこで，これまでには，GDP に welfare を含もうとする試みが数多く行われてきた。MEW（Measure of Economic Welfare（経済福祉指標），ウィリアム・ノードハウスとジェームズ・トービン，1972 年），ISEW/GPI（Index of Sustainable Economic Welfare（持続可能経済福祉指標），Genuine Progress Indicator（真の進歩指標），ハーマン・デイリーとジョン・コップ，1989 年），HDI（Human Development Index（国連人間開発指標），マブーブル・ハック，1990 年）などが有名である。これらは，GDP に修正を加えて，新たに指標を作成するやり方である。

　「指標のダッシュボード」（アマルティア・セン，ジョセフ・スティグリッツ，ジャンポール・フィトシ）というアイデアは，1 つの指標ではなく，welfare に関係する複数の指標を一覧するやり方である。OECD は，11 の指標によって BLI（Better Life Index（より良い暮らし指標））を構成し，公開している（https://www.oecdbetterlifeindex.org/）。ウェブ上で簡単に各指標のウェイト付けを自分好みに変更できる。日本は，所得，社会とのつながり（Social Connections），市民参加（civic engagement），生活の満足（life satisfaction）の項目が OECD 平均よりも低い。

ダイアン・コイル著・髙橋璃子訳『GDP〈小さくて大きな数字〉の歴史』（2015 年）
　みすず書房

第3部

租税論

第 11 章　租税の意義と仕組み　*221*

第 11 章　租税の意義と仕組み

望ましい租税のあり方を述べた租税原則などの考え方、租税の仕組みを理解するための基礎用語を説明する。望ましい租税のあり方では、応益原則・応能原則や公平・中立・簡素の考え方を説明する。租税の基礎用語は、課税主体、納税義務者、課税客体、課税標準などを説明する。本章で取り上げる内容は、税体系の全体像を理解する際に必要な知識であると同時に、個別税目の仕組みを理解するためにも欠かせない基礎になる。

1　租税とは

　租税とは政府の収入源である。政府は，財政需要に要する財源を税や借金によって賄う。最近の日本では，毎年，一般会計歳入の約 6 から 7 割が租税収入である。国税は，国の一般会計や特別会計に繰り入れられて国の歳入になり，地方税は地方団体の歳入になる。

　租税の基本的性格というとき，租税が政府の収入であることに加えて，租税が強制であること，そして租税が政府にとって無償資金であることも租税の性格として挙げられることが多い。

　租税が強制であるとは，民間経済主体にとって，いったん税法によって**納税義務**が定められると租税を逃れることができないことを意味する。日本国憲法は，これを納税の義務として定めている。

〈憲法〉
30 条　国民は，法律の定めるところにより，納税の義務を負ふ。

　租税が無償であるとは，政府は，租税を徴収する際に，民間に対して対価の支払いを要しないことを意味する。租税が無償資金であるのに対して，国

222　第3部　租税論

債は有償資金である。国債によって歳入を調達するときには，政府は資金提供者に対して利子の支払いが必要になる。

　このように，対価として見返りとなるサービスを提供する必要もなく，強制的に徴収するのが租税である。政府にとっては都合の良い収入源だが，民間にとっては苛斂誅求である。したがって，憲法で定めるように，租税を賦課徴収するには必ず法律による定めを根拠とすることになっている。これは，財政民主主義の一種であり，**租税法律主義**と呼ばれている。

〈憲法〉
84条　あらたに租税を課し，又は現行の租税を変更するには，法律又は法律の定める条件によることを必要とする。

　租税法律主義の定めによって，国税には税目ごとに税法があり，地方税は，地方税法を根拠にして地方団体が条例を定めている。地方団体が条例を根拠にした税を賦課徴収することは，租税法律主義にならって，**地方税条例主義**と呼ばれる。

2　望ましい税制のあり方

　税制のあり方を考えるために，なぜ税を支払うのか，誰にいくらの税を負担させるのが望ましいかといったあるべき論や，望ましい税制が備えるべき要件をまとめた原則論がある。これらの議論は，先人たちの知恵であり，国家が国民に税負担を課す際に，踏み外してはならない道理である。より良い財政運営のためにも，政府には，これらの原則論を指針として，毎年の税制改革に取り組むことが求められる。

2-1　国家観と課税の根拠

　そもそもなぜ税が存在し，国民は税を支払わなければならないのだろうか。これに関する議論は，**課税の根拠論**と呼ばれ，2つの代表的な考え方がある（表11-1）。

　日本では，憲法の定めによって，納税は国民の義務である。このように納

第 11 章　租税の意義と仕組み　*223*

表 11-1　国家観と課税根拠論と租税負担配分論

国家観	有機的国家観	社会契約説的国家観
課税根拠論	義務説（租税義務説）	利益説（租税利益説）
租税負担配分論	能力説（応能負担原則） ・国税 ・累進的負担（税率は累進） ・主観的能力説（犠牲説）と客観的能力説	利益説（応益負担原則） ・地方税 ・比例的負担（税率は比例）

税を国民の義務とする考え方は，**租税義務説**（あるいは，単に**義務説**）と呼ばれる。これが課税根拠論の第 1 の考え方である。租税義務説の考え方は，ドイツ歴史学派財政学（ワグナー）で主張された考え方であり，その背景には，国家観（国家とは何か）として，**有機的国家観**がある。有機的国家観では，国家は個人に優越する有機的な存在であり，国家の需要を満たし，維持していくために，国民は義務として租税を負担することが強いられる。当然，租税は国家（政府）にとって，無償の財源である。

　課税根拠論の第 2 の考え方は，**租税利益説**（単に，**利益説**と呼ばれることもある）の考え方である。租税利益説は，イギリス古典派経済学（アダム・スミス）の考え方を端緒とし，その背景には，**社会契約説的な国家観**がある。社会契約説的国家観では，国家は国民に対して私有財産の保護，秩序・安寧の保持など何らかの便宜を与える存在であり，国民は，このような国家の活動を支持し，国家が与える利益に対する対価として租税を支払う。

2-2　租税負担配分の原則

　誰にいくらの税を負担させるのが望ましいのかという議論を**租税負担配分論**という。国家を維持運営していくための費用が税であり，これを社会的費用というならば，租税を誰にどれくらい負担させるかは，社会的費用の配分の問題といえる。租税負担配分論には，**能力説**と**利益説**がある（表 11-1）。租税負担配分の議論は，**税の正義**（税の公正や税の公平といわれることもある）にも関係し，租税の議論において多くの関心を集め，中心を占めてきたテーマである。

224　第３部　租税論

(1) 能力説

　能力説（**応能原則**や**支払い能力説**と呼ばれることもある）は，各人の支払い能力（これを**担税力**という）に応じて，税を負担させるのが望ましいと考える。支払い能力に応じて税負担を求めることは，行政サービスからの受益とは切り離して，各人に税負担を求めることでもある。この意味で，能力説による課税は，課税根拠論における義務説（したがって，国家観は有機的国家観）と馴染みやすい。今日の日本では，国税が能力説に基づくとされている。所得税は累進課税によって所得再分配を行うが，これの根拠のひとつは能力説である（しかし，垂直的公平の方が根拠としては利用される。）。

　能力説の議論には，主観的能力説と客観的能力説がある。主観的能力説は，各人の主観（たとえば，効用）を基準にして，税の支払いによる効用の減少（これを犠牲という）に応じた税負担を課す（これを**犠牲説**という）ことを是とする。客観的能力説は，効用のような主観的な基準ではなく，所得，消費，資産などの客観的な基準（外形的な基準）を利用する。支払い能力の高い人は髭をたくわえ，その家には窓があるならば，髭や窓を客観的な基準とすることもできる[1]。

　犠牲説は，犠牲が均等（平等）になるように税負担を課すべきであると考える。これには，犠牲のとらえ方によって，絶対均等犠牲説，比例均等犠牲説，限界均等犠牲説がある。**絶対均等犠牲説**は各人の犠牲（税支払いによる効用の減少分）が均等になること，**比例均等犠牲説**は効用に占める犠牲の割合が均等になること，**限界均等犠牲説**は課税による限界犠牲が均等になることを要請する。所得の限界効用逓減を想定すると，どの犠牲説によっても累進的な税負担（高所得者により多くの税負担を求める）が導かれる。このうち，とくに限界均等犠牲説は個人間の課税後所得の均等を実現する。課税後所得の均等は，功利主義的な考え方（納税者の犠牲の総和を最小にするのが望ましいという**最小犠牲説**）によっても同じ結論を得ることができる。

1　所得は客観的基準であるが，課税所得（＝所得－所得控除）は主観的基準である。

第 11 章 租税の意義と仕組み　*225*

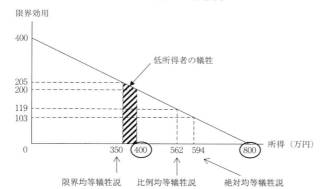

図 11-1　犠牲説の数値例

(注) 低所得者 (課税前所得 400 万円) と高所得者 (課税前所得 800 万円) がおり, 両者は同じように所得の限界効用が逓減する。低所得者に 50 万円の所得税を支払わせる (課税後所得は 350 万円) とする。このとき, 高所得者の税額は, 絶対均等犠牲説では 206 万円 (減少する効用の大きさは両者とも 10,600), 比例均等犠牲説では 238 万円 (減少する効用の率は両者とも 8.85％), 限界均等犠牲説では 450 万円 (課税後の限界効用は両者とも 205) になる。

$$
\begin{aligned}
&絶対均等犠牲説 : \Delta U_A = \Delta U_B \\
&比例均等犠牲説 : \Delta U_A / U_A = \Delta U_B / U_B \\
&限界均等犠牲説 : \Delta U_A / \Delta Y_A = \Delta U_B / \Delta Y_B
\end{aligned}
$$

(U_A と U_B は個人 A と個人 B の効用。Y_A と Y_B は人 A と個人 B の所得。)

　犠牲説は, 所得税の累進的な税負担を正当化することから, 垂直的公平の考え方と相性が良い。しかし, 実際に犠牲 (効用の減少) を測定するのは困難である。そのため, 今日では, 犠牲説を累進的税負担の直接的な根拠することはあまりなく, 犠牲説を使わずに, 垂直的公平の観点そのものから累進的税負担を直接的に議論することが多い。この意味で, 犠牲説は, 限界効用の概念を利用することでかつては注目を得たが, 現在ではあまり注目されることのない古い考え方である。

(2)　利益説

　利益説 (**応益性**や**応益原則**と呼ばれることもある) は, 政府から受けるサービス

226 第3部 租税論

に応じて対価を支払うイメージで税を負担することが望ましいと考える。課税根拠論にも同様に利益説が登場したが，両者は同じ意味である。したがって，利益説が想定する国家観は社会契約説的国家観である。能力説が累進税率を導き，国税に馴染むのに対して，利益説は，比例税率を導き，地方税に馴染むとされる。特に固定資産税（地方税）は，最も利益説の趣旨に沿う税といわれている。

　ある国の税制が，能力説と利益説のどちらかにだけ依拠して設計されているならば，その税制は理解しやすいかもしれない。しかし，実際には，日本の税制がそうであるように，国税と地方税で能力説と利益説を使い分けるし，すべての国税が能力説によって説明できるわけでも，そして，すべての地方税が利益説によって説明されるわけでもない。現実は，その都度，税に応じて能力説と利益説を都合よく使い分けている。

2-3　租税原則

　望ましい税制のあり方に関する原則論を**租税原則**という。租税原則は，抽象的でこれによって具体的な制度を設計することは困難だが，それでも望ましい税制を設計する際の指針であり，理想的な税制を構築する際に準拠すべき根本原則である。古くはアダム・スミスやワグナーの租税原則などが有名だが[2]，現代では，公平・中立・簡素の3原則が支持されている。

(1)　アダム・スミスの租税原則

　アダム・スミスは，経済学の祖である。彼の租税原則は，有名な「安価な政府」の思想を反映して財政の役割を限定的にとらえ，税はそのための財源である。公平の原則（その趣旨は租税負担配分に関する原則である）では，応益原則と応能原則が混在している。これについては，両原則を併記している，両原則をきちんと区別していない，応益性に基づいた応能性を述べている，などさまざまな解釈がある。

2　租税原則（アダム・スミス，ワグナー，マスグレイブ）の説明は，横田・森岡（2000）第4章3節による。

第 11 章　租税の意義と仕組み　*227*

表 11-2　伝統的な租税原則

アダム・スミスの租税原則（4 原則）	
公平の原則	税負担は各人の能力に比例すべきこと。言い換えれば，国家の保護の下に享受する利益に比例すべきこと。
明確の原則	租税は，恣意的であってはならないこと。支払い時期・方法・金額が明白で，平易なものであること。
便宜の原則	租税は，納税者が支払うのに最も便宜なる時期と方法によって徴収されるべきこと。
最小徴税費の原則	国庫に帰する純収入額と人民の給付する額との差をなるべく少なくすること。
ワグナーの租税原則（4 大原則・9 小原則）	
財政政策上の原則	(1) 課税の十分性：財政需要を満たすのに十分な租税収入があげられること。 (2) 課税の弾力性：財政需要の変化に応じて租税収入を弾力的に操作できること。
国民経済上の原則	(3) 正しい税源の選択：国民経済の発展を阻害しないような正しく税源の選択をすべきこと。 (4) 正しい税種の選択：租税の種類の選択に際しては，納税者への影響や転嫁を見極め，国民経済の発展を阻害しないで，租税負担が公平に配分されるように努力すべきこと。
公正の原則	(5) 課税の普遍性：負担は普遍的に配分されるべきこと。特権階級の免税は，廃止すべきこと。 (6) 課税の公平性：負担が公平に配分されるべきこと。すなわち，各人の負担能力に応じて課税されるべきこと。負担能力は所得増加の割合以上に高まるため，累進課税をすべきこと。なお，所得の種類等に応じ担税力の相違などからむしろ異なった取扱いをすべきであること。
租税行政上の原則	(7) 課税の明確性：課税が明確であるべきこと。恣意的課税であってはならないこと。 (8) 課税の便宜性：納税手続きは便利であるべきこと。 (9) 最小徴税費への努力：徴税費が最小となるよう努力すべきこと。
マスグレイブの租税原則（7 条件）	
十分性	歳入（税収）は十分であるべきこと。
公平	租税負担の配分は公平であるべきこと。
負担者	租税は，課税対象が問題であるだけでなく，最終負担者（転嫁先）も問題である。
中立（効率性）	租税は，効率的な市場における経済上の決定に対する租税の干渉を最小にするように選択されるべきこと。そのような干渉は「超過負担」を課すことになるが，超過負担は最小限にとどめなければならない。
経済の安定と成長	租税構造は経済安定と成長のための財政政策を容易に実行できるものであるべきこと。
明確性	租税制度は公正かつ恣意的でない執行を可能にし，かつ納税者にとって理解しやすいものであるべきこと。
費用最小	税務当局及び納税者の双方にとって費用を他の目的と両立しうる限り，できるだけ小さくすべきこと。

（出所）税制調査会（2000）による。

(2)　ワグナーの租税原則

　ワグナーは，ドイツ財政学の大家である。彼の租税原則は，20 世紀初頭前後に後進資本主義国であったドイツにおいて国家の積極的な活動を支持

228 第3部 租税論

し，国家は個人に優越するという有機的国家観をベースにして，国家がいか
にして税を徴収するかに力点を置いてまとめた原則論である。アダム・スミ
スが小さな政府であるのに対して，ワグナーは大きな政府のための租税原則
である。

⑶ マスグレイブの租税原則

マスグレイブは，経済学の理論を積極的に取り入れた現代の財政学の始ま
りである。現在でも多くの教科書で取り入れられている財政の3つの機能
は，マスグレイブの提案による。その租税原則は，アダム・スミスの租税原
則に，その後の経済学の発展を取り入れたものである。

⑷ 現代の租税原則

財政学には多くの租税原則が登場してきたが[3]，現代にもっとも支持され
ている租税原則は，**公平**，**中立**，**簡素**の3原則である（表11-3）。これらの3
原則を租税原則とする考え方の始まりは定かではないが（税制のあり方に関す
る議論を重ねるうちに，徐々に，これらの原則が抽出されてきた），アメリカ財務省の
『公平，簡素及び経済成長のための税制改革』（1984年）は，この3原則が今
日のように広く受け入れられるようになったきっかけである（第13章・表13-
1参照）。現在では，多くの財政学の教科書がこの3原則によって租税原則を
説明している。

公平の原則は，租税論の中心的なテーマであり，租税原則の1つとして掲
げられるようになる以前から，租税の正義や公正のテーマで議論されてき
た。3つの租税原則に優劣はない，というのが租税原則の通説的な理解であ
るが，それでも，租税の公平は，もっとも重要な原則である。租税負担配分
論の能力説における幾多の議論を経て，今日では，各人の支払い能力に応じ
て税負担を求めるのが公平な税であるとされ，支払い能力を所得によってと
らえるのが通説である。

税の公平は，**水平的公平**と**垂直的公平**に区別される。水平的公平は，同じ

---

3 表11-2の他に名前だけを挙げると，シャンツ（Georg von Schanz），ゲルロフ（W. Gerloff），
ノイマルク（F. Neumark），ヴィクセル，スティグリッツ（J. Stiglitz）などの租税原則がある。

第 11 章　租税の意義と仕組み　*229*

表 11-3　現代の租税原則

公平	・水平的公平 ・垂直的公平	垂直的公平は累進的税負担の根拠
中立	民間の経済活動を歪めない	定額税（一括固定税）
簡素	徴税・納税の費用が少ない	人頭税

支払い能力（担税力）の人には同じ税負担を求めること，垂直的公平は，異なる支払い能力の人には異なる税負担を求めることを意味する。いずれの公平もその考え方自体に異論はなさそうであるが，いざこれを具体化して実際に税制に落とし込むとなると，意見がまとまらないことが多い。水平的公平というとき，労働所得1万円と資本所得1万円は，同じ支払い能力であろうか。あるいは，垂直的公平の観点から，労働所得の500万円と1,000万円では，税負担にどれくらいの差をつければよいだろうか。

　中立の原則は，税が民間の経済活動にとって中立であること，つまり，何ら影響を与えないことをよしとする。税が民間経済に与える影響は，基本的に，民間経済の足を引っ張ることしかなく，これは**税による歪み**と言われる。歪みはゼロであるのが最も望ましい。税による歪みは，経済学のアプローチにおいて，余剰の減少として測定され，これは課税の**超過負担**と呼ばれる。歪み（超過負担）がゼロの税は効率的であるといわれ，この意味で，中立性の原則は，効率性の原則ともいわれる。

　最も効率的な税として，1人当たり定額を負担させる税（**一括固定税**あるいは一括税，定額税などと呼ばれる）が知られている。しかし，一括税は，個人の支払い能力にまったく配慮しないため，最も不公平な税でもある。税のあり方に対してはさまざまな立場があるが，それでも，最も効率的であるからといって一括税の利用を支持する見解はさすがにない。

　簡素の原則は，税制の仕組みは簡素であるのが望ましいと主張する。人頭税は，1人当たりいくらという形で定額を課す点で中立的であるといわれてきたが，家族計画や子どもを作るというところまで含めて考えると，子どもが生まれることに対して税負担を課すことになるし，今日のように国境を越えた人の移動が容易になれば，外国移住を促進するという点で非中立といえる。しかし，住民戸籍などの情報さえあれば執行できるという点で，最も簡

230 第3部 租税論

素な税とはいえる。

　税の仕組みそのものの簡素さ（複雑さ）を客観的にとらえるのは難しい。そこで簡素の原則では，租税特別措置などによる特例措置が少ないこと，（特例措置は課税ベースを浸食することが多いので）課税ベースが広いこと，（簡素であれば賦課徴収や納税に係るコストが小さくなると想定して）徴収コストや納税コストが小さいことなどによって，簡素をとらえることが多い。政府は，毎年の税制改正で，租税特別措置の廃止・縮減による税収額の変化を特出ししている。

　政府は，毎年，税収100円当たりに要した費用を**徴税コスト**として公表している。徴税コストは，政府が税の賦課徴収にどれだけの費用をかけたのかを知る便利な資料であり，これによって費用面から簡素の原則を検証できる。一方，納税に要した費用には，税理士への支払いや源泉徴収・確定申告の手間など納税者が要した費用があるが，これに関する公式の統計資料はない。

　図11-2は，徴税コストの推移を示している。徴税コストには，税務担当職員の人件費，税務行政のための物件費，前納報奨金などが含まれる。徴税コストの大きさは，徴税方式（申告方式か賦課方式か）によっておおむね決まる。国税よりも地方税に賦課方式の税目が多くあり，とりわけ市町村税には固定資産税の資産評価に多くの手間がかかる。その結果，徴税コストの傾向は，国税と地方税では国税が低く，道府県税と市町村税では道府県税が低い。

　徴税費用が税制改革の中心的なテーマになることはそんなに多くない。しかし，最近では，個人住民税の現年課税化（現在の個人住民税は前年の所得に課税しているが，これを，所得税と同じように，現年の所得に課税するやり方に変更すること）の議論で，現年課税化による源泉徴収の手間を誰が（市町村か，それとも源泉（特別）徴収義務者か）引き受けるかが論点のひとつである。

　租税原則にしたがって税制を望ましい形に整えようとするとき，租税原則が掲げる3つの原則のうち，公平と中立が相対立する関係にあることが悩みになる。中立と簡素は両立可能と考えられており，したがって公平と簡素も対立する。公平と中立・簡素の対立は，たとえば垂直的公平を進展させようとして税制に特別な配慮規定を設けることによって簡素を損ない，経済的な

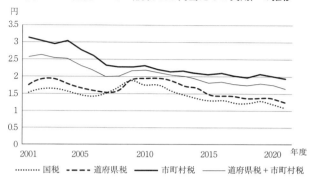

図 11-2 徴税コスト（税収 100 円当たりの費用）の推移

（出所）財務総合政策研究所「財政金融統計月報（租税特集）」（各号）の「国税及び地方税の徴税費の累年比較」により作成。

効率性を重視して一括固定税を導入することで公平を損なう。ただし，このようなトレード・オフがあるとはいえ，中立・簡素を損なうことが必ず公平を改善するわけではない。たとえば政治的な圧力や選挙対策を理由にして特定の対象を優遇することは，中立と簡素を損ない，公平も損なう。悪政は，トレード・オフを超えて，すべてを損なう。

3　税制の基本的枠組み

税は複雑である，といわれる。国税，地方税には多くの税目があり，それぞれに税額計算の仕方があり，その過程は理解不能なまでに難しい印象である。しかし，本当は，税の仕組みは単純である。ここでは，税の基本的な構造を説明する。

3-1　課税主体

税を課す主体を**課税主体**という。国が課税主体の税を国税，地方団体[4]が

4　地方団体とは，「道府県又は市町村」（地方税法 1 条 1 項 1 号）である。類似の用語に地方公共団体があり，「地方公共団体は，普通地方公共団体及び特別地方公共団体とする。」（地方自治法 1 条の 3）と定義されている。また，（地方）自治体の用語は，法律上の定義はない。

課税主体の税を地方税という。通常，課税主体になる団体がその税を賦課徴収し，その収入も課税主体のものになる。

課税主体が誰かというのは，課税権の所在がどこにあるかを意味する。国税は，国が課税権をもち，課税主体となる税である。国の課税権は，国家の成り立ちからして所与であり，日本国憲法は，国が課税権を有することを明記していない。明記せずとも，当然，国は課税権をもつという趣旨である。

一方，地方税の課税権は，国が地方団体に与えたものであり，地方団体は生来課税権を有するわけではない。このようにして国が課税権を付与するという考え方は，**伝来説**と呼ばれる。日本では，地方自治も，国が地方に付与したものと想定しており，伝来説による。昨今，地方分権の推進が進んでいるが，中央主権の下での伝来説による地方分権である。

政府が税を賦課徴収するのは，財源として利用するためである。したがって，ある税の課税主体を誰（国，都道府県，市町村）にするかは，原則として，誰の財源にするかによって決まる。国の財源にしたいときには国を課税主体にして国税になり，地方団体の財源にしたいときには地方団体を課税主体にして地方税にする。

しかし，税収の所在するところでそのまま財源にするのではなく，一定の基準で財源を賦与したいときがある。そのようなときには，譲与税の仕組みを利用することがある。また，徴収の手間を考えて，課税主体が徴収するのではなく，他に徴収を任せることもある。たとえば，森林環境税（第1章コラム参照）は，国税だが，市町村が個人住民税と併せて徴収し，その収入を，森林環境譲与税として，私有林人工林面積などの基準によって，地方団体に配分する。他にも，特別法人事業税は，法人事業税の一部を国税化したもので国税だが，都道府県が徴収し，人口基準によって，特別法人事業譲与税の名称で都道府県に配分する。

収入がそのまま財源にはならないものには，交付金もある。地方消費税は，道府県税であり，都道府県の収入になるが，その半分は地方消費税交付金として市町村に交付される。

第11章　租税の意義と仕組み　233

3-2　納税義務者，徴収方法

　税法で納税義務を課された者を**納税義務者**という。納税義務者には，その税を負担させようとする者をそのまま指定することもあれば，徴収の手間を考えて，他の者を指定することもある。前者のように納税義務者と税負担者が一致する税を**直接税**，後者のように両者が異なる税を**間接税**と呼ぶ。直接税では，税の負担を想定された者がそのまま税を支払うことになり，これを税負担の転嫁がないという。逆に，間接税では，税負担者として想定する者とは異なる者を納税義務者とし，納税義務者から本来の税負担者に税負担が転嫁することを想定している。

　直接税と間接税の区別は，定義上，このような税負担の転嫁の有無によるが，課税の実際上は，直接税は税負担者の個別的事情を考慮でき，間接税は税負担者の個別事業を考慮できないという特徴があり，この方が大切かもしれない。かつて，消費税が逆進的であるとして，消費税で低所得者に配慮しようと検討したことがあったが，できなかった。消費税は間接税であり，低所得者という個別事情への配慮は，もともと無理な相談である。生活必需品等への軽減税率は，低所得者への配慮に寄与する部分もあるが，むしろ生活必需品の中心を占める生鮮食料品など，農業保護のための産業政策として意味がある。

　納税義務者を誰にするかは，まずは税負担者をそのまま納税義務者にするのがわかりやすい。しかし，徴収率を向上させるために，納税義務者本人ではなく，別の者に徴収を代行させるのが好都合なことある。このような場合に，**源泉徴収**や**特別徴収**を利用する。所得税（国税）は，居住者（所得のある者）をそのまま納税義務者にした直接税だが，給与の支払者に源泉徴収義務を課している。個人住民税（地方税）も，直接税だが，給与の支払者に特別徴収義務を課している。入湯税（地方税）は，入湯客に納税義務があるが，温泉施設等を特別徴収義務者にしており，分類上は間接税である。同様のイメージで特別徴収を利用している国税に，国際観光旅客税がある。国際観光旅客税は，国際観光旅客等を納税義務者にして，事業者を特別徴収義務者にしている。

　このように，一定の徴収率を担保するために，源泉徴収制度や特別徴収制

234　第3部　租税論

度を利用して，徴収に便宜のある者を指定し，税負担者とは異なる者（源泉
徴収義務者や特別徴収義務者）に税を徴収させることもある。結局，ある税を直
接税とするか間接税とするかは，その税の趣旨によって，誰を税負担者にし，誰を納税義務者にすべきかを踏まえて，その都度，課税当局が決める。

　納税義務者を決めるとき，納税義務者数は大切な要因である。税務行政の観点からは，納税義務者数は少ない方が，納税の監視に要する費用も少なく済むので，望ましい。多くの場合，消費者数よりも生産者数の方が少ない。さらには，消費者よりも，生産者の方が，課税当局からの監視も行き届きやすい。そのため，消費者よりも，生産者を納税義務者とすることが課税当局にとって好都合であることが多い。源泉徴収義務者や特別徴収義務者の制度は，このような観点からも利用されている。

　徴収方法をどのようにするかは，納税義務者を誰にするかとも密接に関係する。徴収方法には，**申告方式**と**賦課方式**がある。申告方式は，納税者に自分で税額を計算させて，申告納税させる。賦課方式は，課税庁が税額を決め，納税通知書を発送して，納税させる。申告方式よりも賦課方式の方が課税庁の手間がかかるが，徴収率は賦課方式の方が高くなる。

　地方税には国税の仕組み（計算方法など）を利用して税額を計算するものがあることから，国税は申告方式が多く，地方税は賦課方式が多い。賦課方式では，課税庁の手間が多いことから，特別徴収方式を利用するインセンティブが高まる。

　手間をできるだけ少なくするように決めるのは，納税義務者や徴収方法だけではない。納税義務者の支払い方法も，できるだけ手間が少なくなるように配慮して決める。地方消費税は，道府県税であるが，消費税（国税）と併せて税務署に納付する。個人住民税（均等割と所得割）は，道府県民税と市町村民税があるが，両税分を合わせて市町村に支払う。住民税利子割は，個人住民税の住所地課税の原則の例外として，口座所有者の住所地ではなく，金融機関所在地で支払う。

3-3　課税客体，課税標準

　税を課す対象を**課税客体**という。課税客体の用語は，租税論（財政学）で

よく利用される用語である。租税法（税法学）は，類似の概念を課税物件と呼んでいるが，両者は完全に言い換えられるわけではない。国税（税法）には課税客体の用語は用いられていないが，地方税法には課税客体の用語が利用されている。

課税客体には，人（個人や企業），所得・消費・資産，財・サービス，経済行為など，さまざまなものが可能である。各税は，その趣旨にふさわしい課税客体を決める。たとえば，所得税の課税客体は所得，住民税は個人・法人，事業税は事業，固定資産税は固定資産，都市計画税は固定資産の取得が課税客体である。

税額計算のために課税客体を数値化したものを**課税標準**という。所得税の課税客体である所得は，もともと数値で表現されているので，そのまま課税標準に利用できる。しかし，住民税の課税客体は個人・法人であり，これをそのまま利用して税額を計算する（個人×税率＝？）ことはできない。そこで，住民税は，均等割の課税標準を1人当たり，所得割の課税標準を所得額にしている。その趣旨は，住民税は人（個人・法人）に着目して税負担を求めるが，その負担額の計算は，1人当たりいくらの定額負担（均等割）とその人の所得額に応じた負担（所得割，法人税割）によって決める，ということである。事業税は，事業を課税客体にして，課税標準には所得割や外形標準課税を利用している。

課税客体は，最近，軽視されているように思われる。たとえば法人所得課税（法人税，法人住民税，法人事業税）は，法人の所得に対する二重課税だと批判されることがある。しかし，その課税客体はそれぞれ異なっており，法人の所得，法人そのもの，法人の営む事業である。つまり，これらは趣旨の異なる税であり，二重課税ではない。税の趣旨は，課税標準だけではなく，課税客体にも反映されている。課税標準と同じくらい，課税客体も大切にすべきである。

3-4 税　率

課税標準に税率を乗じることで税額が計算される。納税者の支払う税額は，すなわち政府の税収であり，財源である。政府は，財源を増減しようと

236 第３部 租税論

するとき，課税標準や税率を調整する。

現代の租税は，現金で支払うのが原則なので，税額は金額である。課税標準が価格や所得額などの金額のとき（このとき，課税標準額と呼ばれる），税率はパーセント表示である。税率がパーセント表示の税は，**従価税**と呼ばれる。一方，課税標準が重さや本数などの数量のとき，税率は数量単位当たり（たとえば，たばこ税は 1,000 本あたり 15,244 円）で表示される。これは，**従量税**と呼ばれる。

税率の設定の仕方には，**比例税率**と**複数税率**がある。比例税率は，応益負担を重視するときや，税負担者の支払い能力への配慮がそれほど必要ではないときに利用される。複数税率は，応能負担を重視するときや，税負担者の支払い能力に配慮するときに利用される。所得税の**超過累進税率**は，複数税率の一種で，応能負担に基づいた税率設定である。法人税では，応能負担にまでは至らないが，中小零細事業者の支払い能力に配慮して，軽減税率を設けており，これも複数税率といえる。消費税の軽減税率も複数税率の一種である。

税法上で定められている税率は，**法定税率**と呼ばれる。しかし，法定税率は，名目的な税率であり，必ずしも実際の税負担率を表すわけではない。そこで，実際の税負担率の意味で，**実効税率**の用語がある。しばしば利用されるのは，法人税の実効税率である。これは，法人の実際の税負担率という意味で，法人税，法人住民税，法人事業税などを合計する。ただし，この実効税率も法定税率を組み合わせただけである。その意味で，これは法定実効税率と呼ばれる。真の意味での実効税率を知るためには，たとえば法人税の場合には，各種の控除の影響なども考慮して，法人の課税所得に対する支払い税額の割合を計算する必要がある。

3-5 税収使途

政府は，財源確保のために税を利用する。したがって，税収をどのように使うかは，政府にとって最大関心事である。最近では，納税者も税収使途に対する関心を高めている。

税収使途は歳出であり，その決定は予算編成である。政府は，毎年度，予

算を国会で議決する。税には使途があらかじめ決められている（特定財源になる）ものがあり，これは**目的税**と呼ばれる。目的税では，予算編成を通じた税収使途の検討の余地がない（第2章参照）。したがって，税収使途は，あらかじめ決まっていないのがよい。使途をあらかじめ決めない税は，**一般税**と呼ばれる。一般税による税収が一般財源になる。

　目的税は，何をもって目的税と定義するかあいまいであり，狭義には税法によって使途が定められている場合に目的税とされる。この定義によると，国税では，電源開発促進税と消費税が目的税になる。地方税では，地方税法が一般税を普通税と呼んで，地方税法の中で普通税と目的税を区分しているので，分類がわかりやすい。

　しかし，これらの税目以外にも，他の法律によって特定財源化され，一般には目的税として理解されるものがある。たとえば，復興特別所得税は「東日本大震災からの復興のための施策を実施するために必要な財源の確保に関する特別措置法」と「特別会計に関する法律」によって，国際観光旅客税は「外国人観光旅客の来訪の促進等による国際観光の振興に関する法律」によって，使途を定めている。また，たばこ特別税は「一般会計における債務の承継等に伴い必要な財源の確保に係る特別措置に関する法律」によって旧国鉄や国有林野事業の債務整理に充てられている。一般には，これらも目的税と認識されている。

　各種の譲与税の中にも，使途が特定財源化されていて，目的税と言えるものがある。森林環境税は，その譲与税の使途を「森林の整備及びその促進に関する施策の財源」（森林環境税及び森林環境譲与税に関する法律1条）に限定している。航空機燃料税は，譲与税の使途を「航空機の騒音により生ずる障害の防止，空港及びその周辺の整備その他の政令で定める空港対策に関する費用」（航空機燃料譲与税法7条）に充てることになっている。譲与税は，財源賦与のために一定の基準によって地方団体に税収を配分する仕組みであり，目的税に馴染みやすい。地方揮発油税は，地方道路税の名称で地方団体の道路特定財源のために創設されたが，現在は，譲与基準はそのまま道路の延長や面積を利用しながらも，改称して，一般財源化されている。

　その他に，課税主体が自らの財政需要を賄うための財源として利用できな

いという意味で言えば，所得税（33.1%），法人税（33.1%），消費税（19.5%），酒税（50%），地方法人税（100%）の地方交付税の財源となる部分は特定財源と言えるかもしれない。しかし，これらが地方のための目的税と言われることはない。

参考文献

横田信武・森岡一憲（2000）『財政学講義』，中央経済社

Column　Tax Freedom Day

私たちは，働いて得た所得のすべてを使えるわけではない。稼得した所得のうち一定の割合は，税や保険料として，政府が徴収する。私たちが使えるのは，その残りだけである。たとえば，1万円を稼いだとしてもそのうち4,500円を政府に取られるならば，実際に本人のものといえるのは，5,500円である。これを言い換えれば，4,500円までは政府のために働いていることになり，4,500円を超えて初めて，自分のために働いていることになる。

このようにして，1月1日から始まる1年間のうち，自分のために働くことになる初日を税から自由になる日とするアイデアは，Tax Freedom Day と呼ばれている。Tax Freedom Day が6月15日であれば，この日までは政府のために働いていて，この日以降が自分のための労働である。Tax Freedom Day は，ダラス・ホステトラーが考案し，Tax Foundation（アメリカのNPO）が

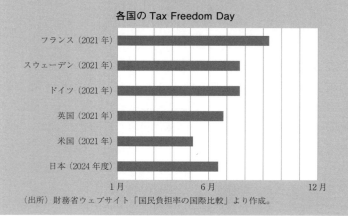

（出所）財務省ウェブサイト「国民負担率の国際比較」より作成。

第 11 章　租税の意義と仕組み　*239*

引き継いで，毎年，州ごとの Tax Freedom Day を公表していた。（しかし，最近は，公表していないようである。）

　個人ごとに所得に違いがあり，そこから支払う税の負担率も異なるため，Tax Freedom Day は人によって異なるが，これを国ごとにとらえると，Tax Freedom Day は，国民負担率を暦で表したものに他ならない。そこで，国民負担率を機械的に Tax Freedom Day に変換すると，次のようになる。どんな印象だろうか？

240 第3部 租税論

第12章 租税分析の経済的視点

　租税を経済的に分析する際に利用する考え方や方法を説明する。税収の所得弾力性，税負担の累進度の尺度，税負担の転嫁と帰着，ラムゼー・ルール（逆弾力性ルール），超過負担，課税の限界費用などの租税の経済分析に欠かせない重要な概念について，できるだけ数式を使わず，グラフを利用して，直観的な理解を得るように説明する。本章は，ミクロ経済学の知識（初歩的なレベルで構わない）があると，理解しやすい。

⬚1 税収と税負担

1.1 税収の所得弾力性

　税の性格を税収の変化の仕方の観点からとらえるとき，**税収の所得弾力性**が使われる。税収の所得弾力性は，税収の変化率を GDP（所得）の変化率で除することによって得られる。税収の所得弾力性は，長期と短期に分けることができる。

税収の所得弾力性＝税収の変化率÷ GDP の変化率

　長期的な税収の所得弾力性が1よりも大きいとき，GDP の増加率以上に税収が増加することを意味し，この税の税収は伸張的であり，自然増収を期待できる。逆に，長期的な税収の所得弾力性が1よりも小さいとき，GDPの増加率よりも税収の増加率は小さい。したがって，経済が成長する（GDPが増加する）ときに税収の伸びを期待することはできない。

　短期的な税収の所得弾力性が1よりも小さいとき，景気の変化よりも税収の変化が小さいことを意味し，この税は税収が安定しているといえる。逆

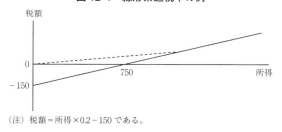

図 12-1　線形累進税率の例

（注）税額＝所得×0.2－150 である。

に，短期的な税収の所得弾力性が 1 よりも大きいとき，景気の変化よりも税収の変化の方が大きいことになり，税収は不安定といえる。税収が不安定であるとき，政府は安定的な財源確保に苦労する。

1-2　税負担の累進度

　ある税の負担が累進的であるとか，または逆進的であるとかいうとき，その負担は所得に対するその税の支払額（これを**平均税率**という）で測る。所得税であれば，所得に対する税負担額を尺度にすることにほとんど異論はないが，通常は，消費税であっても，その負担の重さは，所得を基準にして，所得に対する消費税支払額によって測定する。

　このようにして，平均税率（＝税額/所得）によって税負担をとらえるとき，所得水準に関わらず平均税率が一定の負担を**比例的な負担**，所得の増加とともに平均税率が上昇する負担を**累進的な負担**，所得の増加とともに平均税率が低下する負担を**逆進的な負担**という。消費税は，逆進的な負担であることが知られている。

　所得税は累進的な負担であるが，通常，その税率は超過累進構造で設定される。つまり，所得区分の上昇とともに適用される限界税率も高くなる設定である。しかし，税負担が累進的であるためには，必ずしも超過累進構造である必要はなく，限界税率が一定であっても，所得控除を設けることによって平均税率を上昇させることができる。限界税率は一定だが，所得の増加とともに平均税率が上昇するような税率は，**線形累進**と呼ばれる。図 12-1 に線形累進を例示している。限界税率は直線の傾きなので一定，平均税率は原

242　第３部　租税論

点からの傾きなので，所得の増加とともに高くなる。

　税負担の累進度を測定する尺度には，ローレンツ曲線を利用した**カクワニ係数**もあるが（第９章参照），平均税率を利用することもできる。税負担の累進性（逆進性）を平均税率によって分類する考え方からすれば，平均税率によって累進度を測るのは素直な発想である。平均税率によって税負担の累進度を測定すると，その尺度は次のようになる。v_1 は，大きいほど，税負担は累進的である。

$$\text{平均税率による累進度}：v_1 = \frac{\dfrac{T_1}{Y_1} - \dfrac{T_0}{Y_0}}{Y_1 - Y_0}$$

（Y：所得（$Y_0 < Y_1$），T：税額）

　税負担の累進度は，税収の所得弾力性によってもとらえることができる。税収の所得弾力性は，税収の変化率を所得（GDP）の変化率との関係でとらえる尺度であり，したがって，所得の変化に対する税負担（税収）の変化として理解することは自然な応用である。v_2 も，大きいほど，税負担は累進的である。

$$\text{税収の所得弾力性による累進度}：v_2 = \frac{\dfrac{T_1 - T_0}{T_0}}{\dfrac{Y_1 - Y_0}{Y_0}}$$

　v_1 と v_2 は，必ずしも同じ結果にはならないことに注意が必要である。たとえば，税率を一律 20％引き上げる（T_0 を $1.2\,T_0$，T_1 を $1.2\,T_1$）とする。このとき，平均税率による累進度は $1.2\,v_1$ になるが，税収の所得弾力性による累進度はそのまま v_2 である[1]。

1　Rosen and Gayer（2014），pp. 299-300.

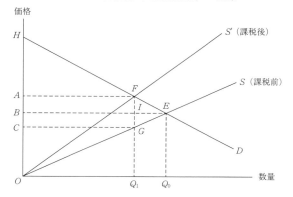

図12-2 従価税（生産者課税）の効果

2　税負担の転嫁と帰着

　図12-2で，個別物品税（従価税）の経済効果を説明する。政府は，ある財の市場で生産者に従価税（税率t%）を課す。従価税によって生産者の限界費用曲線（供給曲線）は税率分だけ上方に回転し，供給曲線はSからS'になる。これによって市場均衡は，点Eから点Fに移動し，均衡数量はQ_0からQ_1に減少，均衡価格はBからAに上昇する。このとき，政府の税収は四角形$ACGF$である。

　従価税によって市場に生じた変化を余剰で説明すると次のようになる。課税前は，消費者余剰は三角形HBE，生産者余剰は三角形OBE，総余剰は三角形HOEである。従価税によって，消費者余剰は三角形HAF，生産者余剰は三角形COG，税収は四角形$ACGF$であるから，総余剰は四角形$HOGF$である。課税前後の総余剰を比べると，従価税によって三角形EFGの余剰が減少している。これは，課税によって失われた余剰であり，**超過負担**（EB：Excess Burden）（または，**死荷重**，**厚生ロス**などとも）と呼ばれる[2]。

　従価税は，消費者と生産者の余剰を減らしている。生産者余剰の減少は，

---

[2] 超過負担は代替効果のみに起因するもので，ここでは所得効果が無視しうるほど小さいことを仮定している。

244　第３部　租税論

図 12-3　需要が非弾力的なとき

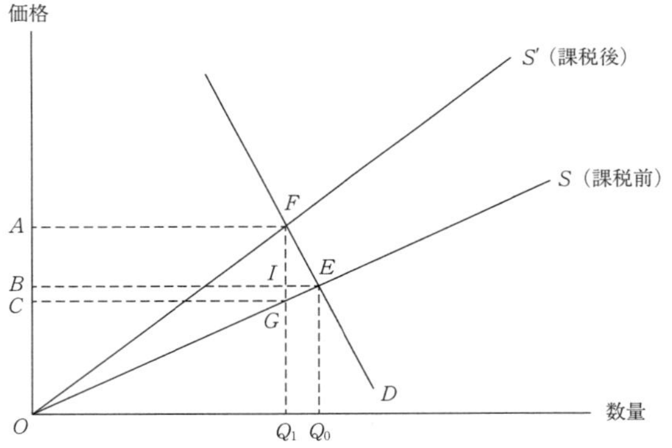

価格

S'（課税後）

S（課税前）

F

A

I　E

B

C

G

D

O　Q_1　Q_0　数量

政府の税収に変化した部分（四角形 $BCGI$）と生産量の減少によって消滅した部分（三角形 IGE）がある。消費者余剰の減少にも，政府の税収に変化した部分（四角形 $ABIF$）と消費量の減少によって消滅した部分（三角形 FIE）がある。消費者や生産者にとっては，税収に変化した部分も消滅した部分も，余剰が減少することには変わらない。ただ，総余剰の観点からは，税収に変化した部分は余剰の帰着先が消費者や生産者から政府に変わっただけであるが，消滅した部分は文字通り消えてしまったわけであり，余計な損失である。

　ここでは生産者課税を想定しているにも関わらず，税収のために消費者余剰が減少している。実質的にはこの分だけ消費者もこの税を負担していることになる。これは，この分だけ税負担が生産者から消費者に転嫁されたことを意味する。このようにして，納税義務者から他の者に税負担を移転させることは，**税負担の転嫁**と呼ばれる。また，転嫁を経て税負担が最終的に落ち着くことを**帰着**という。図 12-2 の例では，生産者が納税義務者であるが，税負担の一部が生産者から消費者に転嫁され，最終的に，消費者と生産者の両者に税負担は帰着している。

　税負担の転嫁を決める最大の要因は，需要や供給の価格弾力性である。図 12-3 は，図 12-2 と同じ従価税であるが，需要曲線の傾きのみ異なっている（より非弾力的である）。図 12-3 は，需要がより非弾力的になることで，消費者

図 12-4　従価税（消費者課税）の効果

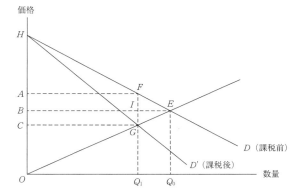

の税負担割合が大きくなることを示している．このように，消費者と生産者の間でどのように税負担が帰着するかは，価格弾力性の相対的な大きさによって決まる．一般に，価格弾力性が小さいほど，大きな税負担になる．

図 12-4 は，同じ従価税を消費者に課した場合である．最終的な税負担の帰着は価格弾力性が決めるため，消費者と生産者の課税後の余剰も政府の税収も，図 12-2 と全く同じである．超過負担も同じであり，すべてが全く同じである．したがって，図 12-4 は，納税義務者を消費者と生産者のどちらにするかは，経済的な効果という観点からは無関係であることを述べている．そのため，経済学（財政学も）の教科書では，納税義務者が誰であるかにはとくに関心を払わず，生産者に課税する事例を挙げることが多い．しかし，第 11 章で説明したように，税務行政の実務では，誰を納税義務者にするかは大きな問題である．

③　課税の経済的コスト

租税原則の簡素原則では，課税のコストとして，徴税コストと納税コストを考慮した．このようなコストのとらえ方の他に，余剰の減少によってコストを測定する考え方がある．その代表的なものに超過負担がある．実証分析では，租税の非効率係数や課税の限界費用の考え方もよく利用される．

246 第３部　租税論

図 12-5　超過負担と価格弾力性の関係

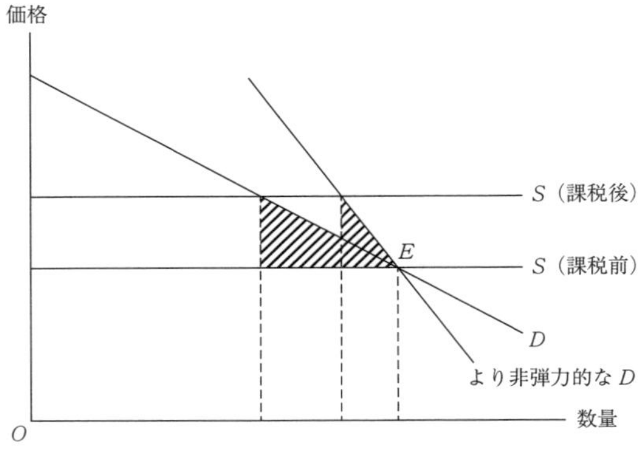

3-1　超過負担

　政府があなたに１万円の所得税を課すとする。このとき，あなたの所得が
１万円だけ減るのであれば，１万円があなたから政府に移転しただけである。
しかし，もしあなたの所得が１万円以上（たとえば，1.2万円）も減少するな
ら，どうだろうか。これが**超過負担**のイメージである。

　図 12-5 で，超過負担と価格弾力性の関係を説明する。説明を単純にする
ために，供給曲線は水平である。超過負担は，斜線部の三角形である。

　傾きの異なる２つの需要曲線を描いているが，より傾きが急な需要曲線
（より非弾力的な方）の超過負担が小さい。ここから，価格弾力性と超過負担
には関係があり，非弾力的なほど（価格弾力性が小さいほど）超過負担も小さく
なることが予想される。

　図 12-6 は，超過負担の計算を説明している。超過負担の大きさは，三角
形の面積なので，次のように計算できる。この単純化されたモデルでは，税
率，支出額（＝ PQ）, 需要の価格弾力性がわかると，超過負担の大きさを計
算できる[3]。

3　供給曲線が右上がりのときの従価税の超過負担は，$\dfrac{1}{2} \cdot t^2 \cdot P \cdot Q \cdot \left| \dfrac{\varepsilon_D \cdot \varepsilon_S}{\varepsilon_S - \varepsilon_D} \right|$ のように表すことが

できる。また，供給曲線が右上がりのときの従量税の超過負担は，$\dfrac{1}{2} \cdot t^2 \cdot \dfrac{Q}{P} \cdot \left| \dfrac{\varepsilon_D \cdot \varepsilon_S}{\varepsilon_S - \varepsilon_D} \right|$ となる。

（ε_D と ε_S は，それぞれ需要の価格弾力性と供給の価格弾力性。）

第12章 租税分析の経済的視点　247

図 12-6　超過負担の計算

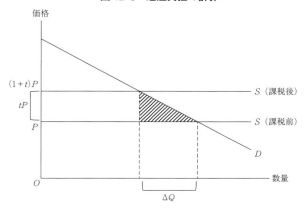

$$\text{超過負担}(EB) = 1/2 \times \Delta Q \times tP = 1/2 \times \varepsilon \times P \times Q \times t^2$$

（需要の価格弾力性：$\varepsilon = (\Delta Q/\Delta P)(P/Q)$）

　この定式化から，超過負担は，税率の2乗に比例し，価格弾力性に比例することもわかる。超過負担が税率の2乗に比例することは，もし同じ税収を調達するとき，税率が2分の1になると，超過負担が4分の1になることを意味する。税率は，低ければ低いほど，望ましいわけである。

3-2　租税の非効率係数

　租税の非効率係数は，税収1単位当たりの超過負担である。税収1単位当たりで超過負担を測ることによって，税収規模の異なる税目で効率性を比較することが可能になる。

$$\text{租税の非効率係数}(EB/R) = \text{超過負担}/\text{税収額}$$

（R：税収）

248 第３部 租税論

3-3 課税の限界費用

課税の限界費用（*MCF*：Marginal Cost of Fund）は，税率の引き上げがどれくらい民間の余剰（消費者余剰と生産者余剰）を減少させるかを考え，これを課税の費用と考える。超過負担や限界超過負担（下記で説明する）が余剰のロス（消失）のみをとらえていたのに対して，課税の限界費用は，余剰が税収に変化した部分も含める点で費用のとらえ方が異なる。

図 12-7 で，課税の限界費用を説明する。t_1 の税率ですでに課税が行なわれており，これを t_2 に税率を引き上げるとする。税率が t_1 のとき，税込み価格は P_1 であり，取引量は Q_1 である。このとき，消費者余剰は面積 $A+B+H$，生産者余剰は面積 $F+G+K$，税収は面積 $C+E+I+J$ である[4]。税率を t_2 に引き上げると，税込み価格は P_2 に上昇し，取引量は Q_2 に減少する。このとき，消費者余剰は面積 A，生産者余剰は面積 G，税収は面積 $B+C+E+F$ になる。

これ以降は，H と K は，とても小さいので，無視する。税率の引き上げによる税収の増加は，面積 $B+F-(I+J)$（＝面積 $B+C+E+F-$面積 $C+E+I+J$）である。一方で，税率の引き上げによって，新たに面積 $I+J$ の超過負担（余剰のロス）が生じている（H と K を無視していることに注意）。税率の引き上げによって新たに生じた超過負担は，限界的な超過負担の意味で，**限界超過負担**（*MEB*：Marginal Excess Burden）と呼ばれる。限界超過負担は，次のように表すことができる。限界超過負担は，税率が高くなるほど，大きくなる。

$$限界超過負担（\mathrm{d}EB/\mathrm{d}R）= (I+J)/(B+F-(I+J))$$

税率の引き上げは消費者余剰と生産者余剰を減少させる。消費者余剰と生産者余剰の減少は，それぞれ面積 B（＝面積 $(A+B+H)-$面積 A，面積 H は無視）と面積 F（＝面積 $(F+G+K)-$面積 G，面積 K は無視）である。課税の限界費用（*MCF*）は，この余剰の減少を税率の引き上げによる増収分（面積 $B+F-(I+J)$）

---

4 参考までに，この図で，超過負担は，新たに税を課すことを想定した余剰（消費者余剰と生産者余剰）の減少なので，税率をゼロから t_1 に引き上げたときの減少分で $L+M$ である。また，租税の非効率係数は，$(L+M)/(C+E+I+J)$ である。

図12-7　課税の限界費用

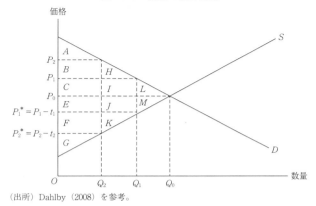

(出所) Dahlby (2008) を参考。

で除することで得ることができる。

$$\begin{aligned}
\text{課税の限界費用 } (dS/dR) &= (B+F) \div (B+F-(I+J)) \\
&= ((B+F-(I+J))+(I+J)) \\
&\quad \div (B+F-(I+J))) = 1+MEB
\end{aligned}$$

(S：余剰)

　税率の引き上げによる消費者余剰と生産者余剰の減少は，余剰から税収への変化（税収の増加）と余剰の損失（限界超過負担）に分けることができる。上記では，この関係を利用して，（消費者余剰の減少＋生産者余剰の減少）＝（税収の増加＋超過負担の増加）という変形によって，課税の限界費用と限界超過負担の関係も示している。通常，限界超過負担の大きさは正である。ここから，課税の限界費用も，通常，1を超える。

3-4　ラムゼー・ルール

　超過負担の大きさが税率と価格弾力性に依存するのであれば，効率的な課税のあり方として超過負担の総和が最小になるようにして税率を組み合わせ，税収を調達しようと考えるのは，自然な発想である。このようにして考

250 第3部 租税論

図 12-8 ラムゼー・ルール

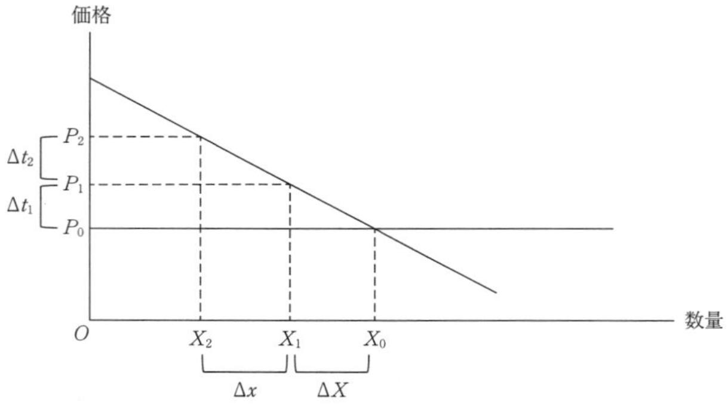

えられた効率的に税率を設定するための条件は，**ラムゼー・ルール**と呼ばれる。

　ラムゼー・ルールの最も簡単な例として，2つの財（X財とY財）があり，これらに従量税を課す場合を考える。もしどちらかの課税の限界費用が高いとすれば，その財の税率を引き下げることによって超過負担の合計は小さくなるので，超過負担の合計が最小になるためには，X財とY財の課税の限界費用が等しくなることが必要である。これは，ラムゼー・ルールの必要条件である。

　図12-8は，X財の需要曲線と供給曲線を描いている。供給曲線は，説明を簡単にするために，水平である（図12-8は，供給曲線が水平であることを除いて，図12-7と同じ設定である）。従量税のないときのX財の価格はP_0，消費量はX_0である。税率引き上げ前の従量税率はΔt_1，このときの税込み価格はP_1，消費量はX_1である。ここで税率をΔt_2だけ引き上げると，税率引き上げ後の従量税率は$\Delta t_1 + \Delta t_2$，税込み価格はP_2，消費量はX_2になる。

　ラムゼー・ルールの必要条件は，X財とY財の課税の限界費用が均等になることだが，これは，課税の限界費用＝1＋限界超過負担なので，結局，限界超過負担が等しいことと同義になる。税率の引き上げによるX財の限界超過負担MEB_Xは，$MEB_X = \Delta X/(X_1 - \Delta X)$である[5]。$Y$財の限界超過負担も，

5　この計算は，次のようになる。$MCF_X = 1 + MEB_X = 1 + $ 面積 $I/$面積$(B-I)$なので，

　　1）面積 $I = \Delta t_1 \times \Delta x = \Delta t_2 \cdot \Delta X$

同様にして，$MEB_Y = \Delta Y / (Y_1 - \Delta Y)$ となる。これらを利用すると，ラムゼー・ルールの必要条件は，次のようになる[6]。

$$MEB_X = MEB_Y \Leftrightarrow MCF_X = MCF_Y \Leftrightarrow \Delta X / X = \Delta Y / Y$$

$\Delta X / X$ と $\Delta Y / Y$ は，X 財と Y 財の需要量の変化率である。したがって，ラムゼー・ルールによると，超過負担の合計を最小にするためには，各財の需要量の変化率が等しくなるように税率を設定するべきとなる。

需要量の変化率を均等にするというラムゼー・ルールは，需要の価格弾力性を利用して，次のように書き換えることができる。

$$\Delta X / X = \Delta Y / Y \Leftrightarrow t_X \cdot \varepsilon_X = t_Y \cdot \varepsilon_Y$$

（t_X と t_Y は X 財と Y 財の税率。ε_X と ε_Y は X 財と Y 財の需要の価格弾力性）

ラムゼー・ルールの弾力性表示（$t_X \cdot \varepsilon_X = t_Y \cdot \varepsilon_Y$）は，**逆弾力性ルール**と呼ばれ，価格弾力性が大きい財ほど低い税率を設定するのが望ましいことを意味する。逆弾力性ルールは，効率的な税率設定の仕方のわかりやすい指針である。しかし，一般に，価格弾力性が小さい財は生活必需品に多く，価格弾力性が大きな財はぜいたく品に多い。したがって，逆弾力性ルールにしたがって税率を設定することは，効率的ではあるが，公平性を損なう。これは，公平と効率のトレード・オフである。

（需要曲線の傾き $= \Delta t_1 / \Delta X = \Delta t_2 / \Delta x$ より，$\Delta t_1 \cdot \Delta x = \Delta t_2 \cdot \Delta X$ を利用）

2) 面積$(B-I) = (\Delta t_1 + \Delta t_2) \times X_2 - \Delta t_1 \times X_1 = \Delta t_1 (X_2 - X_1) + \Delta t_2 \cdot X_2 = -\Delta t_1 \cdot \Delta x + \Delta t_2 \cdot (X_1 - \Delta x)$
   $= \Delta t_2 \cdot (X_1 - \Delta x) - \Delta t_2 \cdot \Delta X = \Delta t_2 (X_1 - \Delta x - \Delta X) \fallingdotseq \Delta t_2 (X_1 - \Delta X)$

（途中の計算で $X_1 - X_2 = \Delta x$，$X_2 = X_1 - \Delta x$，$\Delta t_1 \cdot \Delta x = \Delta t_2 \cdot \Delta X$，$\Delta t_2 \cdot \Delta x$ $(=$ 面積 $H)$ は無視する，を利用する。）

3) 以上より，$MEB_X =$ 面積 $I /$ 面積 $(B-I) = (\Delta t_2 \cdot \Delta X) / \Delta t_2 (X_1 - \Delta X) = \Delta X / (X_1 - \Delta X)$ となる。

4) Y 財についても同様にして，$MEB_Y = \Delta Y / (Y_1 - \Delta Y)$ を得ることができる。

6 $MCF_X = MCF_Y \Leftrightarrow (1 + MEB_X) = (1 + MEB_Y) \Leftrightarrow MEB_X = MEB_Y \Leftrightarrow \Delta X / (X_1 - \Delta X)$
   $= \Delta Y / (Y_1 - \Delta Y) \Leftrightarrow \Delta X / X = \Delta Y / Y$

252　第３部　租税論

図 12-9　課税の価格効果と一括税の効率性

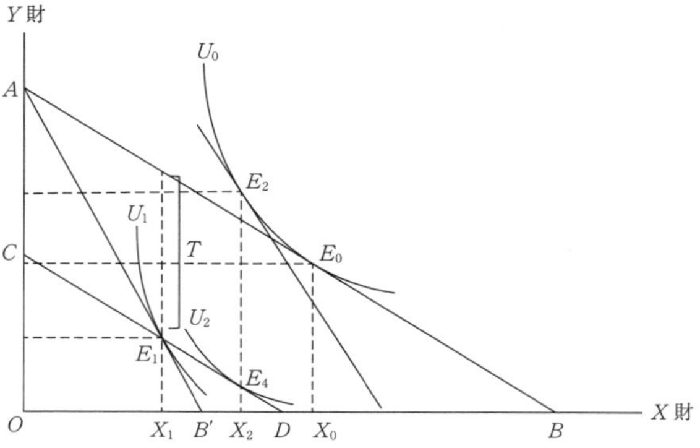

4 課税の価格効果と一括税の効率性

4-1　課税の代替効果と所得効果

　価格の変化による需要量の変化は，**代替効果**と**所得効果**に分解（スルツキー分解）できる。課税は価格を変化させるので，これと同様に，課税による効果も代替効果と所得効果に分解できる。

　図 12-9 で課税の価格効果を説明する。課税前，この消費者は予算制約線 AB の下で，無差別曲線 U_0 によって自らの効用を最大にし，均衡点 E_0 によって X 財を X_0 だけ消費する。

　政府が X 財に税を課すと，予算制約線は AB' になり，消費者は均衡点を点 E_1 に移動させ，X 財の消費量は X_1 になる。従量税によって，消費量が X_0 から X_1 に減ることになる。

　消費量の変化を所得効果と代替効果に分解すると，代替効果は点 E_0 から点 E_2 の移動（無差別曲線上の移動）であり，これによる消費量の変化は X_0 から X_2 である。所得効果は，点 E_2 から点 E_1 の移動であり，これによる消費量の変化は X_2 から X_1 である。

4-2 一括税の効率性

この従量税が消費者の効用を余計に低下させている（これが税による歪みである）ことを図 12-9 で確認できる。課税後の消費量 X_1（均衡は点 E_1 なので）のとき，この消費者が支払う税は T（Y 財の数量で計った税額）である。もし政府が同じだけの税収（つまり，T）を集めるために，従量税ではなく**一括税**を利用すると，このときの消費者の予算制約は CD になり，均衡は点 E_4 で，X 財の消費量は X_2 になる。予算制約線が CD（一括税）のときの効用（無差別曲線）は U_2 であり，これは予算制約線が AB'（従量税）のときの効用（U_1）よりも高い。

一括税は，所得効果のみを生じており，U_0 から U_2 に効用を低下させる。一方，従量税は，所得効果と代替効果を生じていて，U_0 から U_1 に効用を低下させる。両者の差は，U_2 と U_1 であり，これが超過負担である。

このようにして一括税は，所得効果のみを伴い，超過負担を生じない。この意味で，一括税は効率的になる。

参考文献

Dahlby, B.（2008）*The Marginal Cost of Public Fund: Theory and Applications*，MIT Press.

Rosen, H and T. Gayer（2014）*Public Finance 10th ed.*, McGraw-Hill.

254　第3部　租税論

第13章　税制改革の理論

　どのような経済指標が支払い能力の尺度として適切であるかは，租税政策にあたっての最も基本的な論点であり，課税ベースの選択論として捉えることができる。それは，客観的能力説の立場から公平な税のあり方を原理的に問うものであり，一国の租税体系が拠って立つ規範モデルを提示する理論に他ならない。

　歴史的には，これまで「所得」と「消費」が最も有力な課税ベースとして，その相対的な優位性について検討されてきた。前者が包括的所得税の理論であり，後者が支出税の理論である。両者は，いずれも20世紀半ば以降，先進諸国における現実の税制改革提案の基礎理論としての役割を果たした。近年では，これらの理論を取り入れて，より実践的な所得課税のモデルである二元的所得税が提起されるようになっている。

1　包括的所得税

1-1　包括的所得概念

　理想的な「所得」がどのようなものかを規定する枠組みは，**包括的所得概念**として知られている。それは，この学説に関する複数の提唱者の名を冠して，**シャンツ＝ヘイグ＝サイモンズ**（G. Schanz, R. Haig, H. Simons）**概念**と呼ばれており，この所得概念に基づいて設計された税が，包括的所得税である。

　提唱者の一人であるサイモンズは，包括的所得を「消費において行使された権利の市場価値と，当該期の期首期末間における財産権価値の変化との代数和である」と定義した。したがって，包括的所得は，消費と純資産の変化分の合計として，

$$Y = C + \Delta W$$

（Y：包括的所得，C：消費，W：純資産）

と表される。

このように定義される所得には，ある年度において個人の支払い能力を実質的に増大させる要因は，その形態や手段に拠らずすべて含まれる。したがって，CとΔWも，現金の受け払いを伴うかどうかに関係なく，発生主義に従って厳密に把握される点に特徴がある。

一般に理解される「消費」は，現金支払いを伴うものであり，その源泉には，労働所得・資本所得などの要素所得，政府からの移転給付，他人からの贈与・遺産の受け取りなどが想定される。これらはすべて C に含まれるが，加えて現金支出を伴わない消費もカウントされる。それには，耐久消費財の消費，現物給与，自家消費などがある。

耐久消費財の消費は，当該消費者に所得が帰属するという意味で**帰属所得**と言い換えることができるが，持ち家の所有者に発生する**帰属家賃**（住宅サービスの消費価値）が代表的なものである。

現物給与は，**フリンジ・ベネフィット**とも呼ばれ，たとえば，企業が従業員に提供する社宅や各種の福利厚生サービスなどがあげられる。**自家消費**は，農家による自家栽培食物の消費が典型である。

他方，ΔWには，純貯蓄と保有資産価値の変化が含まれる。純貯蓄とは，資産取得（粗貯蓄）額から資産の取り崩し額を差し引いたものであり，そのため後者が前者を上回れば，マイナスになる。

保有資産価値の変化は，**キャピタル・ゲイン**として把握され，同じくマイナスになる（キャピタル・ロスが生じる）場合がある。キャピタル・ゲインの認識において重要なのは，それが，やはり発生主義にしたがって，たとえ期間中に資産が売却されなかったとしても，原則として期末価格から期首価格を控除することで算定されることである。そのため，ある期間中に保有資産価格が上昇した場合は，自動的に課税ベースが増加する一方で，反対に資産価格が下落した場合には課税ベースが減少する。このような包括的所得税が課税対象とすべきキャピタル・ゲインは，発生キャピタル・ゲイン（キャピタ

256 第3部 租税論

表 13-1 包括的所得税を規範とした税制改革提案

報告書名	「シャウプ使節団日本税制報告書」 （シャウプ勧告）	「王立税制委員会報告書」 （カナダのカーター報告）(1)	「公平・簡素及び経済成長のための税制改革」(2) （アメリカの財務省税制改革報告書）
発表年	1949 年（第1次），1950 年（第2次）	1966 年	1984 年
主な 改革提案	・利子，配当，キャピタル・ゲインの総合課税化 ・贈与・相続の課税所得への参入 　（キャピタル・ロスは完全に控除） ・所得税と法人税の統合 　（25％受取配当税額控除の採用） ・累積的取得（遺産・贈与）税の導入 ・富裕税の創設	・キャピタル・ゲインの完全課税化 ・遺産と贈与の課税所得への参入 　（みなし実現課税） ・所得税と法人税の完全統合(3)	・税率構造のフラット化 ・州地方税控除の廃止 ・投資利子控除の制限 　（上限の引下げ・インフレ分不可(4)） ・長期キャピタルゲインの完全課税 　（従来は 60％分が非課税）

（注） 1. 公式の改革案として検討されたものの，当時のカナダ政府によって採用されることはなかった。
　　　2. 同報告書を基礎にして，1986 年のレーガン政権による税制改革が策定された。
　　　3. 株主割当方式とも呼ばれる。配当・内部留保分を問わず，法人所得をすべて個人株主に割り当てたのち，法人税分を個人所得税から全額控除を認めることで二重課税を排除する。
　　　4. 支払い利子のうち，インフレ部分が控除不可となるが，受取り利子のうちインフレ部分は非課税となる。
（出所）宮島（1986），栗林（2005）を参考に作成。

ル・ロスも含む）と呼ばれる。

　以上のような所得概念に特徴づけられる包括的所得税の狙いは，厳格なルール主義の下で課税所得に関する政策当局の恣意性を排除することにある。課税上の例外をできるだけ認めずに，あくまでも首尾一貫した客観的ルールにしたがって課税を行おうとするのが基本理念である。

　こうした学説が唱えられるようになった背景には，20 世紀初頭頃までに現実の所得課税において，さまざまな控除や免税を認める特例や優遇措置が設けられたことで，課税の公平性と効率性が著しく棄損してきたという反省がある。抜け穴だらけの所得税を本来の理想的な姿に近づけるように，包括的所得概念を指針とした課税ベースの拡大が主張された。課税ベースの拡大による水平的公平の改善は，課税の中立性をも高めることにつながり，さらにはこれら包括的所得への累進税率の適用によって垂直的公平の達成が意図されたのである。

　これまで，包括的所得税をモデルとした税制改革案としては，表 13-1 に示されるような日本の**シャウプ勧告**，カナダの**カーター報告**，アメリカ財務省報告（1984）が有名であるが，いずれの改革提案においても，公平性と中

第13章　税制改革の理論　　*257*

立性を高める観点から，所得の総合課税化や課税ベースの拡大が主眼とされた。

1-2　包括的所得税の問題点

　理念的に優れているとみられる包括的所得税ではあるが，現実にこの税を実施するにあたっては，数々の障害に直面する。

　第1に，課税ベースに含まれる帰属所得，現物給与，自家消費を**発生ベース**で正確に算定しなければならないが，それには大きなコストがかかる。持ち家の帰属家賃をとっても，住宅サービス価格を年々評価して，それに課税しなければ，持ち家居住者と借家居住者との水平的公平は確保されないことになる。

　第2に，実質的な担税力を課税対象とする以上，所得は物価水準の変動を考慮した**実質所得**として把握されなければならない。たとえ名目所得が増大したとしても，それが物価水準の上昇を反映したものに過ぎなければ，必ずしも個人の購買力が増大したことにはならない。しかし，特に資産価格の変動について正確な物価調整を講じることには，大きな執行コストを伴う。

　第3に，包括的所得税が累進課税として設計される場合，**変動所得**への課税問題が起きる可能性がある。この点は，より原初的な議論として，単年度の所得が支払い能力の尺度として適しているかという問題と関わるが，仮に生涯所得が等しくても，年々安定的に所得を得る者は，年度ごとの所得にバラツキのある者よりも，累進課税の下で生涯の税負担は少なくなる可能性がある。もしこのことが望ましくないとすれば，所得税には何らかの**所得平準化**の措置が求められることになる。

　なお，このような執行面での制約を踏まえたうえで，包括的所得税を理念的目標に置きつつも，可能な限り各種所得を包括的に課税ベースに取り込んで，その総所得に累進税率を適用する税制は，一般に**総合所得税**と呼ばれている。

1-3　キャピタル・ゲインの扱い

　以上は，いずれも個人の実質年間所得を発生ベースで課税しようとするこ

258 第3部 租税論

とに起因するが，こうした問題が最も顕著に表れるのがキャピタル・ゲインの扱いである。

　既に述べた通り，包括的所得税の理論に忠実に従えば，保有するすべての資産の1年間における値上がり益を計算して，これに課税する必要があるが，必ずしも現実的ではない。もちろん，資産評価の問題は，銀行預金，債券，上場株式など常時，適正な価格で示される金融資産においてはほとんど生じない。しかし，十分な需要と供給の下に成立する市場が必ずしも存在しない資産（非上場株式，動産など）について，これらを定期的に評価しなおすには，多くの専門家による煩雑な査定が必要となる。

　そこで，こうした問題への現実的な対応策として通常，採用されるのが，資産の売却益（実現キャピタル・ゲイン）にだけ課税することである。つまり，この場合，ある年の課税所得は，売却収入から取得価格（他の売買コスト等を含む）を差し引いた金額となる。しかし，このような形での理論からの逸脱は，所得課税の実際においてさまざまな問題を引き起こす。

　第1に，本来，発生段階で課税されるはずであったキャピタル・ゲインの課税が実現時点まで延期されることにより，納税者はその分の利益（**課税延期の利益**）を得る。この利益は，ゲインの発生時点から実現時点までに，本来支払うべきであった税額が納税者に無利子で貸与されることに等しい。

　第2に，変動所得への課税問題として，長期にわたって形成された値上がり益に累進税率が適用されると，実現時課税では，発生時課税に比べて多額の税支払いを強いられる可能性がある。年々のキャピタル・ゲインが蓄積された，大きな塊（バンチング）が一度に課税対象となるからである。

　第3に，これらの要因が，投資家の資産売却に対して抑制的に働きやすいことである。投資家にとって最適な資産処分のタイミングが，課税要因のために歪められてしまう。このような実現時課税が資産売却を妨げる効果は，**ロックイン効果**と呼ばれる。

　第4に，実質所得課税の観点から，実質キャピタル・ゲインに課税する場合は，取得価格の物価調整が不可欠である。これは資産の保有期間が何十年にも及ぶ可能性があり，取得時点と売却時点の物価水準に顕著な差が生じうるからである。しかし，現実の所得税においては，実施コストのかさむ，取

得価格の**インフレ調整**を実施する例は稀である。

　以上のような数々の問題点を考慮すれば，たとえキャピタル・ゲインを実現段階で課税するとしても，それらを通常の所得と同様に扱うのは必ずしも適切ではないと考えられる。そこで，たとえば，現実に総合所得税を採用するアメリカでは，総合課税の枠組みを維持しながらも，長期キャピタル・ゲインについては，通常所得よりも低い税率が適用されている[1]。とはいえ，そのような形でのキャピタル・ゲインの優遇は，租税回避のために他の所得をキャピタル・ゲインに転換させる，さらなる歪みを引き起こしている。

[2]　支出税

2-1　支出税とは

　支払い能力の尺度としては，所得よりも消費の方が優れているとする立場が，**支出税**の理論である。支出税は，個人の消費を捕捉して，これに課税するもので，直接税に分類される。同様な消費課税の形態として日本の消費税があげられるが，これは第17章で詳述するように，消費者への転嫁が想定された，間接税としての消費型付加価値税である。この点で，消費税は企業課税であり，個人課税である支出税とは異なる税であると理解しなければならない。

　ここで，包括的所得の定義が，$Y = C + \Delta W$ と表されたことを思い返そう。ΔW をより単純に S（貯蓄）に置き換えれば，$Y = C + S$ なので，支出税の課税ベースとなる消費は，$C = Y - S$ のように，所得から貯蓄を控除することによって把握できる。このように計算すれば，年間の消費金額だけをいちいち記録して合算するよりもはるかに簡便である。包括的所得税が個人の所得を包括的に課税するのと同様に，支出税も個人の消費を包括的に捉えて課税しようとするものである[2]。

1　2024年時点で，アメリカでは，通常所得に対して10～37％の7段階の累進税率が課せられるが，保有期間が1年を超える長期キャピタル・ゲインについては，他の所得との合算額に応じて0，15，20％の3段階の累進税率が適用される。

2　そのため，課税ベースとなる消費には，現金支出を伴わない帰属家賃やフリンジ・ベネフィットなども含まれ，この点で包括的所得税と同様の執行上の問題に直面する。

2-2 支出税の系譜

もともと包括的な消費課税は，J. S. ミル，マーシャル，ピグーが支持した とされるが，当時は，実施不可能な税とみなされてきた。だが，20世紀に 入り，フィッシャー（I. Fisher（1937））が上記のような貯蓄控除法による算定 方法を考案したことは，支出税の実践的な税制論としての可能性を高めた。 フィッシャーのアイディアを受け継いで，これに基づき体系的な支出税論を 展開したのが，カルドア（N. Kaldor（1955））である。カルドアは，イギリス の税制顧問としてインドとセイロンでの支出税導入にも携わったが，その税 務行政はうまく行かず，いずれの国でも短期間で廃止された。

その後，アンドリュース（W. Andrews（1974））が，実施上の問題を軽減す る，古典的な控除法（キャッシュフロー法）に基づかない方法を提案したこと は，支出税の実現可能性に突破口を開くものと期待された。これを機に，ア ンドリュースの提案を取り入れた現代的支出税への改革案である，スウェー デンのロディン報告（1976），アメリカ財務省報告（1977），イギリスのミード 報告（1978）が相次いで発表され，にわかに支出税導入への機運が高まるこ とになった（**支出税ルネッサンス**）。だが，これらの提案はいずれも採用され ず，これ以降も，先進国では依然として支出税の導入にまでは至っていな い。

支出税がメジャーな税制になれない最大の理由は，その執行上の問題にあ るが，世界各国で所得税が基幹税として定着する中で，ある一国のみが支出 税を導入することの国際課税上の問題や，所得税から支出税への移行期に生 じる問題も大きな障害であると指摘されている。

2-3 支出税の算定方法

カルドアの提案した古典的な支出税の算定方法を説明しよう。支出税の課 税ベースとなる消費は，以下のキャッシュフロー法に従って求められる。

$$C = E + R + W_s + D_b - W_a - D_r - i$$

（C：消費，E：稼得所得，R：資本収益，W_s：資産売却収入，D_b：借入れ，W_a：資産取 得（貯蓄），D_r：借入れ返済，i：利払い）

第13章　税制改革の理論　*261*

　ここで右辺の加算項目は，借金を含めて手元に入ってきた現金で，これが消費の原資となる。その合計金額から，消費に該当しない，貯蓄（資産の取得）と借金の返済・利払いを控除した残りが当年度の消費額となる。

　したがって，この場合，総合所得税の下で問題となるような，実現キャピタル・ゲインを計算する必要性はまったくない。資産保有が年度をまたいだ場合，ある年の資産取得が課税ベースから控除される一方で，別の年の資産売却収入が一括して課税ベースに参入されることで，発生したキャピタル・ゲインは，消費段階で自動的に課税される。

　また，このような**キャッシュフロー法**に従えば，総合所得税の下での取得価格のインフレ調整という問題も生じない。支出税で課税対象となる各年の消費額には，その年の物価水準しか反映されないからである。

　こうして古典的な支出税の下では，包括的所得税のアキレス腱といわれるキャピタル・ゲイン課税の問題をほぼ解消できることになる。

2-4　貯蓄の二重課税

　包括的所得税と比較したときの支出税の優位性の1つに，前者の下で生じる貯蓄の二重課税問題を回避できることがある。これにより，支出税では，一定の条件の下で，生涯タームで計った水平的公平を達成できる。

　以下では，第9章と同様に2期間生きる個人を想定しよう[3]。第1期が勤労期であり，働いて得た所得（E）から貯蓄（S）を引いた金額が消費（C_1）にあてられる。第2期は引退期であり，貯蓄の元利合計額が第2期の消費（C_2）となる。当初，親から受け継いだ遺産はなく，生涯の所得は生涯においてすべて消費するものとする。ここで貯蓄収益率と現在価値への割引率（r）が等しいと仮定すると，

$$\text{生涯消費：} C_1 = E - S, \quad C_2 = S(1+r) \Rightarrow C_1 + C_2/(1+r) = E$$

より，生涯消費の現在価値は，生涯所得（E）と等しいことが確認できる。このとき留意すべきは，生涯所得の中身は稼得所得（労働所得）であり，そ

3　第9章の説明で所得を表したYはここではE（稼得所得）となっている。

262　第3部　租税論

の中には貯蓄収益（Sr）が含まれないことである。

　そこで，2期間ともに比例税率（t）が課せられるとして，生涯に支払う包括的所得税と支出税の現在価値（$T = T_1 + T_2/(1+r)$）は，

包括的所得税：$T_1 = Et$,　$T_2 = Srt \Rightarrow T_1 + T_2/(1+r) = Et + Srt/(1+r)$

支出税：$T_1 = (E-S)t$,　$T_2 = S(1+r)t/(1+r) \Rightarrow T_1 + T_2/(1+r) = Et$

となり，包括的所得税では，生涯の支払い税額に Srt（貯蓄収益への税）が含まれることで，支出税よりも負担が重くなっていることがわかる。

　また，このことは，包括的所得税の下では，たとえ生涯所得（E）が等しい個人でも，生涯の貯蓄金額によって生涯税負担が異なり，生涯所得を基準にした水平的公平を達成できないことを意味している。

　これに対して，支出税では，勤労期の貯蓄金額に関わらず，生涯所得の等しい個人が生涯に支払う税額の現在価値が不変に保たれ，生涯タームでの水平的公平を達成する。

　包括的所得税の下での Srt の部分，つまり貯蓄収益への課税は，貯蓄の二重課税と呼ばれ，この点が，支出税論者がこれまで所得税を批判する際の主要な根拠の1つであった。

　ところで，先の二期間モデルを通じた比較検討から，支出税の課税ベースには，貯蓄収益が含まれないので，それは稼得所得（労働所得）と等価であることがわかる。つまり，一定の条件の下では，消費への課税と労働所得への課税は，経済的に同じである。

　アンドリュースの提案した控除法に基づかない支出税の算定方法は，このような両者の等価性を活用したものであった。すなわち，仮に支出税の難点が資産取引の正確な捕捉にあるとするならば，一定の資産については資産取得（貯蓄）控除を否認する代わりに，その貯蓄収益を非課税（前納勘定方式）にすれば，古典的支出税（適格勘定方式）と同等の効果が得られるとともに，支出税の執行を格段に容易にできると考えられたのである。

　しかし，支出税と労働所得税の等価性は，上記の仮定，特に「生涯を通じ

た貯蓄収益率＝割引率」に決定的に依存しているが，通常，そうはならないので，両者の等価性は成立しない。この点を説明するために，改めて現実の貯蓄収益率（g）を想定して，生涯の支出税の現在価値を求めると，

$$支出税（一般的なケース）：T_1 + T_2/(1+r) = Et + S(g-r)t/(1+r)$$

となる。

この場合，右辺第二項の $S(g-r)t/(1+r)$ が加わることで，もはや支出税は労働所得だけを課税対象とするものでないことがわかる。$S(g-r)/(1+r)$ は，**超過収益**と呼ばれ，現実の貯蓄収益のうち割引率を上回って獲得された部分である。したがって，遺産贈与がない世界では，支出税の課税ベース（生涯消費）は，少なくとも労働所得に超過収益を加えた大きさとなる。

これに対して，包括的所得税は，貯蓄収益全体を課税対象とすることから，**正常収益**（割引率に等しい収益率で得られた貯蓄収益）と超過収益の両者に課税する。このうち後者のみが生涯所得の構成要素となることから，包括的所得税の下での貯蓄の二重課税とは，より正確には，貯蓄の源泉である労働所得に加えて，正常収益にまで課税されることであったのである。

2-5　支出税の優位性と留意点

支出税のさらなる優位性として，包括的所得税の下で性質の異なる所得に課税することの問題が軽減される可能性がある。

カルドアは，個人の支払い能力を「支出力」と捉え，おおよそ①周期的所得，②偶発的利得，③保有財産，という3つの要素によって構成されると考えた。このうち周期的所得は，給与，利子，配当のように，一定の周期のもとに反復的に発生する所得を指している。一方，偶発的利得は，前もってその発生がまったく予想できなかった偶然の利益で，ある種のキャピタル・ゲインや宝くじの懸賞金などが該当する。

ここでカルドアが強調するのは，これら3つの要素が，いずれも個人の支払い能力を増大させるといっても，それぞれが支払い能力に貢献する度合いが異なることである。所得の性質や種類によって，また，どのような資産を

264   第3部　租税論

所有しているかによっても，個人の豊かさは異なるからである。

　にもかかわらず，包括的所得税は，③財産の要素を考慮せず，当該年度の
①と②の単純合計にのみ課税するので，正しい支払い能力の尺度にはなりえ
ない。これに対して，ある年度における消費は，各人がこれら異なる要素の
性質の違いを十分に考慮したうえで総合的に決定されるので，支出税は，よ
り担税力に基づいた課税に近づくことになる。

　カルドアによると，個人が消費額を決定することは，3要素の同一単位へ
の還元操作を自らの責任において行っているので，支出税は，消費という同
一単位への課税という点で，包括的所得税よりもはるかに公平な税であると
された。このような主張は，現代でも一定の説得力をもつとみられるが，一
方では，あくまでも合理的・理性的な消費者を前提とした議論であるとの批
判もある。

　また，カルドア自身も認めるように，支出税の下では，消費しない限り生
涯，課税を免れることができるため，遺産がそのまま子孫に受け継がれるこ
とで，世代を通じて経済格差が拡大していく可能性が高まる。このような懸
念から，カルドアやミード報告は，いずれも支出税の導入は，累進的な**遺産
継承税**の創設と併せて行われるべきとの見解を示している。貯蓄に課税され
る所得税よりも，貯蓄に課税しない支出税においては，資産課税の役割がい
っそう重要になる点は見過ごしてならないだろう。

③　二元的所得税

3-1　二元的所得税と北欧の経験

　近年，世界的に税制改革の有力な指針として影響力をもつようになったの
が，**二元的所得税**の考え方である。二元的所得税は，現実に欧州各国で実施
されている所得税体系であり，課税の公平と効率を追求しながらも，執行面
での制約に配慮した仕組みになっている。この点で，導入へのハードルは，
包括的所得税や支出税に比べるとはるかに低いものの，それら既存の税理論
に照らして一貫性に欠いた部分もみられる。

　二元的所得税は，1990年代はじめに，北欧諸国，とりわけスウェーデン，

第 13 章　税制改革の理論　*265*

表 13-2　北欧三国における 1990 年代初頭の税制改革前後の所得税率（%）

		稼得所得の限界税率(1)	資本所得の限界税率	法人税率
スウェーデン	91 年改革前	36-72	36-72(2)	52
	91 年改革後	31-51	30	30
ノルウェー	92 年改革前	26.5-50	36.5-40.5	50.8
	92 年改革後	28-41.7	28	28
フィンランド	93 年改革前	25-56	25-56(3)	37
	93 年改革後	25-56	25	25

（注）1. 社会保障拠出分は含まれない。
　　　2. 1992 年改革前には，株式の長期（2 年超保有）キャピタル・ゲインは，限界税率の 40% で課税され
　　　　　ていた。
　　　3. 1993 年改革前には，資本所得税率は，資本所得の種類によって大きなバラツキがあった。
（出所）P. B. ソレンセン（2001），4 頁を加筆修正。

ノルウェー，フィンランドで相次いで導入されたことで注目されるようにな
った[4]。表 13-2 に示されるように，これら 3 国では，いずれも改革前に，包
括的所得税を理念とする総合所得税が実施されていた経緯がある。

　1970 年代以降，各国は，包括的所得税に比較的忠実な制度を採用する中
で，非効率な資本所得税制をいかに立て直すかという共通の課題に直面して
いた。資本所得の中でも，特に株式のキャピタル・ゲイン，持ち家の帰属家
賃，私的年金からの収益は，技術的・政治的な理由から包括的所得税の原理
に沿って課税するのが困難であり，程度の差はあれ，非課税ないし低率課税
の扱いを受けていた。ところが，これら資産を取得するために行った借入れ
の費用（支払い利子）は，総所得に対して控除の対象となったので，借入れを
通じた資産の取得が税制上きわめて有利であった。

　たとえば，スウェーデンでは，当時のインフレ下にあって，借入れを通じ
た住宅投資が盛んに行われたことで，負債利子控除による税収ロスが膨ら
み，資本所得税からのネットの税収がマイナスに陥った。問題は，このよう
な収益と経費の非対称な扱いが，税収の漏出を引き起こすだけでなく，限界
税率の高い富裕者に，より大きな利益をもたらしていたことである。こうし

4　最初に二元的所得税を導入したのは 1987 年のデンマークであったとされるが，必ずしも資本
　　所得の分離比例課税を採用しておらず，1994 年にはほとんど総合所得税の体系に回帰すること
　　になった。

266　第３部　租税論

た資本所得課税の歪みは，所得税全体の公平性を損なう事態を招いたのである。

　この間のグローバル化の急速な進展も，抜本的な所得税改革への強い動因となった。欧州共通市場が成立しつつある中，小国開放経済の北欧諸国にあっては，外国への資本逃避への懸念から，高率な資本課税を維持することが事実上不可能であると認識された。このことは，高い限界税率が適用される総合累進所得税の下で，資本所得を他の所得と同様に扱うことが，もはや現実的でないことを意味していた。

3-2　二元的所得税の構造と得失

(1)　基本構造

　こうした背景の下で，北欧三国が採用した戦略が資本所得の一律分離課税である。二元的所得税の下では，その名称のとおり，個人所得は，**稼得所得**と**資本所得**という２つのカテゴリーに大別され，前者には従来通り超過累進税率が適用される一方で，後者の資本所得は，低率の比例課税の対象とされた。

　たとえば，フィンランドでは，1993 年改革前までは，25〜56％の総合累進課税であったのが，改革以後，稼得所得への税率構造は同じであるが，資本所得には一律 25％の税率が課せられようになった。一方，法人所得は，個人所得税とは別建ての課税が維持されつつも，資本所得としての性格から同じく 25％の税率が適用された。

　スウェーデンやノルウェーの改革後にも認められるように，当初，北欧三国が導入した二元的所得税では，①個人資本所得税の税率，②稼得所得に対する最低限界税率，③法人所得税の税率，がほぼ等しく設定されており，これが同税制の理念的な構造（図 13-1）であるとみなされるようになった。

(2)　資本所得課税の適正化

　二元的所得税の利点は，効率的な資本所得課税の実現にある。すなわち，資本所得に対して稼得所得の最高税率よりも低い税率を適用することで，海外への資本逃避を抑えるとともに，分離課税の下で一律の税率を採用するこ

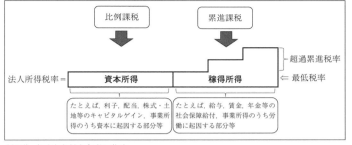

図13-1 二元的所得税の理念的構造

(出所) 金融庁資料を参考に作成。

とで，収益と費用（負債利子等）を対称的に扱い，税収ロスの防止を図った。

特に総合所得税から低率比例税への転換は，キャピタル・ゲイン課税の適正化につながった。つまり，これにより実現時課税に伴うロックイン効果を緩和するとともに，累進課税に起因するバンチングの問題が解消された。また，一貫性のない総合所得税の下で可能であった，資本所得形態の転換による節税をも防ぐことになった。

他方，個人所得税率と法人税率を揃えたことには，第16章で扱う法人所得の統合問題が関わっている。つまり，個人の配当所得の源泉は法人所得であるので，もし法人課税が個人課税と同率であれば，個人段階では配当を非課税にすることで，より簡単に個人所得税と法人税との二重課税を回避できることになる。

しかし，現実に配当を個人段階で非課税扱いにするのは政治的に困難であり，少なくともノルウェーとフィンランドは，当初インピュテーション方式（第16章参照）により二重課税問題に対応した。個人資本所得と法人所得との整合的な扱いは，依然として二元的所得税の課題として残されている。

(3) **小規模事業者課税の問題**

二元的所得税では，稼得所得と資本所得の分離課税とはいえ，すべての所得について簡単に二分できるわけではない。たとえば，自営業者が得る所得は，生産要素としての労働と資本を組み合わせて生産活動を行った成果であ

268　第３部　租税論

り，事業所得のうちどの部分がいずれの生産要素に基づくものであるかを特定するのは至難の業である。したがって，二元的所得税のように，もし資本所得が労働所得よりも軽課されることになれば，これら事業所得者に所得形態の転換によって租税節約を図ろうとする誘因を与えることになる。

　こうした節税の機会が，同族法人の経営者にも生じうるのは，当該経営者が会社の大株主としての立場を利用して会社利益を自由に処分できる立場にあるからである。これら小規模事業者に対する課税問題は，二元的所得税の最大の急所であるとされ，この点で，税務執行にあたっては事業者の裁量的な租税節約を防止する，厳格な課税ルールが求められている[5]。

　なお，理念型二元的所得税の特徴の１つに，稼得所得の最低税率と資本所得の税率が等しくなっている点があげられるが，その背景には，少なくとも最低税率に直面する小規模事業者について，この種の税逃れ問題を回避できるという政策意図があったとされている[6]。

3-3　二元的所得税の理論的根拠

　二元的所得税の特徴である，資本所得の低率分離課税にはどのような理論的根拠があるか整理してみよう。

　第１に，資本所得の低率課税が求められた直接の理由に資本逃避の防止があったことは，効率課税の観点から正当化できる。つまり，生産要素としての資本供給と労働供給のどちらの価格弾力性が高いかといえば，前者であると考えられるので，ラムゼー・ルールを所得税に適用することで，課税の歪み（超過負担）を軽減する狙いから，労働所得重課，資本所得軽課が導かれる。ただし，ここで想定される資本とは金融資本に他ならず，この論理では，不動産などの実物資産（価格弾力性は低い）からの所得には，高率の税率を適用してもよいことになる。

　第２に，資本所得の低率課税は，公平課税の側面から支出税を根拠にして

---

[5] 原則として会社資産をベースに資本所得部分を算定し，これを現実の事業所得から差し引くことで稼得所得を求める方法が採用されているが，会社資産の定義やみなし収益率の算定などに関連して実務面で非常に煩雑な制度になっているのが実態である。

[6] だが，同時に最低税率に直面する納税者は実質的に総合所得税に近い扱いを受けることになり，この点は，二元的所得税が主張する「稼得所得税率＞資本所得税率」の思想と整合しない。

説明されることが多い。すなわち，支払い能力の基準を生涯所得に置いて，生涯タームでみた公平性を達成するには資本所得を軽課する必要があるというものである。ただし，既に見た通り，支出税の立場から生涯所得課税を実現するには，稼得所得と超過収益（または遺産）のみを課税対象とする必要がある。

したがって，こうした論理によれば，国債利子のような正常収益は非課税とすべきであり，これと，キャピタル・ゲインのような大部分が超過収益で占められるような資本所得とを，二元的所得税の下で同等に扱うのは，必ずしも支出税論に整合しない。貯蓄収益を正常収益と超過収益に分けて課税するのは，決して不可能ではないものの，二元的所得税は，税制の簡素化が優先される建付けになった[7]。

第3に，稼得所得（労働所得）の重課は，包括的所得税の目標から根拠づけられることもある。それによると，包括的所得の定義にあるΔWには人的資本も含まれることから，人的資本価値の増大も本来，課税対象に含めるべきと主張される。しかし，現実の所得税においては，このような人的資本価値は課税されておらず，その意味で，人的資本は，他の資本形態に比べて優遇されている。したがって，この点での課税の不均衡を是正するためには，人的資本の対価である労働所得は，他の資本所得よりも重課されなければならない。

こうした見解については，現実の労働所得課税にあたっては，教育にかかる金銭的費用が考慮されていないので，決して人的資本が優遇されているわけではないとの反論がある。また，教育がもたらす正の外部性をも考慮すれば，人的資本，ひいては労働所得の重課は必ずしも効率的ではないとの見方もできる。

以上のように，規範的租税論の観点から二元的所得税を検討すると，それが必ずしも首尾一貫した論理を備えているわけではないことがわかる。その実体は，低率の資本所得課税を根拠づけるために，支出税，包括的所得税，あるいは効率課税の理論を部分的に折衷することで成り立っている。その意

7　ノルウェーでは，2006年に株式所得について正常収益と超過収益を分離して課税する制度（シェアホルダー・モデル）が採用されている。

270　第３部　租税論

味で，二元的所得税の考え方は，規範的理論というよりも，あくまでも制度の簡素性や執行可能性を優先させた，より実践的な税制論としての位置づけが妥当であるかもしれない。そうなると，今後，デジタル化等により徴税技術がさらに発達し，そのような税務執行面での制約が解消されていったときに，現在も北欧を中心に採用されている，この税の基本構造は維持されるのか，もしそうでなければ，どのように変化していくのか注目される。

参考文献

栗林隆（2005）『カーター報告の研究』五絃社
篠原正博編（2020）『テキストブック租税論』創成社
馬場義久（2021）『スウェーデンの租税政策－高福祉国家を支える仕組み』早稲田大学出版部
ピーター・バーチ・ソレンセン（Sørensen, P. B）／馬場義久監訳（2001）『北欧諸国の租税政策』日本証券経済研究所
宮島洋（1986）『租税論の展開と日本の税制』日本評論社

Column　二元的累進所得税

　資本所得を軽課する二元的所得税が不公平であるという批判は，この税の創設当初より珍しくなかった。これは，本来労働所得であるものを資本所得に転換することで租税回避が可能となり，そうした利益が，労働所得への高い限界税率が適用される高所得層にとってより大きくなるからである。こうした観点から，とりわけ二元的所得税の後発国であったフィンランドでは，2006年に同国が長年採用してきた純資産税を廃止したこともあり，税制の再分配機能低下を懸念する世論が強まっていった。格差拡大の是正に向けた税制改革は，11年の議会総選挙における争点となり，政権交代後に発足した6党連立内閣は，当初の公約通り，資本所得への課税強化を実行に移した。その結果，12年にはそれまで28％であった資本所得税率が30％に引き上げられるとともに，5万ユーロを超える資本所得にかかる32％の付加税率が創設された。付加税は15年に33％，16年に34％まで引き上げられ，24年時点で，同国の資本所得税は30％と34％（3万ユーロ超に適用）の2段階の累進税率が適用されている。

　フィンランドの例のように，労働所得と資本所得の分離課税の下で，前者を累進税率の対象にしながら，後者にも軽度な累進税率を適用する税制は，二元

的累進所得税（DPIT：Dual Progressive Income Tax）として，近年，OECD
のエコノミストらにより推奨されている。スペインも，個人の資本所得は，19
〜28％の5段階の累進税率がかかる DPIT 採用国として注目される。こうし
た仕組みが実効性をもつ背景には，近年において各国税務当局間での金融口座
に関する自動的情報交換制度が急速に進展したことがある（第19章参照）。こ
れまで，外国への資本逃避の懸念から高い資本所得税率の採用が困難であると
された執行上の制約が克服されつつあるのかもしれない。加えて，今後，企業
の生産現場への AI の本格的導入によって，資本分配率の上昇を伴う経済格差
の拡大が予想される中で，資本（所得）への課税強化の主張は，世界的にます
ます高まるものと考えられる。翻って，格差拡大の下で社会保障が依然として
脆弱な日本にあっても，これまでの政権与党の政策論議で，資本課税をもっと
強化すべきとの声は，ほとんど聞こえてこない。

272　第 3 部　租税論

第 14 章　日本の租税体系と税収構造

　この章では，日本の租税体系と税収構造を把握するために，①国税，②地方税，③社会保障拠出金を含めた政府部門全体について，それぞれ時系列的変化を含めて説明する。③については，既に第 4 章で国際比較を行ったが，ここでは現在に至るまでの税収構造の変化を，その歴史的な形成過程に遡って明らかにする。

1　国税の体系

1-1　国の税収構造

　国の基本的な経費を賄う歳入は，一般会計歳入によって把握できる。2024年度当初予算の歳入を示した図 14-1 によると，第 3 章に見た一般会計歳出額に等しい 112 兆円が計上されているのが確認できる。

　租税収入は歳入全体の 62％を占めており，32％が公債金収入，7％がその他収入となっている。したがって，第 4 章で見た「政府収入」としては，歳入全体の 7 割程度であり，これを除く公債金収入から債務償還費を差し引いた金額が国の一般会計レベルでの財政赤字を構成することになる。

　次に，ここから租税収入のみを取り出して，税目別構成を示したのが図 14-2 である。国税の中では，消費税（34％），所得税（26％），法人税（25％）が主要税目であり，これら 3 つによって国税収入 70 兆円の 85％が賄われている。その意味で，これら 3 税は，事実上日本の基幹税をなしており，その制度設計のあり方は，家計や企業に対して重大な影響を及ぼす。

1-2　国の税収構成の変化

　表 14-1 は，一般会計における国税総額と主要税目の構成比の推移を示し

第14章 日本の租税体系と税収構造 273

図 14-1　2024 年度一般会計当初予算における歳入の構成

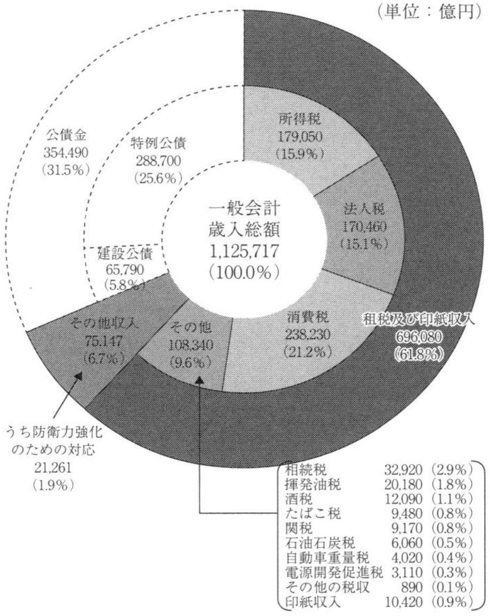

（出所）財務省ウェブサイト

図 14-2　2024 年度一般会計当初予算における租税及び印紙収入の構成

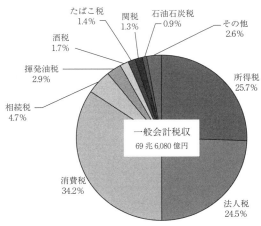

（出所）図 14-1 をもとに作成。

274　第３部　租税論

表 14-1　一般会計国税収入とその構成比（％）の推移

	1980 年度	1985 年度	1990 年度	1995 年度	2000 年度	2005 年度	2010 年度	2015 年度	2020 年度
所得税	38.1	39.4	41.4	35.3	35.6	29.8	31.3	31.6	31.6
法人税	31.5	30.7	29.3	25.0	22.3	25.4	21.6	19.2	18.5
消費税	—	—	7.4	10.5	18.6	20.2	24.2	31.0	34.5
相続税	1.6	2.7	3.1	4.9	3.4	3.0	3.0	3.5	3.8
酒税	5.0	4.9	3.1	3.7	3.4	3.0	3.3	2.4	1.9
たばこ税	—	2.3	1.6	1.9	1.7	1.7	2.2	1.7	1.4
揮発油税	5.5	4.0	2.4	3.4	3.9	4.1	6.6	4.4	3.4
物品税	3.7	3.9	—	—	—	—	—	—	—
税収総額 （兆円）	28.4	39.2	62.8	55.0	52.7	52.3	41.5	56.3	60.8

（注）すべて決算ベースの数値。1988 年度以前には，消費税は存在せず，個別の物品ごとに異なる税率が適用される物品税が実施されていた。

（出所）『国税庁統計年報書』各年度版より作成。

ている。この間の変化を見ると，所得税と法人税の構成比が低下傾向を辿っている。1980 年当時ではこれら所得課税で７割近くの税収を上げていたのが，直近で５割まで落ち込んでいる。これに代わって 90 年代以降，着実にその比重を高めていき，20 年度で遂に国税収入第一位の座を占めるようになったのが消費税である。

　消費税は，不況下にあった 10 年度に，所得税・法人税の税収が大きく減少する中でももちこたえ，総税収の過度な落ち込みを防いだ。税収が所得変動に左右されにくい特性（税収の所得弾力性が１に満たない）は，酒税やたばこ税などの個別消費税についても発揮されたことが想定される。

　ただし，消費税収の安定性は，所得税では免除される基礎消費（最低生活費）部分にまでも課税が及んでしまうことの裏返しである。家計が基礎消費にかかる税を回避するのはほとんど不可能だからである。消費税収の安定性は，その負担の逆進性によって保たれているのである。

　他方，相続税の比重は，この間いくぶん変動的であるが，15 年度に基礎控除が引き下げられたことにより，近年，税収構成比が高まっている（第 18章参照）。

第14章　日本の租税体系と税収構造　*275*

2　地方税の体系

2-1　地方税の構造

図 14-3 は，2021 年度決算ベースで見た地方税収の内訳を示している。この年，道府県税と市町村税を合わせた地方税全体として 42.4 兆円が計上されており，この規模は国税収入の 6 割である。また，地方税合計を 100 としたときに道府県税収（19.9 兆円）と市町村税収（22.5 兆円）は，47：53 で後者の方が大きい。

地方税全体の構成では，個人住民税（32%），固定資産税（22%），地方法人二税（17%），地方消費税（15%）が主要な税収項目となっている。ただし，個人住民税は，所得税と同じく主に個人の所得を課税標準にした税であるが，それは個人道府県民税と個人市町村民税の合計である。同様に，地方法人二税も，法人住民税と法人事業税といった基本的に法人の所得を課税標準にした 2 つの税目を指している。

地方税全体を道府県税と市町村税に分けて見てみよう。道府県レベルでは，地方消費税（31%），地方法人二税（26%），個人道府県民税（25%）の 3 つの比重が高い。道府県税としては，個人住民税とともに，地方消費税と地方法人二税が重要な税収源となっている。

市町村レベルで見ると，固定資産税（41%）と個人市町村民税（37%）の比重が圧倒的である。都市計画税は，税収を都市計画事業や土地区画整理事業にしか使えない目的税であるが，その課税標準は固定資産税とほぼ同じである。そのため，都市計画税を含めると，市町村税収の約半分が土地や家屋などにかかる課税によって賄われている。

2-2　主要地方税の税収動向

図 14-4 は，地方税全体で見た 4 つの主要税目の税収の推移を示している。最も税収の大きい個人住民税については，90 年代以降，2000 年代半ばまで税収が落ち込んだものの，07 年度に急激に増加して，10 年代に入ってからは安定的に伸長してきている。

276　第３部　租税論

図 14-3　2021 年度における地方の税収構造

```
┌─────────────────────────────────────────────────────┐
│ (1) 地方税合計（42 兆 4,090 億円）の内訳              │
│   ■個人住民税 ■地方法人二税 ■地方消費税 ■固定資産税 ■その他 │
│                                                       │
│   31.6%      17.0%    14.5%    21.8%     15.1%        │
├─────────────────────────────────────────────────────┤
│ (2) 道府県税（19 兆 8,868 億円）の内訳                │
│   ■個人道府県民税 ■地方法人二税 ■地方消費税 ■自動車税 ■その他 │
│                                                       │
│   25.4%     26.4%      31.0%    8.1%  9.1%            │
├─────────────────────────────────────────────────────┤
│ (3) 市町村税（22 兆 5,221 億円）の内訳                │
│   ■個人市町村民税 ■法人市町村民税 ■固定資産税 ■都市計画税 ■その他 │
│                                                       │
│   37.0%    8.7%       41.0%        5.9% 7.4%          │
└─────────────────────────────────────────────────────┘
```

（注）1. 超過課税および法定外税を含む。
　　　2. 計数はそれぞれ四捨五入によっているので，合計と一致しない場合がある。
（出所）総務省ウェブサイトより作成。

　07 年度に実施された国と地方の行財政改革は，**三位一体改革**と呼ばれ，「国庫補助負担金の廃止・縮減」，「地方交付税の一体的な見直し」に加えて，「所得税から地方住民税への税源移譲（3 兆円規模）」を含むものであった。その際，それまで累進税率であった個人住民税の税率が一律 10％（市町村民税 6％＋道府県民税率 4％）に変更されているが，この点が税収の安定化につながったとみられる。

　固定資産税については，すべての期間を通じて安定的に推移している。課税標準となる土地・家屋の固定資産税評価額は，1.4％の比例税率の下で 3 年に 1 回の評価替えが原則となっており，納税額が地価や住宅価格の短期的変動に影響されにくい仕組みとなっている。

　地方消費税も，安定性に優れた特性を有している。一般に認識されている消費税（10％）には，地方消費税分（2.2％）が含まれており，消費税の安定性の高さは，地方消費税の安定性をも含意している。地方消費税が導入された 97 年度以後，税率引き上げのタイミングに合わせて，確実に税収規模を拡

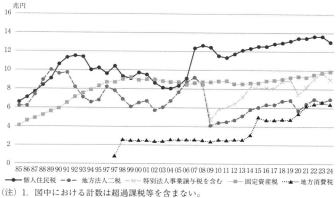

図14-4 主要地方税の税収推移

(注) 1. 図中における計数は超過課税等を含まない。
2. 22年度までは決算額。23年度および24年度は地方財政計画の金額。
3. 09年度以降は、地方法人二税に特別法人事業譲与税を加えた金額も示している。
(出所) 総務省ウェブサイトより作成。

大してきている。

　これらに対して，地方法人二税は，経年的にきわめて不安定であり，景気の変動に強く左右される。第10章に見たように，法人税のような税収の所得弾力性が高い税目は，ビルトイン・スタビライザーとしての機能を備えるべき国税に適している。にもかかわらず，日本では，法人税（とりわけ法人事業税）の道府県税としての重要性が高く，この点が，道府県税収全体の安定性を弱める主たる要因となっている。

　また，地方法人二税については，納税義務が課せられる法人の事業所が都市圏に偏在する傾向にあることから，税収が人口規模の大きな自治体に集中するという問題点も指摘されている。

3 政府部門全体の税収構造

3-1 国税・地方税全体の内訳

　図14-5は，国税・地方税を合わせた税収合計（2024年度予算ベースで118兆円）を，所得課税，消費課税，資産課税等といった主要な課税ベースに分類して，その内訳を示したものである。一見して，税収全体の過半が所得課税

278 第3部 租税論

図 14-5 課税ベースに基づく国税・地方税の構成

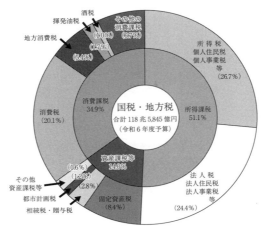

(出所) 財務省ウェブサイト

で占められており，消費税が国税収入で最大であるとはいえ，日本は，資産課税も含めて直接税中心の租税体系を形成している。

全体の35%を構成する消費課税については，その税収の7割超を消費税と地方消費税を合わせた一般消費税が占めている。それでも，揮発油税や酒税など個別消費税が果たす役割は決して小さくない。

資産課税等では，先の地方税収の実態から想定されるとおり，固定資産税の比重が圧倒的である。これに都市計画税を合わせれば，これら実質的な固定資産税収は，資産課税等のおよそ7割を占める。

3-2 社会保障拠出も含めた税収構造

社会保障拠出金（社会保険料）も含めた，一般政府レベルで把握した一国全体の税収構造とその負担水準については，第4章で見た。再び，2019年時点での日本の特徴について確認すると，収入の構成比では，社会保障拠出への依存（4割）が際立って高い反面，個人所得課税の比重は低い。個人所得税負担率も先進国最低レベルにあるが，かといって消費課税負担率が欧州諸国並みに高水準にあるわけではない。

第14章　日本の租税体系と税収構造　*279*

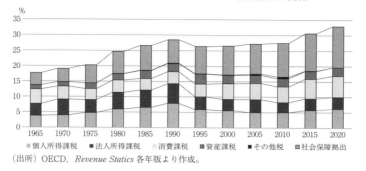

図 14-6　1965 年以降における日本の税収構造の変化

(出所) OECD, *Revenue Statics* 各年版より作成。

　図 14-5 で見たとおり，確かに日本は直接税中心の税体系を有しているが，より正確には社会保障負担中心の負担構造になっていて，個人所得課税の比率は，社会保障負担の半分にも満たないのが実態である。

　このような税収構造の現代までの変遷過程がわかるように，図 14-6 には同じく OECD の分類に従った，1965 年以降における税収項目別の構成と全体の負担率を示している。これによると，1965 年当時の税収構造は，2020 年に比べてかなり異なる。

　全体としての負担率が現在の半分程度と低い中で，社会保障拠出の比重が 22％と，現在の 4 割をはるかに下回り，個人所得課税と同程度であった。消費課税の比重（26％）はやや高いものの，所得課税全体で 44％のシェアを占め，これを資産課税（8％）が補完する形で，租税体系が構成された。日本は，この時点ですでに直接税中心の税収構造が形成されていたことがわかる。

　その後，所得課税と社会保障拠出が増大するに伴って，1980 年代まで全体の負担率も上昇していく。1990 年には，所得課税が大きく伸長したことで，社会保障拠出は，そのシェアを下げるものの，1995 年に所得課税負担率が急減したことで，この間 26％から 34％へと税収構造に占めるシェアを顕著に高めることになった。

　2000 年代以降，個人所得課税の負担率はほとんど変化しなかったのに対して，税負担の引上げに寄与したのが，社会保障拠出に加えて消費課税であ

280　第3部　租税論

った。消費課税負担率は，2000年から2020年にかけて5.1％から6.9％に上昇している。だが，この間の社会保障負担率の上昇のペース（9.4％→13.3％）がそれをはるかに上回っていたので，消費課税のシェアは19％→21％の上昇にとどまっている。

　過去四半世紀を通じて，社会保障負担はかなり安定的な上昇を見せているが，少なくとも1990年頃までは，社会保障拠出と所得課税はともに負担率を高めるように伸長してきた。ところが，表14-1と図14-4からも示唆されるように，1990年代半ば以降に所得課税，特に個人所得税収が長らく低迷を続けたことが，この間の消費課税の増大とあわせて，今日の社会保障拠出に大きく依存した税収構造を作り上げることになった。

４　租税構造の形成過程

4-1　1940年の税制改革

　日本の租税構造の形成過程には，どのような政治経済的背景があったのか，歴史的観点から検討しよう[1]。

　日本の**直接税中心税制**の起源は，終戦前の1940年に行われた抜本的税制改革にあったとみるのが定説である。日本では，1887年に所得税が導入された後も，しばらくは酒税，煙草税，関税などの間接税に依存する状況が続いたが，1930年代後半の戦時体制に移行する中で，軍事予算の増強に迫られることになった。

　1940年改革の主眼は，個人所得税と法人所得税の再編・強化にあった。まず個人所得税については，それまでの所得の種類に応じて異なる税率を適用する分類所得税をやめて，新たな分類所得税と，所得の合計金額にかかる累進的な総合所得税との2本立ての制度が採用された。また，給与所得については，その最低課税所得が引き下げられるとともに，あわせて給与への源泉徴収が開始された。これにより，所得税の納税者数は大幅に増加し，所得税の大衆化が一気に進むことになった。

　一方，従来は所得税制の一部に編成されていた法人所得税は，法人資本税

1　以下の内容は，野村（2016）に基づいている。

と統合され，独立した法人税として税体系の一翼を担うようになった。

これら一連の改革の結果，所得税と法人税を中心とした所得課税による収入調達力は飛躍的に高まり，戦後につながる直接税中心税制の原型が作られた。

直接税中心税制が形成されるにあたっては，戦前日本の混乱期において，課税ベースの広い包括的な間接税が導入されなかったことも重要な要素であった[2]。対して欧州諸国では，2度の大戦を挟んだ時期において，取引高税などの大型間接税が相次いで導入され，主要な税収源として活用された[3]。こうした経験は，戦後の欧州諸国で，より先進的な大型間接税である消費型付加価値税への移行をスムーズにさせ，この点で，税体系における間接税収への依存を高めやすい構造をもたらしたと考えられる。

4-2 高度経済成長期の減税政策

戦後日本の民主化政策の一環として，1950年には，前年のシャウプ勧告に基づく税制改革が実施されたことは，殊に有名である。第13章で見たように，このとき直接税の分野では，包括的所得税論が理念的目標とされ，利子や有価証券譲渡益など各種資本所得の総合課税化が実現することになった。同時に，垂直的公平を高める狙いから，経常財産税としての富裕税（純資産税）や従来の相続税・贈与税を統合した累積的取得税が導入されたことも注目される（第18章参照）。

一旦は，いくぶん理想的な形で成立したシャウプ税制ではあったが，表14-2にあるとおり，1951年に早くも利子の源泉分離選択課税が復活する。1953年に日本が主権を回復すると，経済成長優先の方針に従って，有価証券譲渡益税，富裕税が相次いで廃止されたほか，利子の一律源泉分離課税が導入されるなど，総合所得税の理想は急速に崩れていった。

以後，所得税では，少額貯蓄非課税制度（マル優）や配当申告不要制度の

---

2 戦前の日本でも1936年の税制改正案の一部にみられたように，大型間接税の導入が試みられたことはある。しかし，結局，見送られることになったが，その背景には，逆進的課税としての性格などに起因して消費者や流通業者からの強い反対があったとされている。

3 1916年にドイツで，1919年にフランスで取引高税が採用されたのに対して，スウェーデンでは第二次大戦の戦時財源として小売売上税が導入された（諸富編（2014）参照）。

282 第3部 租税論

表 14-2 戦後の主な資本所得税改定と所得税の税率構造

年	主な改定事項	所得税の税率構造
1949	シャウプ勧告	
1950	利子・配当・有価証券譲渡益の総合課税化	20-55%の8段階
1951	利子の源泉分離選択課税（50%）の復活	
1952	配当の源泉徴収（20%）復活	
1953	有価証券譲渡益の原則非課税化	5-65%の11段階
	利子の一律源泉分離課税（10%）	
1955	利子非課税化	
1957	短期貯蓄（1年未満）のみ源泉分離課税復活（10%）	10-70%の13段階
1959	長期貯蓄の源泉分離課税復活（10%）	
1962		8-75%の15段階
1963	少額貯蓄非課税制度（マル優）の創設	
1965	配当の源泉分離選択課税（15%），申告不要制度の導入	
1967	配当の源泉選択税率の引上げ（15% → 20%）	
1969		10-75%の16段階
1970		10-75%の19段階
1971	利子の源泉分離選択課税（20%）の復活	(1971年と1974年に，税率ブ
1973	利子・配当の源泉選択税率の引上げ（20% → 25%）	ラケットの適用課税所得額の
		引上げ)
1978	利子・配当の源泉選択税率の引上げ（30% → 35%）	
1984		10.5-70%の15段階
1987	抜本的税制改革	10.5-60%の12段階
1988	・マル優原則廃止	
1989	・利子一律源泉分離（20%）	10-50%の5段階
	（金融類似商品なども同様の課税）	
	・有価証券譲渡益課税の原則課税化	
	（譲渡代金の1%による源泉分離課税の導入）	
		(1995年に，税率ブラケット
		の適用課税所得額の引上げ)
1999		10-37%の4段階
2001	有価証券譲渡益課税の申告分離課税への一本化	
	（源泉分離課税の廃止）を2年延期	
2003	上場株式の配当・譲渡益に対する軽減税率（10%）の導入	
2007		5-40%の6段階
2014	上場株式の配当・譲渡益に対する軽減税率の廃止	
	（税率10% → 20%）	
	少額投資非課税制度（NISA）の創設	
2015		5-45%の7段階

（出所）日本証券経済研究所（2024），268-271頁を加筆修正。

導入，法人税においては，各種引当金・準備金の創設などを通じて，1960
年代半ば頃までには資本蓄積促進型税制の骨格が整えられていった。
　ところが，このような所得の種類によって扱いが異なる分類所得税体系の

下では，包括的所得税が理想とした総所得に基づく公平性を達成するのは困難である。そこで，高度成長期の税制改革で特徴的であったのは，異なる種類の所得を得る納税者間での不公平を生じさせないように，所得税の控除制度が積極的に活用されたことである。たとえば，1950年代には自営業者を対象とする青色専従者控除が創設・拡大されたが，これによる減税と平仄を合わせるように，勤労者向けの給与所得控除が拡大された。60年代にも，同族法人経営者，自営業者，給与所得者を対象として，それぞれ既存控除の拡大や新たな控除の創設が図られた。特に高い累進税率が適用されうる給与所得は，優遇された資本所得に比べて，負担が重かったので，勤労者の不公平感を解消するように，たびたび給与所得控除の水準が引き上げられていった。

　一連の減税政策が可能であったのは，高い限界税率が巨額の自然増収をもたらしたからである。こうして大型間接税を欠いた直接税中心税制の下で，以後，資本所得が軽課されるとともに，累進所得税が頻繁に減税の対象とされたのである。

4-3　社会保障政策との関係

　当時の減税政策は，日本の社会保障政策とも切り離せない関係にあった。それには，戦後与党政権による基本政策が，公的な社会保障を充実させる欧州型の福祉国家ではなく，公共投資による雇用創出を基盤とした「安上がりな」福祉国家[4]を志向していたことによるところが大きい。

　このとき，雇用創出のために重要な役割を担ったのが，**財政投融資**である。ただ，当時の制度は現在と異なり，その原資には，郵便貯金や年金積立金などが充当されていた。そのため，資本蓄積型税制下での民間貯蓄の増大は，財政投融資を通じた公共投資の拡大を支えて，とりわけ地方圏における労働需要の増加に寄与することになった。

　安定的な所得を得るようになった労働者には，減税政策の恩恵を享受する中で，社会保険料の支払いとともに，民間部門が提供する教育や福祉サービ

4　公共事業に大きく依存した安上がりな，日本の福祉国家モデルは，しばしば「土建国家」と称される（井手編（2011）参照）。

284　第3部　租税論

スの購入が可能となった。そのことは，政府による社会保障支出の増加を抑制することに貢献した。現代にも引き継がれる，社会保険に依存した日本の「小さな政府」は，このような財政システムと社会構造の中で形成されていったのである。

　もともと日本の社会保険制度は，戦前の医療保険から始まり，職域ごとに分立した点に特徴があった。1958年には国民健康法が改正され，一応の**国民皆保険**が実現するものの，制度間での給付率格差を縮小するために，国庫負担（税の投入）の増加により調整が図られた。しかし，65年に赤字国債が発行されると，財政緊縮化の一環として社会保険の国庫負担を切り下げる代わりに，保険料と自己負担が引き上げられた。73年の「福祉元年」には，田中角栄内閣の下で高齢者医療費の無料化などが実現したが，石油ショックに伴う景気後退と財政危機の中で，受益者負担の比重が高められていった。

　1970年代に提唱された**日本型福祉社会論**は，政府がこのような「安上がりな」福祉国家を維持していくうえでの思想的な背景となった。それは，基本的な福祉の役割を第一に家族と企業に委ねて，国家はそれでも救済されない困窮者だけを対象にして，補完的な社会保障に重点を置くべきだという考え方であった。

　こうした社会福祉のあり方は，明らかに，高度成長期において典型的とされた家族モデルを継承することが想定されていた。すなわち，夫は各種福利厚生を備えた会社に勤める正社員である一方で，妻は専業主婦として，夫の両親を含め家族全体の面倒を看るような旧来型の家族観である。

　しかし，80年代以降における高齢化率の上昇，女性の社会進出，さらなる核家族化の進展などに伴って，こうした福祉論は，急速に有効性を失いつつあった。90年代に長期不況の時代に入ると，人件費が重荷になった企業は，雇用の非正規化を大胆に押し進めた。97年には，ついに世帯数で，共働き世帯が専業主婦世帯を上回ったことで，後者に依存した福祉社会モデルが立ち行かないことは，誰の目にも明らかになった。

4-4　社会保障負担の増大

　経済社会構造の変化に直面して，当局も否応なく対応を迫られた。ところ

図 14-7 健康保険料率（健保組合，協会けんぽ）・厚生年金保険料率・国民年金保険料の推移

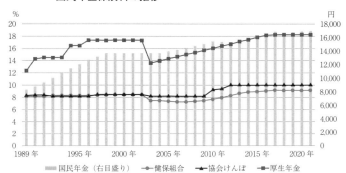

(注) 1. 厚生年金の保険料率は，第1種（男子である被保険者であって，第3種被保険者，第4種被保険者及び船員任意継続被保険者以外のもの）のものである。
2. 2002年以前は，厚生年金保険料・健康保険料について賞与は対象外であった。
(出所) 厚生労働省ウェブサイトより作成。

が，これまでのところ，社会保障制度そのものの抜本的改革には手が付けられず，既存のバラバラな保険制度を維持したまま，負担の増加と給付の抑制が繰り返されてきたのが実態である。

たとえば，公的年金では1985年以降，5年ごとに給付を削減し，負担を引き上げる改革が実施されてきた[5]。図 14-7 に示されるように，厚生年金の保険料率は，89年の12.4％から96年には17.35％まで引き上げられ，2003年からは健康保険と合わせて賞与も保険料の対象になった。

04年の年金改革で導入された**マクロ経済スライド**方式では，職域年金保険料の引き上げ上限（17年の18.3％まで）を固定したうえで，物価水準や現役世代人口などの状況に合わせて，給付水準が自動的に調整されるようになった。定額の国民年金保険料も，98年の月額13,300円までほぼ毎年のように引き上げられてきたが，同方式により，17年の16,900円まで段階的に引上げが行われた。

---

5 従来，当面の年金給付水準を維持する狙いから，保険料の再計算（財政再計算）を5年ごとに行わなければならないとされてきた。だが，2004年のマクロ経済スライドの導入を伴う制度改正により，財政再計算は，将来の収支見通し等を作成し，より長期的な観点から公的年金財政の検証を，5年に一度実施する「財政検証」に移行した。

286　第3部　租税論

　介護保険もまた国民年金と同様，定額の保険料負担が原則である。2000年の制度発足時には全国平均で2,911円（40〜64歳の第2号被保険者ベース）であったのが，これまで7度の法改正を経て，24年には同6,276円まで引き上げられている。

　一方，医療保険においては，83年の高齢者医療費の無料化廃止に続き，翌年に現役世代の1割本人負担が導入されて以降，高齢者を含めた被保険者の自己負担額が引き上げられてきた。

　保険料率も上昇傾向にある。大企業従業員が加入する健康保険組合の平均保険料率は，89年の8.2％から2000年代半ばに低下するものの，その後上昇に転じ，17年からは9.2％程度となっている。中小企業従業員とその家族を対象とする協会けんぽでも，89年の平均保険料率8.3％に対して，12年以降は10.0％で推移している。

4-5　1980年代後半以降の所得減税と消費税

　今日までの日本の租税構造に占める社会保障拠出の高まりは，上のような社会保険料の増大だけでなく，1980年代後半以降における所得課税収入の減少によっても際立つことになった。所得課税の減収には，当然景気低迷の影響があったが，実は，この間の減収の大半は，自然減収ではなく，政策的に引き起こされたものである。さらに，そうした所得税の減税には，消費税の導入とその引き上げという政治課題が密接に関わっていた。

　この政治課題は，70年代に日本が深刻な財政危機に陥った時期にはほぼ固まっていたとみられる。このとき，財政当局では，安定的な税収源を求めて，いよいよ課税ベースの広い大型間接税の導入に向けた動きが本格化することになった。

　ところが，70年代後半に，大平正芳内閣が提案した**一般消費税**は，世論の強い反発を受けて断念された。それまで多くの納税者が高度成長期に頻繁に実施された減税に慣れていたこともあって，この時期のあからさまな増税は，政治的にきわめて困難であった。そこで，大型間接税の導入やその後の税率引き上げに際して，80年代半ば以降にとられるようになったのが，それらを所得税減税との抱き合わせで行う改革手法である。

なぜ大型間接税の導入と同時に，所得税を引き下げる必要があるのかと問われれば，次のように説明された。すなわち，クロヨンと称されるように，職種によって所得捕捉率に格差がある現状において，所得税で水平的公平を達成するのは難しい。しかし，大型間接税の下では，消費が等しければ，税負担も等しくなるという点で水平的公平が確保される。したがって，水平的公平に難のある所得税を減らす代わりに大型間接税を導入すれば，税制全体の水平的公平の改善につながるというものであった[6]。

しかし，80年代後半に中曽根康弘内閣が成立を試みた**売上税**法案も，所得税の減税と組み合わせた，税収中立的な税制改革の一部として提出されたにも関わらず，強い政治的反対から撤回に追い込まれた。

懸案の大型間接税は，続く竹下登内閣の下で，89年に漸く税率3%の**消費税**として実現するが，このとき法案通過を確実にすべく，改革全体としてはネットで減税となる，所得税と法人税の大幅な引き下げが決定された。その後，94年に村山富市内閣が3年後の消費税率5%への引き上げを決定した際も，やはり同様な減税超過型の包括的な改革パッケージの中に，所得税の先行減税が組み込まれることになった。

ところが，97年に消費税が引き上げられると，景気が急速に後退して金融危機が起こった。緊急な経済対策が求められる中で，翌年に成立した小渕恵三内閣は，積極財政を進める一方で，所得税と法人税の減税を相次いで実施する。これにより公的債務は急激に膨らんでいったが，2000年代前半に長期政権を担った小泉純一郎首相は，「増税の前に歳出削減」との立場から，社会保障や公共事業の削減に着手しつつも，消費税の引き上げや抜本的な所得税の立て直しなど，歳入基盤の強化に向けた改革には消極的であった。

では，消費税の導入とその引上げの代償として，80年代後半以降に実施された所得税の減税とは，どのようなものであったか。恒久的な制度改定としては，累進税率構造の緩和を伴う税率引き下げと所得控除の拡大が基本であった。たとえば，86年には70%であった最高税率が，89年に50%，99

---

6 しかし，この議論は同様の論法により次のようにも解釈できる。つまり，垂直的公平に優れた所得税を減らす代わりに，垂直的公平に難のある大型間接税を導入すれば，税制全体の垂直的公平は悪化するということである。

288　第3部　租税論

年に37％まで引き下げられている（表14-2参照）。同時に，標準モデル世帯（夫婦子二人の片稼ぎ世帯）の課税最低限についても，86年の236万円から94年には328万円へと拡大されている。

制度減税に合わせて，**定率減税**（一定の上限の下で税額の一定割合を控除）や**定額減税**などの時限的な減税も，たびたび実施された。村山内閣が決定した95年度と96年度の各年2兆円規模の定率減税[7]をはじめとして，97年度には，橋本龍太郎内閣による1人当たり2.6万円の定額減税[8]に続き，小渕内閣でも所得税・住民税を合わせた大規模な定率減税[9]が実施された。定率減税の枠組みは，その後も存置され，07年度に廃止されるまで続けられた。

これらの減税は，比較的所得の低い納税者に対して相対的に大きな利益を与えるものの，税の戻しという性格から所得税・住民税の非課税世帯には何ら恩恵が及ばないという点で，必ずしも再分配機能に優れたものでなかった。その一方で，控除の拡大と累進度の緩和は，高所得者ほど実質的な税負担率をより大きく引き下げ，所得分配に対して逆進的に働く。一連の減税政策は，こうして税制による再分配機能の弱体化をもたらすことになった。

他方，消費税については，97年度に税率を引き上げて以降，長らく税率5％に据え置かれてきたが，12年に民主党野田佳彦内閣が成立させた「社会保障と税の一体改革」関連法に基づき，続く第2次安倍晋三内閣が14年に8％への引き上げを実現する。さらに，同内閣の下で，2度にわたり税率引き上げが延期されたものの，19年には，いよいよ10％まで引き上げられるに至っている。

7　制度減税後の税額から15％相当額（上限：所得税5万円，個人住民税：2万円）の控除が可能となった。

8　本人分の2.6万円（所得税1.8万円，住民税0.8万円）に加えて，控除対象配偶者または扶養親族1人につき1.3万円（所得税0.9万円，住民税0.4万円）の税額について，所得税・住民税から控除することを97年度中に実施することが企図された。

9　99年度分より，所得税については税額の20％相当額（上限25万円），個人住民税については税額の15％相当額（上限4万円）を控除できることになった。小渕内閣で定率減税が採用された背景には，定額方式では課税最低限が急上昇し，納税者の数が大幅に減少することが基幹税としての所得税の性格から好ましくないとの指摘（政府税制調査会）があった（石（2008），638頁）。

参考文献

石弘光（2008）『現代税制改革史——終戦からバブル崩壊まで』東洋経済新報社

井手英策編（2011）『雇用連帯社会——脱土建国家の公共事業』岩波書店

井手英策編（2014）『日本財政の現代史Ⅰ』有斐閣

日本証券経済研究所編（2024）『図説日本の証券市場2024年版』公益財団法人日本証券経済研究所

野村容康（2016）「歴史的に見た日本の税収構造」『生活協同組合研究』Vol. 485，公益財団法人生協総合研究所

諸富徹編（2014）『日本財政の現代史Ⅱ』有斐閣

Column　消費税は水平的に公平か？

　一般の税金に関する本などでは，次のように説明されることがある。所得税は，累進税率により高所得者により多くの税負担を求めることができるので垂直的公平に優れている一方で，消費税は，同額の消費に対して同額の税を支払うことになるので水平的公平に優れていると。果たしてそうなのだろうか。

　少なくとも財政学の立場では，そうは考えない。第11章で述べたように「水平的公平とは，同じ支払い能力の人には同じ税負担を求めること，垂直的公平は，異なる支払い能力の人には異なる税負担を求めること」である。したがって，たとえば，所得税の場合に公平性が満たされているかは，そもそもその課税標準が個人の支払い能力を適切に表しているかどうかにかかっている。このとき，所得税率は，納税者の支払い能力に影響を与える様々な事情（特に扶養家族など）を考慮した，所得控除が適用された後の課税所得に課せられる。その意味で，所得税は一応，支払い能力に基づいた公平な税とみなすことは可能である。クロヨンのように所得の種類によって捕捉率が異なるので，所得税は水平的公平に難があるというのは，課税当局による徴税能力に信頼を置いていないからである。本来，職種によって課税上の有利・不利があるといった疑念が生じないように，適正な税務行政を推進していくことこそ，当局に課せられた責務である。

　同様に，消費税の場合も，課税対象となる「消費」が支払い能力を反映しているかが公平であるかどうかの判断基準となる。この点で，直接税としての支出税であれば，公平な税を作れる可能性はある。しかし，日本の消費税は間接税であって，直接税のように担税者の個別事情を考慮することは不可能である。だから，名目的な消費では，各人の支払い能力を適切に評価できない。たとえば，2つの世帯で年間200万円の同額の消費が行われたとしよう。一方

290 第3部 租税論

は，所得が2,000万円の単身者であるに対して，他方は所得が200万円のひとり親世帯であったとしたら，それでも，このとき水平的公平が達成されたというのだろうか。この場合の200万円の消費額は，明らかに支払い能力の尺度として不適当である。消費税は，間接税だから原理的に公平な税にはなりえない。無論，だからといって良くない税だと言いたいわけではない。消費税にも優れた点はある。しかし，「消費税は公平な税だから，もっと税率を上げた方がよい」といった主張には，声を大にして反論しなければならない。

第15章　個人所得課税

　日本の所得税は，総合所得税を建前としているが，その実態は，所得の種類によって税率と課税方法が異なる分類所得税である。この章では，所得税の基本的な仕組みを把握するために，給与所得を例にして所得税の計算方法を説明する。また，個人所得税に関わる論点として，個人単位課税としての問題，金融所得課税の一体化，さらには資産形成促進税制のあり方について検討する。

1　日本の所得税制の特徴

　個人所得税は，かつて世界中で「税金の王様」と称えられ，租税体系の中心に位置づけられてきた。これは，第13章で検討した通り，「所得」が個人の担税力を反映しており，実行可能な税制の中では，所得税が最も公平であると考えられてきたからである。

　日本の個人所得税は，**所得税**と**個人住民税**で成り立っている。住民税については，第14章で見た通り，地方自治に基づく負担分任的な性格が強く，現在，**道府県民税**4％と**市町村民税**6％を合わせて10％の税率（所得割）が適用されている。これに対して，国税としての所得税には，通常，再分配機能が委ねられることから，日本をはじめ多くの先進国で，累進税率が採用されている。日本の所得税の特徴を先取りすると，次の3点が重要である。

　第1に，すべての所得を合算した総所得金額に基づいて支払い税額が決まる総合課税（総合所得税）を建前としているが，その実態は，所得の種類によって税率や課税方法が異なる**分類所得税**に近い仕組みとなっている。OECDも，日本を二元的所得税の準採用国として位置づけており，基本的に労働所得と資本所得は分離課税の扱いとされている[1]。

292 第3部 租税論

　第2に，個人の支払い能力に配慮するための手段として，所得控除が中心的な役割を果たしている。もう1つの有力な調整手段に税額控除制度があるが，日本では，欧米の所得税と比べると，必ずしも積極的に活用されているとはいえない。

　第3に，所得税は確定申告に基づいた**申告納税**が原則であるが，実際は，給与所得に対して源泉徴収と年末調整という2つの制度が適用されるため，大半の給与所得者は，確定申告の手間を省けることである。この点は，税務行政費用と納税協力費用の節約という点でメリットがあるものの，納税者意識の低下を招いているとの批判もある。

2 所得税の算定方法

2-1 全体の仕組み

(1) 所得の種類と計算

　所得税法によると，個人の所得はその発生形態によって，表15-1のとおり，利子所得・配当所得・事業所得・不動産所得・給与所得・退職所得・譲渡所得・山林所得・一時所得・雑所得の10種類に分類される。まずは，これら種類ごとに必要経費を引くなどして，各々の所得金額を計算する。

　次に，退職所得や山林所得などの分離課税扱いとなる所得以外の所得を合計して総所得金額を求める。総所得金額から各種の所得控除を控除した残りが課税所得となり，これに累進税率表を適用して，暫定税額を算出する。

　最後に何らかの税額控除が利用可能であれば，暫定税額からその税額控除を差し引いて支払い税額が決まる。もし利用可能な控除がなければ，暫定税額が最終的な納税額として確定する。以上の計算手順は，表15-2にまとめてある。

　例外扱いとなる退職所得と山林所得は，長期の勤労や樹木生育によって生じるなどの性格が考慮され，分離課税が適用される。退職所得については，勤続年数に応じた退職所得控除が適用され，控除後の金額の2分の1のみが累進税率の対象となる。一方，山林所得は，必要経費と特別控除を引いた残

1　OECD (2006), p.84.

第 15 章　個人所得課税　　*293*

表 15-1　所得の種類別計算方法と課税方式

種類	内容	計算方法	課税方式
利子所得	預貯金，国債などの利子の所得	収入金額＝所得金額	源泉分離課税(1)
配当所得	株式，出資の配当などの所得	（収入金額）－（株式などを取得するための借入金の利子）	申告不要 総合課税 申告分離課税
事業所得	商工業，農業など事業をしている場合の所得	収入金額－必要経費	総合課税
不動産所得	土地，建物などを貸している場合の所得	収入金額－必要経費	総合課税
給与所得	給料，賃金，ボーナスなどの所得	収入金額－給与所得控除額	総合課税
退職所得	退職手当，一時恩給などの所得	（収入金額－退職所得控除額(3)）× 1/2	分離課税
譲渡所得	土地，建物，ゴルフ会員権などを売った場合の所得	（収入金額）－（売却した資産の取得費・譲渡費用）－（特別控除額（上限 50 万円））	総合課税(2)
山林所得	山林の立木などを売った場合の所得	収入金額－必要経費－特別控除額（上限 50 万円）	分離課税 （5 分 5 乗）
一時所得	クイズの賞金，生命保険契約の満期払戻金など，一時的な所得	（収入金額）－（収入を得るために支出した費用）－（特別控除額（上限 50 万円））	総合課税
雑所得	恩給，年金などの所得	公的年金等の場合：収入金額－公的年金等控除額(4)	総合課税
	営業でない貸金の利子など，上記所得に当てはまらない所得	上記以外の場合：収入金額－必要経費	

（注） 1. 特定公社債等の利子等については，申告不要または申告分離課税。

2. 一部，分離課税として取り扱われるものがある。分離課税の対象となるのは，株式等の譲渡による所得，土地等の譲渡による所得等がある。

3. 勤続年数 5 年以下の法人役員等の退職金については，2 分の 1 課税を適用しない。左記以外の退職金についても，退職所得控除を控除した残額のうち 300 万円を超える部分については，2 分の 1 課税を適用しない。退職所得控除は，勤続年数によって異なり，同 20 年まで 1 年につき 40 万円，同 20 年を超えると 1 年につき 70 万円が 800 万円に加算される。

4. ①年金受給者の年齢が 65 歳未満であるかそれ以上か，②公的年金の収入額，③公的年金以外の所得の合計金額，によって計算方法が異なり，定率控除と 40 万円と定額控除の合計額となる。ただし，最低保障額が設けられており，65 歳以上の者で 110 万円，65 歳未満の者で 60 万円は保障される。

（出所） 寺﨑（2023），財務省ウェブサイトにより作成。

額について，5 分 5 乗方式に基づき，同じく累進税率が適用される。

(2)　損益通算

　所得税では，一定の範囲内で，損失を利益から相殺する**損益通算**が認められている。損益通算は，まず総合課税，分離課税それぞれの中で通算するという原則の下で，不動産所得，事業所得，山林所得，譲渡所得について生じた損失のみが通算の対象となる。たとえば，不動産所得や事業所得で損失が生じた場合，給与所得や雑所得等から差し引くことができる。それでも，控除しきれない純損失が残った場合は，青色申告者に限って翌年以降 3 年間の繰り越しが可能である[2]。

　2　青色申告者とは，不動産所得，事業所得，山林所得を得て，かつ一定水準の記帳をし，その記

294　第3部　租税論

表15-2　総合所得税の計算とその例外

Ⅰ．所得税計算の手順
　①収入から必要経費を引いて求めた各所得の合計＝総所得金額
　②総所得金額－所得控除＝課税所得
　③課税所得×累進税率＝暫定税額
　④暫定税額－税額控除＝納税額

Ⅱ．総合所得課税の例外
　①退職所得，山林所得に対する累進分離課税
　②利子所得，上場株式等の配当・譲渡所得，土地・建物等の
　　譲渡所得などに対する定率分離課税

表15-3　給与所得控除の算定表

給与収入額	給与所得控除額
162.5万円以下	55万円
162.5万超180万円以下	収入額×0.4－10万円
180万超360万円以下	収入額×0.3＋8万円
360万超660万円以下	収入額×0.2＋44万円
660万超850万円以下	収入額×0.1＋110万円
850万超	195万円

（出所）財務省ウェブサイトより作成。

2-2　給与所得の経費控除

(1)　給与所得控除

　給与所得控除は，給与所得者が給与所得を計算するうえで，給与収入から差し引かれるものである。これは，一般に，給与所得者が勤務の遂行に伴って発生する必要経費の概算的控除として位置づけられ，表15-3の算定表に従って計算される。

　従来，控除額は給与収入に応じて際限なく増加したが，2013年に245万円の上限が設定された後，段階的に縮小されてきた。20年に現行の制度に移行し，このとき給与収入850万円超で一律195万円となったほか，最低保障額がそれまでの65万円から55万円に減額された。後者の改定は，後述する基礎控除の10万円の増額に合わせたものであり，給与収入850万円以下

帳に基づいて申告をする個人事業者を指している。この制度ができた当時の確定申告書が青色だったことから，このように呼ばれるようになった。

第 15 章 個人所得課税 *295*

表 15-4 人的控除の種類と概要

控除の種類とその対象者		控除額		本人の所得要件
		所得税	住民税(1)	
基礎控除	本人	最高 48 万円	最高 43 万円	2,400 万円以下で満額。2,400 万超 4,450 万円以下で 32 万円。2,400 万超 2,500 万円以下 16 万円。
配偶者控除(2)	70 歳未満	最高 38 万円	最高 33 万円	900 万円以下で満額。900 万超 950 万円以下で 26 万円。950 万超 1,000 万円以下で 13 万円。
	70 歳以上	最高 48 万円	最高 38 万円	900 万円以下で満額。900 万超 950 万円以下で 32 万円。950 万超 1,000 万円以下で 16 万円
扶養控除(3)	16 歳以上 19 歳未満	38 万円	33 万円	―
	19 歳以上 23 歳未満（特定扶養控除）	63 万円	45 万円	―
	23 歳以上 70 歳未満（老人扶養控除）	38 万円	33 万円	―
	70 歳以上 同居の場合	58 万円	45 万円	―
	同居以外	48 万円	38 万円	―
障害者控除	納税者・控除対象配偶者・扶養親族が障害者	27 万円	26 万円	―
	納税者・控除対象配偶者・扶養親族が特別障害者 同居の場合	75 万円	53 万円	―
	同居以外	40 万円	30 万円	―
寡婦控除		27 万円	26 万円	500 万円以下
ひとり親控除		35 万円	30 万円	500 万円以下
勤労学生控除		27 万円	26 万円	75 万円以下かつ給与所得等以外が 10 万円以下

(注) 1. 住民税（道府県民税と市町村民税）の所得割を計算する際にも，国税と同じ所得控除を受けることができる。しかし，その金額は国税の場合よりも少ないので，住民税所得割の課税最低限は所得税よりも低くなる。
　　 2. 配偶者特別控除を含む。配偶者の所得が 95 万円以下で満額の控除（本人の所得金額に応じて控除額が変わる）。配偶者の所得が 95 万円を超えて 133 万円まで，8 段階で控除額が減額される。
　　 3. 生計を一にし，かつ合計所得金額が 48 万円以下である親族等を有する者。
(出所) 寺﨑 (2023)，財務省ウェブサイトより作成。

の者については，基礎控除と給与所得控除との合計額は同じままとなった。

(2) 特定支出控除

　給与所得の算定にあたっては，給与所得控除に加えて，実額での必要経費の控除である**特定支出控除**が利用できる場合がある。具体的には，通勤費，職務上の旅費，転居費，研修費，資格取得費など一定の要件を満たした費用の合計が給与所得控除額の 1／2 を超えた場合に，給与所得控除の適用に加えて，給与収入からこの超過額を差し引いた金額を給与所得とすることができる。

296 第３部　租税論

2-3　所得控除

　総所得金額から控除される**所得控除**には，人的控除および他の金銭的控除，の２種類がある。ただし，これらの控除は，同じ所得控除ではあるものの，特定の所得金額だけを計算するうえで適用される，経費控除的な性格を有する給与所得控除，退職所得控除，公的年金等控除とは，税法上の役割が異なっている。

(1)　人的控除

　人的控除は，所得税が**人税**であるとの趣旨に従って，納税者の担税力に関わる家族構成の違いや個別の事情を考慮することを主たる目的としており，扶養家族の有無や本人・親族の所得金額などに基づき，その適用可否と控除金額が決まる。その種類と概要は，表 15-4 に示されるとおりで，代表的なものとして，基礎控除，扶養控除，配偶者控除がある。

　基礎控除は，本人の合計所得金額が 2,400 万円までの場合に，満額の 48 万円の控除が適用される[3]。ただし，所得がこの水準を超えると控除額が段階的に減少し，2,500 万円超で消失する。

　従来は，最低生活費の保障を根拠として，すべての納税者に適用されていたが，20 年以降，所得制限が設けられるとともに，それまでの 38 万円から 10 万円控除額が引き上げられた。背景には，近年におけるフリーランスなど在宅で仕事をする人の増加があり，給与所得控除が適用されない，これら個人事業者を税制面で支援する狙いがあった。

　配偶者控除（配偶者特別控除）および**扶養控除**は，それぞれ配偶者または扶養親族と，納税者が生計を一にして，かつ一定の条件を満たす場合に適用される。ただし，前者の場合，配偶者の所得と本人の所得の双方の組み合わせによって，控除額が変化し，いくらか複雑である。単純化していえば，配偶者所得が 133 万円超，あるいは本人所得が 1,000 万円超のどちらか１つでも

---

[3]　合計所得金額とは，利子所得，配当所得，不動産所得，事業所得，給与所得，雑所得，総合課税の短期譲渡所得，一時所得及び総合課税の長期譲渡所得の所得金額を合計した金額（純損失または雑損失などの繰越控除を適用する前の金額）であるが，源泉分離課税の対象となる利子所得や配当所得などは含まれない。

該当する場合には，配偶者控除（配偶者特別控除）は利用できない。

(2)　他の金銭的控除

　総所得金額から控除できる他の金銭的控除としては，災害，盗難または横領により被害を受けた損失額等（保険金，損害賠償金などで補填される金額を除く）について認められる**雑損控除**，診療または治療費用などの医療費の支出額（保険金などで補填される金額を除く）を対象とする**医療費控除**に加えて，保険料支払いや寄附などを奨励するために設けられた**社会保険料控除・生命保険料控除・損害保険料控除・寄付金控除**などがある。

　他の金銭的な控除の中で，最も金額としての規模が大きいのが社会保険料控除である。これは，個人が支払った公的年金，健康保険，雇用保険などの保険料について全額，所得控除を認めるものであり，その理論的な根拠が問われることになる。

　保険料の支払いを貯蓄の一形態と捉えれば，これに所得控除を認める限り，支出税の原則に従って，消費（給付）段階で全額課税対象としなければ，整合性を欠くうえに，課税ベースが損なわれる。支出税では，貯蓄（拠出）は非課税であるが，消費はすべて課税される（第13章）。しかし，たとえば，公的年金についていえば，運用段階での非課税措置に加えて，給付段階では，雑所得として**公的年金等控除**の適用を受けることができる（表15-1）。

　公的年金等控除については，予てより寛大な控除額が問題視されてきたことから，これまで段階的に控除額が縮小されるともに，年金以外の所得金額によっても控除額が制限されるようになった。それでも，依然として65歳以上で110万円の最低保障控除が設けられ，これに基礎控除や各種人的控除の適用も可能となっている。高齢者人口が増加する中で，年金所得という潜在的な課税ベースが増大しているにもかかわらず，その大部分が課税の網から逃れている。

　同様な問題は，同一企業に勤め続けた退職者が優遇される**退職所得控除**（表15-1）についてもあてはまる。個人所得税の底割れを防ぐにあたっては，これら高齢退職者の所得をいかにして適正に課税できるかが鍵となっている。

298　第３部　租税論

表 15-5　所得税の課税最低限（給与所得者の場合，円）

区分		独身	夫婦	夫婦子２人
課税最低限		121.1 万	168.8 万	285.4 万
内 訳	給与所得控除	55 万	57.5 万	93.6 万
	基礎控除	48 万	48 万	48 万
	配偶者控除	—	—	63 万
	特定扶養控除	—	—	63 万
	社会保険料控除	18.2 万	25.3 万	42.8 万

(注)　夫婦子２人の場合，子のうち１人が特定扶養親族，１人が 16 歳未満として，給
　　　与収入に 15％の社会保険料が控除されるものとして計算している。
(出所)　寺﨑（2023），97 頁より作成。

(3)　課税最低限

　すべての所得控除を合計した金額は，その所得水準までは所得税がかから
ないという意味で**課税最低限**と呼ばれる。本来，課税最低限は所得金額であ
るので，収入から必要経費を差し引いた金額で表すべきであるが，給与所得
者については，以下のように経費に相当する給与所得控除も含めた給与収入
で示されるのが通例である。

> 給与所得者の課税最低限＝給与所得控除＋基礎控除
> 　　　　　　　　　　　　＋利用可能な各種人的控除＋社会保険料控除

　給与所得者の課税最低限を示した表 15-5 から，単身世帯と夫婦子２人世
帯では，２倍以上の開きがあることがわかる。

2-4　税率表

　所得控除を適用して算出された課税所得に対して，2024 年現在，5％〜
45％の７段階からなる**税率表**（表 15-6）が適用される。税率表は，**超過累進
税率**制度であるため，一定の金額を超えると，その超過額に適用される税率
（限界税率）が段階的に上昇し，各段階で算出した税額の合計が暫定税額とな
る[4]。

4　たとえば，課税所得が①500 万円，②1,000 万円の各ケースについて計算してみよう。
　　①500 万円のケース：195 万×0.05＋（330 万－195 万）×0.1＋（500 万－330 万）×0.2＝57.25 万円

第15章　個人所得課税　*299*

表 15-6　所得税の税率表

課税所得階級	税率（％）
195 万円以下	5
195 万超 330 万円以下	10
330 万超 695 万円以下	20
695 万超 900 万円以下	23
900 万超 1,800 万円以下	33
1,800 万超 4,000 万円以下	40
4,000 万円超	45

（出所）財務省ウェブサイト

　これまでの所得税の税率構造の変遷については，表 14-2 に示した。1970
年代には，最高 75％の 19 段階の税率構造が採用されていたが，既述のとお
り，80 年代後半以降の税制改革で税率構造のフラット化が進められたのち，
2015 年に現行制度に移行した。

2-5　税額控除

　税額控除は，税率表に従って算出された暫定税額から税額の控除を行うも
のである。主要な税額控除には，①所得税と法人税の二重負担について調整
を行う**配当控除**（第 16 章），②日本の所得税と外国の所得税との二重負担に
ついて調整を行う**外国税額控除**（第 19 章），③住宅借入金等を有する場合の
税額控除（**住宅ローン控除**），④試験研究費に対する税額控除など，がある。

　このうち，③住宅ローン控除は，住宅購入者の金利負担を軽減し，マイホ
ーム取得を支援するための政策税制として位置づけられる。これまで，一定
の条件の下，住宅ローン残高に 1％を乗じた金額を 10 年にわたって控除で
きたが，22 年度改正により，適用対象者の所得要件が従来の 3,000 万円以下
から 2,000 万円以下に引き下げられるとともに，ローン残高の 0.7％を 13 年
間（新築住宅等を購入する場合）控除できる制度に切り替わっている。

　税額控除と所得控除を比べると，納税者の支払い税額に与える効果が異な
る。所得控除による税額の軽減額は，課税所得に適用される限界税率の水準

---

　② 1,000 万円のケース：195 万×0.05＋（330 万－195 万）×0.1＋（695 万－330 万）×0.2＋（900 万
　－695 万）×0.3＋（1,000 万－900 万）×0.33＝182.4 万円

300　第３部　租税論

によって決まる。課税所得が高く，高い限界税率が適用される者ほど，同額の所得控除による税額の軽減額が大きい。

　これに対して，同額の税額控除であれば，それによる減税額は，課税所得の金額に関わらず同じである。したがって，課税所得に占める減税額の割合（減税率）で計れば，所得の低い納税者ほど減税率が高くなるという点で税額控除の方が有利である。

　しかし，上記の税額控除は，所得税の暫定税額までしか適用できないので，課税所得の低い納税者には控除不足となり，税額控除の利益を完全に得られないケースが生じる。この問題を解消する仕組みが，控除しきれなかった税額控除分を本人に払い戻す**給付付き税額控除**（第９章参照）である。

　この種の制度は，諸外国で広範囲に採用されているものの，日本ではいまだ導入されておらず，所得税改革における課題の１つとなっている。給付付き税額控除の具体的設計にあたっては，その目的と制度の整合性，児童手当などの社会保障給付との関係，社会保険料からの控除の妥当性などを含め，社会保障制度のあり方と一体となった検討が求められる。

３　確定申告とタックス・コンプライアンス

3-1　源泉徴収と年末調整

　上記の手順に従って算出した課税所得がプラスになった場合や特定の控除制度の適用を受ける場合は，原則として課税年度の翌年に（3月15日を期限にして）確定申告書を提出して，納税を行う必要がある。ただし，多くの種類の所得については，その報酬等を支払った企業や金融機関等（源泉徴収義務者）が予め所得税を徴収し，これを税務署に納付する**源泉徴収**制度が採用されている。源泉徴収の対象となる所得には，給与，報酬，料金，利子，配当などがある。

　このうち給与については，先に述べたとおり，通常，勤務先企業による**年末調整**が実施される。これは，給与所得者の給与にかかる源泉徴収税額と本来，納付すべき所得税額との差額を清算するための手続きであり，その年の12月に実施される場合が多い。そのため，勤務先が１つの会社で，確定申

告を要する他の事由のない給与所得者は，ほとんどの場合，年末調整により課税関係が終了する。

　こうした徴税上の仕組みは，税務行政上のコストとともに，タックス・コンプライアンス面での会社員の手間暇を削減する一方で，民主主義社会における国民の納税意識を下げ，ひいては政府による税の使い途に対する監視の目を弱くしているとの見方がある。たとえば，アメリカでは少なくとも給与に対する年末調整の仕組みが存在しないので，源泉徴収税の還付を受けるためには，納税者が自発的に所得申告を行う必要がある。

3-2　納税者番号制度

　日本では，2016年から**マイナンバー**（個人番号）制度がスタートし，納税者番号制度としての役割も担うことになった。マイナンバーとは，国の機関と地方公共団体を横断して使用される共通の12桁の番号であり，この番号を通じて，個人情報の集約とその行政への活用が効率的に行われるものとされている。番号制度については，なおプライバシー侵害への懸念が根強いものの，公共部門の支出と課税の両面で果たしうる潜在的なメリットは大きい。

　支出面では，番号を通じた正確な所得捕捉により，社会保障給付の対象者の迅速な特定が可能となる。そうなれば，何らかの経済的ショックや非常事態に際しても，生活困窮者に限定して十分かつタイムリーな給付を行うことができる。今後の導入が待たれる給付付き税額控除も，正確な所得捕捉を前提としてはじめて効果的な運用が可能となる。

　他方，金融所得課税の分野では，金融機関の口座とマイナンバーを紐づけることで，金融所得の正確な把握が可能となるだけでなく，金融所得の総合課税化にも道を開くことになる。国際課税においても，番号の活用は，内外金融機関との連携に基づいた多国間の自動的情報交換を円滑にする制度的基盤を提供する（第19章参照）。

　本来，納税者番号制度とは，富裕層に厳しく，弱者に優しいものである。最低限，個人と法人による資産保有と所得稼得に関する正しい情報がなければ，財政制度の公正な執行など夢物語であることを忘れてはならない。

302   第3部   租税論

4   個人所得税に関する論点

4-1   個人単位課税としての所得税

　日本の所得税では，個人が課税単位であるとはいえ，扶養親族の有無や配偶者（パートナー）の経済状態などを考慮して税額が算定される。他方で，表15-7から諸外国の状況をみると，個人単位ではなく，夫婦単位や世帯単位で所得税を実施している国もある。課税単位として何が適切であるかは，国ごとの私有財産制度の違いも関わり，なかなか容易に判断することができない問題である。

　原則として，所得税の課税単位は，個人間の公平性のみならず，世帯間の公平性，婚姻に対する中立性，配偶者の労働供給に与える影響などを勘案して決められる必要があるが，これらの基準は，累進課税の下でしばしば矛盾した関係となりやすい。

　たとえば，片稼ぎ世帯Ｘ（Ａ：所得1,000，Ｂ：所得0）と共稼ぎ世帯Ｙ（Ａ：所得500，Ｂ：所得500）を比較すると，個人単位課税の下では，世帯所得が等しいにもかかわらず，累進税率の下で片稼ぎ世帯Ｘの税負担が大きくなる。それは，1,000に適用される限界税率が500に適用される限界税率よりも高くなるケースである。したがって，現行制度のように累進税率の下での個人単位課税では，一般に世帯間の水平的公平を達成するのは困難である。

表15-7   配偶者の存在を考慮した税制と課税単位に関する国際比較（2023年）

	日本	アメリカ	イギリス	ドイツ	フランス
配偶者の存在を考慮した税制上の仕組み	配偶者（特別）控除（最大38万円）	夫婦単位課税（実質的な二分二乗方式）の選択	婚姻控除[1]（最大21万円）	夫婦単位課税（二分二乗方式）の選択	世帯単位課税[2]（Ｎ分Ｎ乗方式）
課税単位	個人単位課税	個人単位課税と夫婦単位課税（実質的な二分二乗方式）の選択制	個人単位課税	個人単位課税と夫婦単位課税（二分二乗方式）の選択制	世帯単位課税（Ｎ分Ｎ乗方式）
（参考）私有財産制度	夫婦別産制	州により異なる	夫婦別産制	夫婦別産制	法定共通制

（注）1. イギリスでは，自らの基礎控除を使いきれなかった場合，その残額を配偶者の基礎控除額に移転することができる。1ポンド＝168円で計算。
　　　2. フランスでは，家族除数（Ｎ）は単身者の場合1，夫婦の場合2，夫婦子1人の場合2.5，夫婦子2人の場合3，以降被扶養児童が1人増すごとに1を加算する。
（出所）財務省ウェブサイトより作成。

この問題を解消する1つの案は，個人単位課税の下でも，アメリカのような**二分二乗方式**の選択適用を認めることである。そうなれば，片稼ぎ世帯Xの税負担は，(1,000÷2)×税率表×2となり，共稼ぎ世帯Yと等しくなる。

ところが，世帯Xの稼ぎ手（A）は，単身者のときに比べて，結婚によって税負担を軽減できるので，二分二乗方式の選択適用は，婚姻に対する中立性を損なう。また，二分二乗方式の選択適用は，実質的に世帯単位課税の適用を認めることになるが，そうなると，片稼ぎ世帯でもともと所得が0であった配偶者にも，その追加所得に対して世帯単位としての限界税率が適用されることになる。このことは，そうした配偶者の労働供給に対して強い抑制効果を及ぼすことが想定される。

ただし，そもそも片稼ぎ世帯Xが共稼ぎ世帯Yよりも，個人単位の累進課税の下で不利に扱われるという見方には，いくつか留保が必要である。第1に，仮に世帯Xの1人が専業主婦（主夫）であったとすれば，その者が生み出す帰属所得を考慮する必要がある。世帯Xと世帯Yは，金銭的所得が等しくとも，一方の配偶者が提供する家事サービスによって，実質的な所得は，世帯Xの方が高いかもしれない。

第2に，たとえ世帯Xで帰属所得が生み出されていないとしても，少なくとも世帯Xのうちの1人は，世帯Yよりも多くの余暇を享受している。したがって，生活の質で測れば，やはり世帯Xの方が世帯Yよりも支払い能力が大きいようにみえる。

第3に，個人単位課税の下では，片稼ぎ世帯でも家族内で所得を移転することにより，総合所得税の負担を軽減できる可能性がある。特に資産所得が総合課税の対象となる場合は，金融資産を家族内で分散して保有することで，累進課税の下での税負担の平準化が可能となる。この点について，日本は，以下にみるように，多くの資産所得が分離比例課税の扱いであるため，家族内所得移転による節税の問題は大きくない。

第4に，配偶者控除の存在が，共働きでも同控除の適用を受けられるように所得が制限を超えないように調整して働くパートナーをもつ世帯に有利に働く点も考慮しなければならない。片稼ぎ世帯に認められる配偶者控除に

304 第3部 租税論

は，パートナーの最低生活費（基礎控除分）を税制上保障するという意味がある。これにより，片稼ぎ世帯は2人分の人的控除を利用できる。さらに，一定の要件を満たした夫婦世帯では，人的控除として，主たる稼ぎ手に適用される基礎控除＋配偶者所得と，短時間だけ働くパートナーに適用される基礎控除，という形で3人分の控除が利用できることになる。

一方，どちらもフルに働く夫婦世帯では，通常，各々基礎控除だけの適用なので，やはり2人分の人的控除である。この点で，配偶者控除の存在は，パートナーの追加的な労働供給にブレーキをかけるのと合わせて，公平上の問題をも引き起こしている。

カップルに対する整合的な課税のあり方は，異なる世帯間の公平の問題，結婚を税制上支援することが妥当かという点，さらには所得税における配偶者控除の位置づけなどと合わせて検討すべき課題である。

4-2　金融所得課税の一体化

日本の所得税では，伝統的に利子，配当，株式譲渡益などの金融所得に対しては，所得の種類によって異なる税率と課税方法が適用されてきた。金融所得課税の変遷については，表14-2に示したが，1980年代後半の抜本的税制改革以降たびたび修正が重ねられ，特に2000年代に入ってからは，**金融所得課税**の一体化を目標にした改革が進められてきた。

金融課税の一体化には，2つの意味が含まれている。1つは，金融所得に対する従来の分類所得税的扱いを改めて，金融所得税率を一本化することである。表15-8にあるように，現在，利子所得，上場株式の配当・譲渡益，株式投資信託の収益分配金など主要な金融所得については，住民税込みで20％の分離課税の適用がおおむね可能となっている。

もう1つが，金融取引に伴って費用や損失が生じた場合には，これを可能な限り他の種類の金融所得から控除，あるいは損益通算を認めることである。たとえば，従来は，株式の譲渡損失は，株式の譲渡益からのみ控除可能であったのが，17年以降は，損益通算の範囲が，株式譲渡益や配当に加えて，公社債の利子と譲渡益にまで拡大された。

これらの一体化に向けた改革により，日本の金融所得税はかなりの簡素化

第 15 章　個人所得課税　*305*

表 15-8　金融所得課税の概要

預貯金利子・債券利子	20%（所得税 15% + 住民税 5%，以下同じ）(1)の源泉分離課税
上場株式配当(2)	総合課税(3)か 20%の申告分離課税の選択制
公募株式投資信託収益分配金	総合課税(3)か 20%の申告分離課税の選択制
一般株式等配当（大口保有を含む）	総合課税(3)
上場株式等譲渡益・債券譲渡益	20%の申告分離課税
一般株式譲渡益	20%の申告分離課税
金融商品先物取引に基づく所得	20%の申告分離課税
外国為替証拠金取引決済差益	20%の申告分離課税

（注）　1. 所得税額に 2.1%がかかる復興特別所得税を含めると 20.315%
　　　　2. その株式等の保有割合が発行済株式又は出資の総数又は総額の 3%未満である者が支払を受ける配当
　　　　3. 配当控除の適用可
（出所）財務省ウェブサイトより作成。

が図られ，金融資産選択に対する中立性も向上した。かつての金融所得税制
の複雑さは，個人投資家による金融投資へのハードルを引き上げるととも
に，金融商品によってバラバラな税制が，金融資産選択を歪める可能性が懸
念されていたからである。

　安全資産と危険資産の選択に対する中立性は，金融投資に伴う損失の完全
な相殺措置によってはじめて可能になる。この点で，一体課税に伴う損益通
算の拡大は重要なポイントであった[5]。

　たとえば，元本価格が 1 で等しい金融商品が 2 つあったとしよう（表 15-9）。
1 つが 100%の確率で 0.02 の収益が得られる商品 A（国債のようなリスクフリー
の安全資産）で，もう 1 つは，80%の確率で 0.1 の収益が得られる反面，20%
の確率で 0.3 の損失が生じる商品 B（株式投資信託のような危険資産）である。

　まず①の課税がないケースで，商品 A の期待収益率は 2%だが，商品 B
の期待収益率も，$0.8 \times 0.1 - 0.2 \times 0.3 = 0.02$ で同じである。このとき，商品 A
と商品 B は，期待収益率という点では同等な金融商品とみなせる。

　ところが，もしここで 20%の金融所得税が導入されて損失控除が一切行
われないと，どうなるか（②のケース）。商品 A の期待収益率は，20%分だけ
課税前より低下するので 1.6%になるが，一方，商品 B の期待収益率は

5　損失の控除不足分については，3 年間にわたって繰り越しが可能であり，翌年以降に得られた
　金融収益から控除できる。

306 第 3 部　租税論

表 15-9　安全資産と危険資産に対する課税の中立性

①課税がないケース 　A ⇒ 1(100%)×0.02＝0.02：2%の期待収益率 　B ⇒ 0.8×0.1＋0.2×(−0.3)＝0.02：2%の期待収益率
②20%の金融所得課税の下で，損益通算がないケース 　A ⇒ 1(100%)×0.02×(1−0.2)＝0.016：1.6%の税引き期待収益率 　B ⇒ 0.8×0.1(1−0.2)＋0.2×(−0.3)＝0.004：0.4%の税引き期待収益率
③20%の金融所得課税の下で，完全な損失控除が認められたケース 　B ⇒ 0.8×0.1(1−0.2)＋0.2×(−0.3)×(1−0.2)＝0.016：1.6%の税引き期待収益率

（注）期待収益率とは，投資家が運用する金融商品について，将来的に期待できる収益率の平均値
　　で，期待収益率＝Σ（ある金融商品の収益率×当該商品の収益の発生確率）として求められる。

0.4％になり，資産選択上不利になる。問題は，期待損失分の 0.2×−0.3 の部分に税率がかからない（損失にかかる税が還付されない）ことから生じる。

　これに対して，完全な損失相殺が認められる③のケースでは，期待損失0.06 の 20％分だけ収益率が回復して 1.6％と，B の期待収益率は A と同じになる。このようにプラスの所得に税率をかければプラスの税額となるのと同じように，マイナスの所得にかかるマイナスの税額も完全に払い戻さない限り，リスクの異なる金融商品を等しく扱うことはできない。

　現行制度では，証券投資の損失分についてなお預貯金利子や非上場株式の譲渡益などからの相殺は認められておらず，この点がさらなる課税の一体化に向けた課題となっている[6]。

4-3　資産形成促進税制のあり方

(1)　確定拠出型年金

　2001 年に導入された**確定拠出型年金**（DC）は，加入者個人が資産運用を行い，運用実績に応じて給付額が変動する私的年金である。それには，基本的に個人が掛金を拠出する「個人型 DC（iDeCo）」と，企業が従業員の掛金を負担する「企業型 DC」の 2 種類がある。これら確定拠出年金の対象者と

6　預貯金利子からの損益通算を可能とするには，預貯金利子の源泉分離課税の枠組みを変更する
　必要がある。投資家は損失控除のために受取利子について申告を行うのと同時に，金融機関は税
　務署に利子支払いに関する調書（支払調書）を提出する必要が生じるが，こうした官民双方にか
　かる事務負担が通算拡大に障害となっている。

第 15 章　個人所得課税　*307*

表 15-10　確定拠出型年金に関する税制上の扱い

	企業型 DC	iDeCo
拠出時	・事業主拠出掛金：全額損金算入 ・加入者拠出掛金：全額所得控除 　（小規模企業共済等掛金控除）	・加入者拠出掛金：全額所得控除 　（小規模企業共済等掛金控除） ・iDeCo＋を利用し，事業主が拠出した掛金 　：全額損金算入
運用時	・運用益：運用中は非課税 ・積立金：特別法人課税（現在，停止中）	
給付時	・年金として受給：公的年金等控除 ・一時金として受給：退職所得控除	

（出所）厚生労働省ウェブサイトより作成。

　拠出限度額は，従業員が加入する企業年金の種類等によって異なるが，このうち個人型の **iDeCo** は，①勤務先で確定給付型年金（DB）のみに加入する者や，②何ら企業年金に加入していない者を対象としている。

　企業型 DC では，一定の条件を満たした場合，従業員の拠出に加えて企業のマッチング拠出が認められるほか，2018 年に始まった，中小企業に勤める iDeCo 加入者を対象とした中小事業主掛金納付制度（iDeCo＋）においても事業主掛金の上乗せが可能となっている。

　企業型 DC と iDeCo の税制上の扱いは，表 15-10 の通りであるが，後者の拠出限度額については，① DB のみの加入者で月額 1.4 万円，②企業年金非加入者で月額 2.3 万円，という違いがある。

　表にあるとおり，いずれのタイプの DC でも，加入者拠出には所得控除が適用されることから，特に高所得勤労者にとっての減税規模が大きい。さらに，運用時（資産収益）には非課税，給付時にも公的年金等控除などが適用されることで，拠出・運用・給付の 3 つの段階で優遇される。先に指摘した公的年金への税制上の扱いを含めて，整合的で公平な年金課税の構築が求められている。

(2)　少額投資非課税制度（NISA）

　積立・分散投資による安定的な資産形成を支援する観点から，2014 年に一定金額までの上場株式等にかかる配当・分配金および譲渡益が非課税とな

308 第３部 租税論

表 15-11 NISA 制度の概要

	つみたて投資枠	併用化	成長投資枠
年間投資枠	120 万円		240 万円
非課税保有期間	無期限		無期限
非課税保有限度額（総枠）	1,800 万円（簿価残高方式で管理，枠の再利用が可能）		
			1,200 万円（内数）
口座開設期間	無期限		無期限
投資対象商品	長期の積立・分散投資に適した一定の投資信託		上場株式・投資信託等
対象年齢	18 歳以上		18 歳以上
旧制度との関係	2023 年末までに旧一般 NISA およびつみたて NISA 制度において投資した商品は，新制度の外枠で旧制度の下での非課税措置を適用		

（出所）金融庁ウェブサイトより作成。

る**少額投資非課税制度**（**NISA**）が導入された[7]。NISA は，数度の改定を経て，2024 年に既存制度が抜本的に改められ，非課税保有限度額の拡大や非課税保有期間の無期限化などにより，適用範囲の拡充と恒久化が図られた。

その結果，表 15-11 のように，金融商品の種類によって「つみたて投資枠」と「成長投資枠」が設けられ，両者で年間投資限度額が異なっている。非課税となる NISA 口座の保有限度額（取得金額）は，2 つの投資枠の合計で 1,800 万円であるが，上場株式の保有が可能となる成長投資枠のみでは最大 1,200 万円までである。この投資枠は再利用が可能であり，NISA 対象の金融資産を売却した金額分は，新たな非課税投資枠として利用できる。

ただし，通常の金融所得課税とは異なり，NISA による資産運用で損失が発生した場合，譲渡損失の控除は認められない。また，NISA の利用にあたって個人投資家は，1 つの金融機関に 1 つの NISA 口座しか開設できない（2024 年時点）。非課税投資枠の管理を徹底するための措置であるが，制度の利便性は決して高いとはいえない。この点，限度額管理のためにマイナンバーを活用する余地は十分にある。

資産形成促進税制としての NISA を iDeCo と比較すると，投資可能額では前者が上回るが，後者は，拠出非課税の扱いによりその減税効果が高い。

---

7 NISA は，1999 年にイギリスで採用された ISA（個人貯蓄口座；Individual Saving Account）をモデルにしており，当初は日本版 ISA と呼ばれていた。

また，iDeCo が定期預金や債券も含め幅広い金融商品での運用が可能となっているのに対して，NISA では元本確保型商品を利用できず，ほぼ株式関連の商品に限定されている。この点に，個人の貯蓄を株式市場に誘導しようという政策意図が色濃く表れている。

確かに金融所得課税の一体化により，制度の簡素化が図られてきたとはいえ，他方で，これらの複雑な税制が併存することで，金融リテラシーに乏しい者が不利になる状況が生まれている。資産形成において個人の主体的な判断力が求められる時代となった。しかし，第14章でみたように，日本では，公的年金や社会保障制度の脆弱さが，近年における資産運用や投資教育を重視する流れを生み出している側面が強い。少なくとも，こうした貯蓄優遇税制の拡充が示唆するのは，これまでの政策当局には，資本所得への課税強化を通じて，所得再分配機能の回復と生活保障の充実を図ろうとする意思がなかったことである。

参考文献

OECD（2006）*Fundamental Reform of Personal Income Tax.*
篠原正博編（2020）『テキストブック租税論』創成社
寺﨑寛之編（2023）『図説日本の税制（令和4年度版）』財経詳報社
三木義一（2018）『日本の税金 第3版』岩波書店

310 第3部 租税論

第16章 法人所得課税

法人所得課税は個人所得課税を補完するために不可欠な税である。それは，法人内部に株主の所得が非課税のまま蓄積されることを防ぐ源泉課税として，個人の支払い能力に基づく公平性を確保するために重要な役割を担っている。この章では，日本の法人税の仕組みを概観したうえで，個人所得税との二重課税の問題について検討する。現行法人所得税は，資金調達方法や投資レベルなど，様々な企業の意思決定に歪みを与えているが，より中立的な法人課税として，キャッシュフロー法人税やACE法人税のような超過収益だけを課税ベースとした税制がある。特にACE法人税は，現実にこれに類似した制度を採用する事例もみられ，近年の欧州における法人税改革の主要なテーマとなっている。

1 法人税の仕組み

1-1 納税義務者

　法人所得税は，個人所得税とともに所得課税の重要な部分を構成する。国税としての法人所得税である「法人税」は，その名称どおり，原則として国内の法人形態をとる企業に対して課せられる。法人税法が定める法人には，普通法人，公共法人，公益法人等，協同組合等，人格のない社団等があり，これら種類によって課税関係が異なる。

　このうち普通法人，協同組合等は，すべての所得が課税対象となるが，公益法人等と人格のない社団等は，収益事業による所得のみが課税対象となる。これに対して，公共法人は非課税である。

第16章　法人所得課税　*311*

表16-1　法人等の種類と課税対象

形態	内容	課税対象
普通法人	株式会社（特例有限会社を含む），合名会社，合資会社，合同会社，相互会社，企業組合，医療法人等	すべての所得
公共法人	地方公共団体，公社，公庫，国立大学法人等	非課税
公益法人等	一般財団法人，一般社団法人（非営利型法人），社会医療法人，学校法人，公益社団法人，公益財団法人，社会福祉法人，宗教法人，特定非営利活動法人（NPO法人）等	収益事業からの所得
協同組合等	農業協同組合，漁業協同組合，中小企業等協同組合等	すべての所得
人格のない社団等		収益事業からの所得

（出所）寺﨑（2023），144-145頁より作成。

1-2　課税所得

　法人税の課税所得は，以下のとおり，法人の各事業年度における**益金**から**損金**を差し引くことで求められる。

> ・課税所得＝益金－損金
> 　　益金＝企業会計上の収益＋益金参入－益金不算入
> 　　損金＝企業会計上の費用＋損金算入－損金不算入

　益金は，売上収入などの企業会計上の収益をベースとして，それに益金参入を加算し，益金不算入を控除して算出する。**益金参入**とは，企業会計上は収益とならないが，法人税法上は益金となるもので，表16-2にあるように，法人税額から控除する外国子会社の外国税額などがあてはまる。逆に，**益金不算入**とは，企業会計上は収益となるが，法人税法上は益金とならないもので，受取配当などが該当する。

　同様に，損金は，企業会計上の費用をベースとして，それに損金算入を加算し，損金不算入を控除して算出する。**損金算入**は，企業会計上は費用とならないが，法人税法上は損金と認められるもので，各種の特別償却などがある。一方，**損金不算入**は，企業会計上は費用であるが，法人税法上は損金と認められないもので，減価償却超過額などがあたる。

　このような調整があるために，通常，法人税の課税所得は企業会計上の決

312 第３部　租税論

表 16-2　法人税法上の調整項目の主な内容

益金参入	・法人税額から控除する外国子会社の外国税額 ・内国法人に係る特定外国子会社等の留保金額
益金不算入	・受取配当等 ・資産の評価益 ・還付金等
損金算入	・各種の特別償却（償却限度額の増額） ・圧縮記帳による圧縮額 ・繰越欠損金 ・特定の基金に対する負担金等 ・各種準備金
損金不算入	・減価償却超過額 ・資産の評価損 ・特定の役員給与，過大な使用人給与等 ・寄付金 ・交際費等 ・海外親会社等へ支払う過大な利子

(出所) 寺﨑（2023），149 頁より作成。

算利益とは一致しない。これは，企業会計と税法ではその目的が異なること
によって説明される。つまり，前者が，株主や債権者などの間で利害を調整
するとともに，関係者に企業の財産と経営成績を開示する機能を担っている
のに対して，後者は，税負担の公平性や経済活動への中立性を確保する視点
を重視して，国と納税者との関係を規定しているからである。

1-3　減価償却制度

減価償却とは，建物，機械，装置などの減価償却資産の取得価額を，その
使用できる年数にわたって配分し，各年度の費用を計上するものである。減
価償却資産は，使用年数の経過とともに摩耗・陳腐化するなどにより，その
価値が低下するため，収益と費用との適正な対応関係を確保する観点から，
法人税法では，資産の種類に応じて異なる償却方法が定められている。

償却方法には，**定額法**と**定率法**があり，前者が一定の法定耐用年数の下で
各年の償却が定額となるのに対して，後者では，未償却残高に対して一定の
割合を乗じて償却額を計算する。たとえば，建物，建築付属設備，構築物に
ついては定額法，機械設備については定額法または 200％定率法[1] が採用さ

1　200％定率法とは，定額法の償却率（1／耐用年数）を 2 倍した率を償却率（たとえば，耐用年

第16章　法人所得課税　　*313*

れている。また，通常の減価償却額と比較して，購入時から短期間で多額の
償却を認める特別償却の制度もある。

1-4　引当金・準備金

　将来において発生するか，あるいは発生する見込みの高い費用や損失につ
いて，税法上，当期の損金に算入されるものが，引当金・準備金である。引
当金は，収益と費用の適正な対応を図るうえで当期の費用に計上すべきもの
であるのに対して，準備金は，将来発生する可能性のある損失，または将来
の投資や利益処分に使う原資を備えておくためのものである。

　法人税法上の引当金には，**貸倒引当金**のみが存在し，資本金1億円以下の
普通法人等に限って損金算入が認められる。他方，準備金は，特定の政策目
的のために積み立てられるという性格から，租税特別措置法に規定されてお
り，特別修繕準備金や海外投資等損失準備金といったものがある。

1-5　連結納税制度

　連結納税制度とは，一定の資本関係を有するなど実質的に1つの法人とみ
なすことができる企業グループを1つの課税単位として扱う仕組みである。
企業の組織再編を円滑にするほか，企業の国際競争力強化の観点から，日本
では2002年度に創設された。制度の適用は選択制であり，親会社とその会
社が直接，間接に100％の株式を保有する子会社のすべてが対象となる。

　企業グループ全体にかかる法人税の納付義務は，これまで親会社に一括し
て課せられ，子会社が連帯納付責任を負うことになっていたが，22年度か
らは，制度の簡素化を主眼として，グループ内の各関連法人が個別に課税所
得と法人税の計算・納付を行うとともに，グループ内法人間での損益通算を
認める**グループ通算制度**へと移行している。

　　数が5年の定額法を償却率に換算した0.2を2倍した0.4）として年々の償却費を計算し，この
　　償却費が一定の金額を下回る事業年度から残存年数による均等償却に切り替えて，耐用年数経過
　　時点に完全に償却する制度である。

314　第３部　租税論

1-6　法人税率等

⑴　基本税率

　課税所得に適用される税率は，法人の種類によって異なる。表16-3のとおり，資本金１億円超の普通法人等については，23.2％（基本税率）であるが，一定の中小法人等については，所得800万円以下の部分に適用される15％の軽減税率（時限措置で，本則税率は19％）が設けられている。

　法人税の基本税率は，抜本的税制改革後の1990年時点で37.5％であったが，グローバル化が進む中で，企業の国際競争力を高める（あるいは，諸外国との租税競争に劣後しない）等の観点から，これまで数度にわたって引き下げが行われてきた。現行水準となったのは18年である。

⑵　法定実効税率

　法人への課税としては，その他，国税としての地方法人税や，地方税としての法人住民税，法人事業税等が課されるため，これらの税額合計の実質的な負担率が問題となる。この負担率は，**法定実効税率**と呼ばれ，国際比較を行う場合に用いられることが多い。日本は29.74％で[2]，ドイツ（29.93％），アメリカ（27.98％）と同程度であるが，フランス（25％），イギリス（25％）などよりはいくらか高い水準となっている[3]。

⑶　留保金課税

　一定の要件を満たした**特定同族会社**については，法人税等に加えて，内部留保から一定の留保控除を引いた金額に対して10〜20％の３段階の累進税率が適用される（特定同族会社の内部留保金課税制度）[4]。これは，財務上の決定

　2　国と地方を合わせた法人実効税率は，法人事業税（所得割＋特別法人事業税＝3.6％）が法人税の算定上損金算入されることを考慮して計算される。すなわち，法人事業税込所得を100とすると，①法人事業税引後所得は96.525（＝100/1.036）となり，これをもとに②法人税（22.393＝96.525×0.232），③道府県民税（0.224＝22.393×0.01），④市町村民税（1.344＝22.393×0.06），⑤地方法人税（2.306＝22.393×0.103），⑥法人事業税（3.475＝96.525×0.036）が課せられる。その結果，②〜⑥を合計すると，29.742 … となる。寺﨑（2023），150頁を参照。

　3　いずれも2024年１月時点。日本は法人税の基本税率で計算している。ドイツは全国平均，アメリカはカリフォルニア州のケースを示している。

第 16 章　法人所得課税　*315*

表 16-3　法人税率の概要

法人の種類	税率
資本金 1 億円を超える普通法人	一律 23.2%（基本税率）
資本金 1 億円以下の普通法人 人格のない社団等	所得 800 万円を超える金額：23.2% 所得 800 万円以下の金額：15%
協同組合等	所得 800 万円を超える部分：19% 所得 800 万円以下の金額：15%
公益法人等	所得 800 万円を超える部分：19% または 23.2% 所得 800 万円以下の金額：15%

（出所）寺﨑（2023），151 頁より作成。

に大きな裁量がある同族会社の経営者（大株主）について，内部留保を通じた個人所得税負担の回避を防ぐことを狙いとしたものである。

2　法人所得課税の意義と二重課税の問題

2-1　法人所得課税の根拠

　第 13 章で見たとおり，支払い能力の尺度として「所得」を選択したときの目標は，包括的所得税である。理想的な包括的所得税におけるように，仮に一定期間に個人に生じるあらゆる経済的利益を包括的に捉えて，課税することが可能であれば，本来，法人所得税は必要ない。支払い能力を有するのは，究極的に個人だけであって，法人が税を負担するという説明は意味をなさない。かつて法人に固有の支払い能力を認め，個人とは独立した納税の主体であるとする**法人実在説**が提唱されたが，これによる法人税の根拠づけは必ずしも説得的でない。

　そこで，もし法人所得税が存在しなければならない根拠があるとすれば，それは，包括的所得税が理想とする課税状態を実現できない，現行の個人所得課税の限界に求めざるをえない。つまり，**法人擬制説**が想定するように，法人が個人の集合体である限り，法人の所得をすべて個人に帰属させて課税

4　法人税法によると，同族会社とは，会社の株主等が 3 人以下で，かつこれらと特殊の関係にある個人及び法人が議決権の 50% 超を保有しているなどの会社とされる。他方，特定同族会社とは，1 株主グループ（その同族関係者を含む）による持株割合等が 50% を超えるなどの要件を満たした会社を指す。

316 第３部　租税論

すべきであるが，それがうまくできないところに，法人課税の理論的な根拠がある。

これは，同じく第13章で扱ったキャピタル・ゲイン課税の問題と本質は同じである。株式キャピタル・ゲインは，法人の利益，とりわけ内部留保を反映しているので，株主に発生するゲインに適切に課税できれば，内部留保への課税は必要ない。配当金については，当然，個人が受け取った段階で個人所得税がかかるので問題ない。

ところが，実際には，株式の発生キャピタル・ゲインへの課税がほとんど不可能なので，個人は実現段階ではじめてキャピタル・ゲインへの課税を被る。そうなると，もし法人課税がなければ，個人株主は，法人に利益を内部留保させることで，個人所得税の負担を長らく回避できる。こうした状況は，明らかに公平ではない。このようにして，法人所得税は，法人部門の内部に株主の所得が非課税のまま蓄積されることを防ぐための，源泉課税としての役割を果たすことになる。

したがって，同じ第13章で検討した支出税が所得税の代わりに個人課税として採用された場合には，法人所得税の理論的根拠は消滅する。支出税のような消費税体系の下では，法人の利益も，資本所得の一部として，それが個人に配分され，消費された段階でのみ税が課せられるからである。

2-2　法人所得の二重課税

個人所得税と法人所得税の併存は，必然的に法人所得の二重課税の問題を引き起こす。とりわけ配当所得については，法人段階と個人段階で２回税が課せられることにより，利子など他の資本所得に比べて株主の負担が過重となる[5]。支払い利子は，通常，法人段階で非課税（所得控除の扱い）となるからである。

たとえば，表16-4で，法人所得税率30％，個人所得税率20％の下で，各所得がどのように扱われるかをみよう。配当は，法人段階で30の税が引か

5　内部留保についても，法人課税と個人課税（株式キャピタルゲイン）の二重課税が生じるが，投資家には課税がゲインの実現段階まで延期されるという利益が生じるなどのため，配当二重課税の問題ほど重視されていない。

第16章 法人所得課税　*317*

表16-4　配当と利子にかかる法人所得税と個人所得税の負担

所得の種類	法人課税 30%	個人課税 20%	実効税率	税引き所得
配当（100）	$100 \times 0.3 = 30$	$70 \times 0.2 = 14$	$(30+14)/100$ $=44\%$	56
利子（100）	0	$100 \times 0.2 = 20$	$20/100 = 20\%$	80

れた70の所得に個人段階で20％の税がかかる。個人所得税の負担は14と
なるので，法人課税と個人課税を合わせた実効税率が44％で，税引き所得
は56となる。これに対して，利子の場合は，個人段階で20だけの負担とな
るので，実効税率は個人所得税率と同じ20％で，80の税引き所得を得る。

　この結果は，等しい所得を等しく扱えておらず，水平的不公平であるととも
もに，株式型商品よりも負債型商品を優遇することで，個人投資家の資産選
択に歪みを与える。そのことは，企業が資金調達を行うにあたっても，**エク
イティ・ファイナンス**（株式発行や内部留保）よりも，借入れを有利にして，
中立性が損なわれることを意味している。この点で，二重課税を解消して，
法人税と個人所得税を統合すべきとの主張が提起されることになる。

2-3　二重課税の調整措置
(1)　インピュテーション方式

　代表的な配当二重課税の解消方法に，**インピュテーション方式**がある。こ
の方式では，法人税課税前の配当をいったん個人の課税所得に含めて所得税
額を計算したのち，算出税額から法人税相当額を控除する。

　表16-4の例では，個人の受取配当が70であるが，これを法人税課税前の
金額（100）に回帰（impute）させて，個人所得税率を適用した税額（20）が本
来，支払うべき個人所得税である。そこで，すでに徴収された法人税分を本
来の支払い税額から控除することによって負担調整を行う。このケースで
は，$20-30=10$ が過大に負担した部分で，この金額を個人に還付すること
で調整が完了する。

　以上のように，インピュテーション方式の下，個人段階で還付を受ける

318　第３部　租税論

か，追加納税を求められるかは，法人税率と個人所得税率（限界税率）との大小関係で決まる。上記ケースとは逆に，法人税率より限界税率が高い場合には，その差に相当する金額を所得税として支払う。こうして多少なりとも複雑な手順を踏むことにより，法人所得についても，他の所得と同様に，個人の総所得に合算して総合課税を行うことが可能となるわけである。

(2)　配当控除制度（日本の調整方式）

　日本の所得税においては，配当所得について総合課税を選択した場合のみ，概算の配当税額控除が認められる。概算の税額控除額は，配当を含めた総所得の金額に応じて異なり，受取配当に10％（課税総所得金額等1,000万円以下）ないし5％（課税総所得金額等1,000万円超）の配当控除率を乗じて算出される[6]。

　ここで，D：法人税課税前配当，t：法人税率，m：個人所得税の限界税率，d：配当控除率とすれば，この措置により法人税との負担調整を図るには，以下の式が成立している必要がある。

$$Dm = Dt + D(1-t)m - D(1-t)d$$

　左辺は，配当について本来支払うべき個人所得税額を表しており，この金額が，右辺の法人所得税額＋個人所得税額－配当税額控除額と等しくなる必要がある。そうなると，この式から，配当控除率は，

$$d = t(1-m)/(1-t)$$

でなければならないことになる。配当控除率の式には，m が含まれていることから，本来の配当控除率は，個人の限界税率によって差を付けるべきことがわかる。たとえば，$t=0.3$ を仮定し，$m=0.45$（所得税の最高税率）では，$d=0.24$ となるが，総所得が少なくて $m=0$ では，$d=0.43$ となる。

　以上から，現行の２段階の**配当控除制度**は，本来，所得が高いほど控除率

　6　国税のみの場合で，地方税を含めると，配当控除率は12.8％ないし6.4％となる。

を低くしなければならない点は考慮されてはいるものの，その控除率は必ずしも十分な水準に設定されていないことがわかる。

(3) 包括的事業所得税（CBIT）方式

　法人所得の二重課税が企業の資金調達に与える歪みを取り除き，資産選択への中立性を高める観点から提唱されたのが，**包括的事業所得税**（CBIT；Comprehensive Business Income Tax）**方式**である。この方式では，企業段階で支払い利子と支払い配当はともに，所得控除を認めずに課税対象とするが，あわせて個人段階での利子課税，配当課税等を廃止することで二重課税を回避できる。こうして CBIT 方式は，配当や利子への課税を法人段階のみで完結させることを含意しており，したがって，これら資本所得については，他の所得と合算して累進税率を適用する総合所得税の目標を放棄したものといえる。

　こうした仕組みは，第13章で取り上げた二元的所得税の体系と適合する。二元的所得税では，資本所得が低率分離課税の扱いを受けるので，法人税率と個人の資本所得税率が等しければ，配当所得については，個人所得税を非課税にするだけで二重課税を回避できる。

　ただし，既に述べたとおり，一部の個人資本所得を非課税とするのは，政治的に困難であるため，二元的所得税を採用する北欧諸国でも，依然として厳密な CBIT 方式は実現していない。そうした背景もあり，近年の欧州での税制改革論議では，CBIT が，二重課税調整の手段というよりも，むしろ企業の資金調達への中立性や法人課税ベースの拡大を実現する改革案として位置付けられるようになっている。

③　中立的な法人課税

3-1　法人所得税の歪み

　法人への課税は，個人所得税との併課を通じて，企業がその事業活動を遂行するときの様々な意思決定に対して歪みを与える。

　第1に，より根本的な選択として，法人税は法人企業にのみ適用されるの

320　第3部　租税論

で，事業家が起業するにあたって，法人形態をとるか，個人企業やパートナーシップなどの非法人形態をとるかといった選択に影響を及ぼす。

　第2に，法人税は，個人所得税の効果と合わせて，先に述べたとおり，企業が投資資金をどのような手段で調達するか，たとえば，新株発行か，内部留保か，それとも借入れか，といった選択に歪みを与える。

　第3に，法人税の減価償却制度において，企業の保有する資本財の真の減価分が正しく控除されないことによって，どれくらいの規模の投資を行うか（投資レベル）が影響を受ける。

　第4に，法人所得税において，エクイティ・ファイナンスの費用が適切に控除されないと，この場合もまた企業の投資レベルが影響を受ける。

　第5に，資本所得課税は，企業が利益をどのように処分するかの決定に影響を及ぼす。たとえば，株主に配当を行うか，内部留保に充てるか，新規投資や研究開発に回すのか，さらには自社株買いに充てるのか，といった選択がある。一般に，投資家段階での株式キャピタル・ゲインにかかる実効税率が低いほど，企業は内部留保や自社株買いを選択する誘因をもつと考えられる。

　第6に，国ごとに法人税率や課税制度に差がある現状では，どの国で生産活動を行うかという企業の立地に対して影響を与える。さらに，複数の国に子会社や関連企業を有する多国籍企業においては，親会社に配当を支払うかどうか，またどの国で所得を実現するかという決定にも法人税は影響を与える（第19章参照）。

3-2　投資レベルへの影響

　法人課税が企業の投資レベルに与える歪みについて検討しよう。課税が行われなければ，企業の利潤 π は，次の式で表される。

$$\pi = F(K) - \theta K - rK \qquad (1)$$

（$F(K)$：生産関数，K：資本財，θ：資本財の経済的減価償却率，r：資本調達金利）

　$F(K)$ は，生産要素として資本財のみで生産を行うことで得られる総収益

を表している。ここで資本の限界収益率は逓減すると仮定している。θK は減価償却費で，rK が資金調達費であり，これら生産費用を総収益から差し引いた残りが企業の利潤となる。

資金調達金利 r は，より正確には，

$$r = i\beta + \eta(1 - \beta) \qquad (2)$$

（i：利子率（負債金利），β：調達資金に占める負債比率，η：エクイティにかかる金利）

と定義される。つまり，資金調達費用は，負債の費用とエクイティ（自己資本）の費用の加重平均となる。

このとき，企業は利潤 π を最大化するように最適な資本ストックの水準を決定するので，その条件は，(1) 式を K について微分して 0 と置くことで，

$$F'(K) = \theta + r \qquad (3)$$

が得られる。(3) 式の左辺は，資本ストックを 1 単位増加させたときの限界収益率で，右辺は，減価償却費用と資金調達費用の合計（**資本コスト**）を表している。

(3) 式を表したのが，図 16-1 である。図から，投資の限界収益率 $F'(K)$ と資金調達費用（$\theta + r$）が等しくなるように，最適な資本ストック（K^*）が決まることがわかる。

ここで，法人税は 2 つの経路で，投資レベルに影響を与える。1 つは，税法上の減価償却率が経済的減価償却率（η）と異なることによる。前者が後者より低ければ，真の減価償却費用の控除を受けられないことになるので，投資に対して抑制的に作用する。逆に，政策税制の導入などで，税法上の償却率が η を上回る場合には，投資には促進的に作用する。

もう 1 つは，通常の法人所得税が負債の費用だけを控除して，自己資本の費用を控除しないことで生じる。仮に法人所得税の下で，資本財について減価償却控除が一切認められず，資金調達がすべてエクイティで賄われたとすれば，図 16-2 のように，限界収益に課される法人税分だけ右下がりの限界収益率曲線が下にシフトする一方で，資本コストは $\theta + r$ で変化しないの

図16-1　最適資本ストックの決定

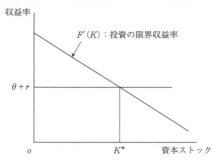

図16-2　課税の資本ストックに与える影響

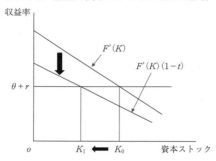

で，最適な資本ストックは K_0 から K_1 に減少する。このことは，企業の投資レベルを引き下げることを意味している。

ところで，資本財の経済的減価部分が完全に税法上控除され，かつ企業の資金調達方法に関わらず，資本コストが完全に控除されるとすれば，図16-3のように，これらの控除部分に法人税率を乗じた分 $=(\theta+r)t$ だけ資本コストが低下する。そうなると，限界収益にかかる税による資本ストックへのマイナス効果と，投資費用が下がったことによる資本コストへのプラス効果がちょうど相殺されて，最適な資本ストックは，K_0 のままで変化しない。

資本コストを完全に非課税にすることは，正常収益（正常利潤）を課税しない，超過収益（超過利潤）にのみ課税する法人税を意味している。つまり，超過収益への課税であれば，企業の資金調達手段や投資レベルの決定に対す

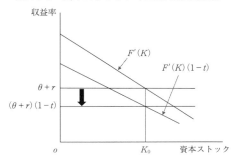

図16-3 資本ストックに中立的な課税方法

る中立性を維持できる。しかし，通常の法人所得税においては，利子控除という形で，負債の費用しか控除を認めないので，企業に対して借入れによる投資を選好させる誘因を与える。これにより，企業の最適な財務政策が歪められるとともに，負債比率の増大は，企業の倒産リスクを高めて，金融危機などに対して脆弱な経済構造の温床となりかねない。

また，信用力のある成熟大企業は，銀行から容易に融資を受けることができても，新たに事業を立ち上げた新興企業は，信用制約により満足な借入れを行うことが難しい。そうなると，投資資金を自己資本に依存せざるをえない小規模企業にとっては，エクイティの費用控除を認めない現行の法人税が無視できない足枷になってしまう[7]。

3-3 中立的な法人税制
(1) キャッシュフロー法人税

法人課税において負債優遇という歪みを取り除くためには，現行の所得ベース型法人税から超過収益型法人税へ転換することが1つの選択肢となる。具体的な超過収益型法人税としては，**キャッシュフロー法人税**と **ACE法人税** の2つが有名である。

キャッシュフロー法人税は，イギリスのミード報告が，支出税体系におけ

---

[7] 現行税制における負債優遇は，多国籍企業による国家間の法人税率格差を利用した，企業グループ内でのクロスボーダー資本取引を通じた租税回避を可能にしている。第19章参照。

324 第3部 租税論

る整合的な法人税として提案したことで知られる。キャッシュフロー法人税には，原理的に３つのタイプがあるが，ここでは実物取引だけを対象としたＲタイプのキャッシュフロー法人税について説明しよう[8]。

　課税ベースは，実物取引に関連する現金流入額から現金流出額を控除した差額として，以下のように表される。

> 課税ベース＝（財・サービスの売上収入＋資本財の売却収入）
> 　　　　　　－（人件費（賃金）＋原材料の購入費＋資本財の購入費）

　このため，通常の法人所得税とは以下の点で異なる。１つが，機械設備などの資本財の購入費用が一括して控除されるので，後年度にわたって税法上の減価償却控除を適用する必要がなくなることである。

　もう１つは，実物取引である財・サービスの取引だけが問題となるので，金融取引に伴う利子の受払いが無視されることである。したがって，受け取り利子は課税ベースに入らないし，支払い利子も控除の対象にならない。また，株式取引も同様の扱いを受けるので，この点で負債とエクイティへの差別は生じない。

　次のような数値例を使って考えよう。はじめに企業が1,000の工作用ロボットを購入し，その収益率（割引率と等しい）が５％で，法人税率が20％であったとする。企業は第１期に収益は生じないが，資本財の購入費について一括控除を受けるため，$1,000 \times 0.2 = 200$ だけ税の払い戻しを受ける。つまり，初年度の税節約が200となる。

　購入したロボットを第２期に売却すると，収益を含めて1,050の収入を得る。ここでは減価償却を考慮しないので，購入費に等しい金額で売却できる。これらの収入は第２期にすべて課税対象となるので，$1,050 \times 0.2 = 210$ が納税額である。その結果，第１期の還付額が200で，第２期の納税額が210となるが，後者の現在価値は前者と等しい。結局，第１期の還付額と第

8　実物取引のみを対象とするＲタイプの他に，これに金融取引（株式を除く）を加えたＲ＋Ｆタイプ，さらにはエクイティ取引のみを対象とするＳタイプがある。Ｒタイプは仕組みが簡素であるが，金融機関に課税できないという問題がある。

2期の納税額が相殺されて，法人税の実質的な負担は0となる。

この例から，キャッシュフロー法人税は，支出税とまったく同じように，投資の正常収益には課税しない税であるのがわかる。上の例では，投資収益率が割引率と等しく，企業が正常収益のみを得たので税がかからなかった。だが，この企業の投資収益率が割引率の5％を超えて，たとえば7％であったならば，その差額の2％の収益部分20が課税対象となる。この収益部分こそ超過収益に他ならず，個人課税としての支出税が超過収益のみを課税ベースとしているのとまったく同じ特性をもった法人税として理解できる。

以上から，キャッシュフロー法人税の特質を整理すると，①正常収益が非課税であるため，企業の投資レベルに影響を与えない，②資本財をどのような手段で取得したかと課税とは無関係なので，企業の資金調達の選択に中立的である，③資本財が初年度に全額即時償却されるため，税法上の減価償却と経済的減価償却が乖離することによる歪みがない，ということになる。

他方で，同税については，課税ベースの縮小による長期的な法人税収の減少に加えて，投資の全額即時控除による還付の増大など短期的な税収ロスが深刻になるのではないかとの問題点が指摘されている。

(2)　ACE 法人税

短期的に大きな税収変動を生じさせずに，キャッシュフロー法人税と同じく，様々な局面での企業行動に対する中立性を達成しうる法人税が，ACE法人税である[9]。課税ベースは，次の式で表される。

$$課税ベース = F(K) - i\beta K - \eta(1-\beta)K - \omega K \qquad (4)$$

各構成要素の意味は (1) 式と同じであり，ω が税法上の減価償却率を指している。ここで，$i = \eta$ で，どちらも資本調達金利 r で表せば，(4) 式は，

9　ACE とは，Allowance for Corporate Equity の略で，法人エクイティ（株式資本）について控除を認めるという意味である。1991 年に，ミード報告を作成したイギリスの財政研究所（Institute of Fiscal Studies）がはじめて提案したとされる。

326　第３部　租税論

$$課税ベース = F(K) - rK - \omega K \qquad (5)$$

と簡略化される。つまり，減価償却 ωK と正常収益である rk を上回る収益にだけ課税する，すなわち超過収益型の法人税になっていることが確認できる。このため，ACE 法人税も，エクイティか負債かの資金調達方法だけでなく，投資レベルの決定に対しても中立的となる。

　ACE 法人税の中立性は，資本財の減価償却においても発揮される点で，キャッシュフロー法人税に劣らない。鍵は，$\eta(1-\beta)K$ の計算の仕方にある。ここで，$(1-\beta)K$ が株式資本で，ACE の制度では，株主資金と呼ばれる。つまり，この株主資金に帰属収益率をかけた金額が，株主資金控除という形で，自己資本コストの控除を受けることになる。

　仮にある年に，ω（税法上の減価償却率）$>\eta$（経済的減価償却率）となり，その年に経済的減価償却を超過した分だけ余計に減価償却控除の適用を受けたとしよう。このとき，その過大な減価償却控除分は，株主資金を減らすので，翌年度に利用可能な株主資金控除も，その分だけ減少する。

　要するに，$(\omega-\eta)$ 分の減価償却控除のプラス（税負担の軽減）は，翌年の株主資金の $(\omega-\eta)$ 分の減少に伴う株主資金控除の減少（税負担の増加）によって相殺されるわけである。逆に，$\omega<\eta$ の場合でも，ある年の減価償却控除の不足分は，翌年以降の株主資金控除の増加によって埋め合わされる。

　このように，減価償却控除と株主資金控除がちょうど代替的な役割を果たし，互いが相殺されることで，現実の減価償却がいくらであろうと，異時点間を通じて経済的減価償却＝税法上の減価償却が実現し，投資への中立性が確保される。

　ただし，問題点としては，やはりキャッシュフロー法人税と同様に，現行の法人所得税に比べて課税ベースが縮小するために，税収中立のためには，税率を現行よりも引き上げる必要がある。それでも，封鎖経済下の国内では，企業行動に対する中立性が達成できる。

　しかし，開放経済の下では，企業は国家間を移動できるので，ACE 法人税は依然として，立地選択に対して歪みを引き起こす。また，特に企業固有

第16章 法人所得課税 *327*

表16-5 代替的な法人税制と企業の意思決定に与える影響

企業の意思決定	法人所得税	ACE法人税	CBIT（包括的事業所得税）
資金調達方法の選択	借入れ優遇	中立的	中立的
投資レベル①（資金調達費の作用）	限界的投資を阻害	中立的	限界的投資を阻害
投資レベル②（減価償却費の作用）	限界的投資を阻害(1)	中立的	限界的投資を阻害(1)
国際的な立地選択	歪みあり(2)	歪みあり(2)	歪みあり(2)
国際的な利益配分	歪みあり(3)	歪みあり(3)	歪みあり(3)

(注) 1. 税法上の減価償却率＜経済的減価償却率 のときに投資阻害的に作用する。
　　 2. 利潤全体に対する平均実効税率が影響を与えると考えられる。3つの税制の中で，正常収益非課税により ACE 法人税の平均実効税率が最も低ければ，国際的な立地への非誘因効果は，他の2つよりも小さい可能性がある。
　　 3. 国際的な利益配分には，法定税率が影響を与えると考えられる。税収中立の下で，課税ベースを比較すると，CBIT＞法人所得税＞ACE 法人税となり，法定税率はその逆となる。したがって，国際的な利益配分への影響では，ACE 法人税が最も大きく，CBIT が最も小さいと考えられる。

のブランドや特許から生じる超過収益をどこの国で生じさせるかは，多国籍企業グループ内の取引によって操作できる余地があるので，超過収益型法人税でも，国際間の利益配分に対しては中立的でない。

　以上の国際課税上の問題が残るとはいえ，ACE 法人税は，現実に欧州諸国を中心にこれに類似した制度が採用された事例があり，近年の各国における法人税改革の主要なテーマとなっている[10]。これら諸外国の実施経験は，ACE 法人税が十分に実行可能であり，税務行政上のハードルが決して高くないことを示唆している。

　中立的な法人課税という観点から，表16-5は3つの代替的な法人税制の下での企業の意思決定に与える影響についてまとめている。ここでは，ACE 法人税の中立性が際立っているが，グローバルに活動する多国籍企業への影響まで視野に入れれば，各国間で税率水準に一定の差がある以上，いずれの税制においても程度の差はあれ，歪みが生じることは避けられない。

参考文献

　寺﨑寛之編（2023）『図説日本の税制（令和4年度版）』財経詳報社

10　たとえば，イタリア（1997～2003年，2011年～），クロアチア（1994～2000年），オーストリア（2000～2004年），ブラジル（1996年～），ベルギー（2006年～），ラドビア（2009-2013年），ポルトガル（2010～2013年）などの実施例（括弧内は実施年）がある。

328　第3部　租税論

山田直夫（2022）「オーストラリアにおける ACE 導入に関する研究について」『証券
　　レビュー』62巻10号

横山彰・馬場義久・堀場勇夫（2009）『現代財政学』有斐閣

Column　法人税を負担するのは誰か？

　法人税を誰が負担しているかは，財政学では法人税の転嫁問題として古くから研究されてきたテーマである。短期的には，配当可能原資の減少という形で株主にかかると想定されるが，長期的には，仕入れ価格の引き下げを通じて下請け業者や，販売価格の引き上げを通じて他の取引業者や消費者などにも転嫁されている可能性がある。

　法人税の帰着について一般均衡分析の枠組みで解明しようとしたのがハーバーガー・モデルである。そこでは，完全競争市場の下で法人と非法人の2部門が想定された。まず法人部門への課税は，法人資本の課税後収益率を引き下げて，資本を法人部門から非法人部門に移動させる。非法人部門での資本供給の増加は，この部門での投資収益率を低下させて，この水準が法人部門での課税後収益率にちょうど等しくなるまで部門間での資本が調整される。結局，法人税は，非法人部門の投資収益率をも低下させる形で，すべての資本所有者の負担となる。

　封鎖経済下での結論は以上であるが，開放経済を想定して，もし資本が自国での法人税を嫌って他国に移動することになれば，国内の資本労働比率が低下する。つまり，移動できない労働に対して資本が過少となることで労働生産性が下がり，労働者の賃金率は低下を余儀なくされる。このように開放経済の下では，法人資本への課税は，最終的には賃金の減少という形で労働者が負担しているのかもしれない。そうなると，垂直的公平のために法人税を増税しようという試みは，かえって労働者の負担を重くしてしまう可能性がある。

　しかし，これら法人税の現実の転嫁状況については，これを実証的に解明するのは決して容易でない。実際，これまでの学術研究の結果も一様ではない。一部は労働者にも負担が及ぶとはいえ，各国のマクロ経済要因や採用される税制や規制等によって影響され，それぞれ状況は異なるものと考えられている。

第17章　間接消費課税　*329*

第 17 章　間接消費課税

　さまざまな間接消費課税のうち，課税対象を限定しない一般消費税の中では，取引高税，小売売上税，付加価値税が最も課税ベースが広い。小売売上税と付加価値税の課税ベースは理論上等しいが，前者が小売販売への単段階課税であるのに対して，後者はすべての取引に課せられる多段階課税である。現在，広く世界各国で採用される付加価値税は，インボイスを要件に仕入税額控除を認める消費型付加価値税である。

　日本の消費税は，帳簿方式に基づく消費型付加価値税として創設されたが，2019 年の複数税率の導入を契機として 23 年からインボイス方式に移行した。同方式の下では，免税事業者からの仕入について税額控除が認められないため，中間取引段階にある免税事業者は，取引から排除されかねず，課税事業者への転換を余儀なくされる事態が生じている。

1　消費課税の分類

　消費課税とは，消費を課税ベースとする税の総称である。図 17-1 のとおり，これには直接税と間接税の 2 つの形態がある。前者が第 13 章で検討した個人課税としての支出税であり，後者が企業課税としての消費税である。間接消費課税は，どの場所で課税されるかによって，国内取引に課せられる内国消費税と，貨物が国境を越える際に課せられる関税に大別される。

1-1　関　税

　関税は，輸出関税と輸入関税の両者がありえるが，国内産業の保護を目的とした輸入関税が一般的である[1]。また，特定の輸入品を抑制して外国からの直接投資を誘致する狙いで導入されることもある。通常，先進国での関税

図 17-1 消費課税の類型

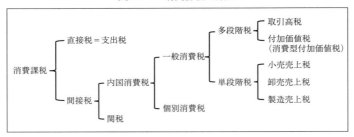

への税収依存度は低い（図14-2を参照）が，発展途上国では財政関税としての意味合いもあり，財政収入のより大きな部分を頼っている。

1-2 内国消費税

国内取引に課される**内国消費税**は，課税対象を特定の財・サービスに限定するか，あるいは原則すべての財・サービスに課税するかによって，個別消費税と一般消費税に分かれる。一般消費税には，すべての流通段階で課税する**多段階税**と，特定の流通段階でのみ課税する**単段階税**がある。このうち課税ベースの最も広い一般消費税が，取引高税，小売売上税，付加価値税の3つである。卸売売上税と製造売上税は，それぞれ卸売業者，製造業者のみを対象とするもので，小売売上税に比べると課税ベースが小さい。取引回数とともに製品の付加価値が増大することから，通常，課税ベースは，製造売上税＜卸売売上税＜小売売上税の順に大きくなる。

1-3 個別消費税

日本における主要な個別消費税としては，**酒税**，**たばこ税**，**揮発油税**などがあげられる。これらの中で，酒税とたばこ税は，健康に悪影響を及ぼす，過度な消費を抑えるための禁止税としての性格が強い。

---

1 輸出関税は，特定の財の国内供給を促進するために課せられる場合がある。たとえば，インドは国内の価格高騰抑制を目的に，2023年に玉ねぎへの40％の輸出関税を導入した。

(1) 酒　税

　酒税の課税標準は，個々のアルコール飲料の数量であり，酒の種類別に従量税率が定められている。たとえば，2023年10月時点で，1kl あたりの税額で，麦芽比率50％以上のビール：18.1万円，麦芽比率25〜50％の発泡酒：15.5万円，麦芽比率25％未満の発泡酒：13.425万円，清酒：11万円，ワイン：9万円であるが，26年10月をもって，ビール系発泡性酒類は，麦芽比率に関わらず15.5万円に，清酒とワインの醸造酒類も10万円にそれぞれ統一されることになっている。

　改定の背景には，酒の種類によって異なる税率を適用する従来の制度が，アルコール飲料メーカーの商品開発や販売数量に大きな影響を及ぼしてきたという事実がある。そこで，17年度税制改正では，類似した酒類間での公平性を回復するなどといった観点から，ビール系飲料や醸造酒類の税率を段階的に見直すことになった。

(2) たばこ税

　たばこ税の課税標準は，タバコの本数である。国税としてのたばこ税率は，24年4月時点で，1,000本あたり6,802円である。ただし，タバコの消費には，この他，たばこ特別税（国税），道府県たばこ税および市町村たばこ税が課されるとともに，これら国税・地方税込みの価格にさらに消費税（地方消費税を含む）がかけられる。その結果，代表的な紙巻たばこ1箱（税込み580円）に含まれる税額の割合は，61.7％となっている[2]。

(3) 揮発油税

　揮発油税のような化石燃料に対する税は，かつて道路特定財源を支える目的税の1つとして実施され，受益者負担を根拠としていたことがある。だが，原則，一般財源に充当されるようになった現在では，むしろ CO_2 を排出する化石燃料の消費を抑制するための環境税としての役割が期待されるようになっている。

2　消費税を除いた負担割合では52.6％となる。たばこ税（たばこ特別税含む）の国税と地方税との比重は1：1で同じだが，道府県税：市町村税では16：84である。

332   第３部　租税論

　24 年 4 月時点で，特例税率分を含めて 1 キロリットルあたり 5 万 3,800 円
（地方揮発油税を含む）が課せられるが，ガソリン価格が継続的に一定の水準を
超過した場合には，特例税率の適用が停止され，揮発油税等の本則税率であ
る 2 万 8,700 円のみがかかることになっている（揮発油税のトリガー条項）。

② 一般消費税の形態

2-1　取引高税

　一般消費税としての**取引高税**は，すべての流通段階における取引高，つま
り売上高を課税ベースとする税であり，最も原初的な消費課税ということが
できる。かつて戦前の欧州で採用されたことがあるほか，日本でも税収確保
のため 1948 年に導入されている。このとき，一部の生活必需品を除く企業
の売上高に 1％の税率が課せられたものの，印紙納付による煩雑な納税への
批判や中小企業の反対等によって，翌年に廃止された。現在，国税としての
取引高税はほとんどみられないものの，アメリカの州では，企業課税の一形
態として採用される例がある[3]。

　表 17-1 の数値例から取引高税の仕組みを説明しよう。ここでは，製造・
卸売・小売の 3 段階で商品が取引されると仮定している。各段階における付
加価値をそれぞれ 500，300，200 として，製造業者の仕入れはないものとす
る。10％の税率の下で，製造業者は 500 の売上に対して 50 の税がかかるの
と同様に，卸売業は 850 の売上に対して 85，小売業者も 1,135 の売上に対し
て 113.5 の税が課せられる。その結果，税込み小売価格は 1248.5 円となり，
1,000 の付加価値の商品に対して 248.5 の税が課せられたことになる。これ
は，1,000 の税抜き価格の商品を購入した消費者が実質的に 24.85％の税率で
税を負担することを意味している。

　この仕組みから理解されるように，取引高税においては，取引の回数を経
るごとに税額が累積されていく。単純に売上金額に税がかかることで，同じ
付加価値部分に対してそれ以降のすべての段階で重複して税が課せられる。

3　1930 年代からワシントン州で採用されている他，2000 年代にオハイオ州，テキサス州で相次
　　いで導入されるなど，近年，州政府による新たな税源の選択肢として注目されている。

第 17 章　間接消費課税　*333*

表 17-1　取引高税の計算例

	製造業者	卸売業者	小売業者	合計
A．付加価値額	500	300	200	1,000
B．税込み仕入額（＝前段階の E）	0	550	935	—
C．税抜き売上額（＝A＋B）	500	850	1,135	—
D．納税額	50	85	113.5	248.5
E．税込み売上額（価格）（＝C＋D）	550	935	1,248.5	—

こうした特性から，取引高税は**カスケード税**（cascade tax）と呼ばれることがある。

　取引高税の下では，製品が消費者の手に届くまでの取引回数が多いほど，最終小売価格が高くなるので，企業はできるだけ企業間取引の回数を減らそうと考える。企業が同一のグループ内に異なる流通機能を統合することを**垂直的統合**というが，取引高税は，このように垂直的統合を有利にして市場構造に歪みを与える。このため，統合が困難な中小企業は，相対的に高い税込み価格を設定せざるを得ず，大企業に比べて競争上不利な立場に置かれる。

　また，取引高税には，最終小売価格に含まれる税額が明瞭でないため，輸出に際しての間接税の還付が困難になるという実務上の問題が生じる。これは，国境を越えて取引される財については，消費される国（仕向け地）で課税するのが，国際課税上の原則となっているからである。

　このように「財は消費地国で課税すべき」とする原理は，**仕向け地原則**というが，これに対して「財は生産された国で課税すべき」とする原理は，**原産地原則**と呼ばれる。もし原産地原則に従って，生産国での税額が含まれた価格の製品が各国で販売されることになれば，消費税率の低い国で生産された製品が競争上有利となり，公平性を保つことができない。そのため，国内での財の競争条件を等しくするうえで，財の輸出に際しては国内で課せられた消費税を払い戻す一方で，財の輸入に際しては当該国の消費税（輸入平衡税）を課すといった**国境税調整**が求められる。

　しかし，取引高税においては，最終小売価格の情報だけでは，輸出業者に正確な税額を払い戻すことが容易ではない。そうなると，取引高税採用国の製品が国際競争上不利に扱われてしまう可能性がある。

2-2 小売売上税

　小売売上税は，小売企業の消費者への販売に対して課せられる単段階売上税である。アメリカ 45 州や地方自治体で採用されているほか，カナダでも一部の州で実施されている。

　同税の利点としては，小売段階のみの課税であるために，課税の累積が生じず，市場構造への歪みが少ないことがあげられる。加えて，輸出に際しての税額還付の手間がかからず，国境税調整も容易に行うことができる。

　ただし，消費者向け販売への課税であることから，たとえ小売業者が販売する財・サービスでも，事業者が中間財として購入する場合は非課税としなければならない。このため，アメリカの州では，事業者に対して，取引の際に当局が発行した「再販売証明書（resale certificate)」や事業者登録番号の提示を義務付けているが，その分いくぶん煩雑となっている。また，小売売上税については，数ある業種の中でも，特に零細事業者が多い小売企業にのみ納税義務を課すことが公平といえるのかといった問題も指摘される。

2-3 付加価値税

　多段階売上税としての**付加価値税**（VAT；Value Added Tax）は，取引高税や小売売上税に内在する問題点の多くを回避できる。1954 年にフランスが世界で初めて導入したことで知られるが，その後，諸外国に急速に普及して，2022 年現在，アメリカを除くすべての OECD 加盟国を含む，世界 174 カ国で採用されている。

　付加価値税は，原則としてすべての流通段階における付加価値を課税ベースとするが，付加価値の定義や税額の算定方法によって，いくつかのタイプに分けることができる。

　企業の 1 年間における事業活動から得られる利潤は，以下のように表される。

$$P = S - (M + W + R + D)$$

（P：利潤，S：売上，M：仕入（原材料費），W：賃金，R：支払い利子，D：減価償却費）

つまり，売上から仕入，賃金，支払い利子，減価償却費を差し引いた残りが利潤であり，標準的な法人所得税の課税ベースに等しい。

これに対して，付加価値とは，売上と仕入の差に相当するので，

$$S - M = P + W + R + D \quad \cdots\cdots 総生産型付加価値$$

となる。このタイプの付加価値は，減価償却分（国民経済計算における固定資本減耗）を含んでいるので，GDPと同じ概念であり，**総生産型付加価値**と呼ばれる。

次に，ここから減価償却分を控除すれば，NDP（国内純生産）となり，ほぼ国内所得に等しくなるので，これを**所得型付加価値**と呼んでいる。

$$S - M - D = P + W + R \quad \cdots\cdots 所得型付加価値$$

さらに，投資の費用について，減価償却費ではなく粗投資（資本財の取得費用）を一括して控除すれば，粗投資＝貯蓄の関係から，マクロ経済における消費に近い概念を導くことができる。このタイプの付加価値は，**消費型付加価値**と呼ばれている。

$$S - M - K_g = P + W + R + D - K_g \quad \cdots\cdots 消費型付加価値$$

$$(K_g：粗投資)$$

以上のように付加価値概念を3つに分類すれば，付加価値税の種類も原理的に，総生産型付加価値税，所得型付加価値税，消費型付加価値税に分かれる。さらに，課税ベースを計算する方法も，左辺のように売上から仕入等を控除して算定する方式と，右辺のように利潤や賃金などを合計して算定する方式の2通りがある。前者を**控除法**，後者を**加算法**という。

いずれの算定方法でも，理論上は等しい課税ベースとなるが，前者が売上に対する税であるために間接税として機能しやすくなるのに対して，後者が利潤をベースに税額が計算される点から直接税としての性格が強まる。

このような課税ベースと算定方法の違いを考慮すれば，理論的には6種類

336 第３部 租税論

の付加価値税が存在することになる。このうち，日本を含め世界で広く採用されているのが，控除法に基づく**消費型付加価値税**である。

これに対して，現在，日本では法人事業税の付加価値割が道府県税として実施されているが，この付加価値割こそ，加算法に基づく所得型付加価値税として理解できる[4]。

③ 消費型付加価値税の仕組み

3-1 前段階税額控除方式の計算

控除法の消費型付加価値税は，仕入控除（アカウント）方式と前段階税額控除方式のいずれかの方法で計算できる。**仕入控除方式**は，上記の式のように，S−Mにより算定された付加価値そのものに税率を適用する。この方式は，売上額と仕入額を帳簿上で計算して納税額を算定できることから，帳簿方式と呼ばれる場合もある。

これに対して，**前段階税額控除方式**は，売上にかかる税額から仕入等にかかる税額を控除することで，納税額を求める。このとき，仕入税額の控除は，通常，契約上の必要事項を記載した**インボイス**という公式の伝票に記載された税額についてのみ認められるため，この方法は，**インボイス方式**とも呼ばれている。売り手である課税業者は，取引に際してインボイスを買い手に送付することが義務付けられるとともに，買い手は，売り手からインボイスを受領しなければ仕入税額控除ができないことになる。

両方式を比べると，仕入控除方式は，簡素な点でメリットは大きいが，財の種類によって税率が異なる複数税率に対応できないという難点がある。つまり，売上にかかる税率と仕入れにかかる税率が等しい場合にのみ仕入控除方式による税額算定が可能となる。

インボイス方式に基づく消費型付加価値税の仕組みを，先の取引高税の数値例を用いて確認しよう。表17-2に示されるとおり，単一税率のケースで

---

4 法人事業税の付加価値割は，原則として資本金の額又は出資金の額が１億円を超える法人を対象に，報酬給与額，支払利子，純支払賃貸料，単年度損益の合計額に対して1.2%が適用される。これに，資本金等の額に0.5%がかかる資本割と合わせて，**外形標準課税**と呼ばれている。

第17章　間接消費課税　*337*

表17-2　付加価値税の計算例（単一税率のケース）

	製造業者	卸売業者	小売業者	合計
A．付加価値額	500	300	200	1,000
B．税抜き仕入額（＝前段階のD）	0	500	800	―
C．仕入税額（＝B×0.1）	0	50	80	―
D．税抜き売上額（＝A＋B）	500	800	1,000	―
E．売上税額（＝D×0.1）	50	80	100	―
F．納税額（＝E－C）	50	30	20	100
G．税込み売上額（価格）（＝D＋E）	550	880	1,100	―

は，各事業者が，売上税額から仕入税額を差し引いた金額を納税することで，税抜き価格（付加価値）に対する税額合計が税率の10％と等しくなっている。各事業者が付加価値に応じて税を支払っているが，最終的な負担は税込み価格1,100で購入する消費者にかかる。

3-2　消費型付加価値税の利点

　インボイス方式に基づく消費型付加価値税の利点は，以下のとおりである。第1に，税額合計が取引高税のように小売段階までの取引回数に左右されず，市場構造に対して中立的である。

　第2に，最終小売価格に含まれる税額が明確なために，正確な国境税調整が可能となる。

　第3に，単段階税との比較では，納税者があらゆる業種の企業となるので，公平上の問題を回避できる。

　第4に，インボイスを通じて取引業者間での相互チェックが働きやすい。これは，売上税額と仕入税額が必ず対応し，ある企業が売上価格や仕入価格を偽って申告することが取引相手の利害に直結するからである。また，税務当局に提出されるインボイスを介して企業間取引の透明化が図られることは，所得課税の執行にあたっての所得捕捉率の向上にも寄与する。

　第5に，法人所得税との比較では，消費型付加価値税の投資即時控除という特性から，減価償却控除が不要であると同時に，資金調達方法の決定に対して中立的である[5]。

5　消費型付加価値税の課税ベースから人件費を控除すれば，理論上，第16章で取り上げたRベ

338 第３部 租税論

3-3 免税点制度の問題点

インボイス方式の付加価値税を実施するにあたっては，事業者によるインボイスの発給・管理等と，これを税務当局が確認するという煩雑な作業が必要となり，納税側と徴税側の双方に一定の事務負担がかかる。そこで，主にこうした事務コストを軽減する目的で設けられるのが，**免税点**制度である。

同制度においては，免税事業者の資格を得た事業者は，付加価値税の納税義務から解放される代わりに，インボイスを発給する権限をもたない。そのため，中間取引段階に免税事業者が介在すると，価格体系が歪められるという問題が生じる。

卸売業者が免税業者となった表 17-3 の場合，売上（800）に税はかからないが，仕入税額（50）が払い戻されないので，この分を価格に上乗せして 850 で小売業者に販売する。小売業者はこの仕入れ価格に付加価値を加えた 1,050 を販売価格とするが，免税業者からインボイスが提供されず税額控除を適用できないので，105 が納税額となる。

その結果，税込み販売価格は 1,155 で，すべての取引が課税取引であった場合に比べて 55 だけ高くなってしまう。この価格上昇分は，製造業者の税込み販売価格に税率をかけた金額に等しい。つまり，小売業者に仕入税額控除が認められないことで，課税の累積が生じてしまったのである。これにより，小売業者にとっては，納税額が増加するとともに，税込み小売価格を引き上げざるをえず，価格競争上不利となる。こうして，インボイス方式の下では，他の企業を顧客とする免税業者が，課税業者から取引を忌避される可能性が生じる。

3-4 複数税率の効果

次に，複数税率を想定して卸売段階にのみ 5％が適用されるケースをみよう（表 17-4）。この場合，卸売業者は，仕入税額が売上税額を上回るので，その差額 10 が還付される。これにより，小売業者は，売上税額 100 から仕入税額 40 を控除した 60 を納税する。この結果，小売業者は単一税率のケースに比べて 40 だけ多く納税するが，税込み小売価格は 1,100 で変わらない。

ースのキャッシュフロー法人税の課税ベースと一致する。

第17章　間接消費課税　　*339*

表17-3　付加価値税の計算例（卸売業者が免税のケース）

	製造業者 （10%）	卸売業者 （免税）	小売業者 （10%）	合計
A．付加価値額	500	300	200	1,000
B．仕入額	0	500	850	—
C．仕入税額	0	50	0	—
D．税抜き売上額（＝A＋B）	500	800	1,050	—
E．売上税額	50	0	105	—
F．納税額	50	0	105	155
G．税込み売上額（価格）	550	850	1,155	—

卸売業者の税額減少分がちょうど小売業者の税額増加分によって埋め合わされている。このような中間取引段階での税の軽減が最終小売段階で相殺される効果は，**取り戻し効果**と呼ばれる。この点から，消費者の税負担を軽減するためには，小売段階での税率を引き下げる必要があることがわかる。

たとえば，小売段階でのみ5%の税率が適用されれば，税込み小売価格は1,050となり，小売業者は売上税額（50）と仕入税額（80）との差の30の還付を受ける。同様に，もしこのとき0%の軽減税率を小売業者に適用すれば，還付額が80になり，消費者の税負担が完全に消去される。0%の税率（**ゼロ税率**）を適用するということは，事業者の売上にかかる税率を0にしたうえで，その仕入れにかかる税額をすべて払い戻すことを意味している。したがって，完全な免税効果を実現するためには，小売段階においてゼロ税率を適用することが求められる。

他方で，事業者の免税扱いは，単に売上への免税を意味するだけで，仕入税額を負担しなければならないという点で，税負担を完全に免除されるわけではない。小売業者が免税業者になったとしても，通常，その販売価格には仕入れにかかった税額分が上乗せされているとみなければならない。

こうした複数税率制度の1つである軽減税率（ゼロ税率を含む）は，垂直的公平の観点から，生活必需品を対象に設けられることが多い。もともと課税ベースの広い間接税には，税負担が所得に対して逆進的に働くため，軽減税率は，このような逆進性を緩和する手段として多くの国で活用されてきた[6]。

6　農業などの特定の産業を保護するという趣旨で採用される場合もある。

340 第３部　租税論

表 17-4　付加価値税の計算例（複数税率のケース）

	製造業者 （10%）	卸売業者 （5%）	小売業者 （10%）	合計
A．付加価値額	500	300	200	1,000
B．税抜き仕入額（＝前段階のD）	0	500	800	―
C．仕入税額	0	50	40	―
D．税抜き売上額（＝A＋B）	500	800	1,000	―
E．売上税額	50	40	100	―
F．納税額（＝E－C）	50	−10	60	100
G．税込み売上額（価格）（＝D＋E）	550	840	1,100	―

　しかし，たとえば食料品への軽減税率は，所得に占める減税額の割合は低所得世帯ほど高くなるものの，高所得世帯ほど食料品の消費額が多いために減税される絶対額も大きくなる。こうした点から，軽減税率は，失われる税収の割に，逆進性緩和効果はあまり期待できない。

4　日本の消費税

4-1　消費税の概要

　日本の消費税は，控除法に基づく消費型付加価値税の一種であり，1989年４月に創設された。その背景には，第14章で述べたとおり，当時の所得課税に偏った租税構造を改めて，直間比率を見直すという名目から，広く消費全般を対象とする間接消費税の導入が強く推し進められたことがある。

　また，従前，消費課税が物品税中心の体系であったため，財の種類によって税負担が異なり，課税の不均衡が生じていた[7]。加えて，既存の物品税体系では，サービスに十分に課税できないことや，諸外国との消費課税制度の違いに起因する貿易上の障害も指摘されていた。そこで，これら問題点を解消する狙いからも，物品税の廃止と消費税の導入がセットで行われた。

　当初，税率は3％であったが，19年10月以降，7.8％の標準税率（地方消費税を合わせて10％）が採用されている。ただし，このとき食料品や新聞等[8]に

7　たとえば，コーヒー，ココア，ウーロン茶は課税されるが，紅茶や緑茶は非課税であったが，このような差異を合理的に説明することは困難であった。

対して 6.24％（地方消費税を合わせて8％）の軽減税率が導入されたことで，それまでの帳簿方式（請求書等保存方式）からインボイス方式への転換が求められるようになった。4年の準備期間を経て，23年10月にインボイス方式（適格請求書等保存方式）が正式にスタートした。

消費税は，原則として国内におけるすべての財・サービスの取引と輸入取引を課税対象としており，免税業者を除く課税業者に対して納税義務が課せられる。免税業者となるには，前々年の課税売上高が1,000万円以下であるなどの要件を満たしている必要がある。

同じく非課税制度の一部として，消費課税としての性格や社会政策的な配慮などから，表17-5のとおり，特定の財・サービスについては非課税とされる。

他方，輸出に向けられる財貨に対してはゼロ税率が適用される。つまり，輸出財については免税であるとともに，それまでの仕入にかかる税額が輸出業者に払い戻される。これは，既に述べたとおり，仕向け地課税を実現するための国境税調整の一部である。

現在，国税としての消費税収は，12年の「社会保障と税の一体改革」関連法の成立により，地方交付税分を除いて，すべて社会保障4経費（年金，医療，介護，子ども・子育て支援）に充てるものとされている。

4-2 消費税の特徴

(1) インボイス制度

日本の消費税は，EUの共通税制となっている消費型付加価値税と原理的には同じであるが，これまでインボイスを使用せずに税額算定が可能であった。そのため，実質的な帳簿方式の下で，課税業者には，課税仕入れの帳簿への記載と課税仕入れの事実を証明する請求書等を保存することなどが義務付けられるのみであった。

これに対して，新たに始まったインボイス方式では，課税業者がその買い手業者に対して「**適格請求書（インボイス）**」を交付する義務を課せられ，買

8　軽減税率の対象となるのは「酒類・外食を除く飲食料品」および「定期購読契約が締結された週2回以上発行される新聞」である。

342 第3部 租税論

表17-5 消費税の非課税取引

A. 消費課税の性格により課税対象として適当でないもの
①土地の譲渡及び貸付け ②有価証券等及び支払手段の譲渡 ③預貯金の利子及び保険料を対価とする役務の提供等 ④郵便切手類，印紙及び証紙の譲渡 ⑤物品切手等の譲渡 ⑥国，地方公共団体等が法令に基づき徴収する手数料等に係る役務の提供 ⑦外国為替及び外国貿易法に規定する外国為替業務に係る役務の提供
B. 社会政策的配慮に基づくもの
⑧健康保険法等の医療保険各法等の医療 ⑨介護保険法に基づく居宅介護サービス費の給付に係る居宅サービス等 ⑩社会福祉事業及び厚生保護事業として行われる資産の譲渡等 ⑪助産に係る資産の譲渡等 ⑫埋葬料及び火葬料を対価とする役務の提供 ⑬身体障害者用物品の譲渡，貸付け等 ⑭学校教育法第1条に規定する学校等の授業料，入学金，施設設備費等 ⑮学校教育法に規定する教科用図書の譲渡 ⑯住宅の貸付け

(出所) 寺﨑 (2023)，214頁より作成。

い手は当該インボイスの保存が仕入税額控除の要件となった[9]。これにより，これまで可能であった，免税業者からの課税仕入分についての税額控除ができなくなった点で，課税業者は免税業者との取引が不利となる[10]。同時に免税業者にとっても，取引から排除されないように，たとえ納税事務コストを負担してでも，免税業者から課税業者に転換しようとする動機が生まれる。

当面は，小規模な免税業者が不利にならないための経過措置が設けられ，免税業者からの課税仕入れについて，23年10月から26年9月末までその80%分の税額控除，26年10月から29年9月末まではその50%分の税額控除がそれぞれ認められることになった。

---

9 インボイスは，事業者の登録番号，適用税率および税率ごとに区分した消費税額が必ず記載されていなければならない点が従来の請求書等とは異なる。登録番号は，課税事業者として登録してはじめて税務署から与えられる。

10 このため，たとえば課税業者である親事業者が免税の下請業者に対して仕入税額分の値下げを要求したり，免税業者から課税業者に転換しても親事業者が取引価格の引き上げに応じないケースなどが考えられるが，これらは下請法の「買いたたき」や独占禁止法の「優越的地位の濫用」に該当して違法となる可能性がある。

加えて，23 年 10 月以降に免税業者から課税業者に転換した事業者を対象に，26 年までの 3 年間のみ適用が認められる「2 割特例」が創設された。これは，新たな課税業者が売上税額の 2 割で納税額に代えることができるというものである。納税事務負担をなくし，実質的に 8 割分の仕入控除を認める措置であり，そこには早期に免税業者から課税業者への転換を促そうとする政策的な意図を読み取ることができる[11]

(2) 簡易課税制度

日本では消費税の導入当初から，**簡易課税制度**という概算の税額算定制度が設けられている。同制度は，基準期間における課税売上高が 5,000 万円以下の中小企業を対象にして，仕入額を売上額の一定割合とみなす「みなし仕入率」に基づく税額算定を認めるものである。みなし仕入率は，表 17-6 のとおり，現在，6 つの業種区分ごとに定められている。

対象事業者が簡易課税制度を利用するのは，現実の仕入れ率が，適用可能なみなし仕入れ率よりも低い場合であると想定される。このとき，両者の差に対応する税額が当該事業者の利益となる。これは，消費者が負担したものの，国庫に納入されない税額分を表しており，一般に**益税**と呼ばれている。

たとえば，卸売業者であれば，その 1,000 の税抜販売価格に 0.9 をかけた 900 を法定上の仕入れ価格とみなせるので，納税額は 10 となる。しかし，このとき，もし実際の仕入額が 600 であれば，本来 40 を納税すべきところが 10 で済むので，差額の 30 が益税となる。

(3) 国際デジタル取引への課税

消費税は輸入取引にも課税されるが，インターネットを通じてデジタルサービスを外国事業者から購入する場合には，従来，課税が行われなかった。しかし，インターネットを利用したクロスボーダー取引は年々増加し，国内取引との不均衡が問題視されるようになった。こうした状況を改善するために，2015 年に導入されたのが，**リバース・チャージ方式**である。

---

[11]　2023 年 10 月の制度開始に際しては，460 万の免税事業者のうち 111 万が課税業者登録の申請を済ませたと報じられた（『日本経済新聞』電子版 2023 年 10 月 1 日）。

344 第3部 租税論

表 17-6 簡易課税制度における業種別のみなし仕入率

業種区分	仕入率
第1種事業（卸売業）	90%
第2種事業（小売業等）	80%
第3種事業（製造業等）	70%
第4種事業（その他の事業）	60%
第5種事業（サービス業等）	50%
第6種事業（不動産業）	40%

（出所）寺崎（2023），222-223 頁より作成。

　この方式は，外国事業者からネット広告やクラウドなどのデジタルサービス（事業者向け電子通信利用役務）の提供を受けた一定の国内事業者（課税売上高割合が95%未満など）に消費税の納税義務を課すというもので，あわせて芸能やスポーツなどのサービス（特定役務）も対象となった[12]。これにより国内事業者は，外国からのサービス購入額に税率を乗じた金額（＝本来支払ったはずの仕入税額）のうち非課税売上高比率に対応する金額（＝税額控除が否認される）について追加で納税しなければならなくなった[13]。

　他方，国内の消費者等が直接，外国事業者から電子書籍や音楽配信などのデジタル・コンテンツ（消費者向け電子通信利用役務）を購入した場合には，当該外国事業者が日本の税務署に申告納税を行うことが義務付けられている（**国外事業者申告納税方式**）[14]。

　この問題に関連して，EU では08 年に採択された EC 指令（VAT パッケージ）に基づき，国境を越えるサービス取引全般について，BtoB（事業者間）

12　当面，課税売上高割合が95%以上の事業者だけでなく，簡易課税制度を選択している事業者や免税事業者も適用されないことになった。

13　付加価値税において仕入税額控除が認められるのは，その仕入れに対応する売上げが課税対象となっているからである。免税業者に仕入税額控除が認められないのはこのためである。しかし，課税事業者の売上がすべて課税売上であるとは限らず，その中に非課税分が含まれていると，仕入れ税額のうち非課税売上げに対応する仕入分の税額控除は認められない。したがって，国内の売上がすべて課税売上である事業者であれば，海外からデジタルコンテンツを購入したとしても，その購入にリバース・チャージ方式を適用する理論的根拠はない。

14　購入者が国内事業者の場合には，登録国外事業者としての登録を受けた外国企業からの仕入については仕入税額控除が認められていたが，23 年のインボイス制度の導入に伴って，従来の登録国外事業者は適格請求書（インボイス）発行事業者に移行することになった。

取引は，サービス受領者に対するリバース・チャージ方式を適用するとともに，BtoC（対消費者向け）取引は，サービス提供事業者が顧客の居住国に納税を行う仕組みが確立された。OECD も 12 年に BEPS プロジェクト（表 19-2 参照）を始動させて以降，国際電子商取引について同様な指針を示しており，日本もようやく諸外国の動きに対応した形となった。

しかし，欧州の制度と比較すると，日本は依然として，①リバース・チャージ方式が適用されるサービスの範囲が限定的である，②消費者向けデジタルサービスを提供する国外事業者を十分に捕捉できていない[15]，などの課題が指摘されている。

参考文献

OECD（2022）*Consumption Tax Trends 2022: VAT/GST and Excise, Core Design Features and Trends.*

鎌倉治子（2018）「諸外国の付加価値税 2018 年版」国立国会図書館調査及び立法考査局『基本情報シリーズ』

寺崎寛之編（2023）『図説日本の税制（令和 4 年度版）』財経詳報社

望月正光（2012）「オールド VAT，ニュー VAT：付加価値税理論の新潮流」『地方財政』51（8），地方財務協会

横田信武・森岡一憲（2000）『財政学講義』中央経済社

Column　VAT 税収比率

OECD は，付加価値税のパフォーマンスを表す尺度の 1 つとして「VAT 税収比率（VAT Revenue Ratio；以下 VRR）」を提唱し，国ごとに推計した結果を示している。VRR は，「潜在的な課税ベース（国民経済計算における「最終消費」で近似）に課税されたとした場合に得られる潜在的な税収規模に対する，現実の VAT 税収の割合」として定義される。これに影響を与える要素としては，軽減税率やゼロ税率，免税点の水準，非課税の範囲に加えて，公的部門の扱い，国際取引における課税地，税務当局の徴税能力や納税者の遵法度合いなどもあげられる。免税の作用等で仕入税額が完全に控除されないなどにより，VRR は 1 を超える可能性があるものの，概ねそれが 1 に近いほど，課税

15　EU では，BtoC 取引に係る国外事業者課税については，個々のサービス・プロバイダーではなく，取引を仲介するプラットフォームを運営する事業者に納税義務が課せられている（**プラットフォーム課税**）。

ベースが広くて、より効率的に税収が集められていると判断される。

下の図で、主要国のVRRをみると、最低のトルコから最高のニュージーランドまで、かなりのバラツキがある。OECD平均0.56に比して、日本（0.71）は高水準である。これは、軽減税率採用後の値であるが、他国と比較すれば、日本の消費税の徴税効率はなお高いことがわかる。

同図には、各国の標準税率も合わせて示されているが、標準税率とVRRの水準との間には明確な相関性はない。標準税率が低いほど課税ベースが広く、VRRも高い印象がもたれるが、オーストラリアのように標準税率（10%）は低いがVRRも低く、逆にデンマークのように標準税率（25%）は高いがVRRも高くなっているケースもある。そうした中で、ニュージーランドのVRR（1.02）が際立っているが、その要因としては、①非課税やゼロ税率の範囲が限定的で、軽減税率をもたないこと、②公的部門への課税で税収が上振れしやすいことなど、が指摘されている。

ニュージーランドのように、クリーンな課税ベースに単一税率を適用するVATは、「ニューVAT」として、これまで多くの研究者や実務家から高い評価を得ている。これに対して、軽減税率や非課税項目によって課税ベースが浸食された、欧州諸国のVATは「オールドVAT」として、決して模範にしてはならないとされている。こうした考え方が遅くとも2010年代初頭には世界の定説になっていたのに、VAT後発国の日本は、とうとう複数税率を導入してしまった。もちろん、日本における租税政策の立案者、特に官僚の専門スタッフが、内外での学術的な議論の動向に精通していないはずはない。結局、強大な政治の力学には抗うことができないということだろうが、それにしても、せっかくの学問的知見が現実の政策に活かされないのは残念なことである。

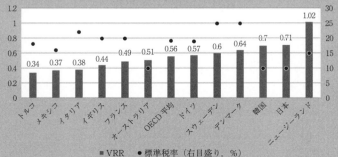

OECD諸国のVAT税収比率（VRR）

（注）トルコのVRRのみ2019年。それ以外は2020年の数値。
（出所）OECD（2022）より作成。

第18章　資産課税

　本章では，資産ストックに対する課税の類型を見たうえで，特に課税対象を限定しない一般資産税（資産移転税および資産保有税）に焦点を絞って，これを支持する議論とこれに反対する議論について検討する。次に，日本における相続税・贈与税の沿革と現行制度の概要について説明する。さらに，現行制度の問題点として，①受贈者ベースでみた水平的公平の問題，②財産の種類による評価方法の違い，③一連の生前贈与促進税制が相続税の抜け穴になっている点，を指摘する。

1　資産課税の分類

　資産課税とは，ある時点における資産ストック価額を課税ベースとする税である。図18-1のとおり，資産課税についても，消費課税の概念と同様に，特定の資産に対象を限定する個別資産税と，原則としてすべての資産に課税

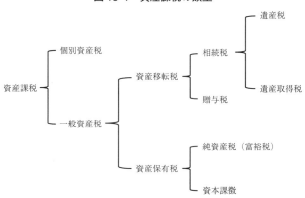

図18-1　資産課税の類型

348 第3部 租税論

する一般資産税に分類される。

1-1 個別資産税
(1) 固定資産税
第14章で見たとおり，日本の個別資産税で最大のものが，**固定資産税**である。固定資産税は，土地，家屋および償却資産を課税客体として，当該固定資産が所在する市町村が，毎年その所有者に対して納税義務を課す経常財産税である。市町村では，固定資産税の課税標準等が同一の**都市計画税**を併せて課すことができるが，こちらは，都市計画事業や土地区画整理事業の財源を調達する目的で課せられるという違いがある。

固定資産税は，標準税率が1.4％であるのに対し，都市計画税は，制限税率が0.3％となっている。また，免税点制度の下，課税標準が土地で30万円，家屋で20万円，償却資産で150万円をそれぞれ下回る場合は非課税となる。

(2) 不動産取得税
個別資産税としての**不動産取得税**は，個別財産移転税としての性格を有しており，不動産（土地，家屋）の取得を課税客体として，それを取得した個人または法人に課せられる道府県税である。課税標準は不動産の価格となり，標準税率4％がかかる。固定資産税と類似の免税点制度が設けられているが，固定資産税では財政上その他特別の必要がある場合には免税点の不適用が可能となるのに対して，不動産取得税にはこの規定はない。取得した不動産価格が土地で10万円未満，建築にかかる家屋で23万円未満などの場合に免税となる。

1-2 一般資産税
(1) 資産移転税
一般資産税の形態としては，資産が移転される時点で課せられる**資産移転税**と，年々の資産の保有に課せられる**資産保有税**の2つがある。前者には，死亡時の資産移転にかかる**相続税**と，生前贈与にかかる**贈与税**がある。

相続税は，課税対象によって**遺産税**と**遺産取得税**の2つの方式がある。遺産税は，アメリカやイギリスで採用される方式で，死亡者が残した資産総額に課せられる。したがって，税額が相続人の数や遺産分割の方法に左右されず，税務執行が簡素となるものの，課税の効果として，被相続人に資産分散を促す誘因が働かない。

他方，遺産取得税は，ドイツやフランスなどで採用される方式で，個々の相続人が取得した資産価額に課せられるため，累進税率や基礎控除の適用を前提とすれば，遺産税よりも税収が減少する。しかし，そのことは，被相続人が，幅広い遺産分割を通じて総税額を節約できることを意味するので，遺産取得税は，資産分散を促す効果をもつ。

(2) 資産保有税

資産保有税の主たる形態が，**純資産税**（**富裕税**）である。純資産税は，資産の保有者ごとに総資産から総債務を控除した純資産総額に対して経常的に課税を行う。日本では，1950年にシャウプ税制改革の一環として導入されたが，包括的資産捕捉の困難さから税収調達力に欠き，導入後わずか3年で廃止されることになった。

資本課徴は，一時的な財源調達を目的として，通常一度だけ課せられる臨時財産税（一括固定税）である。

2 資産課税の根拠

2-1 富の集中排除

包括的な資産ストックに対する税は，一般に富の集中を排除し，国民の間での過度な経済格差を是正するための手段として位置づけられる。このとき資産課税からの税収を，各人の生存権や教育を保障する財源に振り向ければ，より効果的な再分配が実行できると考えられる。

不平等の是正に向けた資産課税の根拠は，**資産の自己増殖的な性格**によって強められる。つまり，高額の資産保有者であるほど，平均的な資産収益率が高くなり，資産それ自体がより容易に新たな資産を生み出す。それは，①

350　第３部　租税論

表 18-1　家計純資産階級別の純資産分布状況（2021 年）[1]

	全体の資産に 占める割合（％）	成人１人あたり 平均資産額（ユーロ）	平均成長率（％）[2]
全人口	100.0	7 万 2913	3.2
下位 50％	2.0	2,908	3.7
中位 40％	22.4	4 万 919	3.8
最高位 10％	75.6	55 万 920	3.0
最高位 1％	37.8	280 万	3.2
最高位 0.1％	19.4	1,410 万	4.0
最高位 0.01％	11.2	8,170 万	5.0
最高位 0.001％	6.4	4,690 万	5.9
最高位 100 万の 1	3.5	26 億	6.9
最高位 1,000 万分の 1	1.9	142 億	8.1
最高位 1 億分の 1[3]	1.1	774 億	9.3

(注) 1. 家計純資産とは，個人が所有する株式・債券などの金融資産と住宅・土地などの非金融資産の合計価
　　　　額から負債を控除したものである。
　　　2. 1995～2021 年までの期間を対象とする。
　　　3. 全世界で 52 人が該当する。
(出所) Chancel, L., Piketty, T., Saez, E., Zuckman, G. et al（2022）*World Inequality Report 2022*, World
　　　　Inequality Lab., p. 90 より作成。

　富裕層が様々な資産に分散投資できる，②そのため高リスク資産への投資が
可能となる，③同じく一般の購入が制限された金融商品（私募投資ファンドな
ど）への投資を行える，④高度な専門家から資産管理やタックス・プランニ
ングなどに関わる様々な金融サービスを受けられる，といった背景がある。

　世界の純資産分布を推定した表 18-1 は，純資産が最富裕層に集中してい
る実態を明らかにするが，最右列で，保有資産がより高額になるにつれて，
その平均成長率も高くなる傾向にあるのがわかる。

　また，資産課税を通じた経済力の分散は，経済全体の活力を維持する観点
からも重要である。格差の固定化された社会では，各人の潜在能力を発揮す
る機会が閉ざされてしまう。有為な人材が存分に生かされないことは社会的
な損失であり，あわせて健全な民主主義を維持するには，挑戦する機会がす
べての人に開かれているべきであると論じられる。

　最近では，国際連合や OECD などで**包摂的成長**（Inclusive Growth）とい
う概念が提唱され，過度な格差が経済の健全な発展を阻害するという見方が強
調されるようになっている。これは，貧困層を含む社会のより広範囲の人々

第18章　資産課税　*351*

が経済成長の恩恵を享受するためには，とりわけ教育を通じた再分配政策が重要であるとの考えに基づいている。

2-2　所得課税の補完

能力説に従って，包括的所得税を徹底すれば，資産保有税が必要になるという議論がある。第13章で述べたとおり，包括的所得は，$Y = C + \Delta W$ と定義され，発生主義に基づいて，一定期間における消費と資産の純増分の双方が課税対象となる。しかし，現実の所得税においては，資産保有者の消費を的確に把握することは，ほぼ不可能である。なぜなら，高額資産家ほど，不動産や高級車だけでなく，船舶，自家用飛行機などを所有する傾向にあるため，それによる帰属所得も必然的に大きくなるからである。ところが，多くの国で帰属家賃が非課税であることに加えて，これら広範囲な資産利用に伴う帰属所得に課税される例は，ほとんどない。

また，この点も既述のとおり，現実の所得課税の下では，キャピタル・ゲインは実現段階で課税されるのみで，発生した利益への課税を延期できる。日本では，相続人が被相続人の取得価格を引き継ぐ（carry-over basis）ので，死亡時までに生じた未実現ゲインが非課税になるわけではないが，相続人がそれを処分するまで所得課税を延期できる。他方，アメリカでは，資産の取得価格が被相続人の死亡時点の価格として評価し直され（step-up in basis），それまでに被相続人に発生した利益がまるまる非課税となる。

このように包括的所得を支払い能力の尺度とした場合に，高額資産家ほど，課税対象にならない，財産利用からの消費と未実現キャピタルゲインの割合が増大するので，この点で，所得課税を補完するための資産保有税の役割が求められる。

2-3　資産保有の利益

資産の保有それ自体が，それが生み出す収益とは別に，名声，安心感，社会的影響力などの無形の利益を与えるので，所得課税とは独立して，資産ストックへの課税が必要であると主張される。資産の保有は，それ自体が信用力の源泉となり，保有者に担保価値を与えて，借入れなどの資金調達をより

352 第3部 租税論

容易にするのも事実である。

　この点は，第13章で取り上げた，カルドアが，支払い能力の構成要素としては，所得だけでなく，保有財産まで考慮しなければならないとした議論と同じである。彼は，所得課税を前提として公平性を改善するためには，所得税に資産保有税の併課が不可欠であると主張した。

2-4　生産的利用の促進

　資産課税は，資本収益の有無に関わらず資産の保有にかかるので，納税者に対して資産のより生産的な利用を促す効果があるとされる。たとえば，ある者が収益を生まない未利用地を所有していたとしよう。このとき，所得税はかからないが，資産保有税が適用されれば，この保有者には，保有コストを賄うために，土地を何らかの生産活動に利用するか，あるいはそのように利用してくれる者に譲渡するか，いずれかの動機が生まれる。

　そこで，資産収益にかかる所得税を，資産保有税に代替させれば，その負担が資本の非効率的な利用者には重くのしかかることになる。これにより，非生産的な所有者が淘汰され，資本のより効率的な配分が促進される。

2-5　機会の平等

　資産課税によって人生のスタートラインをできるだけ平等にすべきという根拠づけは，保有税と移転税のいずれについても可能であるが，特に移転税においてこの点が強調される。1つの理由は，同じく包括的所得税を根拠として，所得の定義の中に無償の資産取得も含まれるからであり，もしこの部分を総所得に含めて課税しないならば，別建ての資産取得税が求められる。

　もう1つは，個人の資産は，自らの所得稼得の努力によって蓄積された部分と，相続・贈与を通じて取得された部分の両面があり，後者の無償の取得部分のみを課税対象とすることが，倫理的な意味でも，経済活動への歪みを抑えるという意味でも支持を受けやすいからである。

　ただし，イギリスの経済学者アトキンソン（A. Atkinson）が主張するように，**機会の平等**を追求するためには，相続税などの資産移転税だけでは不十分であり，ある世代の結果の不平等がそのまま次の世代の機会の不平等につ

第18章　資産課税　*353*

ながっている現状を鑑みれば，経常的な資産保有税こそ重要であるとの見方
もできる。

3 資産課税の反対論

3-1　所得税との二重課税

　資産課税の反対論として，所得税が資産所得を適切に課税している限り，
その元本にまで課税することは二重課税になるという議論がある[1]。

　資本収益は，元本に収益率を乗じたものなので，たとえば，ある資産の収
益率が5％であれば，20％の資本所得税と，資本にかかる1％の資産保有税
は，経済的に等価である。そうしたとき，もしこれら2種類の税を同時に課
したとすれば，資本所得税は2倍の40％となり，現金所得を生み出さない
実物資産を保有する場合に比べて，金融資産保有が明らかに不利になる。

　ただし，上述のとおり，もし一部の超高額の資産家に生じる資産所得の多
くが，帰属所得や未実現キャピタル・ゲインの形で構成されているとすれ
ば，所得税との二重課税を避けるという意味で，資産保有税は，一部の超富
裕層に限定して課税するのが望ましいということになる。

3-2　人的資本への課税

　包括的な資産保有税の導入を難しくする要因として，人的資本への課税の
問題がある。ある人が有する能力や技能は，それ自体資産であることから，
理論的には資産課税の対象とすべきと考えられる。そこで，仮に資産保有税
と所得税との二重課税が容認されるとすれば，人的資本への課税と人的資本

1　キャピタル・ゲイン課税との関連で，生前に生じた資産の値上がり益に所得税が課せられると
　ともに，死亡時にその資産が相続税の対象になるのは二重課税であるとの指摘がなされる場合が
　あるが，これは必ずしも正しくない。もしキャピタル・ゲイン課税と相続税が二重課税であるな
　らば，預貯金などの利子にかかる所得税とその預貯金にかかる相続税も二重課税である。キャピ
　タル・ゲイン課税を含む生前の資産所得税は，その資産保有者の担税力に基づく課税であるのに
　対して，相続税は基本的に資産の受贈者にかかる税であり，その趣旨が異なる。したがって，ア
　メリカにおけるように生前に生じたキャピタル・ゲインを非課税とする step-up in basis は，公
　平の原則に反する。

354　第3部　租税論

が生み出す収益である「労働所得」への課税という形での二重課税も認めなければならない。

　しかしながら，人的資本を資産税の課税ベースに組み込むことが，評価上の問題なども含めて果たして実行可能かというと，明らかに非現実的である。むしろ資産課税においては人的資本を非課税にすべきであり，逆にそのことが，他の投資形態に比べて，正の外部性を伴う人的資本（教育）投資を有利にして，これを促進する効果をもつので，効率性の点から望ましいとみることもできる。

3-3　貯蓄への歪み

　資産保有税と資産所得税を比較したとき，前者は，効率性と公平性の両面から，依然として後者に劣っているという議論がある。

　所得税との二重課税論が示すように，資産保有税は，一種のみなし収益率に基づく資産所得税と捉えることができる。つまり，先の例で20％の資産所得税と1％の資産保有税が等価であるといっても，すべての資産が5％の収益率を達成するわけではない。そのため，1％の資産保有税は，あくまであらゆる資産の収益率を一律に5％とみなして，これに20％の所得税を適用するものと理解できる。

　とすれば，このとき，資産保有者には5％を超える収益率を達成しようとする誘因を与えるとしても，5％を超える収益率分は非課税扱いとなる。仮に5％の収益率が正常収益に対応するとすれば，このような資産保有税の効果は，正常収益への課税に限りなく近づく。

　第13章で検討したとおり，現在消費と将来消費の選択を歪めないためには，正常収益を非課税にして，超過収益にのみ課税する必要がある。しかし，資産保有税では，この正反対の課税関係となるので，将来消費に比べて現在消費を優遇して，貯蓄を阻害する。また，それは，資産規模が少なく分散投資が困難であるなどにより，収益率の低い者が課税上不利に扱われるという公平上の問題をも含意する。

3-4　資産評価と租税回避

　個人（あるいは世帯）単位で，包括的な資産を正確に捕捉することは，今日でも行政上きわめて困難である。それには，複数の種類の財産を名寄せして，個人に帰属させることが税務技術上難しいこともあるが，何よりも，あらゆる種類の資産について時価評価を行うことに多大なコストが伴うからである。こうした資産評価上の問題は，実務的にキャピタル・ゲインを発生段階で課税できないことと本質的に同じである。

　もし課税対象の査定に費用がかからず，捕捉しやすい資産にだけ税がかかるようになれば，個人の資産選択は大きく歪められる。たとえば，宝石や絵画などの動産は捕捉が困難で，自主申告に委ねざるをえないとなった場合，柔軟にポートフォリオを変更できる高額資産家は，容易に租税回避が可能となる。

$\boxed{4}$　日本の相続税・贈与税

4-1　相続税の沿革

　日本の相続税は，1905 年（明治 38 年）に日露戦争の戦費を賄う目的で導入された。当初は 6 段階の累進税率で，被相続人の遺産に課せられる**遺産税方式**であった。ただし，課税にあたっては家督相続とそれ以外の遺産相続の区別がなされ，それぞれ異なる税率が適用された。たとえば，最高税率についていえば，直系卑属（子・孫）への家督相続で 14.5％，相続人が肉親以外では 16.5％であった。家父長制の下で，家産を維持する観点から，家督相続が優遇されていたのがわかる。

　こうした家督相続と他の相続の区分は，47 年に廃止されるとともに，税率も最高 65％へと大幅に引き上げられた。また，この年に贈与者ベースでの，生前贈与を対象とした贈与税が創設された。

　50 年のシャウプ税制改革では，相続税についても，以下のような改定が加えられた（第 13 章参照）。第 1 に，課税方式が遺産税方式から遺産取得税方式に変更されて，受贈者ベースでの課税となった。第 2 に，相続税と贈与税が完全に統合されて，贈与として一生の間に受け取った分も受贈資産として

356 第3部 租税論

累積され，将来の相続税の対象とすることになった。第3に，被相続人との親疎による税率の区分が廃止されて，25〜90％までの14段階の累進税率構造に統一された。第4に，課税価格の半分の控除を認める配偶者控除が創設された。

こうして，シャウプ税制では，贈与による租税回避を防ぎながらも，資産の分散を促す効果をもつ**累積的取得税**を創設することで，再分配機能の強化が図られたのである[2]。

しかし，このような累積的課税方式は，過去の取得財産を証明する書類を生涯，保存しておく必要があるという納税面・行政面での煩雑さに加えて，資本蓄積促進の政策的要請などの理由から，53年に廃止され，相続税と贈与税も分離された。

58年には，受贈者ベースの取得税方式から，現行の制度である，**法定相続分**での遺産分割を考慮した，遺産税と取得税の**折衷方式**に移行した。この改定には，富裕層による遺産の仮想分割による租税回避を防ぐ狙いがあったとされ，新たな方式では，現実の遺産分割に関わらず，遺産総額と法定相続分だけで遺産税総額が決まることになった。

同時に，新方式は，農家や中小事業者の相続税負担を軽減する面も合わせもった。これら事業者は，事業継承のために，遺産分割が困難な事業用資産を単独で相続するケースが珍しくなく，従来の制度では，税負担が一般の納税者よりも重くなる傾向にあったからである。

表18-2は，75年以降の相続税制の変遷を示している。80年代後半までは，比較的低い基礎控除と高い最高税率の組み合わせで，後の制度に比べて全般的な税負担が重かった。しかし，その後の地価の高騰に合わせるなどして，基礎控除の引き上げと税率構造の緩和が繰り返される。近年の長期的な地価の沈静化を受けて，15年に漸く基礎控除の減額と最高税率の上昇という形で，全般的な税負担を引き上げる方向に相続税政策が転換されることに

---

2 理論的に高く評価される累積的遺産取得税がシャウプ税制の一部として実現したことには，シャウプ使節団のメンバーに，資産課税の専門家で，シャウプと同じコロンビア大学教授のヴィックリー（W. Vickrey）が含まれていた影響が大きかった。ヴィックリーは，生涯所得への累進課税が最も公平であると主張したように，基本的には支出税論者であったが，それゆえに独立した資産移転税の再分配面で果たすべき機能を重視していたとみることができる。

第 18 章　資産課税　*357*

表 18-2　1975 年以降における相続税制の変遷

	1975 年	1988 年	1992 年	1994 年	2003 年	2015 年
基礎控除	2000 万円 + 400 万円 ×法定相続人数	4000 万円 + 800 万円 ×法定相続人数	4800 万円 + 950 万円 ×法定相続人数	5000 万円 + 1000 万円 ×法定相続人数	同左	3000 万円 + 600 万円 ×法定相続人数
税率構造	14 段階	13 段階	13 段階	9 段階	6 段階	8 段階
最高税率	75%	70%	70%	70%	50%	55%
最高税率が適用 される課税価格	5 億円超	5 億円超	10 億円超	20 億円超	3 億円超	6 億円超

（出所）財務省ウェブサイトより作成。

なった。これにより，15 年度の課税割合（死亡者数に対する課税件数の割合）は前年度の 4.4% から 8.0% に上昇した。

4-2　現行相続税の仕組み

　現行の相続税は，被相続人の死亡に基づき，相続人が取得した，原則としてあらゆる財産に対して課せられる，受贈者ベースの遺産取得税である。ただし，上述のとおり，受贈者ベースとはいえ，実際の遺産分割に関係なく，遺産総額および法定相続人の数とその法定相続分という客観的基準によって総税額が算定されるという遺産税の要素を加味した性格をもっている。

　図 18-2 に示されるとおり，相続税は次の手順に従って計算される。第 1 に，被相続人の遺産総額（債務，葬式費用などを控除した後の合計課税価格）から**基礎控除**を差し引き，課税遺産額を求める。このときの基礎控除額は，3,000 万円 + 600 万円 × 法定相続人数により算出される。たとえば，相続人が配偶者と 2 人の子の合計 3 人であれば，基礎控除は 4,800 万円である。

　第 2 に，この課税遺産額を法定相続人の全員が法定相続分に従って取得したと仮定した場合のそれぞれの取得金額を計算する。上の例では，配偶者が1/2，子がそれぞれ 1/4 となり，課税遺産額が 1 億円であれば，配偶者が5,000 万円，子がそれぞれ 2,500 万円を受け取ったものとみなされる。

　第 3 に，この法定相続分の取得額にそれぞれ，最高 55% の 8 段階の超過累進税率を適用して，各税額を計算する。課税遺産 5,000 万円を取得したとされる配偶者については，1,100 万円（= 1,000 万 × 0.1 +（3,000 万 − 1,000 万）× 0.2 +（5,000 万 − 3,000 万）× 0.3），課税遺産 2,500 万円を取得したとされる子のケース

358 第3部 租税論

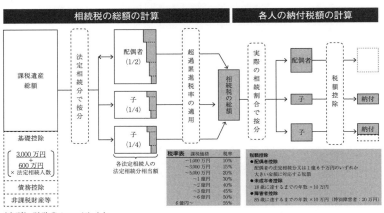

図18-2 相続税計算の概要

(出所) 財務省ウェブサイト

では，1人あたり400万円（= 1,000万 × 0.1 + (2,500万 − 1,000万) × 0.2）である。

　第4に，これら法定相分にかかる税額を合計した総税額を実際の相続割合で案分して，各自の納税額を暫定的に算出する。同じく上記例で，総税額は1,900万円となり，もし長女がすべて相続して，利用可能な税額控除がなければ，1,900万円の納税義務がそのまま長女に課せられることになる。

　第5に，**配偶者控除**，未成年者控除，障害者控除といった税額控除を利用できる場合がある。特に配偶者控除の規模は大きく，配偶者の課税遺産がその法定相続分か1億6,000万円以下の場合は非課税となる。したがって，上記例で，仮に配偶者が全財産（課税遺産1億円）を相続したとしても税額は0となる。

　配偶者控除については，配偶者の遺産が夫婦共同で作り上げた面があることや，配偶者への移転は，通常，異世代間での移転ではないので，機会の平等を目指す相続税の理念から，配偶者に重課するのは適当ではないという考え方に基づいている。

4-3　贈与税と相続時精算課税制度

　生前贈与による相続税の回避を防止する役割を担うのが贈与税である。日

第18章 資産課税 *359*

表18-3 贈与税の税率表

税率	課税財産額（基礎控除後の課税価格）（注）	
	直系卑属	一般
10%	〜200万円	〜200万円
15%	〜400万円	〜300万円
20%	〜600万円	〜400万円
30%	〜1,000万円	〜600万円
40%	〜1,500万円	〜1,000万円
45%	〜3,000万円	〜1,500万円
50%	〜4,500万円	〜3,000万円
55%	4,500万円超	3,000万円超

（注）扶養義務者相互間の生活費又は教育費に充てるための受贈
　　　財産や婚姻期間が20年以上の配偶者から贈与を受ける居
　　　住用不動産（2,000万円まで）等は非課税財産として課税
　　　価格に含まれない。
（出所）財務省ウェブサイト

本の贈与税は，相続税と同じく受贈者ベースであり，ある年に贈与により財産を取得した金額の合計に税率表が適用される。ただし，このとき110万円の基礎控除が適用され，その残額に対して8段階の超過累進税率（表18-3）が適用される。

　生前贈与を容易にして，世代間の資産移転を円滑化するために，2003年に導入されたのが**相続時清算課税制度**である。同制度は，選択により利用可能であり，累積で2,500万円（特別控除）までの生前贈与にかかる贈与税を免除する代わりに，相続時に生前贈与を含めた相続財産について相続税を計算して，過去の贈与税分を清算する。従来，この制度を選択した場合，贈与税の基礎控除が適用できなかったが，24年以降は基礎控除適用後の贈与額の積み足しで特別控除を利用できるようになった。

　つまり，基礎控除後の累積贈与額が2,500万円を超えると，その超過額に対して一律20%の贈与税が課せられ，それらの贈与税額は，被相続人の死亡時に生前贈与分を加えて計算した相続税額から控除（支払うべき相続税より贈与税が大きい場合は差額が還付）される。ただし，この制度の適用対象となる贈与者は，原則として60歳以上の者で，受贈者は18歳以上の贈与者の子お

360　第3部　租税論

よび孫に限られる。

　一方，精算課税制度を利用せず，生前贈与について**暦年課税**を選択した場合は，これまで相続開始3年以内の贈与を相続財産に加算して相続税の適用を受けなければならなかった。この生前贈与加算のルールについても，24年以降は相続開始7年以内の贈与を含めなければならなくなった[3]。

　このほか，贈与税には，親や祖父母からの生前贈与を促す狙いから，時限措置として①住宅取得資金にかかる贈与税の非課税措置（03年1月〜），②教育資金の一括贈与に係る贈与税の非課税措置（13年度〜），③結婚・子育て資金の一括贈与に係る贈与税の非課税措置（15年度〜），が設けられている。

4-4　現行税制の問題点

(1)　受贈者間での水平的不公平

　日本の相続税は，完全な受贈者ベース課税ではなく，遺産税方式を加味した仕組みとなっているため，受贈者間での水平的公平が確保されない。これは，現行制度では，実際に子どもが相続した資産額に関係なく，基本的に遺産額と法定相続という要素だけで，相続税総額が決定されるからである。

　たとえば，二次相続（たとえば，父が亡くなって最初の相続（一次相続）で母と子どもが相続した後，母が亡くなったことで生じる2度目の相続）で，母が亡くなったときの遺産を，3人の子どもたちで相続したケースを考えよう。この場合，同額の3,000万円を相続した者でも，①母が課税価格で3億円の資産（非課税資産等はないと想定）を残したケース，②母が同じく9千万円を遺して，子ども3人で均等に相続したケースでは，①で納税額が大きくなる[4]。これに対して，兄弟がおらず，1人で課税価格3,000万円の財産をそのまま相続したケースでは，課税遺産が基礎控除（3,600万円）に満たず，非課税となる。

3　ただし，4〜7年前に受けた贈与については，総額100万円まで加算しなくてもよい。

4　このとき基礎控除が4,800万円なので，課税遺産は①で2億5,200万円，②で4,200万円となる。法定相続分はこれらを3等分した金額で，これに累進税率を適用して算出された税額の3倍が3人全体で負担すべき税額（①5,460万円，②480万円）となる。これを実際の相続資産の分割比率で案分したのが各自の税支払額となるので，いずれも課税遺産3,000万円を受け取った子どもは，①で分割比率が1/10なので546万円，②で分割比率が1/3なので160万円がそれぞれ納付税額となる。

第18章　資産課税　*361*

　このように現行制度は，同額の遺産の受け取りを課税上等しく扱えておらず，水平的公平を達成できない。この独特な仕組みは，遺産の仮想分割による租税回避を防ぐ狙いで，半世紀以上前に導入されたものである。この間の税務技術の向上やデジタル化の進展，マイナンバーの創設などの課税インフラが整備されてきた現状を踏まえれば，シャウプ勧告が志向した純粋な遺産取得税方式への回帰が検討されるべきであろう。

(2)　財産評価上の問題

　現行税制の下では，しばしば相続財産としての金融資産と不動産との評価上の違いが問題とされる。金融資産や不動産の区別なくすべての財産について時価評価が原則であるにもかかわらず，宅地については，8割評価が適用されるほか[5]，**小規模宅地**等については，種々の特例が設けられている。

　具体的には，一定の要件を満たした特定事業用等宅地等（400 m² 以下）および特定居住用宅地等（330 m² 以下）でその80％，貸付事業用宅地等（200 m² 以下）でその50％が，それぞれ評価額から控除される。これにより，宅地の財産評価額は時価を大きく下回ることになり，このことが他の金融資産等に比べ土地の有利性を際立たせ，節税を目的とした土地需要を招来しているとの問題が指摘されている。

(3)　生前贈与促進税制の是非

　現行相続税・贈与税には，相続時精算課税制度や贈与税に関するいくつかの特例が設けられているが，その背景として，家計資産の大半を高齢者が保有している現状がある。内閣府によると，2022年で家計金融資産の63.5％を，世帯主が60歳以上の高齢者世帯が保有しており，この比率は89年で31.9％に過ぎなかった。加えて，個々人の**長寿化**によって相続人自身も高齢者である，いわゆる「老々相続」の傾向が近年，強まっている。これらは，

5　市街地の宅地が，当該地の面する道路に付された路線価を基に評価する**路線価方式**が適用されやすいのに対して，郊外の宅地は**倍率方式**が適用されるケースが多いとされる。後者の方式では，その土地の固定資産税評価額に一定の倍率を乗じて計算した価額により評価する。一方，家屋は，固定資産税評価額がそのまま相続税評価額となる。

若年世代への資産継承が進みにくい状況を表しており，この点から，生前贈与への課税を減免する仕組みを活用することで，高齢者資産の流動化と若年世代への早期の移転を実現し，もって経済の活性化に資することが意図されたのである。

しかし，このような贈与税の特例を利用できるのは，富裕な親族をもつ比較的所得水準の高い世帯であることが想定される。そもそも高齢者に資産が偏る現状は，高齢化の進展と長寿化リスクへの対応といった点から止むを得ない側面がある。そうした状況に対し，贈与税を減免してまでも，富裕家族内での生前の財産移転を許すことは，資産課税に委ねられた格差是正機能を棄損し，相続格差の固定化につながりかねない。

ここでも，租税政策は，所得再分配と経済活性化目標との対立という，公平と効率のトレード・オフに直面する。贈与税の特例が相続税の大きな抜け穴となってでも経済成長の目標を優先させるのか。それとも，あくまで資産課税の本来の意義に立ち返って，その再分配機能を強化するように現行制度を整えていくのか。これらは，日本における経済格差の現状を見据えたときに，真剣に考慮しなければならないテーマである。

参考文献

アンソニー・アトキンソン著・山形浩生・森本正史訳『21世紀の不平等』東洋経済新報社，2015年

寺崎寛之編（2023）『図説日本の税制（令和4年度版）』財経詳報社

OECD（2018）*The Role and Design of Net Wealth Taxes in the OECD.*

第19章　国際課税　*363*

第19章　国際課税

グローバル化が高度に進んだ現代では，国境を越えた経済取引がさまざまな課税問題を生じさせている。本章では，まず外国源泉所得の取り扱いを規定する国際課税原則と日本で採用される制度を説明する。次に，国際的租税回避の問題を取り上げ，これを防止する種々の制度について検討する。さらに，今日における巨大多国籍企業の台頭や各国の税率引き下げ競争などを背景に，世界規模での資本所得課税の衰退が懸念される中で，これに対抗するための OECD／G20 による BEPS プロジェクトならびに自動的情報交換制度の構築に向けた動きなどについて概観する。

1　国際課税原則と二重課税問題

1-1　2つの国際課税原則

　一国の租税制度は，原則として国内取引を対象としているが，経済取引が国境を越えた場合に，国外で生じた所得にどのように課税するかが問題となる。今日のグローバル経済の下で，もし国際取引が国内取引に比べて，税制上優遇されていたり，逆に負担が重くなってしまうと，課税の公平性と中立性が侵害されるのみならず，関係国の税収にも無視できない影響を及ぼす。

　そこで，伝統的な国際課税論は，そのような外国源泉所得への課税方法として，2つの原則を提示する。1つは，所得源泉国にのみ当該国で生じた所得への課税権を認める**源泉地原則**で，もう1つは，自国居住者の全世界所得への課税権を認める**居住地原則**である。

　源泉地原則の下では，居住国の違いに関わらず，投資先国の税制のみが適用されるので，国内では外国投資家が国内居住者と等しい課税上の扱いを受け，**資本輸入の中立性**が満たされる。資本輸入の中立性は，居住国が異なる

364   第3部　租税論

表 19-1　国際課税原則の利点と問題点

	利点	問題点
源泉地原則	資本輸入の中立性 応益課税	資本輸入国への税収偏在
居住地原則	資本輸出の中立性 応能課税	資本輸出国への税収偏在

納税者間での国内負担の公平性が達成されると言い換えることもできる。

　この原則の背景には，国家による領土主権を重視する見方があり，国内で発生した所得は，それが自国の居住者によるものであろうと，外国の居住者によるものであろうと，国内の地理的要素に起因する限り，等しく課税しようという考えである。したがって，これは租税配分論としての利益説に適合する。しかし，所得が発生する国にのみ課税権が与えられるので，税収が資本輸入国に帰属する。

　これに対して，居住地原則では，自国居住者が得る所得は，その発生源がどこにあろうと，すべての所得に対して居住国で課税される。最終的な負担が居住国の税制のみによって決まるので，自国を含めて，世界のどの国に投資するかの決定に対して歪みを与えることがない。この特性は，**資本輸出の中立性**といわれる。

　これは，所得の源泉がどこにあろうと，すべての所得の合計（全世界所得）こそが個人の支払い能力を反映しているとみる能力説の考えに基づく。したがって，このとき，国内居住者間での公平性が達成されるが，源泉地原則とは反対に，税収が資本輸出国に集中する。

1-2　国際的二重課税の調整制度

　このように，すべての国がどちらかの国際課税原則に統一したとしても，税収配分の点で，資本輸入国と資本輸出国との間で政治的な衝突を招く。また，経済的観点からも，何らかの中立性と公平性が侵害されてしまう。

　そこで，この問題を解決する折衷的な手段として現実に採用されるのが，両原則の併用である。つまり，自国企業の外国源泉所得と外国企業の国内源

泉所得のどちらにも課税することである。しかし，そうなると，同じ所得に居住国と源泉国の双方で課税される，いわゆる**国際的二重課税**が生じるので，この部分については，何らかの調整措置によって対応しようというのが実際である。

国際的二重課税の調整措置には，**外国所得免除制度**（exemption system）と**外国税額控除制度**（foreign tax credit system）という2つの枠組みがある。外国所得免除制度は，外国源泉所得を非課税とするもので，居住地原則を放棄して，あくまでも源泉地原則に従う立場である。したがって，これは，資本輸入国にとって税収面で有利であるが，他方で資本輸出を歪めて，外国税制によって投資先が左右される可能性が出てくる。

一方，外国税額控除制度は，外国所得に一旦自国の税制を適用して税額を算定したのち，そこから外国で徴収された税額を控除するものである。ただし，この場合の外国税額控除は，税収上の理由から，当該国外所得に対応する国内税額までという制限が設けられるのが通常である。もし源泉国の税率が国内税率よりも低く，外国での課税額がすべて国内の税額から控除されたならば，そうした外国所得について居住地課税が実現する。したがって，資本輸出国にとっては，このとき税収面で有利となるが，やはり資本輸入の中立性は達成されない。

1-3 2種類の外国源泉所得

外国源泉所得には，主として**直接投資**からの所得と，**外国ポートフォリオ投資**からの所得の2種類がある。直接投資所得は，海外支店・外国子会社の設立や直接的な経営支配（会社資本の10％以上の持ち分保有）を目的とする資本輸出などの事業活動から生じる法人所得や事業所得が該当する。永続的な利益を得るための能動的活動により得られるという意味で**能動的所得**と呼ばれる[1]。

一方，ポートフォリオ投資所得は，経営参加を目的としない証券投資・預金・貸付などの外国投資に基づく所得である。これらは，事業活動に参画せ

1　資本所得や事業所得だけでなく，短期的に外国で働いて得た労働所得も能動的所得に該当する。

366 第3部 租税論

ず，資産運用で得られるという意味で**受動的所得**である。

　これら2種類の所得への課税の実際においては，源泉国と居住国のどちら
に課税権を委ねるかが異なる。まず直接投資所得は，源泉地原則による課税
が適切であるとされる。なぜなら，それは，源泉国において外国企業が所有
する**恒久的施設**（以下，**PE**；Permanent Establishment）に基づいて発生し，そ
の事業活動が源泉国と地理的に密接な関係があると認められるからである。
「PE なくして課税なし」という国際課税原則は，このような考え方に基づ
いている。

　これに対して，ポートフォリオ投資所得については，居住地原則に従っ
て，源泉国では低率課税とするか，もしくは二国間租税条約を通じて，非課
税ないし最小限の税率設定に止めることが通例となっている。このとき居住
地課税が基本とされるのは，それが個人に帰属しやすいために，応能的な負
担の公平性が重視され，同時に足の速い資本の低課税国への逃避を阻止する
には，資本輸出の中立性を確保する必要があるからである。

1-4　日本の二重課税調整制度

　日本では従来，国際的二重課税の調整措置として，居住地原則を基本とし
た外国税額控除制度が採用されてきた。すなわち，能動的所得か受動的所得
かに関係なく，外国源泉所得に課せられた税は，当該所得に対応する日本の
税額を限度として，全世界所得に対する日本の税額から控除することができ
た。

　ところが，外国子会社からの配当については，2009年に従来の制度に代
えて**外国子会社配当益金不算入制度**が導入されたことで，日本での課税がほ
ぼ非課税となった。これにより，外国子会社の所得は，実質的に現地での税
制のみによって最終的な負担が決まることになり，国際課税原則が一部修正
された。

　修正の背景には，従来の税額控除制度では，親会社への配当支払いまで日
本での課税を延期できることが現地での所得留保を促進しているとの見方が
あった。そこで，国際的な資金循環や企業活動に対する中立性の見地から，
主として外国子会社留保金の日本への還流を意図して，これら外国所得につ

いて源泉地原則への転換が図られることになった[2]。

2 国際的租税回避への対応

国境を越えた取引が多国籍企業や国外関連企業の間で行われた場合に，各国間の税制の違いを利用した租税回避が可能となる場合がある。

2-1 外国子会社合算税制

国際的租税回避の典型として，**タックス・ヘイブン**（tax haven）を利用したものがある。タックス・ヘイブンは，「租税逃避地」と訳され，一般に「法人税などの税負担水準が著しく低い国や地域」と定義される。イギリス領ケイマン諸島などが知られるほか，最近ではアイルランド，ルクセンブルクなども法人税率の低さからタックス・ヘイブンとみなされる場合がある。タックス・ヘイブンでは，そこに子会社を設立して利益をあげてもほとんど課税されない。また，利益を本国の親会社に配当しなければ，源泉地原則を採用する本国での課税をも回避できる可能性がある。

そこで，このような課税逃れを防ぐために，通常，各国はタックス・ヘイブンにある子会社の留保所得を親会社の所得と合算して課税する制度を設けている。日本では，1978年に**タックス・ヘイブン対策税制**が導入され，法人所得への実効税率が一定の基準を下回る国や地域について，それらをタックス・ヘイブンと認定して，現地に所在する子会社の留保利益を親会社の所得とみなして課税できるようになった。しかし，同税制は，2017年に従来の軽課税国の認定に基づく方法が廃止され，外国子会社が得る個別の所得の性質等によって租税回避の有無が判断される仕組みに改定された。すなわち，受動的所得は原則として合算課税の対象となるが，能動的所得は，外国での税負担率に関係なく，合算課税の対象から外されることになる[3]。

2　制度の対象となる外国子会社は，内国法人の持ち株比率が25％以上などの要件を満たさなければならない。この要件に該当しない国外関連会社や外国支店の所得については，従来通り外国税額控除制度が適用される。

3　ペーパーカンパニーやキャッシュボックス（総資産額に対する一定の受動的所得の割合が30％を超える外国関係会社）に該当したり，一定の経済活動基準を満たさない場合は，基本的に

368　第３部　租税論

2-2　移転価格税制

　多国籍企業グループにおける関連企業間での取引価格（**移転価格**）を操作することで，国際的な租税回避を図る方法がある。そして，このような形態の租税回避を防止するための税制が，**移転価格税制**である。

　たとえば，図 19-1 のように，20％の低税率をかける A 国と 40％の高税率をかける B 国にそれぞれ関連会社をもつ多国籍企業グループ内において，A 国の子会社が B 国の親会社に中間財を 150 で販売したケースを想定する。このとき，A 国会社の売上は B 国会社への販売額 150 で，費用が 50 であったのに対して，B 国会社の売上は 250 で，費用は A 国会社からの中間財購入費の 150 のみであった（人件費や資本財の費用，また為替の問題は捨象する）とすると，どうなるか。

　通常のケース I では，A 国会社の利益は，150－50＝100 となり，同じく B 国会社の利益も，250－150＝100 となり，それぞれ各国で 20％と 40％の税率が適用される。支払い税額は，A 国で 20，B 国で 40 となり，併せて両国で 60 の税を支払う。以上は，適正な市場価格に基づいた取引で，特に問題のない例である。

　しかし，A 国会社と B 国会社は，同じグループ企業なので，会社間の取引価格を裁量的に決めることができる。そこで，移転価格を操作したケース II を想定し，たとえば，通常の取引価格が 150 であった中間財価格を 200 に切り上げて取引を行えば，このとき B 国の利益のうち 50 を A 国に移転できる。その結果，低税率の A 国での利益が増えて，高税率の B 国での利益が減るので，両会社での税額合計は 50 となる。ケース II は，ケース I に比べて 10 の税額を節約できる。

　このような形での租税回避を防ぐ観点から，移転価格税制の狙いは，これら関連会社間の取引価格が，通常の市場取引での価格（**独立企業間価格**）として適正かどうかを判断しようというものである。もし関連会社間で，独立企業間価格から過度に乖離した価格で取引が行われていると認定された場合に

　能動的所得は生じないとみなされ，合算課税の対象となる。ただし，所得を能動/受動に区分する事務負担が生じないようにするため，会社単位の税負担率が 20％以上の場合は，租税回避に関与していないとして，制度の適用が免除される（寺﨑（2023），276-277 頁）。

図 19-1　多国籍企業内におけるクロスボーダー取引（ケース I ）

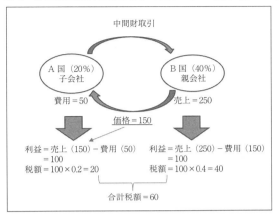

図 19-2　多国籍企業内で移転価格の操作が行われた場合（ケース II ）

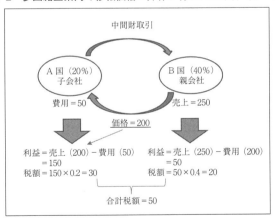

は，これを適正価格に設定し直して課税が行われる。日本の移転価格税制は，1986年に導入された。

　国際課税において強調される**独立企業原則**とは，移転価格税制の枠組みの中で，多国籍企業グループ内の関連会社でも，完全に独立した企業として税制上取り扱おうというルールである。だが，課税当局による「適正な取引価格」の判定は必ずしも容易でなく，企業のコンプライアンス面も含めた執行

図 19-3　過少資本を通じた租税節約の例

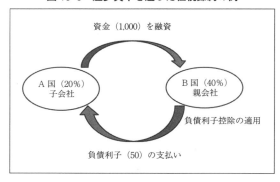

上のコストが大きな課題となっている[4]。

2-3　過少資本税制

　移転価格と似た租税回避手段として，関連会社間での資本取引を利用したものがある。それは，移転価格の操作と同様に，各国の法人税率の違いに合わせて，関連会社間で資金貸借を行うことで可能となる。通常の法人税制の下では，負債の費用である支払い利子は課税ベースから控除されるが，株式資本の費用は控除されないからである。そこで，低税率国にある会社の株式資本を膨らませる反面，高税率国にある会社の負債を増やして株式資本を過少にすれば，負債利子控除を通じて，やはりグループ会社全体としての税負担を軽減できる。

　同じく図 19-3 のようにA国で20％，B国で40％の税率が適用される場合で，A国の親会社がB国の子会社に1,000を融資すれば，B国会社から50の利子がA国親会社に支払われる。そうすると，A国では50の利子受け取りに20％が課税される一方で，B国では40％の税率に対して50の負債利子控除が適用されることで，グループ企業全体として $50 \times (0.4 - 0.2) = 10$ の租税節約が可能となる。

　こうした節税目的の資本操作を防ぐための仕組みが**過少資本税制**であり，

4　2020年に独立企業間価格の算定方法として新たに「ディスカウント・キャッシュフロー法」が採用されるとともに，評価困難な無形資産に関連する価格調整措置が導入されている。

第 19 章　国際課税　*371*

日本では 1992 年に導入された。日本の過少資本税制では，ある法人の外国関連会社に対する負債が，その法人が保有する，当該外国関連会社の株式資本の一定比率（負債資本比率 300％）を超えると，超過した負債にかかる利子については損金算入が否認される。

　同様な方法で関連会社間での過大な利率による利子支払いを通じた租税回避に対しては，これまで移転価格税制の枠組みで対応がとられてきたが，12 年からは，新たに導入された**過大支払利子税制**[5] を通じて制限されるようになった。

3　現代グローバル経済下での課題

3-1　国際課税の困難性

　国際的な課税問題は，従来，国内法とともに，二国間の**租税条約**によって対処するのが慣行であった。国内法に優先される租税条約は，各国居住者への課税関係の明確化や国際的二重課税の排除に加えて，国際的租税回避の防止に向けた協力体制（情報交換や徴収共助）を規定することで，国家間の課税権を調整する役割を果たしている[6]。

　しかし，今日の高度なグローバル経済における様々な構造変化の中で，従来型の枠組みでは，国際的な租税回避を効果的に防ぐことが困難になった。巨大多国籍企業の台頭，**グローバル・ヴァリュー・チェーン**（GVC）と呼ばれる世界的な生産工程網の拡大，消費生活への**デジタル経済**の浸透などは，近年，国際課税のあり方に根本的な見直しを提起している。

　従来型体制の下で，国際取引への課税が困難になった背景に以下のような変化がある。第 1 に，多国籍企業による**トリーティー・ショッピング**（treaty shopping）が現代のデジタル経済の下で，より巧妙になっている。トリーティー・ショッピングとは「条約漁り」と訳されることもあるが，各国間の租

5　これによると，対象純支払利子等の額（対象支払利子等の額の合計からこれに対応する受取利子を控除した残額）のうち，調整所得金額の 20％を超える部分の金額について損金算入が認められない。

6　2022 年時点で，日本は 119 カ国との間で租税条約を締結している。二国間租税条約を基本とした国際税制体制は，1920 年代の国際連盟においてその骨格が出来上がったとされる。

税条約で認められる特典などを利用して節税を図る行為で，必ずしも違法ではない。典型的には，本来は租税条約の適用対象にならない第三国の居住者が，適用対象国にペーパーカンパニーを設立するなどして課税を免れるといったものがある。

第2に，同じくデジタル経済の発展により，今日，企業経営における**無形資産**の重要性が高まっている。無形資産とは，企業ブランド，特許権，デジタル技術，組織編成上のノウハウなどの各種の知的財産を指している。たとえば，先の移転価格の例で，関連企業間で取引される中間財が他社に模倣できない，ある種の高度なコンピュータ・アルゴリズムであったとすればどうか。他社にまねできない以上，そのような無形資産の市場価格や独立企業間価格は存在しえず，この点で移転価格税制では対応が困難である[7]。

実際，GAFAM（Google, Apple, Facebook（Meta），Amazon, Microsoft）に代表される，巨大多国籍企業群は，このような固有性のきわめて強い無形資産に独自の価格を設定し，これを世界中の関連会社間で自由に取引することによって，政府から何ら規制がかからないという前提では，グループ全体の利益を世界中のほとんどの国や地域に裁量的に動かすことが可能となっているといわれる。固有の無形資産は，多国籍企業による国際租税戦略において重要な役割を果たしているのである。

第3に，同じくグローバルなデジタル企業という特性から，「PE なくして課税なし」という伝統的な課税原則が通用しなくなっている。これらデジタル企業は，**プラットフォーマー**と称されるように，PE のような物理的拠点を設けずに，インターネット上のサイトやアプリの設定だけで，外国の消費者と企業に対して，**SNS**（social network service），検索エンジン，電子商取引，AI 技術，クラウドなどの様々なサービスを提供できる。従来の原則では，たとえある会社が外国消費者向けにサービスを提供し，その国から収益を上げていたとしても，当該企業の PE が存在しない国には課税権が生じな

---

[7] デジタル企業にとって収益の重要な源泉となっているユーザーデータをどのように扱うかも難しい。たとえばメタが，SNS 等を通じてユーザーデータを入手するにあたっては，金銭的対価なしに，ユーザーからほとんど無料でデータを入手している。したがって，所得課税にあたっては，こうした無形資産としてのデータ価値をどのように評価するかが問題となる。

かった。

　第4に，巨大多国籍企業への課税を困難にする要因として，近年注目されるようになったのが**統合利益**（integration benefits）の概念である。それは，これら巨大グループが世界中に関連企業のネットワークを構築することによって生み出される，規模の経済，知識の共有，シナジー効果，費用節減などの利益を指している。

　こうした統合利益に対してどのように課税すべきか，きわめて難問である。統合利益は，特定国の関連会社に帰属するという性格のものではなく，グループ企業全体としての利益の増大に貢献するからである。

3-2　資本所得課税の衰退と所得分配

　トリーティー・ショッピングと無形資産の問題が顕在化した有名な事例として，2010年代初期に利用された「ダブルアイリッシュ・ダッチサンドイッチ」[8]という合法的租税回避スキームがある。その後，各国における対抗措置により，この種のスキームを利用した課税逃れは難しくなっているとされるが，それでも，各国税法や租税条約の抜け道を利用した租税回避は後を絶たないのが現状である。当然ながら，このような国際的租税回避の対象となる課税ベースの大部分が法人所得を含む資本所得である。

　生産要素としての資本は，労働や実物資産に比べて国際的な移動性が高いことから，資本所得は**足の速い所得**と言われる。そのため，そもそも資本所得への課税は，外国への資本逃避を招く可能性があり，自国の経済成長にとって不利になりかねない。そうであれば，各国政府にとっては，たとえ資本課税への依存をあきらめても，外国資本を国内に誘致して自国での経済活動を促進した方が得策となりうる。

　現実にも，図19-4のように1990年代以降，先進国の間では資本所得，とりわけ法人所得への法定税率を引き下げる趨勢（**租税競争**）が認められ，各国の税収基盤が揺るがされる状況が懸念されてきた。多国籍企業による租税

---

[8]　アメリカ本社が有する事業ライセンス（＝無形資産）について，アイルランドに設けた2つの子会社とオランダの関連会社を介在させてその対価の支払いを取引することで，アメリカ本国での所得税率が大幅に引き下がるように仕組んだものである。

図 19-4　EU 諸国の最高法定法人税率の推移

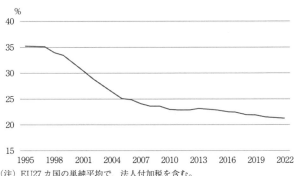

（注）EU27 カ国の単純平均で，法人付加税を含む。
（出所）European Union, *Taxation trends in the European Union* 各年版より作成。

回避が問題視される中でも，少なくとも国内レベルでは，法人資本への課税にはむしろ消極的であったというのが日本を含む先進各国に見られた傾向であった[9]。

世界的に見た資本課税の衰退が引き起こしつつある深刻な問題が，所得分配への影響である。資本所得の受益者が富裕層に集中しているのは明らかであるが，資本所得への適正な課税が滞れば，一国の所得分配を矯正する有力な手段が削がれ，富裕層とその他所得層との経済格差はますます拡大していく。

この点について，フランスの経済学者ピケティは，歴史的に資本収益率が常に経済成長率を上回ってきたという統計データから，資本所得が格差拡大の主因となっている見方を示し，世界的な関心を集めた。にもかかわらず，長期的に見て今日まで先進国の富裕層が直面する資本所得税率は，著しく低下している可能性がある。

図 19-5 は，アメリカにおける課税前所得の上位 0.1％世帯による各種税の平均税率を推計したものである。これによると，1970 年代以降，これら超

---

[9]　資本所得への低率課税を特徴とする二元的所得税が台頭した背景に，資本のグローバル化があったことは第 13 章で述べた。ただし，これまで各国で法人税率が引き下げられたにも関わらず，法人税収は必ずしも減少しておらず，こうした現象は，**法人税のパラドックス**と呼ばれた。それには，政策的に控除を削減して課税所得を拡大したことや，税率低下に伴う法人成りなどによってやはり課税ベースが拡大したことが要因として指摘されている。

第 19 章　国際課税　*375*

図 19-5　アメリカにおける課税前所得の上位 0.1％世帯の平均税率

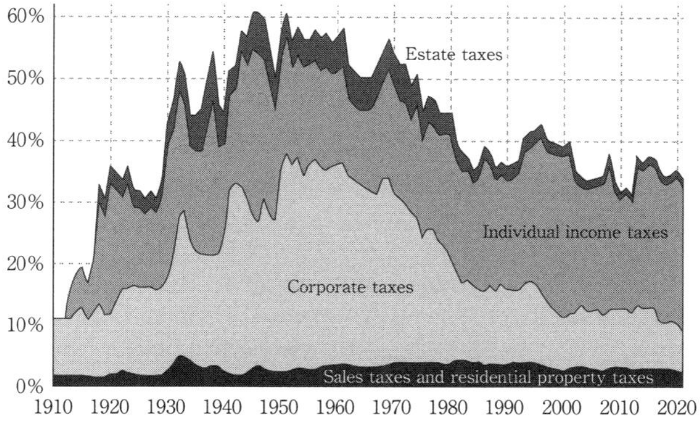

（出所）Saez & Zucman（2023), p. 49.

富裕層の税率が低下傾向にあるが，それは法人課税負担率の大幅な低下によって生じていることがわかる。

　国際的に移動性の高い資本から十分な税収を確保できない状況は，労働や消費といった移動性の低い課税ベースへの比重を高めて，税体系全体の負担構造をより逆進的なものにしてしまう。また，資本所得税収の減少が，政府支出（特に，社会保障支出）の削減を伴うとすれば，さらに財政の所得再分配機能は著しい後退を余儀なくされることになる。

4　租税回避阻止に向けた国際的取り組み

4-1　BEPS プロジェクト

　国際的租税回避に歯止めをかけて，世界的な資本課税の衰退を防ぐには，二国間主義を超えて，多国間主義に基づく協力体制が不可欠となる。こうした観点から，これまでも OECD や EU などを中心に税制面での多国間の政策協調が推進されてきたが，近年において国際課税の枠組みが漸く実を結んだのが，**BEPS**（Base Erosion and Profit Shifting；税源浸食と利益移転）プロジェクトである。同プロジェクトは，2012 年に OECD 租税委員会が立ち上げたもので，翌年に策定した「BEPS 行動計画」に先進 20 カ国（G20）の協力を

376　第3部　租税論

表 19-2　BEPS プロジェクトの「行動計画」

行動計画 1	電子経済の課税上の課題への対処
行動計画 2	ハイブリッド・ミスマッチ取極めの効果の無効化
行動計画 3	外国子会社合算税制の強化
行動計画 4	利子控除制限ルール
行動計画 5	有害税制への対抗
行動計画 6	租税条約の濫用防止
行動計画 7	恒久的施設（PE）認定の人為的回避の防止
行動計画 8	適正な移転価格の算定が困難である無形資産を用いた BEPS への対応
行動計画 9	グループ内企業に対するリスクの移転，過度な資本の配分等によって生じる BEPS の防止策
行動計画 10	その他移転価格算定手法の明確化や BEPS への対応策
行動計画 11	BEPS の規模・経済的効果の分析方法の策定
行動計画 12	義務的開示制度
行動計画 13	多国籍企業の企業情報の文書化
行動計画 14	相互協議の効果的実施
行動計画 15	多数国間協定の策定

（出所）OECD および国税庁ウェブサイトより作成。

取り付け，15 年に 15 の行動計画（表 19-2）からなる最終報告書を発表した。

　その基本的な考え方は，多国籍企業による BEPS を防ぐために，国際課税のあり方を世界経済と企業行動の実態に適合させるとともに，各国政府と企業の透明性を高めるために課税ルール全体を刷新するというものであった。この間までにプロジェクトは，140 を超える国・地域が参加するまでに拡大する中，法人課税に関しては，21 年に 2 つの柱から成る包摂的枠組みが合意され，23 年以降，多国間条約の発効を目指して各国国内法の整備が進められている。

　第 1 の柱が，**デジタル課税**の導入である。同制度は，ある国の居住者がデジタル・サービスを利用するなどにより，当該国で事業実態があると判断される場合は，当該市場国に新たな課税権を与えるものである。新たなデジタル課税は，以下の 2 種類の利益に基づくことが想定されている。1 つが，年間 200 億ユーロの世界売上を得る超巨大デジタル企業の利益のうち，通常の利益（10% を想定）を上回って得られた超過利益の一定割合（利益 A）を市場

国に再配分するものであり，もう1つが，企業が消費者に直接アクセスしているかどうかに関係なく，マーケティング等により事業実態が認められる市場国に対して適正な所得（利益B）の配分を行う制度である。

第2の柱が，多国籍企業におけるグループ全体所得に対する15%の**グローバル・ミニマム課税**の導入である。これに伴い，各国は自国の多国籍企業に対して最低15%の税率を適用する義務が課せられる。対象となるのは，年間7億5,000万ユーロ超の売上を稼得する大規模企業グループで，世界で年間約1,500億ドルの追加税収が見込まれるとされた[10]。

4-2　自動的情報交換制度

グローバルな資本所得のもう1つの形態である，ポートフォリオ投資に伴う所得課税問題については，同じくOECD／G20が主導する「税の透明性及び情報交換に関するグローバル・フォーラム」で，多国間の協力体制が整えられてきた。

利子や配当，キャピタル・ゲインなど自国居住者が得るポートフォリオ所得に課税するには，当該居住者の外国銀行口座に関する情報が必要となる。しかし，スイス国内の銀行は，伝統的に顧客情報を守秘する「秘密主義」で知られ，世界中の富裕層に広く利用されてきた。こうした状況は，他国の課税当局にとって，自国居住者に帰属する国外所得の捕捉を著しく困難にした。だが，2008年に国内大手銀行が顧客の脱税をほう助していた事件が発覚したことを契機に，スイス政府も，とうとう資金洗浄や租税回避への監視を強める国際社会の潮流に逆らえなくなった。外国金融機関の口座情報を国家間で自動的に交換する試みは，既に90年代から模索されていたが，10年代にスイスの協力を取り付けて，欧米を中心に制度の具体化が進んだ。

16～17年には，世界の企業や個人による課税逃れや資金洗浄の実態を記録した**パナマ文書**と**パラダイス文書**の存在が相次いで報道された[11]。これら

10　日本でも，第2の柱に対応して23年にミニマム課税が導入され，24年4月以降事業年度から運用が開始されることになった。これにより，日本の源泉地課税原則の下でも，日系多国籍企業における外国子会社の現地での税負担が15%を下回る場合には，親会社段階で15%との差額が徴収される。

11　パナマ文書は，パナマに所在する法律事務所が作成した，1970年代以降の1,150万件の記録を

378　第３部　租税論

文書には各国政治家など多数の著名な富豪が含まれていたことから，タックス・ヘイブンへの資産隠しを非難する国際世論の高まりも，プロジェクトの進展を加速させた。

　こうして，従来この分野では要請に基づく二国間条約を通じた情報交換が実施されていたに過ぎなかったのが，今日（2024年時点）では，世界171カ国が参加するグローバル・フォーラムの下，「要請に基づく情報の交換（**EOIR**；exchange of information on request）」に加えて，「自動的な金融口座情報の交換（**AEOI**；automatic exchange of financial account information）」という共通システムが整備されるまでになった[12]。

　日本も参加国の一員として，非居住者に係る金融口座情報を課税当局間で自動的に交換するための国際基準「**共通報告基準**（**CRS**：common reporting standard）」を導入し，これに基づき国内金融機関は，18年以降，特定の非居住者の口座情報について当局への報告が義務付けられた。報告された情報は，租税条約等の情報交換規定に基づき，各国課税当局と自動的に交換されることになっている。

4-3　グローバル資産課税の可能性

　以上のような OECD を中心とした国際社会による世界的な課税逃れに対する対抗手段に対しては，手ぬるいとの批判も多い[13]。フランスの経済学者ズックマン（G. Zucman）は，たとえば，銀行口座情報に関する自動的交換システムが機能したとしても，捕捉できるのは，比較的小口の顧客だけで，大口の真の富裕層は，依然として，ペーパーカンパニー，信託，財団などを利

　含む機密文書である。情報漏えいをきっかけに国際調査報道ジャーナリスト連合（ICIJ）の記者たちにより分析され，2016年に公開された。一方，パラダイス文書は，バミューダ諸島を拠点とする法律事務所の内部文書を主な情報源とするもので，1,340万件に及ぶタックス・ヘイブンの利用実態について ICIJ などが2017年に公開した。ただし，これらの文書で明らかにされた取引がそのまま脱税や不正行為を意味するわけではない点に留意する必要がある。

12　2022年には，各国間で合計12兆ユーロの資産額をカバーする，1億2,300万もの口座情報が自動的に交換されたと報告されている（OECD，同フォーラムに関するウェブサイト）。

13　ピケティも同様に，資本所得課税の衰退を防ぐには，フロー課税だけでなく，グローバルな協力体制の下での純資産というストックへの累進税が不可欠であると主張する。

用することで課税逃れが可能であると指摘する。

　そこで彼が提唱するのが，世界的な金融資産台帳の創設とそれに基づいた源泉課税（**グローバル資産課税**）である。つまり，国際的な租税回避を根本的に防ぐには，IMF のような国際機関が，世界で流通するあらゆる金融商品について，その最終的な保有者を登録する資産台帳を作成し，それら資産に，ストックベースで，毎年 2% の源泉税をかける必要があるというものである。

　提案のポイントは，このような国際機関による源泉徴収を通じて，各国の課税権を侵害せずに，ただ資産保有を隠したい脱税者への課税を確実に実行できる点にある。たとえば，もし日本に金融資産課税が存在しなければ，日本の納税者は，正直に税務当局に外国資産保有を申告することで源泉税の還付を受けられる。資産保有を隠し続けたい者は，申告する必要がない代わりに，毎年保有資産が 2% ずつ減少していくことになる。

　このようなグローバルな資産台帳の作成自体，国際的な合意を得ることがきわめて困難であることが想定されるとはいえ，ズックマンの提案は，公正な課税制度を究極的に担保できるのは，国際社会による一致した協力体制であることを改めて認識させてくれる。特に主要なタックス・ヘイブンには，発展途上国・地域が一定数含まれることからも，OECD のような先進国の枠組みに止まらず，その他多くの国々からどれだけ世界共通の制度構築に向けて合意を得られるかが重要となる。

参考文献

ガブリエル・ズックマン著・林昌宏訳『失われた国家の富―タックス・ヘイブンの経済学』NTT 出版，2015 年

寺崎寛之編（2023）『図説日本の税制（令和 4 年度版）』財経詳報社

トマ・ピケティ著・山形浩生・守岡桜・森本正史訳『21 世紀の資本』みすず書房，2014 年).

Saez, E. & G. Zucman (2023) "Distributional Tax Analysis in Theory and Practice: Harberger Meets Diamond-Mirrlees" *NBER Working Paper* 31912.

索引

ア 行

赤字公債	95
アダム・スミス	6
アダム・スミスの租税原則	226
アローの不可能性定理	142
安価な政府論	6
遺産継承税	264
遺産取得税	349
遺産税	349, 355
一時借入金	91
一括(固定)税	229, 252
一般会計	22, 272
一般会計歳出総額に占める国債費の割合	101
一般財源	22
一般歳出	44
一般資産税	348
一般消費税	286, 332
一般税	237
一般補助金	188
移転価格税制	368
移用	30
医療費控除	297
医療保険	46, 54
インピュテーション方式	317
インフレ調整	259
インボイス制度	341
インボイス方式	336
移替え	30
売上税	287
益金参入	311
益金不算入	311
益税	343
応益原則	225
応益割(均等割と平等割)	56

応能原則	224
応能割(所得割と資産割)	56

カ 行

カーター報告	256
会計検査院の検査	33
会計統一の原則	22
会計年度	25
会計年度独立の原則	22
外国源泉所得	365
外国子会社配当益金不算入制度	366
外国所得免除制度	365
外国税額控除	299
外国税額控除制度	365
外国ポートフォリオ投資	365
概算要求基準	29
買い手独占の労働市場	179
外部性	11, 121, 151
価格支持政策	120
価格の天井政策	119
確定拠出型年金	306
確定申告	300
カクワニ係数	175, 242
過少資本税制	370
カスケード税	333
課税延期の利益	258
課税客体	234
課税最低限	298
課税主体	231
課税所得	311
課税単位	302
課税の限界費用	248
課税の根拠論	222
課税標準	234
借入金	91
借換債	94

カルドア	260, 263	ケインズ	9
簡易課税制度	343	決算	29, 32
関税	198, 329	限界外部費用	152
間接消費課税	329	限界外部便益	155
間接税	233	限界超過負担	248
簡素	228	減価償却	312
官房学（カメラリズム）	5	現金給付	13
機会の平等	170, 352	現金主義	25
気候変動対策	16	原産地原則	333
基準財政収入額	72	建設公債，建設国債	63, 94
基準財政需要額	72	源泉地原則	363
犠牲説	224	源泉徴収	233, 300
帰属家賃	255	現物給付	13, 192
基礎控除	296, 357	現物給与	255
基礎的財政収支（プライマリー・バランス）		恒久的施設（PE）	366
	88, 102	公共経済学	8
帰着	244	公共財	11, 121, 127
揮発油税	17, 330	公共事業関係費	62, 283
寄付金控除	297	公共選択学派	10
義務教育費国庫負担金制度	64	公債依存度	101
逆進的な負担	241	公債の市中消化の原則	22, 95
逆弾力性ルール	251	公債の中立命題	107
キャッシュフロー法人税	323	公債の負担論	106
キャピタル・ゲイン	255, 257	厚生経済学の基本定理	122
給付付き税額控除	184, 300	厚生年金	58, 285
給与所得控除	294	厚生ロス	243
共通報告基準（CRS）	378	公的医療保険制度	52
共有資源	128	公的債務	17, 91
共有地の悲劇	131	公的年金制度	57
居住地原則	363	公的年金等控除	297
金融所得課税	304	公的扶助	45
クラブ財	128	交付国債	92
繰越明許費	29, 40	交付税及び譲与税配付金特別会計	67
グループ通算制度	313	公平	4, 122, 228
グローバル・ヴァリュー・チェーン	371	小売上税	334
グローバル・ミニマム課税	377	功利主義	166
クロヨン	287	効率	4, 122, 228
軽減税率	339	国外事業者申告納税方式	344
経済安定化機能	13	国債	93
継続費	29, 39, 61	国際課税原則	363
経費膨張の法則	7	国際的租税回避	367

382 索引

国際的二重課税 …………………… 364
国際デジタル取引 ………………… 343
国税 ……………………… 231, 272
国費の国会議決原則 ……………… 21
国民皆年金 ………………………… 57
国民皆保険 …………………… 52, 284
国民健康保険 ……………………… 52
国民年金 ……………………… 58, 285
国民負担率 …………………… 83, 99
個人住民税 …………………… 275, 291
国境税調整 ………………………… 333
国庫委託金 ………………………… 70
国庫債務負担行為 …………… 29, 41
国庫支出金 ………………………… 69
国庫負担金 …………………… 65, 70
国庫補助金 …………………… 64, 70
固定資産税 …………………… 275, 348
古典派（主流派）経済学 …………… 6
個別資産税 ………………………… 348
個別消費税 ………………………… 330
固有説 ……………………………… 68
混雑財 ……………………………… 129
コンドルセのパラドックス ……… 141
コンパクトシティー構想 ………… 15

サ 行

財源保障機能 ……………………… 72
歳出需要 …………………………… 91
財政赤字 …………………………… 86
財政・金融政策の効果 ……… 210, 214
財政権限 …………………………… 26
財政検証 …………………………… 285
財政社会学 ………………………… 8
財政収支 ……………………… 86, 102
財政収支と基礎的財政収支（プライマリー
　　バランス，PB） ………… 88, 102
財政投融資 ………………………… 283
財政投融資制度 …………………… 93
財政の国会議決原則 ……………… 21
財政ファイナンス ………………… 98
財政民主主義 ……………………… 19

財政力調整機能 …………………… 72
最低賃金制度 ………………… 45, 178
財投機関債 ………………………… 93
財投債 ………………………… 91, 93
歳入歳出予算 ………………… 29, 37
債務残高対 GDP 比 ……………… 102
債務償還費 ………………………… 109
債務負担権限 ……………………… 36
裁量的財政政策 …………………… 208
雑損控除 …………………………… 297
サムエルソン条件 ………………… 133
産業政策 …………………………… 196
暫定予算 …………………………… 27
三位一体改革 ……………………… 276
仕入控除方式 ……………………… 336
死荷重 ……………………………… 243
自家消費 …………………………… 255
資源配分機能 ……………………… 11
資産移転税 ………………………… 348
資産課税 …………………………… 347
資産保有税 …………………… 348, 349
支出 ………………………………… 25
支出権限 …………………………… 36
支出税 ……………………………… 259
市場の失敗 …………………… 11, 122
事前決議の原則 …………………… 27
自然独占 ……………………… 12, 121
市町村税 …………………………… 275
市町村民税 ………………………… 291
実効税率 …………………………… 236
私的財 ……………………………… 128
自動車税 …………………………… 17
自動的情報交換制度 ……………… 377
ジニ係数 …………………………… 172
ジニ係数の改善度 …………… 85, 173
自発的交換モデル ………………… 8
資本課徴 …………………………… 349
資本コスト ………………………… 321
資本所得課税 ………………… 266, 373
資本輸出の中立性 ………………… 364
資本輸入の中立性 ………………… 363

仕向け地原則 …… 333	所得税 …… 291
シャウプ勧告 …… 256	所得と資産の格差 …… 194
社会契約説的な国家観 …… 223	所得の限界効用の逓減 …… 167, 168
社会的限界費用 …… 152	所得平準化 …… 257
社会的限界便益 …… 155	資力調査 …… 50
社会保険 …… 45, 51	申告納税 …… 292
社会保険料 …… 83	申告方式 …… 234
社会保険料控除 …… 297	新財政社会学 …… 9
社会保障 …… 45	人税 …… 296
社会保障関係費 …… 46	人的控除 …… 296
社会保障給付費 …… 48	診療報酬制度 …… 54
「社会保障と税の一体改革」関連法 …… 288	森林環境税 …… 16, 18
シャンツ＝ヘイグ＝サイモンズ概念 …… 254	垂直的公平 …… 228
従価税 …… 236	垂直的再分配 …… 13
集合的意思決定 …… 20, 138	水平的公平 …… 228
収支統一の原則 …… 23	水平的再分配 …… 13
住宅ローン控除 …… 299	税額控除 …… 299
集中度曲線 …… 175	生活保護制度 …… 49, 180
収入 …… 25	生産者余剰 …… 117
自由放任主義（レッセフェール） …… 6	生産補助金 …… 197
従量税 …… 236, 331	生産要素市場 …… 12
酒税 …… 330	税収の所得弾力性 …… 14, 240, 274
受動的所得 …… 366	正常収益 …… 263, 325
主要経費別分類 …… 44	税による歪み …… 229
準公共財 …… 128	税の前取り …… 93
純資産税（富裕税） …… 349	政府支出 …… 44, 77
純粋公共財 …… 128	税負担の転嫁 …… 233, 244
準備金 …… 313	税負担の累進度 …… 241
少額投資非課税制度（NISA） …… 307	政府の失敗 …… 10, 123
小規模宅地 …… 361	生命保険料控除 …… 297
乗数効果 …… 203	税率 …… 235
消費型付加価値税 …… 336	税率表 …… 298
消費者余剰 …… 117	世代間の公平 …… 13
消費税 …… 287, 340	ゼロ税率 …… 339
消費の競合性 …… 127	前段階税額控除方式 …… 336
消費の排除性 …… 127	選別主義的な再分配 …… 13
剰余金 …… 33	総計予算主義 …… 22
所管 …… 38	総合所得税 …… 257
所得控除 …… 296	総需要管理政策 …… 14
所得再分配 …… 7, 166	相続時精算課税制度 …… 358
所得再分配機能 …… 12	相続税 …… 348

384 索引

総余剰 ……………………… 118
贈与税 ……………………… 348
測定単位 …………………… 73
租税 ………………………… 221
租税義務説 ………………… 223
租税競争 …………………… 373
租税原則 …………………… 226
租税の非効率率係数 ……… 247
租税負担配分論 …………… 223
租税負担率 ………………… 83
租税法律主義 …………… 19, 222
租税利益説 ………………… 223
損益通算 …………………… 293
損害保険料控除 …………… 297
損金算入 …………………… 311
損金不算入 ………………… 311

タ 行

退職後のための所得保障 ……… 186
退職所得控除 ……………… 297
タウンズの政策収束定理 …… 145
ただ乗り（フリー・ライダー）… 134
多段階税 …………………… 330
タックス・コンプライアンス …… 300
タックス・ヘイブン ……… 367
タックス・ヘイブン対策税制 …… 367
たばこ税 …………………… 330
単一会計主義 ……………… 22
単位費用 …………………… 73
短期借入金 ………………… 91
単純多数決 ………………… 138
担税力 ……………………… 224
炭素税 ……………………… 16
単年度主義 ………………… 22
単峰型の選好 ……………… 142
地球温暖化対策のための税 …… 16
地方交付税 ……………… 69, 72
地方債 …………………… 70, 93
地方債計画 ………………… 72
地方財政計画 …………… 69, 71
地方財政対策 ……………… 70

地方消費税 ………………… 275
地方税 …………………… 69, 275
地方税条例主義 …………… 222
地方税の構造 ……………… 275
地方法人二税 ……………… 275
中位投票者の定理 ……… 140, 144
中立 ………………………… 228
超過収益 ………………… 263, 325
超過負担 …………… 229, 243, 246
超過累進税率 …………… 236, 298
長期借入金 ………………… 91
徴税コスト ………………… 230
帳簿方式 …………………… 341
直接税 ……………………… 233
直接投資 …………………… 365
貯蓄・投資バランス論 …… 98
貯蓄の二重課税 …………… 261
積立方式 …………………… 59
定額減税 …………………… 288
定額法 ……………………… 312
定額補助 …………………… 188
低所得者対策 ……………… 166
定率減税 …………………… 288
定率法 ……………………… 312
定率補助 …………………… 188
適格請求書 ………………… 341
デジタル課税 ……………… 376
デジタル財 ………………… 128
デフォルト ………………… 105
転位効果 …………………… 8
伝来説 …………………… 68, 232
等価定理（中立命題） ……… 108
統合利益 …………………… 373
当初予算（本予算） ………… 27
投票 ………………………… 138
投票均衡（政治的均衡） …… 145
道府県税 …………………… 275
道府県民税 ………………… 291
等量消費 …………………… 128
ドーマー条件 ……………… 104
独占 ………………………… 12

特定財源	22
特定支出控除	295
特定同族会社	314
特定補助金	188
特別会計	22
特別交付税	72
特別徴収	233
独立企業原則	369
特例公債	95
都市計画税	275
トップ１％による占有率	177
トリーティー・ショッピング	371
取引高税	332
取り戻し効果	339

ナ 行

内国消費税	330
二元的所得税	264, 266
二元的累進所得税	270
二分二乗方式	303
日本型福祉社会論	284
年金財政	58
年金保険	46
年末調整	300
納税義務	221, 233
納税者番号制度	301
能動的所得	365
能力説	223

ハ 行

ハーバーガー・モデル	328
ハーベイロードの前提	10
配偶者控除	296, 358
配当控除	299
配当控除制度	318
配賦	29
パターナリズム	122
パナマ文書	377
パラダイス文書	377
パリ協定（COP21）	16
パレート効率	169

引当金	313
ピグー税	158
非募債主義	22, 94
費用逓減産業	12
平等主義	170
ビルトイン・スタビライザー	14, 207
比例税率	236
比例的な負担	241
フィスカル・ポリシー	9
付加価値税	334
賦課方式	59, 187, 234
福祉国家	9
複数税率	236, 388
普通交付税	72
普通国債	91, 93
不動産取得税	348
負の所得税	182
普遍主義的な再分配	13
扶養控除	296
プラットフォーマー	372
プラットフォーム課税	345
プラトン	170
フリンジ・ベネフィット	255
文教及び科学振興費	64
分類所得税	291
平均税率	241
変動所得	257
防衛関係費	59
貿易政策	198
包括的事業所得税（CBIT）	319, 327
包括的所得税	254, 257
法人擬制説	315
法人実在説	315
法人税	310
法人税のパラドックス	374
包摂的成長	350
法定実効税率	236, 314
法定税率	236
方法論的個人主義	10
北欧学派	8
保険税方式	56

保険料方式 ……………………………… 56
補助金の効果 …………………………… 188
法人所得の二重課税 …………………… 316
補正係数 ………………………………… 74
補正予算 ………………………………… 28
ボルダ得点 ……………………… 139, 149

マ　行

マイナンバー …………………………… 301
マクロ経済スライド …………………… 285
マスグレイブ …………………………… 10
マスグレイブ・ミラーの指標 ………… 208
マンデル・フレミング・モデル ……… 214
ミード報告 ……………………… 260, 323
民主的な意思決定 ……………………… 139
無形資産 ………………………………… 372
免税点制度 ……………………………… 338
目的外使用の禁止 ……………………… 22
目的税 …………………………………… 237

ヤ　行

夜警国家論 ……………………………… 6
有機的国家観 …………………………… 223
有効需要の原理 ………………………… 9, 204
輸出関税 ………………………………… 330
輸出自主規制 …………………………… 202
輸出補助金 ……………………………… 201
輸入関税 ………………………………… 198
輸入割当 ………………………………… 200
予算 ……………………………………… 21
予算総則 ………………………… 29, 37
予算単一の原則 ………………………… 22
予算の執行 ……………………………… 29
予算の空白 ……………………………… 42

4 条公債 ………………………………… 94

ラ　行

ラムゼー・ルール ……………… 249, 268
利益説 …………………………… 8, 223
リバース・チャージ方式 ……………… 343
利回り …………………………………… 97
流動性のわな …………………………… 212
留保金課税 ……………………………… 314
流用 ……………………………………… 30
利用時支払いの原則 …………………… 7
リンダール・メカニズム ……………… 136
累進的な負担 …………………………… 241
累積的取得税 …………………………… 356
レイノルズ・スモレンスキー係数 …… 174
暦年課税 ………………………………… 360
連結納税制度 …………………………… 313
ローレンツ曲線 ………………………… 171
60 年償還ルール ……………………… 96
ロックイン効果 ………………… 258, 267

ワ　行

ワグナー ………………………………… 7

A-Z

ACE 法人税 …………………… 323, 325
CBIT …………………………… 319, 327
BEPS …………………………………… 375
GAFAM ………………………………… 372
iDeCo …………………………………… 307
NISA …………………………………… 307
SNS …………………………………… 372
VAT 税収比率 ………………………… 345
X 非効率性 ……………………………… 125

著者紹介

石田和之（いしだ かずゆき）

1970 年	大阪府生まれ
1994 年	早稲田大学政治経済学部卒業
2001 年	早稲田大学大学院商学研究科博士後期課程単位取得
現在	関西大学商学部教授　博士（商学）

主要著書

『地方税の安定性（商学研究叢書）』（単著）成文堂、2015 年
『入門財政学［第 3 版］』（共著）中央経済社、2021 年
『ビジネスを学ぶためのミクロ経済学入門』（共著）中央経済社、2022 年

野村容康（のむら ひろやす）

1970 年	大阪府生まれ
1992 年	早稲田大学政治経済学部卒業
1998 年	財団法人（現，公益財団法人）日本証券経済研究所研究員
1999 年	早稲田大学大学院経済学研究科博士後期課程単位取得
現在	獨協大学経済学部教授

主要著書

『所得税の実証分析』（共著）日本経済評論社、2010 年
『日本経済の構造変化』（共著）岩波書店、2014 年

財政学　　　　　　　　　　　　　　　　　　商学双書 8

2025年 1 月10日　初 版第 1 刷発行

著　者	石	田	和	之
	野	村	容	康
発 行 者	阿	部	成	一

〒169-0051　東京都新宿区西早稲田1-9-38

発 行 所　　株式会社　成 文 堂

電話 03（3203）9201　FAX 03（3203）9206

https://www.seibundoh.co.jp

製版・印刷・製本　シナノ印刷

©2025　石田・野村　　Printed in Japan

☆落丁・乱丁本はおとりかえいたします☆

ISBN978-4-7923-4270-8 C3033　　　　　検印省略

定価(本体3000円＋税)

――――――――― 商学双書 ―――――――――

商学双書 1
『**経済政策**』 横山将義 [著]　　　　　　本体価格：2,500 円

商学双書 2
『**マクロ経済学**』 嶋村絋輝 [編著]　　　本体価格：2,500 円

商学双書 3
『**社会保障論**』 土田武史 [編著]　　　　本体価格：3,000 円

商学双書 4
『**国際金融と経済――国際マクロ経済学入門――**』
　　谷内満 [著]　　　　　　　　　　　　　本体価格：2,500 円

商学双書 5
『**国際経済学**』 大畑弥七・横山将義 [著]　本体価格：2,500 円

商学双書 6
『**公共政策のフロンティア**』
　　山本哲三 [編著]　　　　　　　　　　　本体価格：3,200 円

商学双書 7
『**リスク・マネジメント論**』
　　李洪茂 [著]　　　　　　　　　　　　　本体価格：2,500 円

商学双書 8
『**財政学**』
　　石田和之・野村容康 [著]　　　　　　　本体価格：3,000 円

――――――――― 商学研究叢書 ―――――――――

商学研究叢書 1
『**地方税の安定性**』 石田和之・著　　　本体価格：2,000 円